Das Buch
Schon bald nach seiner Gründung Ende der 40er Jahre in den USA fiel der Hells Angels Motorcycle Club durch Gesetzesbrüche auf: Mord, bewaffnete Auseinandersetzungen mit rivalisierenden Banden und Drogengeschäfte brachten den größten Rockerclub der Welt immer wieder in den Verdacht der organisierten Kriminalität. Wer Hells Angel werden möchte, muss strenge Aufnahmekriterien erfüllen. Das Unmögliche gelang einem Geheimagenten in Arizona: Special Agent Jay Dobyns erschlich sich im Rahmen der Operation »Black Biscuit« das Vertrauen der Rocker. Er handelte mit Maschinengewehren, donnerte mit getunten Harleys über den Highway, freundete sich mit waffenfanatischen Bikern an und wurde Zeuge zahlreicher Verbrechen vom Drogenhandel bis hin zum versuchten Auftragsmord. Und beinahe wäre Jay Dobyns an seinem Doppelleben zerbrochen.

Die Autoren
Jay Dobyns, geboren 1961, wurde weltweit durch seine verdeckten Ermittlungen bei den Hells Angels bekannt. Als Special Agent kämpfte er gegen das organisierte Verbrechen. Für seine Arbeit wurde Dobyns mehrfach ausgezeichnet. Heute leitet er ein Consulting-Unternehmen und arbeitet als Berater und Redner. Jay Dobyns ist verheiratet und hat zwei Kinder.
Nils Johnson-Shelton war im Gegensatz zu Dobyns nie ein Cop und kann nicht einmal Motorrad fahren.

**Jay Dobyns
und Nils Johnson-Shelton**

FALSCHER ENGEL

**Mein Höllentrip
als Undercover-Agent
bei den Hells Angels**

Aus dem Amerikanischen
von Martin Rometsch

Ullstein

Besuchen Sie uns im Internet:
www.ullstein-taschenbuch.de

Neuausgabe im Ullstein Taschenbuch
1. Auflage Dezember 2014
© der deutschsprachigen Ausgabe 2009 by riva Verlag,
FinanzBuch Verlag GmbH, München, Deutschland
© 2009 by Jay Dobyns and Nils Johnson-Shelton.
All rights reserved.
Titel der amerikanischen Originalausgabe: *No Angel.
My Harrowing Undercover Journey to the Inner Circle
of the Hells Angels* (Crown Publishers, ein Imprint der
Crown Publishing Group, Random House, Inc., New York)
Umschlaggestaltung: ZERO Werbeagentur, München
(unter Verwendung einer Vorlage von Debbie Glasserman)
Satz: KompetenzCenter, Mönchengladbach
Gesetzt aus der Sabon
Papier: Pamo Super von Arctic Paper Mochenwangen GmbH
Druck und Bindearbeiten: GGP Media GmbH, Pößneck
Printed in Germany
ISBN 978-3-548-37582-3

*Für Mama, Papa, Gwen, Dale und Jack –
ihr seid meine Helden.
Und für Jaime, ohne den dieses Buch nicht möglich
gewesen wäre.*

BEGEISTERTE STIMMEN ZU *FALSCHER ENGEL*

»Man kann das Buch nicht aus der Hand legen: die wahre Geschichte von Jay Dobyns, einem typisch amerikanischen Vater und Undercover-Agenten, der mit den gefährlichsten Outlaws der USA herumhängt und herumballert.
Ein temporeicher Abstecher in eine erschreckende amerikanische Unterwelt, erzählt in hartgesottener Schnellfeuer-Prosa.«
EVAN WRIGHT, AUTOR DES *NEW YORK TIMES*-BESTSELLERS *GENERATION KILL*

»Falscher Engel überschreitet die üblichen Grenzen des erzählenden Sachbuches ... Wenn Sie wissen wollen, ob die meisterhaften Werke von Truman Capote und Hunter S. Thompson einen Nachfolger haben, dann suchen Sie nicht weiter. Dobyns führt uns in die bizarre weiße Welt der Hells Angels und zwingt uns mit Einfühlungsvermögen und Präzision zu dem Eingeständnis, dass Biker allzu menschlich sind.«
SUDHIR VENKATESH, AUTOR VON *GANG LEADER FOR A DAY: A ROGUE SOCIOLOGIST TAKES TO THE STREETS*

»Der wirklich faszinierende Bericht eines Mannes, der bereit war, Grenzen zu überschreiten. Jay Dobyns, sein Team und ihre Kollegen leben am Rande eines Milieus, das sich die meisten von uns nur schwer vorstellen können. Dieses Buch bietet die seltene Gelegenheit, ihre innere Anspannung mitzuerleben, den Adrenalinschub zu spüren, die Furcht zu schmecken und wahren Mut und echte Hingabe zu bewundern.«
MICHAEL J. DURANT, AUTOR DES *NEW YORK TIMES*-BESTSELLERS *IN THE COMPANY OF HEROES*

»Jay Dobyns ist ein Held. Aus Pflichtgefühl schloss er die Augen und unternahm eine Reise in die Hölle. Zwei Jahre lang wanderte er durch das dunkle Tal des Todes, doch zum Glück hat er überlebt und kann uns heute seine fesselnde Geschichte erzählen.«
WILLIAM »BILLY« QUEEN, SPECIAL AGENT I. R. DER ATF UND AUTOR DES *NEW YORK TIMES*-BESTSELLERS *UNDER AND ALONE*

»*Falscher Engel ist mehr als ein grundlegender Bericht über polizeiliche Ermittlungen. Kein anderes Buch, das ich gelesen habe, öffnet das Fenster zur gefährlichen, paranoiden Welt der Undercover-Agenten so weit ... Falscher Engel ist der Blick eines Insiders in den modernen Wilden Westen, in dem der sechsschüssige Colt des Revolverhelden durch eine Uzi, Mac 10 oder AK 47 ersetzt wurde. Dieses Buch verdient einen Platz auf jeder Shortlist der besten Sachbücher über wahre Kriminalfälle des letzten Jahrzehnts.*«
DOUGLAS CENTURY, AUTOR VON *STREET KINGDOM: FIVE YEARS INSIDE THE FRANKLIN AVENUE POSSE* UND KOAUTOR DES NEW YORK TIMES-BESTSELLERS *TAKEDOWN: THE FALL OF THE LAST MAFIA EMPIRE*

»*Ein beispielloses Buch, das man nicht aus der Hand legen kann ... Selbst als ehemaliges Mitglied der Spezialkräfte der US-Armee und Einsatzgruppenleiter bin ich fasziniert von Jays Ermittlungen im Angesicht des Todes.*«
DR. RICHARD CARMONA, 17. OBERSTER AMTSARZT DER USA

»*Vergessen Sie alles andere! Bewegend und erschreckend ... Das informativste und wichtigste Buch über die verdeckte Ermittlung seit Donnie Brasco.*«
JOE PISTONE ALIAS DONNIE BRASCO

»*Eine wilde Fahrt zur dunklen Seite. Jay Dobyns donnert durch die düstere Unterwelt des organisierten Verbrechens, die Sie in Filmen nie sehen und von der Sie in der Zeitung nie lesen. Er enthüllt das wahre gewalttätige Gesicht der Outlaw-Biker, aber auch die gequälten Seelen der Undercover-Agenten, die den Mut haben, sie zu unterwandern.*«
JULIAN SHER, KOAUTOR VON *ANGELS OF DEATH: INSIDE THE BIKERS' GLOBAL CRIMINAL EMPIRE*

»*Stellen Sie sich diese Frage: Würde ich für ein wichtiges Anliegen mein Leben riskieren? Jay Dobyns hat es getan. Dieses Buch stellt Ihnen einige der gefährlichsten Aktivitäten der bekanntesten Bikergang der Welt vor.
Jay Dobyns hat der ATF Ehre gemacht und ist ein wahrer amerikanischer Held.*«
T.J. LEYDEN, AUTOR VON *SKINHEAD CONFESSIONS*

INHALT

Biker, Cops und Motorradclubs, die an den Operationen »Riverside«
und »Black Biscuit« beteiligt waren 12
Hinweis für Leserinnen und Leser 18

Teil I DAS ENDE

   1. Vogelrufe 22

Teil II DER ANFANG

   2. Meine »saugende« Brustwunde 30
   3. »Was du hier siehst, ist die Liebe meines Lebens;
      genau das siehst du hier« 41
   4. Randale bei Harrah's 55
   5. Black Biscuit BBQ 70
   6. Rudy will wissen, wo ich gesessen habe 77

Teil II DIE MITTE

   7. Zu pleite für Sturgis, wo Timmy die hohe Kunst
      des Sauerkrautholens lernte 86
   8. Jesus hasst Schlappschwänze 102
   9. Die erste Nacht in Mesa 107
 10. Ich will was? 119
 11. Warum hat Jack mir diesen Stein gegeben? 130
 12. Belehrung eines Lehrers 136
 13. Smitty wird mit Kuchen gefüttert 141
 14. »Zur Hölle mit euren Kanonen!« 151
 15. Auf Wiedersehen, Carlos 169
 16. Wir wollen dich 175
 17. Gib mir ein B! Gib mir ein I! Gib mir ein R!
      Gib mir ein D! 186
 18. Fünf Jahre in der Wüste 201
 19. Rudy Kramer wird festgenommen 213
 20. Hallo, JJ 226

21.	Aufmunternde Worte	234
22.	»Wenn ich dich Bastard noch einmal in dieser Stadt sehe, begrabe ich dich in der Wüste, wo dich keiner findet«	238
23.	Einatmen … Ausatmen … Einatmen … Ausatmen	251
24.	Jingle bells, Batman smells usw.	255
25.	Die Solo-Zeitarbeiter	270
26.	Willst du mein sein?	284
27.	»9-1-1! 9-1-1! Raus aus dem Haus!«	294
28.	Iron Skillet	304
29.	»Hören Sie, Lady, das soll nicht heißen, dass es mir scheißegal ist, was Sie sagen; aber es ist mir scheißegal, was Sie sagen«	313
30.	Hoover wird ermordet	326
31.	Keine Solos mehr	335
32.	Big Lou und Gayland Hammack ziehen eine Schau ab	344
33.	»Bringt mir den braunen Senf, nicht den gelben Scheiß!«	357

Teil IV NOCH EINMAL: DAS ENDE

34.	Auf der Hydroxycut-Autobahn	372
35.	Her mit dem *bottom rocker*	382
36.	Zu den Waffen!	397
37.	…	414
38.	Hass und Geld	415
39.	Die Razzia	433

Nachwort	440
Wo sind sie jetzt?	448
Anmerkung des Autors	452
Glossar	455
Danksagung	459
Textnachweis	461

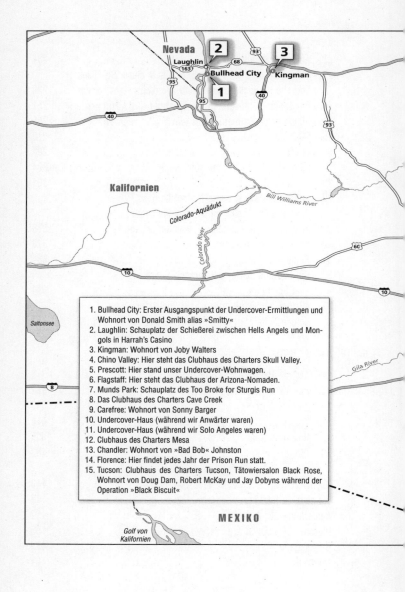

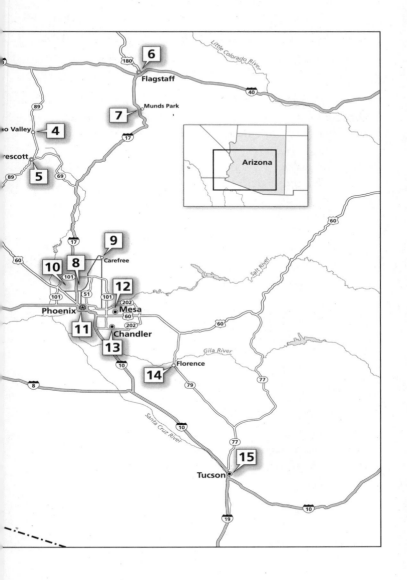

Biker, Cops und Motorradclubs, die an den Operationen »Riverside« und »Black Biscuit« beteiligt waren

Mitglieder der Einsatzgruppe »Black Biscuit« und Kollegen
(alphabetisch nach Familiennamen geordnet)

Anmerkung: Die nachfolgend genannten Männer und Frauen sind die Hauptdarsteller in diesem Buch. Die Danksagung am Ende des Buches enthält eine umfassende Liste der Beamten, die an »Black Biscuit« beteiligt waren.

ATF
Chris Bayless, Special Agent, alias »Chrisser«
Carlos Canino, Special Agent, alias »Los«
Vince Cefalu, Special Agent, alias »Vinnie«
John Ciccone, Special Agent
Greg Cowan, Special Agent, alias »Sugarbear«
Jay Dobyns, Special Agent, alias »Bird«
Alan Futvoye, Special Agent, alias »Footy«
Steve Gunderson, Special Agent, alias »Gundo«
Daniel Machonis, Gruppenleiter, alias »Mach One«
Jenna Maguire, Special Agent, alias »JJ«
Tom Mangan, Special Agent, alias »Teabag«
Joe Slatalla, Special Agent, alias »Slats«
Jesse Summers, Special Agent, alias »Summer Breeze«

Andere Justizbehörden
Gayland Hammack, Stadtpolizeibehörde Las Vegas
William Long, Kriminalbeamter, Polizeibehörde Phoenix, alias »Timmy«
Shawn Wood, Polizeimeister, Behörde für öffentliche Sicherheit von Arizona, alias »Woody«

ATF-Informanten
Pops (wahrer Name vertraulich)
Michael Kramer, Mitglied der Hells-Angels-Charter Mesa, Arizona, und San Fernando Valley, Kalifornien, alias »Mesa Mike«
Rudolph Kramer, Mitglied der Solo Angeles, alias »Rudy« (nicht mit Michael Kramer verwandt)

Hells Angels nach Chartern
(alphabetisch nach Familiennamen geordnet)

Anmerkung: Auch hier werden nur die wichtigsten Personen genannt, die im Buch auftauchen. Auf den folgenden Seiten werden viele weitere Hells Angels erwähnt.

Arizona-Nomaden, Flagstaff, Arizona
Dennis Denbesten, Mitglied, alias »Chef-Boy-Ar-Dee«
Donald Smith, Mitglied, alias »Smitty«

Cave Creek, Arizona
Ralph Barger, Mitglied, alias »Sonny« und »Chief«
Daniel Danza, Mitglied, alias »Dirty Dan«
Daniel Seybert, Präsident, alias »Hoover«

Mesa, Arizona, alias »Mesa Mob«
Kevin Augustiniak, Mitglied
Gary Dunham, Sekretär, alias »Ghost«
Paul Eischeid, Mitglied
Robert Johnston, Präsident, alias »Bad Bob« und »Mesa Bob«
Michael Kramer, Mitglied, alias »Mesa Mike« (während der Ermittlungen zum Charter San Fernando Valley, Kalifornien, versetzt)
Calvin Schaefer, Mitglied, alias »Casino Cal«

Phoenix, Arizona, alias »Hothedz«
Robert Mora, Mitglied, alias »Chico«

San Diego, Kalifornien
Pete Eunice, Mitglied, alias »Dago Pete« und »Ramona Pete«

Skull Valley, Arizona, alias »Graveyard Crew«
Rudy Jaime, Mitglied
Robert Reinstra, Vizepräsident, alias »Bobby«
Joseph Richardson, Mitglied, alias »Joey« und »Egghead«
Theodore Toth, Präsident, alias »Teddy«
George Walters, Sicherheitschef, alias »Joby«

Tucson, Arizona
Douglas Dam, Mitglied, alias »Doug«
Craig Kelly, Präsident, alias »Fang«
Robert McKay, Mitglied, alias »Mac«
Henry Watkins, Anwärter, alias »Hank«

Ehefrauen und Freundinnen von Hells Angels
Dolly Denbesten (Frau von Dennis Denbesten)
Staci Laird (Freundin von Bobby Reinstra)
Lydia Smith (Frau von Donald Smith)

Andere wichtige Verdächtige
Alberto (Familienname unbekannt), Vizepräsident der Mexican Solo Angeles in Tijuana, Mexiko
Robert Abraham, Waffenhändler, Bullhead City, Arizona
Tony Cruze, Mitglied der Red Devils, Tucson, Arizona
Tim Holt, Mechaniker, Mohave, Arizona
Dave »Teacher« Rodarte, Präsident der U. S. Solo Angeles, Los Angeles, Kalifornien
Scott Varvil, Schulkrankenpfleger und Mechaniker, Kingman, Arizona

Motorradclubs und Charter in Arizona
(alphabetisch nach Hells Angels und Solo Angeles geordnet)

Hells Angels*
alias »Big Red Machine«, »Red and White« und »81«
Arizona-Nomaden (Flagstaff), Cave Creek, Mesa, Phoenix, Skull Valley, Tucson

Solo Angeles
alias »Orange Crush«
Arizona-Nomaden (Bullhead City, Phoenix, Prescott)

Americans
Page

Desert Road Riders
Bullhead City, Lake Havasu City

Devil's Disciples (Teufelsjünger)
Tucson

Dirty Dozen (Dreckiges Dutzend) oder Defunct
Phoenix

Huns (Hunnen)
Tucson

Limeys
Ort des Charters unbekannt

Loners (Einzelgänger)
Globe

Mongols (Mongolen)
Phoenix

Red Devils (Rote Teufel)
Tucson, Phoenix

Spartans (Spartaner)
Phoenix
Vietnam-Veteranen in ganz Arizona

Wichtige Motorradclubs, die traditionell Gegner der Hells Angels sind

Bandidos
Texas, westliche Bundesstaaten, international, alias »the Red and Gold« und »Bandits«

Mongols
Kalifornien, westliche Bundesstaaten, alias »the Black« und »the Black and White«

Outlaws (Die Gesetzlosen oder Geächteten)
Mittlerer Westen und Südstaaten, alias »OLs«

Pagans (Heiden)
Östliche Bundesstaaten

Rock Machine
Kanada (in den Bandidos aufgegangen)

Vagos
Kalifornien, alias »the Green« und »Greenies«

---

* *Anmerkung: Die genannten Charter gelten nur für Arizona. Wie im Text bemerkt, haben die Hells Angels Charter in etwa 20 amerikanischen Bundesstaaten und 26 Ländern.*

Hinweis für Leserinnen und Leser

Die Welten der verdeckten Ermittler und der Outlaw-Biker sind bunt und einzigartig, und jede hat ihre eigene Sprache. Wenn Ihnen ein Begriff unklar ist, schlagen Sie ihn bitte im Glossar am Ende dieses Buches nach.

Wenn ich zwischen Rechtschaffenheit und Frieden wählen muss, wähle ich Rechtschaffenheit.
THEODORE ROOSEVELT
26. PRÄSIDENT DER USA

*Wer keine Fehler macht, tut gar nichts.
Ich bin sicher, dass jeder Fehler macht, der etwas tut.*
JOHN WOODEN
BASKETBALLTRAINER DER MÄNNER (1948 BIS 1975)
AN DER UNIVERSITY OF CALIFORNIA, LOS ANGELES

Teil I
DAS ENDE

1 Vogelrufe

25. und 26. Juni 2003

TIMMY LEHNTE LÄSSIG am hinteren Kotflügel meines schwarzen Mercury Cougar, presste ein Handy ans Ohr und grinste. Der Bastard war ruhig wie immer. Seit zwölf Monaten war ich sein Partner, durch dick und dünn, mal gemeinsam, mal einzeln, und nie sah der Kerl gestresst aus. Er war selbstbeherrscht wie ein Hahn im Hühnerhaus – das genaue Gegenteil von mir.

Ich ging vor ihm auf und ab und überlegte, was ich unseren Brüdern bei den Hells Angels sagen würde. Ich schüttelte die letzte Kippe aus einer Packung Newports. »Scheiße.« Ich zündete die Zigarette an, zerdrückte die Schachtel und warf sie auf den Boden. Es war zehn Uhr, und schon war die erste Packung der Stange leer, die ich am Morgen gekauft hatte.

Timmy sprach in sein Telefon: »Ich liebe dich auch, Süße. Müsste bald zu Hause sein.« So redete er bereits seit fünf Minuten.

Ich starrte ihn an und sagte: »Mach schon, Mann!«

Timmy hielt einen Finger hoch und sprach weiter. »Okay. Ich muss jetzt los. Okay. Wir sehen uns heute Abend.« Er ließ das Handy zuschnappen. »Was ist denn, Bird? Wir haben doch alles im Griff.«

»Na ja, eigentlich nichts.« Ich deutete auf den Typen, der vor uns auf dem Bauch lag. »Aber wenn sie es nicht schlucken, geht es uns wie diesem Arschloch.«

In einem flachen Graben in der Wüste lag ein grauhaariger weißer Mann mit einer klaffenden Kopfwunde. Dort, wo Timmy Jobys .380er hingelegt hatte, lief Hirngewebe auf den Boden. Blutstropfen im Sand und Staub bildeten kleine, dunkle Muster. Seine Bluejeans waren mit purpurnen Klecksen bespritzt, groß wie 25-Cent-Münzen. Seine Handgelenke und Knöchel waren mit Klebeband gefesselt, seine Hände waren schlaff, seine Haut grün. Wir hatten schon über 38 Grad Celsius, und die Aussicht auf geronnenes Blut und bloß liegendes Körpergewebe lockte immer mehr Fliegen an.

Er trug eine schwarze Lederkutte. Ein bogenförmiger Aufnäher zwischen den Schulterblättern trug den Schriftzug »Mongols«.

Ich fragte: »Glaubst du, er ist tot?«

Timmy sagte: »Sieht mausetot aus. Mann, sein Gehirn liegt im Staub.« Er bückte sich. »Ja, ich würde sagen, er ist ziemlich tot.« Er spuckte einen Schwall Schleim über das Grab hinweg.

»Mann, wir können hier nicht rumhängen. Wir gehen heim und zeigen den Jungs, dass wir einen Mongol erledigt haben. Aber wir müssen verdammt sicher sein, dass er nicht mehr aufsteht.«

Timmy lächelte. »Entspann dich, Bird. Wir haben alles im Griff. Wir sind ›locker wie am Sonntagmorgen‹, wie Lionel Ritchie sagte.« Dann begann er zu singen, schlecht:

Why in the world would anybody put chains on me?	(Warum in aller Welt sollte jemand mir Ketten anlegen?
I've paid my dues to make it.	Ich hab meinen Beitrag geleistet.
Everybody wants me to be what they want me to be.	Alle wollen, dass ich so bin, wie sie mich haben wollen.

I'm not happy when I try to fake it!
Ooh,
That's why I'm easy. Yeah.
I'm easy like Sunday mornin'.

Ich will nicht so tun als ob!
Ooh,
darum bin ich locker. Ja!
Locker wie am
Sonntagmorgen.)

ICH LÄCHELTE und sagte: »Du hast recht, du hast recht. Und selbst wenn du nicht recht hast, spielt es keine Rolle. Wir stecken zu tief drin.«

Er dachte eine Sekunde nach. »Ja, stimmt.«

Wir warfen ein paar Schaufeln Sand auf unsere Leiche und machten ein paar Fotos. Dann zogen wir ihm die Mongolkutte aus und stopften sie in einen Versandkarton. Wir stiegen ins Auto und fuhren heim nach Phoenix.

Timmy fuhr. Ich erledigte ein paar Anrufe.

Ich zündete eine Zigarette an und wartete darauf, dass im Clubhaus jemand ans Telefon ging.

Inhalieren. Luft anhalten. Taste drücken.

Die Stimme sagte: »Skull Valley.«

Ich sagte: »Bobby, ich bin's, Bird.«

»Bird. Was zum Teufel?«

»Ist Teddy da?«

»Nein, zurzeit nicht.« Bobby Reinstras Stimme war humorlos und leer.

»Wir sind auf dem Rückweg.«

»Wer ist wir?«

Inhalieren. Luft anhalten.

Ich sagte: »Ich und Timmy.«

»Ohne Pops?«

»Ohne Pops. Er ist in Mexiko geblieben.«

»Pops ist also weg.« Ich hörte, wie er sich eine Zigarette anzündete – er hatte erst angefangen zu rauchen, nachdem er mich kennengelernt hatte.

»Ja, Mann.«

»Toll.« Bobby rauchte. Inhalierte. Behielt den Rauch in der Lunge.

Ich sagte: »Wir sollten wohl später darüber reden, meinst du nicht?«

Er riss sich zusammen. »Ja, klar. Natürlich. Wann kommst du zurück?«

»Bald. Ich ruf dich an, wenn wir wieder im Valley sind.«

»Okay. Passt auf euch auf.«

»Tun wir. Keine Sorge. Wir sehen uns morgen.«

»Okay. Bis dann.«

»Bis dann.«

Ich klappte mein Handy zu und drehte mich zu Timmy um. »Er hat's geschluckt. Schätze, wir profitieren davon, dass Pops tot ist.«

Timmy nickte kaum merklich. Wahrscheinlich dachte er an seine Frau und seine Kinder. Timmy war ein überaus anständiger Kerl. Ich schaute in die Ferne. Die schwarzen und braunen kalifornischen Pinien und das Straßennetz von Phoenix am Spätnachmittag bewegten sich hinter ihm wie die Filmkulisse eines Sonnenuntergangs.

Am nächsten Nachmittag aßen JJ, Timmy und ich bei Pizza Hut. Bobby und die anderen Jungs hatten wir noch nicht gesehen. Wir wollten, dass sie nervöser wurden.

JJs Telefon klingelte. Sie warf einen Blick aufs Display, dann sah sie mich an. Ich zuckte mit den Schultern, stopfte mir eine Salamischeibe in den Mund und nickte.

Sie klappte das Handy auf. »Hallo?« Sie grinste. »Hi, Bobby. Nein, hab nichts von ihm gehört. Du hast …? Wann? *Was* hat er gesagt? Bobby, was zum Teufel soll das heißen? Pops ist – *Pops ist tot?*« Sie senkte die Stimme und stammelte erschrocken: »Bobby, du machst mir Angst! Ich versteh nicht, was los ist. Ich weiß nur, dass heute Morgen ein Paket kam. Es wurde in Nogales in Mexiko aufgegeben.«

Sie hielt das Handy von ihrem Ohr weg und steckte sich eine Scheibe geröstete grüne Paprika in den Mund. Dann nippte sie an ihrem Eistee. »Kommt nicht in Frage, Bobby! Ich mach's nicht auf, verdammt. Nein. Vergiss es. Nicht, bevor Bird zurück ist.«

JJs Furcht war überzeugend. Unser Plan schien aufzugehen.

Ich ließ mich tiefer in die lederne Sitzbank sinken. Wir sahen nicht aus wie typische Cops, nicht einmal wie typische Undercover-Agenten, aber wir gaben wohl ein eindrückliches Bild ab. Timmy und ich waren glatzköpfig, muskulös und mit Tätowierungen bedeckt. JJ war niedlich, vollbusig und konzentriert. Meine Augen waren blau und immer hell; Timmy hatte kluge braune Augen; JJs Augen waren grün und scharf. Jeder meiner langen, knochigen Finger trug silberne Ringe, auf denen Symbole wie Schädel, Krallen und Blitze abgebildet waren. Aus meinem langen, strähnigen Ziegenbart hatte ich einen zerzausten Zopf geflochten. JJ und ich trugen ärmellose weiße Hemden, Timmy trug ein ärmelloses schwarzes T-Shirt, auf dem über dem Herzen »SKULL VALLEY – GRAVEYARD CREW« stand. Ich hatte eine grüne Cargotarnhose und Badesandalen an, die anderen beiden Jeans und Reiterstiefel. Und jeder von uns trug offen mindestens eine Waffe. Dem Waffengesetz von Arizona sei Dank!

JJ sprach weiter. »Auf keinen Fall, Bobby. Ich zieh nicht sofort mit dem Paket los. Ich warte, bis Bird kommt. In Ordnung. In Ordnung. Tschüs.«

Sie klappte das Handy zu, drehte sich zu uns um und fragte spöttisch: »Na, Süßer, wann darf ich mit dir rechnen?«

Ich grinste und sagte: »Jederzeit. Jederzeit.«

»Schön! Ich kann's kaum erwarten!«

Wir lachten und beendeten unser Mittagessen. Seit Monaten liefen wir zerlumpt herum und befanden uns nun auf der Zielgeraden. Mit etwas Glück würden Timmy und ich bald richtige Hells Angels sein, und aus JJ würde eine echte Rockerbraut werden.

Mit etwas Glück.

Teil II
DER ANFANG

Meine »saugende« Brustwunde

19. November 1987

IN MEINER FAMILIE gab es keine Polizisten. Ich wurde nicht zum Polizisten erzogen, und mein Vater war kein Alkoholiker, der mich verprügelte. Ich wuchs im weißen Mittelschichtsamerika auf, mit einem Fahrrad und einem Baseballhandschuh und mit Familienurlaub. Ich spielte Football, und zwar gut. Auf dem College war ich Fänger bei den Arizona Wildcats. In meinem ersten Jahr, 1982, fuhr ich ins Herbstlager nach Douglas in Arizona, ein 38 Grad heißes Dreckloch, und trainierte zweimal am Tag. Der Platz lag mitten in der Wüste. Rasen, Seitenlinien, ein halber Meter Wüstensand, dann Kakteen.

Die meisten Fänger wollen dem verteidigenden Team davonlaufen, um spielentscheidende Pässe zu erwischen; sie wollen den Ball über der Schulter fangen und die Schulballkönigin ficken. Gegen die Ballkönigin hätte ich nichts einzuwenden gehabt, aber ich war kein Fänger dieser Sorte. Die Trainer wussten das, und darum setzten sie mich auf die Ersatzbank. Das musste sich ändern.

Immer wenn ausgewechselt wurde, weil ein schräger Pass über die Mitte angesagt war oder ein Verteidiger umgerannt werden musste, sprang ich auf – und jedes Mal bekam ich eins auf die Schnauze. Bei einem Spiel wollte ich einen zu weit geworfenen Ball außerhalb meiner Route fangen. Ich rannte aus dem Spielfeld hinaus in die Wüste, warf mich nach vorne, packte den Ball, landete aber in einem Busch aus Chollas, den garstigsten aller Kakteen. Den Rest des

Trainings verbrachten die Trainer damit, mir mit Zangen Dornen aus dem Gesicht und aus den Armen zu ziehen. Die anderen Spieler lachten mich aus, denn welcher Idiot jagt einem zu weiten Wurf in ein Kaktusfeld nach?

Am nächsten Tag warf ich einen Blick auf die Mannschaftsaufstellung. Diesmal stand ich an erster Stelle, und diesen Platz sollte ich bis ans Ende meiner College-Karriere keinem anderen mehr überlassen, egal wie schnell er war.

Als ich meinen Abschluss machte, spielte ich im Auswahlteam unserer College-Liga. Spielerkäufer beobachteten mich ein wenig, und ich wurde zur NFL Combine (ein Sichtungstrainingslager für die Nationalliga) eingeladen. Doch als ich aufs Spielfeld ging, wurde mir umgehend klar, dass ich nur geringe oder gar keine Chancen hatte. Ein Talentsucher drückte es treffend aus: »Ich kann diesen Burschen beibringen, wie du zu fangen; aber ich kann dir nicht beibringen, schneller zu laufen.« Neben den Jungs, die damals im Lager waren, sah ich wie Melasse aus, die in Zement gegossen war. Es waren Leute wie Vance Johnson, Al Toon, Andre Reed, Eddie Brown und Jerry Rice – Spitzenspieler der kommenden Jahre.

Ich wusste, dass ich eine zwei- oder dreijährige Karriere hinbekommen konnte; aber ich hätte mich jedes Jahr im Trainingslager neu beweisen müssen und wäre bestenfalls dritte oder vierte Wahl gewesen. Meine Träume zerplatzten, und ich wusste nicht, was ich tun sollte. Ich war zu sehr daran gewöhnt, dass Menschenmengen mir zujubelten, zu süchtig nach Adrenalin, um darauf zu verzichten.

Schließlich wurde ich Polizist. Ich war jung und hatte das Bild vor Augen, das Hollywood von der Polizeiarbeit vermittelte. Zunächst dachte ich ans FBI und an den Geheimdienst, aber letztlich landete ich bei der ATF, die für Alkohol, Tabak und Feuerwaffen zuständig ist. Dort wurde aus einem gefeierten College-Sportler ein hartgesottener Undercover-Agent.

Doch bereits während eines meiner ersten Einsätze als Polizeischüler kam es zu einem Zwischenfall.

Uns lag ein Haftbefehl gegen einen gewissen Brent Provestgaard vor, der eben aus dem Gefängnis entlassen worden war und angeblich eine gebrauchte .38er Rossi besaß. Wir wollten ihn wegen eines Vergehens festnehmen, das zum täglichen Brot der ATF gehörte: verbotener Besitz einer Waffe nach 18 USC § 922 (g) (1).

Ich sollte mit meinem Ausbilder, Lee Mellor, die Umgebung absichern. Wir fuhren in einem klapprigen 1983er Monte Carlo. Zuerst befragten wir Provestgaards Mutter in ihrem Haus südlich des Flughafens Tucson an der Kreuzung Creeger Road und Old Nogales Highway. Sie sagte, er sei nicht zu Hause, werde aber früher oder später zurückkehren. Wir zogen ab und überwachten das Haus.

Frau Provestgaard hatte uns verschwiegen, dass ihr Sohn geschworen hatte, nie wieder ins Gefängnis zu gehen, und gerade draußen im Buschland von Tucson mit seiner .38er herumballerte.

Er kam auf seinem Motorrad nach Hause. Wir schwärmten aus, und er flüchtete zu Fuß. Ich rannte los, an allen anderen vorbei, und ignorierte den Befehl, beim Team zu bleiben. Nun ist ein 40-Yard-Sprint in 4,6 Sekunden in der National Football League nichts Besonderes, aber für einen Cop ist das verdammt schnell. Es war eine richtige Verfolgungsjagd zu Fuß; aber er kannte das Gelände und entwischte mir. Ich ging zu meinen Kollegen zurück, die mich hänselten. War ich nicht ein Sportstar? Wieso konnte ich dann keinen Junkie in Motorradstiefeln einfangen, der knapp 70 Kilo wog? Kein Wunder, dass ich in der ATF war und nicht in der NFL. Und so weiter.

Während wir die Lage erörterten, schrie eine Nachbarin aus dem Fenster, sie habe Provestgaard eben gesehen. Wir rannten los.

Erster Anfängerfehler: Zieh während einer Gefechtspause nie deine schusssichere Weste aus, egal wie sehr die Jagd nach einem Täter dich geschlaucht hat.

Aber genau das hatte ich getan.

Das Team teilte sich auf. Ich ging hinter unserem geliebten Chef, Larry Thomason, durch einen verwilderten Streifen zwischen dem Baugebiet und der Straße. Überall wuchsen niedrige Bäume und hohes Gras. Wir krochen an Provestgaards Versteck vorbei. Aus dem Augenwinkel nahm ich eine Bewegung wahr; doch bevor ich reagieren konnte, stand er mit seiner Knarre vor mir.

»Lass sie fallen, Dreckskerl!«

Ich war stur. Ich hielt meinen Revolver, eine .357er Smith & Wesson, griffbereit. Er zeigte in einem Winkel von 45 Grad nach unten. Provestgaard spannte den Hahn seiner Rossi und schrie: »Ich bring dich auf der Stelle um, wenn du die verdammte Kanone nicht fallen lässt!«

Ich schob die Waffe ins Halfter und streckte die Hände in die Luft. Thomason spannte den Hahn. Er hatte Provestgaard im Visier; doch er führte nur einen fünf Zentimeter langen Trommelrevolver mit sich und war fast zehn Meter entfernt. Wenn er schoss, war das Risiko groß, mich zu treffen, und das wusste er. Er wartete. Das war die richtige Entscheidung, aber sie belastete ihn sehr. Er war ein engagierter Einsatzleiter, der einem jungen Mann die Grundlagen seines neuen Berufs beibringen wollte. Er verzieh es sich nie, dass er diesen Schuss nicht abgegeben hatte. Wie oft ich auch zu ihm sagte, es sei mein Fehler gewesen – er wies es immer zurück.

Die anderen durchsuchten ein angrenzendes Gebiet. Als Provestgaard sah, dass unser Auto leer war, leuchteten seine stechenden, unergründlichen Augen auf. Er würde noch einmal davonkommen!

Er streckte die Waffe nach vorne. Sobald ich nahe genug

an ihn herankam, wollte ich seinen Arm als Hebel benutzen und ihn entwaffnen. Dieser Plan zerschlug sich, als er den Revolver an seine Seite presste. Wenig später schob er mich vor sich her, legte mir den Arm um den Hals und hielt mir den kalten Lauf seiner Rossi an die Schläfe.

Das gefiel mir nicht. Plötzlich wurde mir klar, dass es vor kurzem geregnet hatte und das Gestrüpp in der Wüste wie ein sauberer Hinterhof roch. So stellte ich mir den Duft des Himmels vor – aber ich wollte jetzt noch nicht herausfinden, ob ich recht hatte.

Wir gingen zum Auto. Provestgaard stieß mich auf den Fahrersitz und zwängte sich auf den Rücksitz. Seine Waffe drückte er mir immer noch an den Kopf. ATF-Agenten mit gezückten Waffen und grimmigem Blick umringten uns.

Provestgaard sagte: »Schließ die Tür und fahr, Dreckskerl!«

Ich fuhr nicht. Das Auto lief nicht. Der Schlüssel steckte im Zündschloss. Er presste mir den Lauf in den Nacken. Ich fragte mich, ob ich den Sicherheitsgurt anlegen und gegen einen Telegrafenmast fahren sollte. Oder sollte ich mich hier erschießen lassen, woraufhin meine Kollegen ihn erledigen würden? Oder darauf hoffen, dass einer von ihnen genau in diesem Augenblick einen präzisen Schuss setzen konnte? Oder mich hinlegen und versuchen, den Kugeln auszuweichen, die den Monte Carlo bestimmt gleich durchsieben würden? Oder ... den Schlüssel fallen lassen? Ja, das war's. Wenn ich sterben musste, sollte auch er sterben. Ich zog den Schlüssel aus dem Zündschloss und ließ ihn in den Fußraum fallen.

Dann sagte ich: »Ich hab den Schlüssel fallen lassen.«

»Du Wichser!«

Wir beugten uns beide vor. Mellor, der dem Beifahrersitz am nächsten war, schob seinen Revolver durch das leicht geöffnete hintere Fenster und leerte das Magazin. Andere schossen ebenfalls. Provestgaard wurde ins Herz und in die Lungen getroffen, drückte aber noch im Reflex ab. Die Kugel drang zwischen meinen Schulterblättern ein, verfehlte die Wirbelsäule knapp, durchbohrte die linke Lungenspitze und trat unter dem Schlüsselbein aus.

Provestgaard röchelte nur noch.

Ich hatte ein Loch in der Brust.

Man nennt dies auch eine Luft saugende Brustwunde, weil beim Einatmen Luft durch das Loch in die leere, kollabierte Lunge strömt. Blut schoss aus dem Loch wie Wasser aus einem Gartenhahn.

Sie zogen uns aus dem Wagen, legten Provestgaard Handschellen an (streng nach Vorschrift, auch in solchen Situationen) und legten ihn im Sand auf den Rücken. Ich wurde auf den Rücksitz geschoben – in die Pfützen aus Provestgaards Blut und Galle –, und Thomason sprang auf den Fahrersitz und fuhr los. Ich wurde immer wieder bewusstlos, während er mich in der Dämmerung durch Tucson beförderte.

Ich sprach das Vaterunser und entschuldigte mich bei meinen Eltern dafür, dass sie nicht stolz auf mich sein konnten, weil ich kein guter Cop war. Dann nickte ich ein.

Als ich im Krankenhaus zu mir kam, lag ich auf einer Bahre. Die über mir vorbeihuschende Decke war blau mit weißen Streifen, und das leise, vorsichtige Fußgetrappel der Krankenschwestern und Träger auf dem Linoleum drang an meine Ohren. Über mir schwebten zwei schwarze Nasenlöcher, darüber ein brauner Haarschopf, umgeben von einem Halbmond aus weißem Papier. Ein Hut. Meine Pflegerin. Sie starrte zum Horizont.

Ich fragte: »Werde ... ich ... sterben?«

Sie senkte den Blick. Sie war hübsch. Mit der linken Hand drückte sie auf meine Brust. »Sie sind schwer verletzt. Wir wissen es noch nicht genau.«

Ich fiel wieder in Ohnmacht.

Mit höllischen Schmerzen im Brustkorb wachte ich auf. Ein jungenhafter Arzt schob eine durchsichtige Röhre in ein Loch, das er in meinen Brustkorb geschnitten hatte, damit ich nicht in meinem eigenen Blut ertrank. Die Röhre wurde auch benutzt, um Blutklumpen zu entfernen, bevor ich in den Operationssaal kam. Nie zuvor hatte ich solche Schmerzen gehabt und mich so mies gefühlt. Es ist nicht angenehm, wenn einem jemand ein Rohr mit zweieinhalb Zentimeter Durchmesser durch ein Loch in die Brust schiebt. Man hatte mich nicht narkotisiert – dafür war keine Zeit. Ich lag im Sterben. Ich betrachtete die Röhre, die mit einer Pumpe verbunden war. Tomatenmark – nein, mein Blut und meine Eingeweide flossen hindurch. Als der Arzt fertig war, deutete er auf einen Videomonitor und sagte stolz, man habe einen Shunt in meine Oberschenkelarterie eingesetzt, der helfe, eine winzige Kamera durch meinen Rumpf zu steuern. Er erklärte, man suche nach Schäden im Herzen und in den Blutgefäßen, die Patronensplitter hervorgerufen haben könnten. Toll, dachte ich.

Dann wurde mir wieder schwarz vor Augen.

Ich wachte nackt und frierend auf. Eine Krankenschwester beugte sich über mein Becken, hielt eine dünne Röhre in der Hand und kicherte. Ich fragte sie, was so lustig sei. Natürlich wusste ich, dass sie über meinen verschrumpelten Penis lachte, dessen Größe einem zwölfjährigen Jungen peinlich gewesen wäre. Ich nahm all meine Kraft zusammen und sagte: »Sie könnten ein wenig Respekt vor einem Mann haben, der eigentlich tot sein sollte. Wie heißen Sie?« Sie zog den Katheter gerade und schob ihn hinein. Dann deckte sie mich zu und legte mir die Hand auf die Stirn. Wieder wurde ich bewusstlos.

Und wieder erwachte ich. Ich lag in einem Krankenbett. Die üblichen Geräte piepsten unaufhörlich. Ich sah Infusionsflaschen, frische Blumen und Folienballons, außerdem einen überdimensionalen Teddybär. Und da war die Röhre, sauber in meine Brust eingeführt und in weiße Gaze und Pflaster gehüllt. Etwas begann zu piepsen, aber es waren nicht die Geräte, die meinen Herzschlag und meine Atmung überwachten. Ein Geräusch wie von einem kleinen Servoregler folgte. Keine zehn Sekunden später war ich so euphorisch und glücklich wie nur möglich. Wieder fiel ich in Ohnmacht.

Ich erwachte, wurde bewusstlos, erwachte. Schwestern wechselten meine Bettpfanne und wuschen mich mit dem Schwamm. Ich wurde etwas kräftiger, stand auf und ging umher. Die Apparate – die Infusionsflasche, den Morphintropf, die von der Pumpe gelöste Röhre in der Brust – schleppte ich mit. Nach ein paar Tagen konnte ich einmal den Flur entlanggehen. Nach einer Woche schaffte ich es, die Wachstation zu umrunden. So schwach zu sein war für mich eine neue Erfahrung und ein schlimmer Tiefpunkt. Es ist demütigend, daran erinnert zu werden, dass wir im Grunde nur Körper sind. Der Geist erhält eine Menge Aufmerksamkeit, aber er wohnt auf Gedeih und Verderb in einer so zerbrechlichen Form. Wenn der Körper vergeht, was dann? Darum glaube ich an Gott.

Ich bete. Ich war immer ein unvollkommener Christ gewesen. Ich betete für meine Familie und für mich. Ich betete zu Gott, er möge mich auf die Straße zurückschicken, zurück zu meiner Arbeit.

Als es mir besserging, verbrachte ich nach und nach ebenso viel Zeit im Wachzustand wie im Schlaf. Ich freundete mich mit Dr. Richard Carmona an, dem Chirurgen, der mich operiert hatte. Er hatte die Highschool vorzeitig verlassen, war Soldat der Spezialkräfte und hochdekorierter Vietnamveteran geworden und hatte nach seiner Rückkehr ins Zivilleben Karriere als Arzt gemacht. Er leitete das

Traumazentrum in Tucson und arbeitete nebenher im Sheriffbüro des Pima County für das Sondereinsatzkommando. Keine zehn Tage nach meiner Einlieferung wurde er selbst angeschossen, als er jemanden verhaften wollte. Er erholte sich vollständig und wurde schließlich der 17. oberste Amtsarzt der USA. Die Freundschaft mit ihm war eine der angenehmsten Folgen meiner Schussverletzung.

Leute besuchten mich und blieben zu lange. Meine Mutter weinte. Mein Vater war mal rot, mal blass im Gesicht. Er sagte, er sei stolz auf mich, obwohl ich ihm erklärte, ich sei ein Narr gewesen. Wir einigten uns darauf, dass ich Glück gehabt hatte. Andere Leute kamen: Schulfreunde, Polizisten, meine erste Frau, die ich als College-Student geheiratet hatte. Die Pumpe, an der meine Bruströhre befestigt war, lief ohne Pause. Sie befreite meine Wunde von Klumpen und Blutresten und beförderte das Zeug in einen ursprünglich weißen Eimer neben meinem Bett. Wenn Besucher zu lange blieben, bewegte ich mich ein wenig, bis das Rohr etwas einfing und wie einen winzigen Embryo in den Eimer spuckte. Danach brachen sie meist auf.

Bald langweilte ich mich zu Tode. Man kann nicht ewig fernsehen, und die Blumen verwelken, wenn niemand sie gießt. Ich war nicht gut im Gießen. Die Ballons erschlafften. Es ist, als würden diese Dinger gebracht, um ihre schwache Lebenskraft für deine Genesung zu opfern und dabei zu sterben. Ich wurde von welkenden Rosen und verpuffendem Helium wiederbelebt. Zum Teufel, Morphin löst irre Gedanken aus. Irgendwie hatte ich Geschmack daran gefunden. Klar, ich hatte wahnsinnige Schmerzen, vor allem in der ersten Woche, aber danach war der Stoff eher ein Zeitvertreib als eine Notwendigkeit. Ich bediente meine Morphinpumpe selbst, aber sie hatte eine Kontrolluhr – ich konnte mir innerhalb von drei Stunden höchstens eine Dosis verabreichen. Also fixierte ich den Schalter mit Klebeband von meinem Tropf und bekam jedes Mal, wenn die Uhr ablief, einen Morphinschub, egal, ob ich wach war oder schlief. Ich hatte wilde Träume. Es war wie im Himmel.

Der Direktor der ATF rief an. Er nannte mich seinen Goldjungen. Ich wollte nicht Junge genannt werden, schließlich war ich 26. Er sagte, er habe Gutes von mir gehört und ich könne eines Tages sein Nachfolger werden, wenn ich schlau sei. Er riet mir, schnell gesund zu werden und wieder arbeiten zu gehen. Man brauche mehr Kerle wie mich in der ATF. Ich dankte ihm und legte auf.

Nachts erwachte ich ab und zu. Ich fühlte mich eigenartig. Das Licht war gedämpft, die Maschinen piepsten. Als es mir besserging, standen dann immer weniger Geräte im Zimmer herum. Ein gutes Zeichen. Ein völlig neues Gefühl erfasste mich, ein Rausch, wie ich ihn nie gekannt hatte. Auf dem Footballfeld hatten mich Hunderte von Kerlen angerempelt, die so schwer waren wie ich oder noch schwerer. Ich war einige Male k.o. gegangen und hatte immer versucht, sofort aufzustehen. Das war Ehrensache. Als sie mich aus dem Auto gezogen hatten und mein Brustkorb blutete und röchelte, setzte ich mich sogar auf. Mehr konnte ich nicht tun. Das neue Gefühl bedeutete: Niemand konnte mich aufhalten. Nachdem ich angeschossen worden war, verspürte ich jetzt die ersten Anflüge von Unbesiegbarkeit. Ich war dem Tod knapp entronnen, und das löste eine gefährliche Euphorie in mir aus, was mir damals aber nicht klar war. Ich wollte nie wieder angeschossen werden, aber ich wollte dieser fliegenden Kugel so nahe wie möglich kommen. Es war ein unglaubliches Gefühl, von 80 000 Footballfans bejubelt zu werden; aber das war gar nichts im Vergleich zu dem Rausch, den ich empfand, als ich ohne Zuschauer die Grenze zwischen Leben und Tod entlangging.

Ich hatte die verordnete Dosis an Schmerzmitteln genommen, doch das änderte nichts daran, dass ich mir wie ein echter Junkie vorkam, als ich das Krankenhaus verließ. Ich hatte schwarze Ringe unter den Augen und erbrach eine Woche lang braunen Teer. Kein Appetit, außer auf den Stoff, den ich nicht mehr haben durfte. Ich machte eine Reinigungskrise durch: Zittern, Schweißausbrüche, Tränen und so weiter.

Meine damalige Frau wollte wissen, ob ich aufhören würde. Sie wollte, dass ich aufhörte. Das konnte ich ihr nicht vorwerfen. Ich sagte, genau deshalb sei ich ein Cop. »Um erschossen zu werden?«, fragte sie. »Nein, um diesen Kerlen gegenüberzutreten, Mann gegen Mann. Diesmal habe ich verloren, aber das wird nicht mehr vorkommen.« Kurze Zeit später waren wir geschieden.

Die Worte des Direktors klangen in meinen Ohren: *Ich konnte seinen Job haben.* Er hatte einen großen Schreibtisch und ein Telefon im Managerstil mit vielen Tasten und Lämpchen. Mann, wahrscheinlich hatte er damals, im Jahr 1987, sogar einen eigenen Computer. Aber das reizte mich nicht. Die Kugel hatte in mir die Lust auf die Straße entfacht. Sie sorgte dafür, dass ich nie jemanden befehligen sollte außer mich selbst, und überzeugte mich davon, dass große Schreibtische etwas für kastrierte Dummköpfe waren. Ich dachte: Verdammt, ich werde undercover arbeiten.

3 »Was du hier siehst, ist die Liebe meines Lebens; genau das siehst du hier«

August 2001 bis Januar 2001

WENN DIE SCHIESSEREI überhaupt etwas bewiesen hatte, dann dies: Mein Job und darum auch mein Leben waren alles andere als berauschend. Ich war der weltfremden Idee aufgesessen, dass verdeckte Ermittler wie in *Miami Vice* lebten – mit Glasfaser-Schnellbooten, schnellen Autos, teuren Kleidern und Superfrauen im Bikini, die auf ihrem Schoß sitzen, während sie mit Drogenbossen verhandeln. Stattdessen hatte ich es mit zahnlosen Stripperinnen und missmutigen Vietnamveteranen zu tun und musste mich auf Wohnwagenplätzen mit Drogensüchtigen herumärgern. Und dabei wurde ich von einem abgehalfterten ehemaligen Knacki angeschossen, der bei seiner Mama lebte.

Trotzdem mochte ich meinen Job. Nach der Schießerei ging ich wieder auf die Akademie, um meine Ausbildung zu beenden. Als ich mein Examen gemacht hatte, schickte man mich nach Chicago, wo ich zusammen mit einem anderen jungen Agenten meinen neuen Job erlernte. Chris Bayless war ein dynamischer, intelligenter Undercover-Agent und ist heute noch einer meiner besten Freunde.

Und was für einen Job ich da hatte! In den Jahren zwischen der Schießerei und dem Sommer 2001 sah und tat ich Dinge, die normale Staatsbürger sicher nicht tun oder sehen. Ich wurde in eine zweite Schießerei verwickelt, hatte unmenschlich viele Waffen an der Schläfe, kaufte und verkaufte tonnenweise Drogen und nahm Hunderte von Ganoven fest. Ich ermittelte mit Chris gegen afroamerikanische Gangs und italienische Mafiosi, mit Special Agent Louis Quiñonez gegen die Aryan Brotherhood und mit verschiedenen Partnern – darunter Vince Cefalu, einer meiner ATF-Mentoren – gegen Biker von Georgia bis Colorado. Im Jahr 2001 glaubte ich, alles erlebt zu haben.

Doch nach fast 15 Jahren als Cop wollte ich immer noch etwas beweisen. Ich wollte immer noch mehr sehen.

Im Sommer dieses Jahres rief ein junger, ehrgeiziger Case Agent namens Greg »Sugarbear« Cowan an und berichtete von einem Fall in Bullhead City, Arizona.

Er sagte, Bullhead sei reif für den Zugriff. Dort Beweise zu sammeln sei ebenso leicht, wie auf Fische in einem Fass zu schießen. Wir könnten eine Menge Waffen beschlagnahmen. Ich versprach ihm, mir die Sache anzusehen. Eines Morgens stand ich auf, frühstückte, zerzauste meinem Sohn Jack das Haar, küsste meine Tochter Dale, packte einen Teller Kekse ein, die meine Frau Gwen gebacken hatte, und brach auf.

Bullhead City liegt nahe der Südspitze von Nevada, zehn Stunden von meinem Wohnort Tucson entfernt. Es ist eine heruntergekommene Stadt voller Mechaniker ohne festen Arbeitsplatz, die mit Frauen zusammenleben, die »Tänzerinnen« sind oder waren. In dieser Hauptstadt des Methamphetamins wimmelt es von Highschool-Abbrechern, und der ganze Ort befindet sich in einem braunen bis gelbbraunen Tal, das mehr nach Mars als nach Erde aussieht. Jenseits des braunen Flusses Colorado liegt Laughlin in Nevada, Bullheads staubige Schwester mit ihrer glitzernden Einkaufsmeile und bekannten Casinos: Flamingo, Golden Nugget, Harrah's.

Ich traf Sugarbear im Black Bear, einem Imbiss an der Route 95. Wir setzten uns in einer Fensternische in die gekühlte Luft, während draußen in der Wüste 46 Grad herrschten. Sugarbear schlürfte Kaffee und knabberte an einem trockenen Toast; ich stopfte mir einen doppelten Cheeseburger mit Speck in den Mund.

Er berichtete von einem Waffengeschäft namens Mohave Firearms. Robert Abraham, der Eigentümer, machte Geschäfte mit einer Gruppe von Stammkunden, die alle Waffennarren waren. Die meisten Geschäfte schloss Abraham außerhalb der Bücher ab. Außerdem kaufte und verkaufte er umgerüstete Maschinengewehre in erheblichen Mengen. Ein Kerl namens Scott Varvil, ein ehemaliger Scharfschütze der Marine und erstklassiger Motorradmechaniker, besorgte den Umbau in seiner Garage.

Nach dem Mittagessen fuhren wir in der Stadt herum. Ich schaute von unserem bequemen, klimatisierten Auto aus zu, wie die staubigen Straßen und Stadtteile vorbeihuschten. Sugarbear wollte, dass ich als Biker undercover arbeitete. Trotz der Hitze und obwohl ich kein Experte für Biker war, sagte ich zu. Er war sich sicher, dass ich das hinkriegen würde, die Rolle passe zu mir, und Biker würden in Bullhead respektiert. Alle diese Typen, vor allem Abraham und Varvil, seien Fans der Hells Angels. Die Angels seien präsent, aber nicht überall. Beides war mir ziemlich egal. Ich erklärte mich zur Mitarbeit bereit.

Wir fingen Ende August an. Cowan arbeitete weiter mit einem Informanten zusammen, und ich bereitete mich in Tucson auf meinen Einsatz vor. Ich ließ mein Motorrad frisieren und suchte mir ein ATF-Auto aus – einen schwarzen Mercury Cougar. Ich machte Schießübungen. Ich half Gwen, die Kinder für ein weiteres Schuljahr auszustatten, und ging mit ihnen einkaufen. Jack war ein guter Sportler und bekam Stollenschuhe, Sportsocken und eine Schultasche. Mit seinem gesparten Taschengeld kaufte er sich eine Schachtel Sammelbilder. Er suchte Bilder des Footballstars

Drew Brees und fand drei davon in diesem Karton. Für Dale kaufte ich eine gebrauchte Gitarre und versprach, ihr eines Tages eine neue zu besorgen, wenn sie fleißig übte.

Am frühen Morgen des 11. September war ich zu Hause und machte mich für die Abreise fertig, als Chris Bayless anrief. »Schalt den Fernseher ein!«, sagte er.

Die Fahrt nach Bullhead fiel aus. Gwen, die Kinder und ich saßen wie gebannt vor dem Fernseher, so wie alle anderen auch. Jack, der damals sieben war, ist ein fröhlicher Junge, der immer lächelt. Dale, zu dieser Zeit elf, ist ein wenig launischer, auf liebenswerte Weise gerecht und bisweilen zornig. Gwen und ich spürten, dass beide Angst hatten und verwirrt waren. Uns ging es nicht anders. Immer wieder schauten wir den grauen Explosionswolken zu. Ich sagte zu meinen Kindern: »Dies ist für euch eine Chance, tapfer zu sein. Seid ein gutes Beispiel für andere Kinder, die sich fürchten.«

Später am Tag sprach ich mit Sugarbear. Wir waren ziemlich sicher, dass der Fall Bullhead abgeblasen oder zumindest auf Eis gelegt würde. Doch zu unserer Erleichterung geschah das nicht. Ich freute mich auf die Arbeit. Ich wollte nicht herumsitzen und daran danken, dass mein Land eben angegriffen worden war.

Am Ende der folgenden Woche stieg ich in Gretchen's Inn in Bullhead ab, einem schäbigen Refugium am Flussufer in der Nähe der Route 95. Von außen wirkte es harmlos, aber innen sah es ganz anders aus: eine nach Methamphetamin stinkende, verlauste Absteige mit kaputten Schlössern an Türen und Fenstern, in der Tag und Nacht Leute fickten. Ich schlief mit verschränkten Armen auf der Brust und mit einer meiner geliebten Glock-19-Pistolen in der Hand.

Am Abend des 22. Oktober 2001, als ich den Bekifften zuhörte, die über und unter meinem Zimmer herumballerten, legte ich mich zum letzten Mal als 100-prozentiger Jay Dobyns ins Bett. Am nächsten Tag wollten wir loslegen.

Unser Fall trug den Codenamen »Operation Riverside«. Sugarbears Informant Chuck würde mich im Mohave Firearms einführen. Er sollte sagen: »Das ist Jay Davis. Er ist voll in Ordnung.«

Und das sagte ich: Wie geht's? Netter Laden. Man sieht, dass Sie Ihr Geschäft verstehen. Stimmt, ich heiße Jay, aber alle nennen mich Bird. Hier ist meine Karte. *Imperial Financial.* Ich treibe Geld ein. Ja, einer von *der* Sorte. Wissen Sie, irgend so ein Typ treibt sich im Bellagio herum und will mit einem unbezahlten Kredit nach Omaha zurückfahren. Sie können keinen Sicherheitsdienst zu ihm schicken, damit er in seinem Vorgarten Geld aus ihm herausprügelt. Schlechte Werbung. Darum nehme ich die Sache in die Hand. Ja, ich schätze, das ist ziemlich krass, wenn ich genauer darüber nachdenke – aber das tu ich nicht. Er zahlt die Rechnung, sein Rasen bleibt grün, und ich verliere nicht zu viel Zeit. Ja, ich fahre Motorrad. Sehen Sie einen Aufnäher auf meinem Rücken? Dann bin ich auch kein Einprozenter, also hören Sie auf zu fragen. Das hier ist meine Maschine, die mit den festgezurrten Baseballschlägern an der Sitzbank. Was ich damit will? Ich bin ein großer Fan der D-Backs. Luis Gonzalez ist mein Junge. Nee, Mann. Was denken Sie denn? Stimmt schon, ein Baseballschläger kann in meinem Beruf ganz praktisch sein. Aber hören Sie, ich hab noch einen anderen Job, vielleicht können Sie mir dabei helfen. Ich brauche Waffen. Kleine, große, schnelle, langsame. Keine Papiere. Kanonen, die ich in den Fluss werfen kann, verstehen Sie? Mir gefällt Ihre Diskretion, Mann. Sie sind ein erstklassiger Unternehmer. Ja, ich hab schon ein paar Dinger, na und? Meine Glocks sind meine Babys, und sie gehören mir allein. Jetzt suche ich nach .45ern. Übrigens, kennen Sie jemanden, der meine Maschine reparieren kann? Ja? Danke, Mann, ich schulde Ihnen was. Wenn Sie mal im Inferno ein paar Bierchen trinken wollen, lassen Sie es mich wissen. Die nächste Rechnung zahlt der Birdman.

Bob Abraham, der Eigentümer des Waffengeschäfts, füllte die Lücken in unserem Wissen. Er war 47, klein, korpulent und stark, und er kannte jede Waffe unter der Sonne. Die Einführung verlief gut – Abraham schluckte alles.

Am nächsten Tag verkaufte er mir zwei .45er ohne Papiere und Formulare. Ich zahlte bar. Es war zu einfach.

Im Laufe der Jahre amüsierte es mich oft, wie schnell Verdächtige mir vertrauten. Verbrecher sind brutal, manchmal auch komisch, und es geht darum, ihnen stets eine Nasenlänge voraus zu sein. Ganoven versuchen ständig, einander und sich selbst zu beweisen, dass sie schlimmer und härter sind als die anderen. Das war ein Grund dafür, dass Abraham wissen wollte, ob ich ein »Einprozenter« war.

Dieser Begriff entstand, als gewalttätige Biker im Jahr 1947 ein Treffen von Motorradfahrern in Hollister, Kalifornien, überfielen. Die American Motorcyclist Association (AMA) bezeichnete diese Rowdys als »das eine Prozent der amerikanischen Motorradfahrer, das kriminell ist«. Der Name blieb hängen und wurde von den Bikern, die sich als »Gesetzlose« (Outlaws) betrachteten, mit Stolz getragen. Da die Outlaw-Biker von den gesetzestreuen Motorradfans – den »99-Prozentern« – geächtet wurden und ohnehin meist Außenseiter in der Gesellschaft waren, gründeten sie Clubs. Diese Biker waren leicht an ihren Motorradkutten zu erkennen: Leder- oder Jeanswesten, meist mit abgeschnittenen Ärmeln, geschmückt mit dem dreiteiligen Aufnäher der Gesetzlosen. Genau genommen bestand dieses Abzeichen aus drei einzelnen Aufnähern auf dem Rücken der Kutte. Das große Mittelstück war das Logo des Clubs (der berüchtigte lachende Schädel oder, bei den Hells Angels, der Totenkopf). Darüber stand der Name des Clubs auf einem *top rocker*, der einer umgekehrten Schaukelstuhlkufe *(rocker)* glich. Der *bottom rocker*, die »untere Kufe«, verriet den Club-Charter

(Ortsverband) des Trägers, der meist nach einer Stadt, einem Bundesstaat oder, bei internationalen Clubs, einem Land benannt war. Die vier großen amerikanischen Outlaw-Clubs sind die Pagans (»Heiden«) im Osten, die Outlaws (»Gesetzlose« oder »Geächtete«) im Mittleren Westen, die Bandidos in Texas und die Hells Angels, die man überall im Land in mindestens 20 Bundesstaaten findet. Die anderen drei Clubs mögen dem widersprechen, aber die Hells Angels sind der *führende* Outlaw-Club in den Vereinigten Staaten und auf der Welt.

Abraham wollte wissen, ob ich ein Einprozenter sei, denn wäre ich einer gewesen, hätte er mir sofort vertraut. Aber es war nebensächlich, dass ich kein Einprozenter war, weil man seine Glaubwürdigkeit bei Kleinkriminellen wie Abraham billig erkaufen kann.

Nach ein paar weiteren Käufen stellte Abraham mich Scott Varvil, John Core und Sean McManama vor, die mich ihrerseits mit Tim Holt bekannt machten, einem Mechaniker, der dann ein paar Schalldämpfer für mich herstellte. Diese Männer hatten vier Merkmale gemeinsam: Sie liebten Waffen, sie waren weiß, sie waren nicht reich, und sie kannten Smitty, den Chef der örtlichen Hells Angels.

Smitty gehörte zum Nomadencharter der Hells Angels in Arizona. Die meisten großen Clubs haben Nomadencharter. Das sind Unterabteilungen, die zu einem Bundesstaat gehören, aber keinen festen Sitz haben. Damals hatten die Hells Angels feste Charter in Tucson, Mesa, Phoenix, Cave Creek und Skull Valley, während ihr Nomadencharter ein Clubhaus in Flagstaff unterhielt. Sie waren also im ganzen Staat verbreitet.

Ich hatte Smitty schon gesehen. Er sah aus wie ein Hippie-Opa mit gezwirbeltem schwarzweißen Bart, großer Altmännerbrille und kahlem Schädeldach über einem Vorhang aus langem, steifem Haar. Wenn er lächelte (bald lernte ich, dass er für einen Hells Angel ungewöhnlich oft lächelte), sah er wie ein liebenswürdiger Doofkopp aus.

Varvil war Smitty besonders zugetan. Er behauptete, die Angels wollten ihn anwerben, aber er könne wegen seines Jobs, den er nicht aufgeben wollte, nicht Mitglied werden. Er war Schulkrankenpfleger, und das war einfach nicht bösartig genug.

Varvil war der interessanteste Typ der Mohave-Clique. Ich traf ihn zuerst am 7. November, drei kurze Wochen, nachdem ich Abraham begegnet war. Abraham, unser Informant Chuck und ich besuchten Varvil. Ich wollte ihm meine .63er Panhead bringen und ihn fragen, ob er sie reparieren könne. Eine Weile bewunderten wir seine Harley Road King, und als Varvil sich damit zu brüsten begann, sagte Chuck: »Tja, jetzt haben wir deinen Flitzer gesehen. Wo sind denn die Kanonen?« Varvil fragte Abraham, ob er uns traue, und der sagte: »Sie wissen über mein Spielzeug Bescheid, und wenn wir zugrunde gehen, dann schätze ich, tun wir das alle gemeinsam – klar, du kannst ihnen trauen. Ich bürge mit meinem Leben für sie.«

Varvil führte uns in seine Waffenkammer, einen viereinhalb mal sechs Meter großen Raum neben der mit Gerümpel gefüllten Garage. Jede Wand war mit Waffen aller Art aus fast jedem Jahrzehnt des 20. Jahrhunderts und wahrscheinlich zwei Dutzend Ländern bestückt. Varvil reichte mir eine AR-15 mit Dreipositionenschalter und sagte: »Ja, vollautomatisch. Hab ich selbst gemacht.« Er zeigte mit dem Daumen auf einen Fräser. »Mann, ich könnte den ganzen Tag an diesen ARs herumbasteln.«

Schön für ihn. Nach einer Weile zogen wir ab.

Wochen vergingen, und wir arbeiteten. Die Jungs hatten reichlich Geld. Ich trickste John Core aus. Ich sagte ihm, ich wolle in einer Karosseriewerkstatt Waffen an mexikanische Gangster verkaufen, und bat ihn, mich als Verstärkung zu begleiten. Bevor wir hingingen, tankten wir und kauften eine riesige Flasche Limonade. Als der Cougar gefüllt war, goss ich die Limo auf den Boden und füllte die Flasche mit Benzin. »Weißt du, das sind üble Kerle«, sagte ich. »Wir gehen da hin und machen ein Geschäft. Aber wenn etwas schiefgeht, schmeiße ich erst diese Flasche und dann meine Zigarette auf den Boss. Dann brennt er wie Zunder. Kapiert? Dann rennen wir weg wie der Teufel.« Die Typen, mit denen wir »Geschäfte machten«, waren Polizisten, und darum gab es keine Probleme. Aber Core hielt alles für echt. Er war so nervös, dass er seine Zigarettenasche in die Schuhe klopfte, um den Boden nicht zu verschmutzen – das hätte die Käufer ja verärgern können.

Danach machte ich noch ein paar Geschäfte mit Core und Sean McManama. Mit McManamas Hilfe brachte ich Tim Holt dazu, Schalldämpfer nach meinen Vorstellungen für mich anzufertigen. McManama bat mich, den Exmann seiner Frau umzubringen, und gab mir sogar eine Waffe dafür.

Mit diesem »Auftragsmord«-Szenario war ich vertraut. In solchen Fällen wandte ich eine Verzögerungstaktik an und erklärte, ein derart schweres Verbrechen müsse ich selbst planen. In der Zwischenzeit wurden die Auftraggeber oft vernünftig und bliesen die Sache ab. Mordaufträge waren meist nützlich, denn ich gewann an Glaubwürdigkeit, wenn ich scheinbar bereit war, jemanden für Geld zu töten. Außerdem konnte die Staatsanwaltschaft die Auftraggeber später wegen Verabredung einer Straftat anklagen.

Ich nahm McManamas Auftrag unter meinen Bedingungen an, und siehe da: Ein paar Wochen später widerrief er ihn. Trotzdem festigte ich meinen Ruf als Auftragskiller.

Ich blieb Varvil auf den Fersen, aber er machte immer einen Rückzieher, bevor es zu einem Deal kommen konnte. Als ich ihn aufsuchte, um mein Motorrad abzuholen, trug er einen babyblauen Krankenschwesternkittel und arbeitete an seiner Werkbank. Sobald er mich sah, stand er auf, nahm eine Sig-Sauer-Pistole vom Tisch und schob sie so in seinen Hosenbund, dass der Griff über den Rand seiner Cordhose hing. Wir schüttelten uns die Hände, und er führte mich zu meinem Motorrad. Er setzte sich darauf, startete und stellte die Kupplung auf Leerlauf.

Dann schrie er mir zu: »Sag mal, Core verkauft dir doch eine Spectre-Pistole. Was verlangt er dafür?«

»Einen 1000er«, schrie ich zurück.

»Das ist zu viel für eine Pistole. Ich hätte sie dir für 300 gegeben.«

»Das ist cool, Mann. Aber er gibt keinen Millimeter nach und ich auch nicht. Muss ich mich eben noch mehr ranhalten« – er stellte den Motor ab, und ich schrie in der plötzlichen Stille weiter –, »beim nächsten Inkasso.«

Er zuckte mit den Schultern. »Es ist dein Geld.«

Ich deutete mit dem Kinn auf das Motorrad. »Hört sich gut an.«

»Wie 'ne Eins.« Er senkte die Maschine ab und schwang das linke Bein mit einer fließenden Bewegung über den Sitz. Die Pistole steckte immer noch an seiner Hüfte. Sie trotzte der Schwerkraft, obwohl nur ein lächerlicher schlabbriger Baumwollkittel sie hielt. »He, komm mal mit. Ich will dir was zeigen.«

Er führte mich in die Waffenkammer. Sie sah aus wie beim letzten Mal: Waffe an Waffe an Waffe. Varvil öffnete eine große Schublade und wühlte darin. Er zog Lappen, Gewehrkolben, Halfter und schusssichere Westen heraus und warf alles auf einen Haufen. Dabei plapperte er ohne Unterlass. Es klang, als sei er auf Meth. »Abraham und die Jungs wollen, dass ich alles frisiere, was sie haben. Zum Teufel damit. Ich will nicht noch mehr automatischen Scheiß rumliegen haben. Diese Typen haben keine Ahnung, was ich riskiere, wenn ich all ihre verdammten Kanonen aufmotze. Mann, wenn Ted

Nugent meinen PVC-Garten hinter dem Haus sehen könnte, würde er in seiner Hose abspritzen.« Vermutlich meinte er seinen Hinterhof, in dem er seine überzähligen Waffen in verschlossenen PVC-Röhren verscharrt hatte. Dann hörte er auf, Schubladen zu durchwühlen, und stemmte seine Hände in die Hüften. »Da ist sie ja.«

Varvil holte eine MP 40 aus der Schublade. »Das ist eine deutsche Schmeisser. Die Nazis benutzten sie, als sie Polen überfielen. Sie hat einen unverriegelten Masseverschluss und einen Rückstoßlader. Eine Maschinenpistole mit langsamer Feuerrate. Und die hier« – er zog eine andere Waffe heraus – »ist britisch. Eine Sten-MP. Ich kriege ab und zu eine.«

»Cool. Kannst du mir eine von diesen da besorgen?«

»Klar. Ich hör mich mal um. Schau her! Das ist ein russisches STG 44, der Vorläufer des AK 47. Diese Mistknarre kannst du nachladen, während du schießt. Am besten hältst du die Ladestreifen bereit. Und das hier ist ein Schneeräumer, eine AR 15, oben flach. Mit der Visiereinrichtung kann man Gestrüpp beseitigen.«

Er reihte die Maschinenpistolen vor der leeren Wand neben dem Türpfosten auf. Die Sten reichte er mir. Ich legte sie neben die MP 40, und wir traten zurück. Varvil schaute mit verschränkten Armen auf seine Sammlung hinab und schüttelte langsam, stolz und fast ungläubig den Kopf. Er atmete tief durch die Nase ein, füllte die Lungen und schob das Kinn ein wenig vor, während er aus dem Rachen kurz ausatmete. Er war ergriffen.

»Bird, was du hier siehst, ist die Liebe meines Lebens; genau das siehst du hier.«

Wir rannten und rannten und rannten, und ich ließ die Peitsche knallen. Sugarbear konnte kaum mithalten. Innerhalb von zwölf Wochen hatte ich eine Wundertüte voller Waffen gekauft: eine tschechoslowakische halbautomatische Pistole Kaliber .32, einen Rohm-Revolver Kaliber .22, eine

FIE-Pistole Modell A27 Kaliber .25, eine 9-mm-Pistole Intratec 22 mit passendem Schalldämpfer, eine halbautomatische Pistole Sites Spectre HC 9 mm, ein Ruger-Gewehr Modell 1022 Kaliber .22 mit abgesägtem, 33 cm langem Lauf und ein Maschinengewehr Colt AR 15 Kaliber .223. Ich kaufte über 40 Schalldämpfer von Holt, wobei McManama als Vermittler auftrat. Die Schalldämpfer, das Maschinengewehr, das abgesägte Gewehr und die Intratec 22 mit Schalldämpfer galten nach dem Gesetz als verbotene Waffen. Ich war jedoch nie aufgefordert worden, Formulare auszufüllen, weil ich immer angedeutet hatte, dass ich mit den Waffen töten oder sie in Mexiko mit Aufschlag verkaufen wollte. Die Jungs stellten keine Fragen. Sie kalkulierten schnell und mit krimineller Energie und nickten mir zu, als wäre ich ihr lieber älterer Bruder. Ich nahm vier Mordaufträge an und verzögerte sie oder bluffte. Natürlich tötete ich niemals jemanden für Geld. Das alles hielt mich ganz schön auf Trab.

Auch mein Sohn Jack hielt mich in diesem Herbst und Winter auf Trab.

Ich setzte alles daran, zweimal in der Woche nach Tucson zu fahren, um eine ausgelassene Bande von Sieben- und Achtjährigen in einer Tee-Ball-Liga zu trainieren. Während des gesamten Riverside-Falles verpasste ich kein einziges Spiel, selbst wenn ich nachts fahren musste, um einzutreffen, wenn die Jungen aufs Feld liefen. Ich hätte ein schlechtes Gewissen gehabt, wenn ich nicht da gewesen wäre; aber es machte auch Freude. Ein paar Stunden in der Woche war ich von Unschuld umgeben. Ich konnte Kinder ermutigen, etwas zu leisten, und ich konnte sie umarmen, wenn sie Spaß gehabt hatten. Es war der Höhepunkt meiner Woche.

An einem Samstag Mitte Januar erinnerte Jack mich daran, dass das Spiel am folgenden Dienstag ausfallen würde.

Ich fragte: »Warum das?«

»Keine Ahnung. Am Montag ist der Gedenktag für Martin Luther King. Aus irgendeinem Grund haben sie das Spiel am Dienstag abgesagt.«

»Gut, dann spielen wir eben am nächsten Samstag.«

Am Sonntag fuhr ich nach Bullhead. Gwen hatte den Kofferraum mit Essen gefüllt. Als ich vom Haus wegfuhr, stand meine Familie im Vorgarten und winkte. Jay, dachte ich, du bist ein glücklicher Mann.

An diesem Abend hing ich mit Abraham und Varvil in der Inferno Lounge herum. Das Inferno war in Bullhead City das Lokal der Schickeria. Dort musste man sich sehen lassen. Es war eine dunkle, wenig aufregende Bar in einem schlichten zweistöckigen Betonbau. Barkeeperinnen in Bikinis sorgten dafür, dass die Kunden wiederkamen. Die Klientel bestand hauptsächlich aus ganz normalen Bürgern und Kleinkriminellen, aber die Bar lockte auch viele Outlaw-Biker an. Smitty schaute zwei- oder dreimal in der Woche vorbei.

Varvil und ich saßen an der Bar und unterhielten uns über den Florence Prison Run. Alle wussten davon. Jedes Jahr stiegen sämtliche Clubs in Arizona auf die Sättel und fuhren nach Florence zum Gefängnis, um ihren einsitzenden Brüdern Tribut zu zollen. Ich sagte, ich sei noch nie dort gewesen, und Varvil versicherte mir, es sei ein denkwürdiges Ereignis. Ich meinte: »Schätze, da fahr ich hin, und wenn ich allein fahren muss.« Es klang verdammt zu cool.

Abraham kam aus dem Klo, steuerte auf uns zu und setzte sich auf seinen Hocker. Er schlang die Hände um sein Bier und starrte auf den Fernseher. Sie sendeten gerade ein Interview mit Colin Powell, unterbrochen von Szenen mit afghanischen Taliban. Abraham sagte sehnsüchtig: »Mann, was für ein fantastischer Markt!« Weder Varvil noch ich sagten etwas. Wir wussten nicht genau, was er meinte. Abraham sagte: »Mann, wenn ich 'ne verdammte Brücke von Afghanistan bis zum Eingang meines Ladens bauen könnte ...«

Varvil war bestürzt. »Bob, wovon redest du?«

»Ich würde diesen Arabern ein paar Gewehre verkaufen. Davon rede ich!« Er zeigte mit dem glitzernden Hals seiner Bierflasche auf eine Gruppe bärtiger Taliban.

Varvil erstickte beinahe. »Damit sie Amerikaner umbringen können?!«

»Zum Teufel, ja! Ist mir scheißegal. Geld ist Geld, und wenn ein Schweinehund 'ne Kanone braucht, will ich sein Mann sein.«

Ich sagte: »Mann, du bist ja bekloppt.«

Varvil, ein ehemaliger Marinesoldat, sah Abraham an, als wäre er aussätzig, und widmete sich dann wieder seinem Bier.

Abraham wechselte das Thema. »Sag mal, Bird, hast du morgen etwas vor?«

»Nicht, dass ich wüsste.«

»Ich fahr in die Wüste zum Schießen. Kommt du mit?«

»Aus welchem Anlass?«

Er nahm einen langen Zug und sagte: »Es ist Nigger-Montag. Ich weiß, dass diese faulen FBI-Agenten sich an Feiertagen immer freinehmen, um Bier zu trinken und herumzulümmeln. Darum wird mich da draußen im Busch niemand mit meinen geilen Spielsachen erwischen.« Er tippte sich selbstgefällig an die Schläfe. Am liebsten hätte ich ihm eins auf die Rübe gehauen, aber das durfte ich nicht.

Ich sagte, ich hätte wahrscheinlich keine Zeit, leerte mein Glas und ging.

Ich nahm mir am Martin-Luther-King-Tag nicht frei. Ich erledigte Papierkram, bei dem es vor allem um Abraham ging, und besuchte Holt in seiner Werkstatt, um noch ein paar Schalldämpfer zu kaufen. Die ganze Zeit dachte ich: Abraham, du fettes Schwein, hier ist ein Cop, der am Wochenende durcharbeitet, und eines Tages kommst du in den Knast, und zwar ziemlich lange, weil ich beschlossen habe, am »Nigger-Montag« 2002 zu arbeiten.

4 Randale bei Harrah's

Januar bis April 2002

ENDE JANUAR FUHR ich zum Prison Run.

Florence ist eine kleine Wüstenstadt in Arizona, die sich vor allem dadurch auszeichnet, dass sie die größten Gefängnisse in Arizona und im ganzen Land beherbergt. Alljährlich versammeln sich Tausende von Bikern und fahren dann langsam hinaus zum Gefängniskomplex, um den Unglücklichen Respekt zu zollen, die hinter Gittern sitzen. Dabei wimmelt es nur so von Chrom, Stahl, Leder und Jeans. Wenn die zerlumpte Kolonne am Hof vorbeikriecht, stehen die Häftlinge in orangefarbenen Overalls und »Rührteuch!«-Stellung hinter Hunderten von Metern Stacheldraht und winken, johlen und schreien. Um wenigstens eine gewisse Ordnung herzustellen, inszenieren die Gesetzeshüter eine Demonstration der Macht: Hubschrauber, gepanzerte Fahrzeuge, Streifenwagen, Motorräder, Geländewagen, Gefängniswagen – die gesamte Flotte.

Varvil, der nicht mitfuhr, hatte recht: Es war ein denkwürdiges Ereignis.

Ich fuhr mit einem V-Mann, der an einem anderen Fall außerhalb von Los Angeles arbeitete. Er hieß Mike Kramer, genannt Mesa Mike, und war einer der wenigen Angels, die wir jemals »umdrehen« konnten. Damals wusste sein Case Agent, der ATF Special Agent John Ciccone, jedoch nicht genau, warum Mike das Lager gewechselt hatte. Während der Fahrt stellte Mesa Mike mich einigen seiner engsten Freunde vor – den Mesa-Angels Cal Schaefer, Kevin Augustiniak und Paul Eischeid. Dann deutete er auf einige andere, die weiter weg standen. Es waren der Mesa-Präsident Bad Bob, sein Vize Whale, Smitty aus Bullhead, den ich sofort erkannte, und ein riesiger Kerl namens Chico aus dem Charter Phoenix. Mesa Mike warnte mich davor, mit Chico aneinanderzugeraten – er bringe, ohne mit der Wimper zu zucken, jeden um, der es verdient habe: Polizisten, Frauen, Kinder, Hunde, Kaninchen und sogar seine Brüder bei den Hells Angels.

Nach dem Ausflug kehrte ich in mein Undercover-Haus in Bullhead zurück. Es stand in einer Sackgasse namens Verano Circle und war wie ein Luftschutzbunker dekoriert. Ich hatte das Fenster mit Sperrholz zugenagelt. Jede Tür außer der Eingangstür war mit fünf auf zehn Zentimeter Kantholz verbarrikadiert. Das Wohnzimmer war ein Fitnessraum: Hantelbank, Scheiben- und Kugelhanteln, Sandsack und Boxbirne. Eine rote Rohrzange hing neben der Haustür und eine schusssichere Weste im Wohnzimmer an der Wand. Im Schrank bewahrte ich eine Machete und eine Schrotflinte auf; in einer Ecke des Hauses hatte ich Sandsäcke gestapelt. Die Speisekammer war gefüllt mit Dosen, Wasser in Flaschen, drei Kisten Bier und einer großen Flasche Jack Daniel's. Mit dem ganzen Zeug wollte ich den Eindruck erwecken, dass ich der Polizei, sollte sie je auftauchen, eine Schießerei im Stil von Butch Cassidy liefern würde.

Weiterhin fuhr ich zweimal die Woche nach Tucson, um Jacks Spiele zu coachen. Ende März nahm ich mir ein paar Tage frei, setzte mich an den Swimmingpool in meinem Hintergarten und genoss das Leben. Abends spielte ich mit Jack auf dem Golfplatz Fangen im Dunkeln; dann ging ich ins Haus und hörte zu, wie meine Tochter Dale Gitarre übte. Für eine Anfängerin war sie ziemlich gut. Gwen, elegant und nachsichtig, verwöhnte mich mehr, als ich es verdiente.

Dann kam der April, und ich fuhr zurück nach Bullhead.

Wieder stand ein großes Bikertreffen bevor. Da es in meinem Gebiet stattfand, beschloss ich hinzufahren, um dort einigen der lokalen Hells Angels zu begegnen.

Damals war die ATF sehr an den Angels interessiert. Agent Ciccone ermittelte, und Joseph »Slats« Slatalla, ein Star unter den Case Agents, leitete einen historischen Fall in Phoenix. Ermittlungen dieser Art stützen sich auf Polizeiakten, Haftbefehle, eidesstattliche Erklärungen, Urteile, Finanzdokumente und öffentliche Archive. Slats versuchte zu beweisen, dass die Angels eine kriminelle Vereinigung waren, die nach dem RICO-Gesetz gegen erpresserische Beeinflussung und korrupte Organisationen angeklagt werden konnte.

Slats wusste, dass die Angels erst seit knapp fünf Jahren in Los Angeles waren und dass vor ihnen das Dirty Dozen, das »Dreckige Dutzend«, die Vorhut der Einprozenter gebildet hatte. Das Dirty Dozen war brutal und fest etabliert gewesen. Seine Mitglieder, darunter auch Chico und Bad Bob, hatten Geld erpresst, Gewaltakte verübt und Waffen und Drogen geschmuggelt.

Die Angels drangen in ihr Revier ein, nachdem Ralph »Sonny« Barger, der legendäre Gründer der Hells Angels, nach 40 Jahren als Präsident in Oakland, Kalifornien, zurückgetreten war. Er hatte in der Region Phoenix eine Gefängnisstrafe abgesessen und sich in den Bundesstaat und sein Klima verliebt. Also verließ er Oakland und zog nach Cave Creek in Arizona, eine Vorstadt im Norden von Phoenix. Und mit ihm kamen die Hells Angels, die es nicht zuließen, dass ein anderer Club glaubte, ihnen ebenbürtig zu sein. Das Dirty Dozen saß in der Falle. Die Typen waren hart, aber sie verfügten nicht über die Mittel der Hells Angels, ganz zu schweigen von deren internationalem Ruf. Man stellte ihnen ein Ultimatum: Verschwindet oder tretet zu den Angels über. Die meisten entschieden sich begeistert für das Letztere. Andere verließen die Szene für immer. Wieder andere wollten zu den Angels wechseln, wurden aber abgelehnt.

Diese Tatsachen waren wichtig. Dass ein Club in weniger als fünf Jahren das Kommando in einer Stadt übernahm, in der er zunächst bedeutungslos gewesen war, bewies nach Slats' Ansicht, dass die Angels ihren Einfluss geschickt und skrupellos ausspielten. Historisch betrachtet gibt es vor allem zwei Gründe dafür, dass die Justiz nur halbherzig gegen kriminelle Motorradbanden vorgeht. Erstens gelten sie bei den hohen Tieren kaum als Kriminelle. Viel lieber verfolgt man große Drogen-, Waffen- oder Sprengstoffhändler. Und wenn die Behördenchefs eine möglichst große Zahl von Fällen bearbeiten wollen, ist es einfacher, gegen kleine Fische wie Varvil und Abraham vorzugehen. Gruppen wie die Hells Angels zu verfolgen setzt Zeit, Engagement, Vertrauen, Risikobereitschaft und Geld voraus – eine tödliche Mischung für eine Bürokratie wie das ATF.

Zweitens sympathisieren manche Ermittler mit den Bikern oder schließen sich ihnen an. Manche gründen sogar eigene Clubs. Mir war das immer ein Rätsel. Polizisten äffen ja auch keine Mafiabosse nach und ziehen sich nicht wie Crips oder Bloods an, um in ihrem Stadtviertel Gangs aufzubauen. Warum also entscheiden sich manche dafür, nach dem Vorbild krimineller Syndikate ihren eigenen Motorradclub zu gründen? Vielleicht weil sie verrückt nach Motorrädern sind. Denn sie alle haben eines gemeinsam: das Credo »Lebe, um zu fahren, und fahre, um zu leben«. Aber ich bin mir da nicht sicher, weil ich Motorräder im Grunde nicht besonders mag. Man stelle sich vor!

Egal, welche Gründe sie hatten, diese Leute missachteten ihren Auftrag und genossen den vorsichtigen Respekt ihrer neuen Brüder. So schufen sie einen sicheren Hafen für die Biker. Mein Standpunkt war eindeutig: Ja, Waffen und Drogen gefährden das Leben von Menschen; aber was das Leben der Menschen wirklich ruiniert, ist Gewalt. Und Gewalt war und ist die Quelle der Macht der Hells Angels. In den nächsten Monaten trafen wir uns regelmäßig, um über die Angels zu sprechen. Slats war klar, dass gesetzlose Biker oft fälschlich als weiße, übergewichtige Analphabeten im mittleren Alter gelten, die schmutzige Bowlingwesten tragen, Bier trinken und einander abenteuerliche Geschichten über zahnlose Hexen erzählen, die sie am Straßenrand aufgelesen haben. Nicht alle diese Typen waren Mörder, Vergewaltiger oder Drogenkonsumenten. Slats wusste, dass die meisten von ihnen sich zurückhielten, weil sie einen Job und eine Familie hatten. Aber er wusste auch, dass jeder Outlaw, der einen dreiteiligen Aufnäher trug, potentiell kriminell war. Eine kleine Gruppe von Einprozentern war verrückt, gewalttätig und so aufgeputscht, dass sie sich nur für Drogen, Fusel und Verbrechen interessierte. Und weil diese kleine Gruppe eng zusammenhielt, hatte sie eine Menge Einfluss auf die größere, weniger gewalttätige Gruppe. Wenn man diesen Leuten Alkohol, Drogen, Schusswaffen, Hämmer und Messer gab und dazu Ehrgefühl sowie einen brutalen Anführer, war Gewalt die wahrscheinliche und sogar bevorzugte Folge jedes Streits. Wir alle wussten, dass diese Typen zu schrecklichen Taten fähig waren, wenn sie sich sicher fühlten: Körperverletzung (auch in Gruppen gegen einzelne Opfer), Messerstechereien, Schießereien, Vergewaltigung. Wenn es hart auf hart kam, unterstützten die gesetzlosen Biker einander, weil ihrer Meinung nach sonst niemand zu ihnen hielt.

Als Straßenpolizist interessiert es mich nicht, wer jemand ist und welchem Club er angehört. Aber wenn einer gewalttätig und kriminell wird, ist es meine Aufgabe, ihn festzunehmen. Die gesetzlosen Motorradclubs sind für die ATF wie geschaffen: Waffen, Sprengstoff, Drogen und Gewalt – das sind die Ecksteine unseres Auftrags.

Außerdem glaube ich, dass diese Biker die einzige wirklich einheimische Form des internationalen organisierten Verbrechens in den USA sind. Mafiosi stammen aus Italien, Russland und Japan, Drogenkartelle aus Südamerika und Südostasien. Straßenbanden agieren lokal und sind weder hier noch in anderen Ländern einzigartig. Aber die Motorradgangs entstanden *hier* in den 1940er- und 1950er-Jahren, allen voran die Hells Angels, und heute findet man sie auf jedem Kontinent und in fast jedem zweiten Land der Welt. Die Hells Angels haben Charter in 26 Ländern auf fünf Kontinenten – allein in Deutschland gibt es mehr Mitglieder als in den USA –, und alles begann mit der Vision eines gewissen Ralph »Sonny« Barger in Oakland, Kalifornien.

Aus diesen Gründen war ich immer der Meinung, dass es sich lohnt, Bikergangs zu beobachten.

Und am 27. April 2002 schlossen sich meine weniger überzeugten Kollegen dieser Meinung an.

Der River Run war nichts anderes als eine Gedenkveranstaltung für Verbrecher, die im Gefängnis saßen. Es war ein großer Bikertreff in einer Casinostadt in Nevada, der seit 1983 abgehalten wurde und zahlreiche kommerzielle Sponsoren und Musikstars anlockte. Es gab Motorradwettkämpfe, Misswahlen, viele Stripperinnen, Damenringkämpfe mit Rasierschaum und Babyöl sowie Glücksspiele, und es wurde ausgiebig gefeiert. Fast alle Teilnehmer waren gesetzestreue Bürger. Doch ohne die Outlaws wäre kein Bikertreffen komplett. Sie waren hochgeachtete Idole, und weil jeder gerne angehimmelt und respektiert werden möchte, erschienen sie in großer Zahl.

Die Hells Angels waren die Stars dieser Veranstaltungen. Aber auch andere Gangs waren vertreten. Es galt als äußerst feige, seinen Rivalen aus dem Weg zu gehen, und kein Club wollte sich freiwillig bloßstellen.

Darum waren auch die südkalifornischen Mongols, Rivalen der Hells Angels, in der Stadt. Beide Clubs lagen seit 30 Jahren miteinander in Fehde, aber ein regelrechter Krieg war noch nicht ausgebrochen.

Außer den Bikern waren auch Heerscharen von Polizisten in Laughlin. Beamte des Bundesstaates und der Stadt wurden durch Bundespolizisten wie Ciccone und Slats verstärkt. Sugarbear und ich unterstützten sie ebenso wie einige meiner ältesten Undercover-Freunde und -Kollegen, darunter John »Babyface« Carr, Sean »Spiderman« Hoover und Darren »Koz« Kozlowski. Eine junge Kollegin namens Jenna »JJ« Maguire war ebenfalls dabei.

Koz tat sich am Abend des 27. April mit mir zusammen. Er war ein Supertyp, der gut improvisieren konnte und *immer* furchterregend aussah. Er war für seine bösen Scherze berühmt: »Wenn ich im Dienst sterbe, dann auf keinen Fall bei einem Verkehrsunfall oder an einem Herzanfall am Schreibtisch. Ich will nicht auf meinem Motorrad von einem Bus angefahren werden. Ich will, dass man mich an einen Stuhl fesselt und mir ins Gesicht schießt. Ich will, dass diese Dreckskerle mir den Kopf abhacken. Ich will, dass die Jungs sagen: ›Habt ihr schon gehört? Sie haben Koz den Kopf abgehackt!‹«

Wir fuhren zum Flamingo, wo alle Angels abgestiegen waren, gingen an eine Bar in der Mitte und setzten uns auf die Hocker. Alle durchbohrten uns mit ihren Blicken. Überall schwirrten Hells Angels herum. JJ, unsere Beobachterin, saß am Ende der Bar und hielt die Augen offen, während sie Einladungen auf Drinks und Motorradfahrten ausschlug.

Die Lage im Casino war spürbar angespannt. Den Angels war klar, dass die Mongols in der Nähe waren. Sie rechneten mit einem Kampf, wussten aber nicht, wann und wo er beginnen würde. Sie hatten Spione ins Hotel der Mongols geschickt und waren davon überzeugt, dass die Mongols ihnen die gleiche Gefälligkeit erwiesen hatten. Niemand schien ansprechbar zu sein, und ich hatte Smitty, auf den ich besonders scharf war, noch nicht gesehen. Nachdem wir eine Stunde lang Bier getrunken hatten, kamen Koz und ich zu dem Schluss, dass dies wohl doch nicht unser Abend war.

Dann stand plötzlich Smitty ein paar Hocker weiter an der Bar und bestellte einen Crown Royal und Cola.

Mir war klar, dass ich meine Rolle überzeugend spielen musste. Wenn ich das »Vorstellungsgespräch« vermasselte, würden Koz und ich sehr bald in einem Haufen Leiber ganz unten liegen und hätten keine Chance mehr, Kontakt mit den Angels aufzunehmen. Angst hatte ich zwar nicht – ein Team von Kollegen deckte uns, und es wimmelte von Polizisten –, aber ich musste dennoch als harter Kerl auftreten und gleichzeitig respektvoll sein. Koz blieb gelassen. Er war zu einer Schießerei wie in einem alten Wildwestfilm bereit – und er hätte jede Minute genossen.

Koz und ich schoben uns an Smitty heran. Bevor wir ihm so nahe waren, dass er sich unbehaglich fühlte, fragte ich: »Entschuldige, du bist doch Smitty, nicht?« Er drehte sich zu uns um.

Etwas machte klick. Er nickte eulenhaft und grinste. Es war, als habe ihm ein Karikaturist ein Lächeln ins Gesicht gezeichnet. »Stimmt«, sagte er.

»Ich bin Bird, und das ist mein Kumpel Koz.«

Er nickte Koz zu, sprach aber mit mir. »Ja, ich kenne dich.«

»Wirklich? Das ist schmeichelhaft.«

Er sagte: »Tja, Bullhead ist 'ne kleine Stadt.«

»Mag sein, aber soviel ich weiß, bist du so 'ne Art Bürgermeister hier, und ich bin nur ein Bürger.« Er sagte nichts, aber sein hochgezogener Mundwinkel verriet mir, dass auch er sich geschmeichelt fühlte. Also fuhr ich fort: »Nun ja, ich wollte mich nur vorstellen und dir sagen, dass du meiner Meinung nach eine erstklassige Party veranstaltet hast.«

Smitty lächelte ein wenig mehr und trank sein Glas aus. Mir schien, dass ich in seinen Augen kaum mehr als ein Fan war.

Er sagte: »Danke. War nett, dich zu treffen, Bird. Ich hoffe, wir sehen uns noch.« Dann ging er zurück in die Menge. Zivilisten und Angels machten ihm Platz.

Kurze Zeit später setzte sich ein anderer Hells Angel mit einer Dago-Kutte auf den gleichen Hocker, begleitet von einigen anderen Angels aus Dago (San Diego). Alle bestellten Bier. Der Typ, der auf Smittys Hocker saß, war stämmig und sah aus wie ein junger Weihnachtsmann: gewelltes Haar, langer, welliger, fächerförmiger Bart, glänzende Augen und rosige Wangen. Ich streckte die Hand aus und sagte: »He, ich bin Bird aus Bullhead City. Darf ich dir einen Schnaps bestellen?«

Er schüttelte mir die Hand. »He, ich bin Ramona Pete. Nichts Scharfes heute Abend, Bird. Trotzdem danke.« Er war sehr sympathisch, und wir unterhielten uns ein paar Minuten über die Veranstaltung, während er sein Bier trank. Als er fertig war, lächelte er uns mit gefletschten Zähnen an und sagte: »Wenn du mal in Dago bist, schau bei mir in Dumont's Bar vorbei. Nicht zu verfehlen. Gleiche Straße wie unser Clubhaus.«

»Cool, das mach ich.«

Er ging.

Wir blieben bis zum späten Abend in der Bar. Smitty kreuzte noch ein paarmal auf, meist mit anderen Angels. Einer von ihnen ist mir in Erinnerung geblieben, nicht nur wegen seines Aussehens, sondern auch, weil er zweimal mit Smitty flüsterte.

Dieser Mann war dünn und nervös. Sein Abzeichen – kleine Aufnäher vorne an seiner Kutte – identifizierten ihn als Mitglied des Charters Skull Valley und des Dirty Dozen. Das bedeutete, dass er für den Club extreme Gewalt angewandt und höchstwahrscheinlich einen Mord begangen hatte. Sein schlachtschiffgraues Haar, vorne kurz, hinten lang, hatte er zurückgekämmt. Er trug eine Sonnenbrille und hatte vorstehende Zähne. Mich erinnerte er an den Nesquik-Hasen.

Smitty und Der Hase verschwanden kurz; dann kamen sie zurück und setzten sich an einen Blackjack-Tisch in unserer Nähe. Smitty sah nervös aus, und Der Hase schwitzte sichtbar. Er hatte die Hände in die Hosentaschen gesteckt, und seine Ellbogen waren steif. Sie unterhielten sich etwa fünf Minuten lang konzentriert; dann ging Der Hase mit schnellen Schritten fort. Smitty sah nicht gerade fröhlich aus. Er ging zu einigen Angels an einem anderen Tisch und nickte dem Geber zu, der aufhörte, Karten zu verteilen. Smitty sprach leise, aber bestimmt.

Wir widmeten uns unseren Drinks, blieben locker und taten so, als wären die Angels nicht da und als kümmerten sie uns nicht.

Als wir wieder zu dem Blackjack-Tisch schauten, waren die Angels weg. Wir sahen uns um. *Alle* waren gegangen. Koz sagte: »Was zum Teufel ...?« Ich zuckte mit den Schultern. Etwas war im Busch – aber was?

Wir tranken aus, zahlten und gingen hinaus. Es war fast zwei Uhr morgens.

Als wir zu unseren Motorrädern gingen, raste ein Polizeiauto nach dem anderen die Einkaufsmeile von Laughlin entlang. Manche Leute rannten mit den Streifenwagen mit, aber die meisten liefen in die andere Richtung. Ich konnte den Wahnsinn fast spüren. Es war, als kündige sich der Ärger mit leichtem Schwefelgeruch an.

Koz sagte: »Tja, ich schätze, jetzt wissen wir, wohin die Angels gegangen sind.«

In Harrah's Casino and Resort in Laughlin steht eine lange Bar, die Rosie's Cantina heißt. Sie ist rechteckig und hat purpurne Säulen an den Ecken. Die Leute drängen sich um sie, spielen Keno und rauchen lange weiße Zigaretten, um sie herum ein klassisches amerikanisches Casino mit heulenden Glücksspielautomaten und Dutzenden von Blackjack- und Poker-Konsolen, die zu Ehren des verlorenen Geldes Musik klimpern.

Mongols umringten die Bar und tranken. Sie waren überall. Sie saßen auf Hockern und standen in ihren Stiefeln herum. Alle trugen Leder und Jeans. Ihre Brustkörbe wogten wie bei seltenen Vögeln, ihre Rücken zuckten wie die von Pferden. Sie benahmen sich wie immer: paranoid und misstrauisch, und sie wussten, dass sie andere einschüchtern konnten.

Am oberen Ende der Bar versuchte eine kleine Gruppe von Hells Angels aus San Francisco zu trinken. Die Angels der Bay Area sind stolzer, als die Polizei erlaubt, weil ihre Ahnenreihe direkt in die goldene Zeit zurückreicht und Sonny Barger persönlich sowie die berüchtigten Bass Lake Runs, der Angel Dust und Altamont ihr Erbe sind.

Die Mongols wollten die Angels nicht im Harrah's haben – das war ihr Revier. Die Frisco Angels wussten das; also riefen sie heimlich Smitty zu Hilfe. Der erschien undercover – keine Hells-Angels-Kutte, kein Abzeichen –, als wolle er wie viele andere die Lage sondieren und nachsehen, welchem Tisch die Glücksgöttin hold war. Er ging zur Bar und bestellte einen Drink. Eine Gruppe Mongols stand neben ihm. Er konnte Gesprächsfetzen mithören. Ich kann nur vermuten, was für dumme Beleidigungen sie ausstießen. Sie werden die Angels wohl Tunten, Schwuchteln, Nieten, Schwanzlutscher genannt haben. Ich bin sicher, dass Smitty alles hörte und dass es ihm nicht gefiel. Er zwang sich zu einem breiten Lächeln, nippte an seinem Bier und wischte sich den Schaum vom Schnurrbart. Dabei beobachtete er das andere Ende der Bar, wo seine Brüder aus Frisco sich aneinanderdrängten. Eine Gruppe Mongols umkreiste sie. Das konnte nicht gutgehen.

Smitty verließ langsam das Lokal, und als er außer Sichtweite war, raste er zurück in den Flamingo. Er schnappte sich John »Cowboy« Ward und Rodney Cox und befahl Dem Hasen, ihm beim Zusammentrommeln der Truppe zu helfen. Jetzt zog er auch seine Kutte wieder an. Angels verschwanden und tauchten wenig später wieder auf, erregt, vor Wut ein wenig röter im Gesicht, etwas besser bewaffnet. Zehn Minuten vergingen. Dann warf die Gruppe auf dem Parkplatz ihre Maschinen an.

Die Motoren dröhnten.

Sie fuhren die Einkaufsmeile entlang, manche kauerten zu zweit auf einem Sitz. Die Fahrt ging den Berg hinab zum Haupteingang vom Harrah's. Dort stellten sie ihre Maschinen ab. Nur wenige sprachen. Es waren etwa 30 Mann.

Sie rannten in die Empfangshalle und dann nach rechts. Schlüssel und Metall klirrten an ihren Gurten. Als sie am Restaurant vorbeikamen, trennten sie sich und schwärmten aus. Eine Zehnergruppe ging an die Bar zu ihren gestrandeten Brüdern aus San Francisco.

Die Mongols begannen, sich zu verhalten wie Ratten bei einer Überschwemmung. Das Adrenalin wurde so reichlich ausgeschüttet, dass man es im Sonderangebot hätte verkaufen können. Unbeteiligte Männer und Frauen befanden sich mitten unter den unglückseligen Bikern und spielten. Manche wurden aufmerksam und dachten: Was zum Teufel …? Einige flüchteten rasch. Mehrere Hells Angels saßen auf Hockern vor einer Reihe Spielautomaten und holten Gegenstände aus ihren Westen und Stiefeln. Glänzende Dinge, matte Dinge, Dinge aus Holz. Einige dieser Dinge klimperten, andere blieben stumm.

Worte wurden gewechselt. Pete Eunice aus Dago, der so nett und charmant zu uns gewesen war, versuchte, einen

Waffenstillstand auszuhandeln. Große Mühe gab er sich nicht.

Die Hells Angels kapieren instinktiv vieles, was andere Clubs nicht kapieren. Sie wissen, dass Tatkraft Charakterstärke beweist. Du kannst dir so viele Abzeichen wie du willst aufnähen und den ganzen Brustkorb damit bepflastern – um der Welt mitzuteilen, dass du für deinen Club getötet hast, eine menstruierende Muschi geleckt hast, ein Vergewaltiger und Gangmitglied bist, in deinem Charter als Sergeant oder Präsident dienst, für den Club eine Kugel abbekommen oder Prügel eingesteckt hast, das Angebot, Brüder zu verraten, ausgeschlagen oder einen Cop krankenhausreif geprügelt hast –, aber diese kleinen rechteckigen Abzeichen bedeuten gar nichts, wenn du nicht weißt, wie und wann du treten, schießen, stechen oder zuschlagen musst.

Der Erste, der sich rührte, ein Angel namens Ray Ray Foakes, trat einem Mongol gegen die Brust. Eine große Gruppe von Männern klammerte sich an diese beiden, als sie von der Bar wegsanken. Manche eilten herbei oder liefen weg, je nachdem, wem sie die Treue hielten: sich selbst oder ihren Brüdern. Die ausgeschwärmten Angels vereinigten sich wieder. Mongols wurden von Hämmern und Mag-Lite-Taschenlampen kalt erwischt. Die Hämmer trafen Wangen und Ohren, die Taschenlampen trafen den Hals und die Knie.

Messer wurden gezückt und durch zerlumpte Kleidungsstücke in die Körperseiten und Beine von Bikern gestoßen, dann bluttriefend herausgezogen, zurück in die klimatisierte Casinoluft. Und noch einmal. Und noch einmal.

Und noch einmal.

Waffen wurden gezogen und abgefeuert.

Das Casino bebte. Besorgte Gesichter schauten in jede Richtung. Einige Mongols bekamen es mit der Angst zu tun. Sie zogen sich langsam zurück, versuchten, einem wartenden Angel auszuweichen, und kauerten sich an flimmernde Spielautomaten. Die meisten mischten sich nicht ein. Sobald sie sich in sicherer Entfernung befanden, drehten einige Mongols sich um und rannten davon. Andere, die einen massiveren Angriff fürchteten, zogen ihre Kutten aus und stopften sie in Mülltonnen oder zwischen Spielautomaten.

Die Angels standen ihren Mann.

Weitere Schüsse fielen.

Die Schießerei schuf freien Platz um die Schützen herum. Pete Eunice versuchte nicht mehr, Frieden zu stiften. Er schoss um sich. Smitty hatte keine Kanone, aber er deckte Pete. Ein anderer Schütze war der Angel namens Cal Schaefer, den niemand deckte. Wenn er schoss, stieß er die Waffe nach vorne, als ob sein Ziel eine Armweite entfernt wäre. Die Mündung flammte auf, spuckte Kugeln aus. Er wirbelte herum, suchte ein neues Ziel, wirbelte erneut herum. Der Lauf sang.

Kein Angel zog seine Kutte aus. Kein Einziger. Erst recht nicht die Toten. Der Nesquik-Hase versuchte, einen seiner gefallenen Brüder auf dem Fußboden durch Mund-zu-Mund-Beatmung wiederzubeleben. Vergeblich. Er verbarg seine Waffe unter dem Körper seines gefallenen Bruders.

Der Aufruhr dauerte weniger als zwei Minuten, und die Überwachungskameras zeichneten alles auf. Als ich den Film später sah, war ich von der unglückseligen Choreographie entsetzt. Menschen bewegten sich, als wären sie mit unsichtbaren Fäden aneinandergebunden. Hände zuckten gleichzeitig nach oben, Gesichter und Schultern drehten sich in die gleiche Richtung. Da die Bänder keine Geräusche festhielten, wirkte das Ganze noch surrealer. Alle bewegten sich wie geistlose Organismen, wie Einzeller, die durch eine Flüssigkeit treiben, in der es von Leben wimmelt. Es war sehr seltsam und beinahe schön anzusehen.

Nein, es war nicht schön. Drei Männer wurden getötet –

zwei Angels und ein Mongol –, Dutzende kamen ins Krankenhaus. Später am Abend wurde ein weiterer Angel auf einer dunklen Wüstenstraße außerhalb der Stadt erschossen. Die normalen Touristen und Arbeiter waren zwar traumatisiert, blieben aber wie durch ein Wunder unverletzt. Die Randale in Laughlin war und ist der schlimmste Gewaltausbruch in einem Casino in der Geschichte Nevadas – ein unverfrorener Gewaltakt und eine Herausforderung für uns, die wir die Öffentlichkeit schützen sollen, und für mich, der danach mehr den je entschlossen war, als Bird gegen einige wirklich brutale Hundesöhne zu kämpfen.

5 Black Biscuit BBQ

April bis Mai 2002

ENDE APRIL FUHR ich zurück nach Tucson, um ein paar Tage mit meiner Familie zu verbringen. Jacks T-Ball-Mannschaft war erfolgreich und hatte Spaß, Gwen führte den Haushalt wie eine gelassene Quartiermeisterin, und Dale spielte auf ihrer gebrauchten Gitarre. Sie wollte eine neue haben. Ich wollte, dass sie noch eine Weile die alte benutzte, und sagte, sobald ihre Mutter und ich von ihrem Engagement überzeugt seien, würden wir ihr eine Gibson oder eine andere gute Gitarre kaufen. Sie war einverstanden. Daisy, unser fauler Hund, schlief entweder auf einer Matte unter der Veranda oder bellte ins Wüstengebüsch hinein, um Klapperschlangen, Gila-Krustenechsen und Erdkuckucke auf Distanz zu halten. Ich arbeitete im Garten, säuberte das Schwimmbecken und reparierte eine undichte Stelle im Dach. Es war warm genug, um abends draußen zu sein; darum aßen wir auf der hinteren Veranda.

Eine Woche später fuhr ich nach Phoenix zurück, um Joseph »Slats« Slatalla zu treffen. Er hatte angerufen und gefragt, ob ich mit ihm an seinem Hells-Angels-Fall arbeiten wolle. Wir hatten noch nie zusammengearbeitet, aber wir kannten einander, weil unsere Frauen befreundet waren. Während ich ein erfahrener Undercover-Agent war, galt Slats als Guru der großen Fälle. Er hatte in den 1980er- und 1990er-Jahren in Detroit gearbeitet – im Vietnam der Justizbehörden –, danach in Phoenix und Miami. Vor kurzem war er nach Phoenix zurückgekehrt und hatte eine Herausforderung gesucht, die seinem Tatendrang und seinen Fähigkeiten entsprach.

Wir trafen uns im Waffle House an der Ecke Baseline und I-10 und bestellten beide Pecanwaffeln mit Spiegeleiern und Wurst sowie heißen Kaffee. Das Lokal roch wie eine Teergrube voller Bratenfett, Sirup und starker Reinigungsmittel.

Slats sagte, er habe die Operation Riverside im Auge behalten. Sugarbear und ich hätten gute Arbeit geleistet. Ich fand seinen Fall in Phoenix vielversprechend.

Er biss in eine saftige Wurst. Fett tropfte auf seine Gabel und auf sein Kinn. »Er ist eben erst noch vielversprechender geworden. Diese Mistkerle sind in Laughlin aufeinander losgegangen.« Ich tunkte eine Waffel in einen Eidotter. Er trank seinen Kaffee und erklärte, die Hells Angels hätten ihre Karte ausgespielt, aber sie hätten falsch gespielt und uns praktisch gezwungen, einzugreifen und gegen die schlimmste, berüchtigtste Motorradgang der Welt vorzugehen.

Ich stellte meine Tasse auf den Tisch. Ich wusste, dass er recht hatte. »Und?«, fragte ich.

»Und was?«, fragte er.

»Und worüber reden wir hier?«

»Du bist in einer einzigartigen Position.« Er nahm eine Gabel Bratkartoffeln und tunkte sie in Ketchup und Tabascosoße. »Riverside läuft praktisch allein. Ihr habt gut gearbeitet. Ich möchte, dass ihr jetzt zu mir kommt. Du würdest den ganzen Fall als Undercover-Agent leiten, und Sugarbear wäre für die Ermittlungen im Norden zuständig.«

»Ich kann nur für mich selbst reden, aber das ist echt verlockend.«

Er stopfte sich die Kartoffeln in den Mund. Bevor er schluckte, sagte er: »Du bist also dabei? Du kommst zu mir an Bord?«

»Alter, sag nur ein Wort, und ich mach mit.« Ich konnte es kaum glauben, dass ich mit Joseph Slatalla arbeiten sollte. Weniger deshalb, weil er ein Star war, sondern vor allem, weil ich aufgeregt war. Ich wusste, dass der Fall in die Annalen der Justiz eingehen würde, wenn wir uns ranhielten.

»Gut.« Er winkte der Kellnerin, die aussah, als hätte sie lieber Binokel gespielt.

Ich fragte: »Wie sieht dein Plan aus?«

Bevor Slats antwortete, bestellte er bei der Kellnerin eine Cola light mit Zitrone. Er schaute ihr nach, als sie ging. Dann drehte er sich mit vielsagendem Lächeln zu mir um und sagte: »Oh. Keine Sorge. Er wird dir gefallen.«

Slats stellte das Team zusammen, und wir starteten Ende Mai. Carlos Canino, Special Agent der ATF, arbeitete undercover mit mir. Er war ein alter Freund und Partner, den wir von der Außenstelle Miami ausgeliehen hatten.

Auch der Kripobeamte Billy »Timmy« Long und zwei sehr unterschiedliche Informanten waren mit von der Partie. Der eine war Rudy Kramer, den Slats »umgepolt« hatte. Der andere war ein Mann in den Fünfzigern, den wir als Pops kannten, ein bezahlter Informant und ehemaliger Straßenganove, mit dem ich schon oft zusammengearbeitet hatte.

Ich hatte Pops 1996 durch Ermittler kennengelernt, die für das Office of Special Investigations (OSI) der Luftwaffe arbeiteten. Pops war damals ein klassischer V-Mann, der Informationen lieferte und dafür Strafmilderung bekam. Er half dem OSI, eine Einbrecherbande zu schnappen, deren Ziele Wohnhäuser waren. Einer der Täter war ein Offizier der Luftwaffe. Damals nahm Pops regelmäßig Meth, und sein Leben hätte durchaus im Gefängnis oder mit einem Schuss enden können. Der OSI-Fall lief gut, und nachdem Pops seine juristischen Probleme in den Griff bekommen hatte – er saß danach nie wieder ein –, begann er, für die Justizbehörden Arizonas als Informant zu arbeiten. Seine Arbeit war gut, aber er war unbeständig, und es fiel ihm schwer, clean zu bleiben. Man hatte ihn mir empfohlen, doch bevor wir zusammenarbeiten konnten, musste ich Klartext mit ihm reden. Ich erklärte ihm, dass ich Drogenkonsum nicht dulden und ihn fallenlassen würde, sobald ich ihn bei einer Lüge ertappte. Er stimmte den Bedingungen zu, und das war der Beginn einer einzigartigen Beziehung.

Im Laufe mehrerer Fälle bildete ich Pops zu einem geschickten Mitarbeiter aus. Er lernte, sich Nummernschilder, Anschriften, Seriennummern von Waffen und Namen auf Rechnungen von Versorgungsunternehmen zu merken. Bald machte er vorzügliche Notizen, so dass er sein Gehirn von Details entlasten konnte, wann immer sich eine Möglichkeit dazu bot. Und er wurde darin so gut wie die meisten Agenten, wenn nicht sogar besser. Er arbeitete nur für Geld, und das war anfangs sein einziges Motiv. Doch mit der Zeit gefiel es ihm, auf der Seite der Guten zu sein. Es machte ihm diebische Freude, Ganoven hereinzulegen. Schließlich vertraute ich ihm ebenso sehr wie den anderen Männern und Frauen, mit denen ich arbeitete. Ich stellte ihn Kollegen vor, und er wurde für andere Fälle angeworben. Man lobte ihn jedes Mal sehr, und er wurde immer besser. Zu der Zeit, als ich ihn bat, mich bei Black Biscuit zu unterstützen, verdiente er seinen Lebensunterhalt ausschließlich als bezahlter Informant.

Ich sagte Slats, dass ich Pops haben wolle. Er fragte nach dem Grund. »Dieser Bursche kennt das Meth-Geschäft aus erster Hand«, sagte ich. »Er ist kein Einprozenter, aber er weiß über diese Leute manches, was wir einfach nicht wissen können. Er braucht nichts vorzutäuschen.«

»Traust du ihm?«

»Genug, um ihn eine Knarre tragen zu lassen. Ja, ich vertraue ihm, als wäre er einer von uns.«

»Ich möchte ihn sehen, aber okay. Geh, und rede mit ihm.«

Das tat ich. Ich fuhr zu Pops' Haus in Tucson – er lebte

dort mit seiner Frau und zwei aufgeweckten Töchtern – und fragte ihn, ob er mit mir an einem großen Fall arbeiten wolle. »Klar doch«, sagte er. Ich erklärte ihm, worum es ging. Er war bereit, eine wichtige Rolle zu übernehmen, aber ich sagte, die könne ich ihm nicht anbieten – ich bräuchte ihn nur zur Unterstützung. Dann stellte ich klar: »Du bekommst 500 in der Woche, keine Überstunden, plus Spesen. Du musst für uns Fahrten nach Mexiko unternehmen. Wir dürfen das nicht. Du fährst mit einem anderen, weniger zuverlässigen Informanten – sieh zu, dass er nicht aus der Reihe tanzt. Wie immer bist du unser Drogenexperte. Du kennst das Zeug besser als wir, und wenn einer von uns mal etwas schnupfen oder rauchen muss und keine passende Ausrede hat, musst du einspringen und diese Aufgabe übernehmen.«
»In Ordnung.«
»Schaffst du das, ohne wieder süchtig zu werden?«
»Jay, wenn ich wieder ein Junkie werde, kannst du mich festnehmen. Oder mich erschießen. Das wird nicht passieren.«
»Gut.«
Neben dem Undercover-Team stellte Slats auch eine hervorragende Einsatztruppe aus Beamten verschiedener Behörden zusammen. Die ATF, die Polizeibehörden von Phoenix, Glendale und Tempe, das Amt für öffentliche Sicherheit von Arizona, das Sheriffbüro des County Maricopa und die staatliche Drogenbehörde stellten Leute bereit. Insgesamt verfügten die Mitglieder der Einsatztruppe über mehr als 200 Jahre Erfahrung bei der Polizei oder beim Militär. Slats konnte Sugarbear nicht zum Mitmachen überreden. Er wollte den Fall Riverside beenden. Schließlich verhaftete er alle Verdächtigen und brachte sie für lange Zeit hinter Gitter.

Jeder Fall bekommt immer einen Codenamen. Wir wollten etwas Mysteriöses haben – »Sonny-Barger-Ermittlungen« oder »Hells Angels Arizona« hatten keinen Pep. Außerdem brauchten wir eine Bezeichnung, die nicht verriet, worum es ging. Verdeckte Ermittlungen gibt es in beiden Lagern: Wir versuchen, sie zu infiltrieren, und sie versuchen, uns zu infiltrieren. Viele Polizisten sind Kumpels von Hells Angels oder deren Verbündete, und die Angels haben viele Freunde, meist Ehefrauen und Freundinnen, die in staatlichen oder kommunalen Behörden arbeiten. Deshalb durften wir unseren Fall nicht an die große Glocke hängen. Da Slats ein großer Fan der Detroit Wings war, beschloss er, unseren Fall »Black Biscuit« zu nennen – so nennt man in der Umgangssprache den Hockeypuck.

Wir waren bereit loszulegen.

Am Samstag vor dem geplanten Beginn der Ermittlungen lud uns Slats zu einem Grillabend ein. Seine Frau machte daraus ein Fest. Alle waren da, auch die Frauen und Kinder. Gwen und ich nahmen uns ein Wochenende frei, stiegen in einem Hotel ab und ließen die Kinder bei den Großeltern. Auf der Party lachten wir viel, tranken Bier und schwitzten in Slatallas Garten. Es war eine glückselige gemeinsame Realitätsflucht.

Auf dem Höhepunkt der Party bahnte Slats sich einen Weg durch die Menge und bat einzelne Leute, ins Haus zu kommen. Als er Gwen und mich ansprach, plauderten wir gerade mit Carlos, der allein gekommen war. Wir folgten ihm, und unterwegs warf er eine leere Bierdose weg, holte sich eine tropfende frische Dose aus einem mit Eis gefüllten Eimer und riss sie auf.

Drinnen nahm er seine Frau am Arm und erklomm ein paar Stufen der Treppe, die nach oben zu den Schlafzimmern führte. Dann drehte er sich um.

»Freunde, vielleicht seid ihr anderer Meinung, aber ich halte nicht viel von Ansprachen. Ich möchte euch nur dafür danken, dass ihr gekommen seid. Dieses Essen, das wir für euch geben, ist nur ein kleines Zeichen der Wertschätzung. Uns steht ein langer Weg bevor. Wir werden unsere ganze Zeit und Energie brauchen. Über eines müsst ihr euch im Klaren sein: Bisher hat noch niemand getan, was wir vorhaben, jedenfalls nicht so, wie wir es planen. Es erfordert den Grips, den Mumm und das Herz aller Beteiligten.« Er machte eine Pause und nahm einen großen Schluck Bier. »Ich muss euch alle warnen: Es wird beschissen hart.« Slats' Frau stupste ihn an, weil er vor Kindern fluchte. Er fuhr fort: »Die Arbeit ist umfangreich und wichtig, aber die Anforderungen sind groß. Darum möchte ich euch jetzt die Chance geben, mit meinem Segen und meinem Verständnis nein zu sagen und nach Hause zu gehen, falls ihr Bedenken gegen euren Einsatz habt – oder eure Angehörigen.«

Er hielt inne. Stille.

Ich hob die Hand. »Scheiße, Joe, ich steig aus!«

Alle lachten.

Joe sagte: »Also, dann sehen wir uns am Montag. Genießt den letzten freien Sonntag in absehbarer Zukunft.«

6 Rudy will wissen, wo ich gesessen habe

Mai 2002

UNSER INFORMANT Rudy Kramer war seit langer Zeit Biker und Wiederholungstäter. Sein Vorstrafenregister drehte sich um Meth, das er hergestellt und verkauft, aber auch konsumiert hatte – womit er gegen die wichtigste Regel im Handbuch des erfolgreichen Drogendealers verstoßen hatte. Er wurde wegen illegalen Waffenbesitzes eingebuchtet, und da die besagte Waffe ein Maschinengewehr war, saß er in der Tinte. Vor die Wahl gestellt, Informant zu werden oder eine lange Zeit im Knast zu verbringen, entschloss er sich klugerweise zur Kooperation.

Rudy war kein Hells Angel, aber er erkannte verblüffend viele von ihnen auf Verbrecherfotos und behauptete, mindestens drei prominente Angels in Arizona persönlich zu kennen: Robert »Bad Bob« Johnston, den Präsidenten des Mesa-Charters, Daniel »Hoover« Seybert, den Präsidenten des Cave-Creek-Charters, und sogar Sonny Barger. Er erzählte uns, Sonny habe Alkohol und Drogen gegen den Genuss von Cola und Eiscreme eingetauscht und fahre mit Windschutzscheibe, weil er als Folge von Kehlkopfkrebs eine Öffnung in der Luftröhre habe.

Außerdem kannte Rudy einen Typ namens Tony Cruze, einen gierigen Drogenkonsumenten, der offen mit Waffen und Drogen handelte. Cruze war der Präsident der Red Devils von Tucson, eines Clubs, der die Hells Angels unterstützte. Solche Supportclubs unterscheiden sich von ihren übergeordneten Vorbildern – sie haben eigene Mitgliederlisten, Clubhäuser und Büros –, operieren aber mit offizieller Erlaubnis der Hauptclubs und tun im Wesentlichen alles, was man von ihnen verlangt. Weitere Unterstützungsclubs der Hells Angels in Arizona waren damals unter anderem die Spartans und die Lost Dutchmen; aber die Red Devils waren der größte und gefährlichste Club. Sie stellten den Angels hauptsächlich Muskelmänner zur Verfügung, die Leute unter Druck setzten, Geld eintrieben und Erpressungen verübten.

Das war alles sehr nützlich, aber in Rudys wechselvoller Vergangenheit gab es noch eine Phase, die ihn für uns wichtig machte. Er war inaktives Mitglied einer mexikanischen Motorradgang namens Solo Angeles in Tijuana. Die Solos hatten etwa 100 Mitglieder, darunter auch ein paar in der Region San Diego und Los Angeles.

Wir wussten, dass die Hells Angels paranoid waren, aber auch, dass sie nicht so unsicher waren wie die kleineren Clubs. Hätten wir uns wie ganz normale Ganoven aufgeführt und dann an die Angels herangemacht, hätten sie uns ignoriert oder wären höchstens äußerst vorsichtig gewesen. Wir mussten erreichen, dass sie uns in ihr Clubhaus einluden. Es war eine Frage des Respekts. Das war in Bikerkreisen allgemein bekannt, so, wie jeder wusste, dass der Himmel blau ist.

Nach unserem Plan sollte Rudy die Hells Angels um Erlaubnis bitten, in Arizona einen Nomaden-Charter der Solo Angeles zu gründen. Dann würden wir als seine Truppe auftreten. Der Umstand, dass dieser Club seine Wurzeln in Mexiko hatte, passte vorzüglich zu meiner Behauptung, dass ich dort Waffen verkaufte. Als Nomaden der Solo Angeles brauchten wir keinem Charter anzugehören, so dass die bereits vorhandenen Mitglieder uns nicht behindern konnten. Außerdem hatten wir die Chance, den Weg für eine Anklage nach dem RICO-Gesetz zu ebnen, wenn wir beweisen konnten, dass die Angels die Outlaw-Clubs in Arizona befehligten. Wir sahen nur Vorteile. Rudy sollte unser Präsident sein, Carlos ein Vollmitglied. Mein zuverlässiger Informant Pops sowie Billy »Timmy« Long sollten Anwärter spielen. Und ich, Jay »Bird« Dobyns, war als Vizepräsident der Solo-Nomaden vorgesehen.

Bevor wir loslegten, musste ich mit Rudy sprechen. Slats arrangierte ein Treffen in den Embassy Suites in der Nähe des Sky Harbor International Airport in Phoenix.

Rudy wusste fast gar nichts von mir. Gemäß unserem Plan hatte Slats ihm nicht gesagt, dass ich Polizist war. Wir wollten, dass er sich mit möglichst wenigen Vorurteilen einen ersten Eindruck von mir verschaffte.

Ich fuhr mit meiner '63 Harley-Davidson Panhead zum Hotel. Slats' Auto stand davor. Ich war wie üblich gekleidet und trug keine sichtbare Waffe.

Ich klopfte an die Tür von Zimmer 11. Schritte näherten sich, die Tür ging auf, und Sonnenlicht fiel in den ansonsten halbdunklen Raum. Slats hielt den Türgriff und winkte mich hinein.

An einem runden Tisch rechts neben der Tür saß ein dicker Mann mit kurzem braunen Haar, der eine Panoramasonnenbrille trug. Er hatte einen sauberen Schnurrbart, auf den er offensichtlich sehr stolz war, und ein dreieckiges Haarbüschel unter der Unterlippe. Auf seiner Stirn sah ich eine tiefe, waagrechte Sorgenfalte. Er trug ein ärmelloses schwarzes Hemd, und sein ganzer Oberkörper, auch die Arme und der Hals, war tätowiert.

Ich wandte mich ihm zu und steckte mir eine unangezündete Zigarette in den Mund. Er schob seinen Stuhl zurück und stand auf. Einige Sekunden vergingen, während wir einander musterten.

»Ich bin Bird.«

»Rudy.«

Ich streckte die Hand aus, und er ergriff sie. Es war ein sehr kräftiger Händedruck. Er warf einen Blick auf meine Schulter und meine Brust und prüfte meine Tattoos. Meine Hand ließ er nicht los. Und ich ließ seine nicht los.

»Wo hast du gesessen? Und wofür?«

Ich lächelte Slats an und wandte mich dann wieder an Rudy. »Alter, sie haben mich nie geschnappt, und ich war nie im Knast.« Unsere Hände gaben nicht nach, aber sie schmerzten bestimmt. Meine auf jeden Fall.

»Was zum Teufel hast du dann mit Slats zu schaffen?«

»He, Mann, ich weiß nicht, was Big Boy dir von mir erzählt hat« – natürlich wusste ich es –, »aber ich bin hier, weil Slats und ich zusammenarbeiten.« Ich machte eine Pause. »Ich bin Polizist.«

Rudy ließ meine Hand los und zog ungläubig den Kopf zurück. Meine Fingerknöchel freuten sich. Ich wollte die Hand schütteln, tat es aber nicht. Er sagte: »Blödsinn.«

»Nee. Die reine Wahrheit. Ich bekomme alle zwei Wochen einen Scheck, damit ich mich so anziehen und mit Leuten wie dir rumhängen kann.«

Rudy lachte, sah Slats an und zeigte auf mich. »Das ist nicht fair. Wie sollen wir gegen Bullen gewinnen, die so aussehen?«

Slats zuckte mit den Schultern.

»Sollst du ja gar nicht, Mann.« Ich deutete auf die Sessel am Tisch. »Darum gibt es Jungs wie mich – wahrscheinlich mehr, als du dir vorstellen kannst.«

Er dachte eine Weile nach. Vielleicht ging er eine Datei mit Gesichtern und Namen durch und pickte Kandidaten heraus. »Verdammter Mist. Wäre aber sinnlos, mir jetzt darüber Sorgen zu machen.«

Ich setzte mich, nahm meine Sonnenbrille ab und legte sie auf den Tisch. Dann steckte ich die Zigarette hinters Ohr und verschränkte die Finger. Meine Ringe klopften eine kleine blecherne Melodie. Ich strahlte Ruhe aus. »Schau mal«, sagte ich so freundlich wie möglich. »Wir haben dich in der Hand, das stimmt. Slats hat dir das bestimmt schon gesagt. Du bist ein alter Hase und kennst das Spiel ebenso gut wie wir. Dies ist für dich eine Chance, frühere Sünden gutzumachen, wenn du das willst. Wenn nicht, weißt du, was dich erwartet.«

Er sagte: »Mann, ich bin hier, um zu arbeiten.«

»Gut. Dann lass uns reden.«

Ich berichtete ihm alles von Bird und nichts über Jay Dobyns. Ich erzählte ihm, wie ich ein paar flüchtige Bekanntschaften mit Angels geschlossen hatte, die er zu kennen behauptete. Wir sprachen über Smitty und Bad Bob. Ich sagte Rudy, er sei ein wichtiger Teil der nächsten Ermittlungsphase. Slats bestätigte, dass wir ihn brauchten. Es ist immer gut, einem Informanten zu schmeicheln, vor allem, wenn ein Strom aus gemischten Gefühlen ihn von uns trennt. In solchen Fällen muss man Vertrauen herstellen oder zumindest den Anschein von Vertrauen. Rudy fragte, was wir von ihm verlangten. Slats erläuterte kurz den Plan. Rudy hörte aufmerksam zu und nickte oder lächelte hin und wieder. Als Slats fertig war, sagte Rudy, es sei riskant, besonders für ihn. Aber er fügte hinzu, der Plan sei derart verrückt, dass er klappen könne, und dass wir den richtigen Mann ausgesucht hätten. Ich erklärte, nicht jeder sei für diese Aufgabe geeignet – wir bräuchten ihn und nur ihn.

Ich zog die Zigarette hinter meinem Ohr hervor und zündete sie an. Wir alle zündeten eine Zigarette an.

Er sagte: »Ihr braucht mir nicht so zu schmeicheln.«

»Vielleicht nicht«, sagte ich. »Aber nach außen hin bist du der Chef, und das darfst du nie vergessen. Wenn es funktioniert und wir als Einheit arbeiten, mit dir als Boss, dann muss dir eines klar sein: Wir, vor allem ich, sagen dir, wo es langgeht. Kapiert?«

Er machte »mhmmmm«. Ich starrte ihn an. Er trug immer noch seine Sonnenbrille. Ich wusste, dass ich an diesem Tag seine Augen nicht sehen würde. Vielleicht schämte er sich, mit der Gegenseite zu kollaborieren, oder es reizte ihn, etwas so Kühnes zu wagen. Wie auch immer, er verbarg seine Gedanken hinter der Brille. Ich machte ihm keinen Vorwurf, denn er hatte keinerlei Wahl, und niemand hat Lust, dem Kerl ins Gesicht zu sehen, der einem sagt, was man tun oder lassen soll – nicht bei der ersten Begegnung.

»Nun?«, fragte ich.

Er schwieg eine Minute lang. Dann deutete er auf meinen linken Arm und sagte: »Dieses Tattoo...«

»Ja?«

»Was ist das?«

»Sankt Michael.«

»Oh.«

»Kennst du ihn?«

»Ich glaub schon. Er ist der Schutzpatron der Cops, nicht wahr?«

»Stimmt. Und der Krämer. Hab ich mal im Internet gecheckt.«

»Echt?«

»Echt.«

Das gefiel ihm nicht besonders. Egal.

Er sagte: »Wenn du mit diesen Jungs fahren willst, musst du dir aber 'ne andere Geschichte ausdenken.« Er lehnte sich in seinem Sessel zurück und fuhr mit einem Finger über die Tätowierung auf meinem Rumpf.

»He, Alter, glaubst du wirklich, ich hätte es ohne eine gute Story über meinen Sankt Michael so weit gebracht? Ich bin der Mann mit dem Schwert, der Drache ist meine Drogensucht, und ich bringe diesen Dreckskerl um. Ich bin vom Fach, Kramer, nur keine Panik.«

Er grunzte zufrieden und zog die Vorhänge auseinander. »Und das dort?«

»Mein Motorrad?«

»Ja.«

»Was ist damit?«

»Es sieht gut aus, aber es kann mit den Jungs, die wir treffen werden, nicht mithalten.«

»Ich kann mithalten.«

»Aber nicht mit einer abgetakelten Panhead. Vielleicht bist du der King der Undercover-Cops, aber ich bin ein Top-Biker. Also schau zu und lerne.«

»Was das betrifft, will ich nicht mit dir streiten, Alter.«

Darum tat ich es nicht.

Teil III
DIE MITTE

7 Zu pleite für Sturgis, wo Timmy die hohe Kunst des Sauerkrautholens lernte

Juni bis Juli 2002

DEN JUNI UND den größten Teil des Julis verbrachten wir damit, unsere Solo-Angeles-Story auf den Weg zu bringen.

Nachdem Rudy unseren Solo-Charter offiziell gegründet hatte – er und Pops mussten einige Male nach Tijuana fahren, um Geld abzudrücken und die Einzelheiten zu besprechen –, begann er in Arizona mit der Arbeit. Er kaufte ein paarmal Meth bei Tony Cruze und nahm wieder Kontakt mit Bad Bob auf. Dieser befragte ihn zu seiner Einstellung und seinen Plänen, und die Angels wollten wissen, warum Rudy so heiß darauf war, einen Charter in Arizona aufzubauen. Er sagte, es sei wegen der Nähe zu Mexiko, wo sein Club seinen Sitz habe und wo seine Jungs – also wir – »Geschäfte« abwickelten. Damit spielte er auf unsere Masche mit dem Waffenhandel an. Außerdem wollten sie wissen, was wir von den Mongols hielten. Rudy versicherte ihnen, die Solos hätten keinen offiziellen Standpunkt, was die Mongols betreffe, hielten aber nicht viel von ihnen. Zu Bad Bob sagte er, wir seien gerne bereit, für die Angels die Grenze bei Nogales zu überwachen und sie zu informieren, wenn dort Mongols auftauchten. Bad Bob wollte darüber nachdenken.

Am 13. Juli bot Bad Bob Rudy einen Deal an, den die Führungsriege der Hells Angels, wie Bad Bob versicherte, bei ihrem nächsten Treffen garantiert absegnen würde: Wir sollten freie Hand in Arizona haben, sofern wir versprachen, nie ein Arizona-Abzeichen zu tragen – diese Ehre stand allein den Hells Angels zu – und die Angels in ihrem Kampf gegen die Mongols zu unterstützen. Außerdem würden wir mit den Angels nicht so eng verbunden sein wie die Red Devils und die Spartans. Wir würden ihre Rückendeckung erhalten und ihnen den gebührenden Respekt erweisen, aber wir würden kein weiterer Marionettenclub sein.

Während Rudy unseren Status absicherte, arbeiteten wir daran, eine authentische Motorradgang zusammenzustellen. Wir brachten die Maschinen in Schuss und prägten uns unsere Undercover-Biographie ein. Christopher »Cricket« Livingstone, ein ATF-Agent und Slats' rechte Hand bei der Einsatzgruppe, benutzte Rudys Kutte als Schablone und überredete seine Mutter, für uns die Abzeichen zu machen, die wir auf unsere brandneuen Lederkutten nähen würden. Unsere Clubfarben waren Orange und Schwarz; also wurden alle unsere Abzeichen mit einem Faden aufgenäht, der orangefarben war wie ein Kürbis. Die Abzeichen auf der Vorderseite – kleine Rechtecke und Diamanten, die gemeinsam unsere »Insignien« bildeten – waren meist Abkürzungen: SFFS (Solos Forever, Forever Solos), IIWII (It Is What It Is) und FTW (Fuck The World, ein Lieblingsspruch der Biker). Auf den Rücken nähten wir unsere dreigliedrigen Abzeichen: in die Mitte einen runden Flicken, der ein orangefarbenes Motorrad darstellte, oben ein bogenförmiges SOLO ANGELES und unten ein bogenförmiges TIJUANA. Hinzu kam ein NOMADS an der Seite.

Wir waren startklar.

Der Kalender eines engagierten Bikers ist mit Massentreffen gefüllt, und wir Solos wollten unser Coming-out auf einem großen Run feiern, der nicht nur zeremoniellen Charakter haben, sondern uns auch so bekannt wie möglich machen sollte. Wir entschieden uns für ein clubübergreifendes Treffen am Mormon-See, das »Too Broke for Sturgis« (Zu pleite für Sturgis) hieß.

Am Nachmittag vor dem Run schlug Slats eine Besprechung vor. Wir hatten bereits zahlreiche Besprechungen hinter uns und wochenlang über Details, Vorgehensweisen und unsere fiktive Vorgeschichte diskutiert, und ich fand, das sei genug. Slats ging immer methodisch vor, während ich gerne improvisierte oder, wie Slats später sagte, »rauchte und scherzte«. Ich wollte unbedingt loslegen. Meine Nerven bebten, mein Adrenalin begann zu fließen. Ich wusste, dass Slats ebenfalls nervös war, und nahm an, dass dies unsere letzte Vorbesprechung sein würde. Also stimmte ich zu. Er wollte mich in Jilly's Sports Bar in Tempe treffen.

Ich fuhr in voller Montur vor, stieg von meinem Motorrad und ging hinein. Jetzt konnte ich den offensiven Stil testen, der zu meinem Markenzeichen werden sollte. Eine Sport-Bar schien mir ein günstiger Ort zu sein, um den Biker heraushängen zu lassen. Ich stieß die Tür auf – Knarren im Gurt, Muskelshirt, Tarnhose, Gummilatschen und eine Gürtelschnalle, die so groß war, dass Ty Murray stolz darauf gewesen wäre. Da ich aus der Sonne von Phoenix gekommen war, mussten meine Augen sich erst an die schwach beleuchtete Bar gewöhnen. Dann sah ich vor mir einen lächelnden Slats, seine Familie, Carlos und vor allem Gwen, Dale und Jack. Ich hatte total vergessen, dass ich Geburtstag hatte. Also gab ich meine Rolle auf und wurde wieder ich selbst. Wir aßen Kuchen, öffneten Geschenke und unterhielten uns über alles außer der Arbeit. Drei Stunden lang bemühte ich mich, meine Kinder mit Liebe zu überhäufen. Es war eine der besten Geburtstagsfeiern, die ich je gehabt hatte. Gegen Ende stieß mir Carlos den Ellbogen in die Rippen und sagte: »Nett, was? Slats wollte, dass du Gwen und die Kinder noch einmal siehst, bevor wir morgen im Wald sterben.«

Ich nickte. Es war wirklich nett.

Am nächsten Morgen versammelte sich das Team zum Frühstück im Waffle House an der Ecke I-17 und Bell Road. Wir waren fertig, bevor Rudy erschien, und warteten auf ihn. Schließlich fuhr er mit einer verlotterten Schlampe, die sich an die Rückenlehne klammerte, auf den Parkplatz. Er stieg von seinem Motorrad und befahl ihr, draußen zu bleiben.

Als er in das Lokal schlenderte, fragte Carlos: »Wer ist denn die Schönheitskönigin?«

»Kann mich nicht mehr an ihren Namen erinnern. Hab sie auf dem Wal-Mart-Parkplatz in Apache Junction aufgegabelt.«

»Gut, servier sie ab.«

»Vergiss es. Wenn wir ohne Bräute rumfahren, hält man uns für 'ne Bande Homos. Nicht cool.«

»Na schön, meinetwegen. Aber wenn sie zur Belastung wird, ist Sense. Ich denke, Jay und Timmy sehen das genauso.« Wir nickten. Rudy versicherte, wir bräuchten uns keine Sorgen zu machen.

Der Mormon-See liegt etwa 320 Kilometer nördlich der Stadtmitte von Phoenix abseits der Autobahn 17. Rudy und ich fuhren voraus, er rechts, ich links – die üblichen Positionen für den Präsidenten und den Vize einer Motorradgang. Die Mitglieder folgten uns. Und dahinter, in einigem Abstand, fuhren die zwei Fahrzeuge mit den Kollegen, die uns deckten: ein gemieteter weißer Laster und ein Kleinbus.

Nach etwa 160 Kilometern fuhren wir an der Ausfahrt Cordes raus, um zu tanken. Wir hielten an einer Mobil-Tankstelle und stiegen ab. Meine Beine und Schultern brachten mich schier um.

Ich fühlte mich so alt, wie die Straße lang war.

Rudy lümmelte sich auf sein Motorrad wie ein Urlauber in die Hängematte. »Anwärter!«, schrie er. »Hol mir 'ne

Packung Reds, und sag dem dämlichen Tankwart, er soll volltanken. Zahl die Rechnung.« Er sprach mit Timmy. Ein abwesendes Grinsen lag auf den Lippen der namenlosen Frau, die Rudys Taille umklammerte. Sie sah aus, als habe sie das Leben von drei Frauen hinter sich. Rudy klatschte ihr auf den Schenkel, und sie schlang langsam die Arme um seine Schultern wie eine gelangweilte Hündin, die ein Kunststück vollbringt, für das sie nicht mehr belohnt wird.

Timmy schüttelte den Kopf, aber er tat, was von ihm verlangt wurde. Er war ein erfahrener Polizist, der seit Jahren mit Ganoven und Informanten wie Rudy zu tun hatte. Er wusste, dass wir auf dem Weg zu einem echten Run waren und dass wir alle eine Rolle spielten, die uns authentischer machen würde. Als Anwärter musste Timmy sich daran gewöhnen, dass man ihn herumkommandierte.

Ich ging rein und kaufte eine Packung Marlboro Lights und zwei Schachteln Kopfwehtabletten. Ich schluckte die Tabletten trocken runter und behielt die Zigarettenschachtel in meiner Hand. Als wir auf die Autobahn einbogen, zündete ich mir eine Zigarette an.

Wir fuhren eine weitere Stunde bis Munds Park. Am Ende der Auffahrt drehte Rudy sich zu mir um und sagte: »Das nervt! Kannst du nicht schneller fahren? Mein Club fährt doch nicht wie Weiber!«

»*Wessen* Club?«

»Slats hat gesagt, ich soll dir Beine machen. Du musst dich nach mir richten. Ich bin dein P.« P bedeutet Präsident.

»Wir sind noch nicht am Ziel. Und ich finde, wir waren ziemlich schnell.«

»Wir sind vielleicht 110 gefahren. Das ist zu langsam. Wenn du dich mit den Angels einlassen willst, musst du einen Zahn zulegen.«

»Also gut, Präsident Kramer, von nun an machen wir Ihnen Ehre, Sir!«

»Gut.« Er fuhr wieder auf die Straße und bretterte los. Wir folgten in einigem Abstand, nur um ihn zu ärgern.

Wir fuhren durch flaches Land auf die blauen Berge im Osten zu. An beiden Seiten der Straße wechselten sich breite Streifen aus grüngelben Weiden mit großen Gelbkiefernwäldern ab. Es war eine schöne Fahrt.

Wie fühlt man sich, wenn man mit einem dreiteiligen Abzeichen in eine Massenversammlung von Bikern hineinrollt? Als würde man nackt die Cafeteria einer Highschool betreten. Bei Too Broke war es nicht anders. Vor unserer Ankunft war ich nervös, doch als wir ankamen, hatte ich Angst. Daran war ich gewöhnt. Die verdeckte Ermittlung besteht zu einem wesentlichen Teil darin, Furcht zu verbergen und sich selbst Mut zu machen. Alle, an denen wir vorbeifuhren, sahen uns an. Ich beschloss, die Aufmerksamkeit als Kompliment und nicht als Vorwurf zu betrachten. Mein Ego war hungrig und fraß sie auf. Ich akzeptierte die Furcht, und die Aufmerksamkeit fühlte sich gut an.

Rudy beschleunigte, als wir uns dem Eingangstor näherten. Wir taten es ihm nach. Er sauste am Wärter vorbei, zeigte ihm den Stinkefinger und schrie: »WIR SIND SOLOS; UND SOLOS ZAHLEN NICHT!«

Auch das fühlte sich gut an.

Wir fuhren auf einen Parkplatz und machten einen Rundgang. Rudy führte uns zu einer Gruppe von Red Devils und stellte uns Tony Cruze vor. Cruze sah aus wie Jerry Garcia ohne sein Lächeln. Er befahl einem Anwärter, Bier zu holen, und Rudy befahl Timmy, diesem zu helfen, und schrie ihn an, er wolle zwei Bier haben, »und zwar eiskalt«. Timmy marschierte los. Carlos, Pops und ich standen hinter Rudy, während der sich mit Cruze unterhielt. Rudy prahlte damit, er habe den neuen Charter in die Gänge gebracht, und versäumte keine Gelegenheit, sich selbst und seinen Einfluss auf die Angels zu rühmen. Cruze fragte, ob ich der Typ sei, der Geschäfte im Süden mache, und ich bejahte. Er sagte, wir müssten uns zusammentun, und Rudy versprach, einer von uns werde mit ihm in Verbindung bleiben. Zwei Frauen, eine klein und dünn, eine groß und übergewichtig, kamen zu Cruze. Er begrapschte und rüttelte den Hintern der Größeren. Sie bückte sich und biss ihn ins Ohr. Die Kleinere zwinkerte Rudys Braut zu, die, das muss man ihr zugutehalten, kein Wort gesprochen hatte. Dann gingen die Frauen. Auf dem Rücken ihrer Kutten verkündeten einfache Aufnäher: EIGENTUM DER RED DEVILS – das bezog sich sowohl auf die Frauen als auch auf die Kutten.

Timmy kehrte mit einer Ladung Silver Bullets zurück. Ich nahm zwei, öffnete eins und steckte das andere in eine Gesäßtasche. Ich war nie ein guter Trinker gewesen, aber ich wusste, dass ich jetzt dazulernen musste. Also nahm ich einen tüchtigen Schluck. Das kalte Bier floss durch den Staub, den die Motorräder und der Wind mir in den Rachen gewirbelt hatten. Timmy trat zwischen Cruze und Rudy und reichte seinem Präsidenten das Bier.

»Anwärter, ich rede mit meinem Kumpel, und du stehst mir im Weg!«

Timmy warf einen Blick über seine Schulter nach hinten. Cruze starrte ihn an. Sein langes Kraushaar umwehte sein Gesicht. Cruzes Anwärter hatte das Bier abgeliefert, ohne zu stören.

»Tut mir leid, Präsi«, sagte Timmy. »Wird nicht mehr vorkommen.«

»Das will ich hoffen, sonst wird deine Bikerkarriere die kürzeste aller Zeiten sein.«

Timmy drehte sich um, ging zwei Schritte und rollte mit den Schultern. Hätte er das vor Rudy getan, wäre es eine offene Herausforderung gewesen. Aber er tat so, als wolle er sich strecken.

Rudy ließ es durchgehen.

Wir standen herum und quatschten. Die Red Devils mischten sich unter einige andere Motorradgangs, vor allem die Spartan Riders, deren mittlerer Aufnäher eine senkrechte Kriegsaxt war, geteilt durch zwei gekreuzte Schwerter auf blutrotem Hintergrund. Als ich dieses Abzeichen sah, dachte ich einen Augenblick daran, dass diese Typen genau den gleichen Blödsinn redeten wie wir. Es ist ganz einfach: Wenn du hart aussiehst, dann bist du hart. Wir und erst recht diese sogenannten Outlaws zogen eine unglaubliche Schau ab.

Ein großer Spartaner namens Bruno kam mit einigen seiner Jungs zu uns. Jeder hatte eine Dose Bier in der Hand. Zwei alte, abgehalfterte Frauen waren bei ihnen. Alle hatten zu lange zu ungesund gelebt.

Brunos Haar war extrem kurz geschnitten. Sein Kopf sah aus wie ein riesiger, schlaffer Sommerkürbis. Am Oberkörper trug er nur seine Kutte. Darunter wölbte sich sein wabbelnder Bierbauch, und sein Fett hatte seinem Nabel anscheinend den Krieg erklärt, denn dieser war fast verschwunden.

Man merkte sofort, dass er keinen von uns mochte.

Einmal sagte er zu Carlos: »Mann, was sind das für bescheuerte Kutten? Die sind ja brandneu.«

Carlos, Pops, Timmy und ich trugen blitzsaubere Kutten. Rudys Kutte war echt und abgetragen, unsere waren Attrappen, und das sah man. Carlos reagierte schnell.

»Die blöde Schlampe, die sich um unsere Klamotten gekümmert hat – wir sind ja aus anderen Chartern zu Rudy gekommen –, dieses Miststück hat wie 'ne Dreijährige mit einer Gartenschere unser altes Zeug zerschnitten, als sie die Abzeichen abnehmen sollte. Also mussten wir uns neu ausstaffieren.«

Bruno schluckte das nicht. Cruze schon. »Verdammt, Mann«, sagte er. »Die Kutte ist die Haut eines Mannes. Was habt ihr dann getan?«

Carlos ignorierte Bruno. »Was kann man da schon machen? Es ist so, wie es ist.« Er zeigte auf das IIWII-Abzeichen auf seiner Brust.

Bruno rieb sich den Bauch, als enthalte dieser sein Hirn. »Ihr hättet ihr 'ne Abreibung verpassen können«, schlug er vor.

Carlos sagte traurig: »Klar, hätten wir. Aber sie ist die Mutter eines Bruders.« Er trank den Rest seines Bieres und warf die leere Dose in den Staub.

Cruze hob die Hand und sagte: »Tja, es ist halt, wie es ist.«

Carlos rülpste. »Stimmt«, sagte ich. »Es ist, wie es ist.«

Ich fragte Rudy, ob wir zum Zelt der Angels gehen würden. »Klar doch«, sagte er, als wäre das keine große Sache. Er bat Cruze, uns zu begleiten. Bruno wollte nicht.

Wir schlenderten den Fairway entlang. Es war aufregend. Die Menge starrte uns an und machte uns Platz, als wären wir von königlichem Geblüt.

Ich hatte Gänsehaut im Nacken und an den Unterarmen. Wir waren hier nicht im Flamingo in Laughlin. Dort hatten sich viele normale Bürger und Polizisten aufgehalten. Das hier war eine Massenversammlung ausschließlich für Biker, und das Gesetz war nur sehr spärlich vertreten. Ich hatte Angst und war nervös.

Wir würden die Hells Angels treffen.

Ihr Revier war eine Reihe von großen Zeltdächern, die sie vor der Sonne schützten. Zwei große Anwärter standen am Eingang Wache. Cruze ging hin und wechselte ein paar Worte mit ihnen. Rudy begrüßte sie. Sie ließen uns rein.

Aus einem weit entfernten Lautsprecher sangen die Allman Brothers. Links stand eine Bude, in der zwei junge, vollbusige Frauen T-Shirts verkauften. Quer über ihren engen Blusen stand der Satz UNTERSTÜTZE DIE ROTWEISSEN. Rot und Weiß waren die Farben der Angels, und Red and

White war einer ihrer bekannteren Spitznamen. Die Frauen trugen kurzgeschnittene Jeansshorts. Keine lächelte, und beide rauchten Zigaretten.

Ich zog eine Kippe heraus und zündete sie an.

Wir gingen an herumlungernden Angels vorbei, die uns anstarrten. Sie kannten Cruze und die Red Devils, hatten aber noch nie von den Solos gehört. »Wer zum Teufel sind diese orangefarbenen Typen?«, fragten sie laut. Wir sagten nichts. Ich versuchte, gelassen auszusehen, aber meine Innereien waren verknotet.

Ganz hinten im letzten Zelt trafen wir die beiden Anführer.

»Boss«, sagte Cruze.

Der Größere, der mehr als 110 Kilo wog und ein rosiges Gesicht und weißes Haar hatte, brüllte: »Cruze. Was läuft?«

»Hab ein paar Jungs mitgebracht, die dich sehen wollen.«

Der Kleinere trat vor. Er hatte eine ungeduldige Fistelstimme. »He«, piepste er rasch. Du bist Rudy, nicht?«

Rudy machte einen Schritt nach vorne und streckte die Hand aus. »Ja. Du musst Dennis sein.«

»Jo«, antwortete Dennis. Er deutete mit dem Kinn auf den Größeren. »Das ist Turtle.«

»Freut mich.« Rudy zeigte auf uns. »Das sind meine Solo Angeles.« Er sprach unseren Namen *Ahn-HELL-ess* aus.

Dennis' Kopf war fast vollständig in eine Mähne aus verknotetem schmutzig blonden Haar gehüllt. Sein Bart reichte bis zur Brust, seine Ohren waren bedeckt. Seine hastige Sprechweise und die müden Augen verrieten, dass er ein Meth-Junkie war.

Ich kannte sie beide aus unseren Akten zu verurteilten Angels. Dennis' Familienname war Denbesten, und er war ein Drogendealer, der bis vor kurzem im Gefängnis gesessen hatte. Turtle hieß Warren Kuntz und war ein verurteilter Sexualstraftäter. Dennis war ein Arizona-Nomade und eng mit Smitty befreundet.

Dennis quiekte: »Turtle und ich freuen uns, dass ihr hier seid. Bad Bob meinte, ihr schaut vielleicht vorbei.« Sein müder Blick ruhte eine Weile auf jedem von uns.

Turtle bot uns Hotdogs und Bier an. Dennis bestand darauf, dass die Angels uns bewirteten: »Ihr seid als Gäste von Bad Bob hier«, sagte er und deutete auf einen Anwärter, der in der Nähe stand. Er sprach jetzt in einem freundlicheren Ton. Ich mochte Dennis von Anfang an. Es war, als wären wir nackt in die Cafeteria gegangen und Dennis hätte uns seine Schuljacke über die Schultern gelegt.

Ein Anwärter trat an Turtles Seite und wartete auf Befehle.

Rudy sagte: »Das sind Bird, mein Vize, Carlos, mein Sergeant at Arms, und Timmy und Pops, unsere Anwärter.«

»Wissen wir«, sagte Dennis. »Wir haben von euch allen gehört.« Er lächelte.

Rudy schnauzte Timmy an: »Ich nehme einen Hotdog, Anwärter. Senf und Kraut. Habt ihr Kraut?«

Turtle lächelte. »Klar.«

»Schön. Kraut. Vergiss es nicht.«

Turtle befahl seinem Anwärter, Bier für alle zu holen, und dieser ging hinaus.

Timmy wollte ihm folgen, aber ich packte ihn am Arm. »Ich nehme meinen mit gleich viel Senf wie Ketchup. Senf auf der einen, Ketchup auf der anderen Seite. Mach's richtig.«

»Sicher«, erwiderte Timmy.

Carlos sagte: »Zwiebeln, wenn welche da sind. Sonst ohne alles.«

»Ja«, sagte Timmy und drehte sich wieder um.

Pops sagte nichts. Als Anwärter hatte er nicht das Recht, Befehle zu erteilen.

Timmy ging verärgert hinaus. Ich fragte nach dem Klo, und sie deuteten auf einige Campingtoiletten hinter dem geschwärzten, halbierten Ölfass, das als Grill diente. Ich holte

Timmy ein, bevor er beim Grill war, hielt ihn fest und drehte ihn um. Niemand war in Hörweite.

»Was ist los, Alter?«, fragte ich und zeigte mit einem Finger zum Boden.

»Der Typ kann mich mal.«

»Halt die Klappe, und spiel mit. Was bist du denn, ein Anfänger? Du bist doch ein verdammt guter Kämpfer. Wir wissen alle, dass du Rudy in den Arsch treten kannst; aber wenn du es jetzt tust, ist die Show vorbei, ehe sie angefangen hat. Also schluck den Ärger runter, und sei heute ein braver Junge. Mann, du bist Serpico und Baretta in einem. Du bist ein Meister deines Fachs, verdammt. Also spiel deine Rolle.«

Er richtete sich auf. »In Ordnung. Aber ... leck mich! Nur fürs Protokoll. Ich bin kein Laufbursche für dich, für Rudy oder für irgendeinen anderen.«

Ich hob die Augenbrauen, und wir gingen auseinander. Ich wusste, dass viel passieren musste, bis Timmy sauer wurde, doch wenn wir es zu weit trieben, würde er jedem von uns den Arsch versohlen.

Als ich wieder im Zelt war, fragte Dennis, was los gewesen sei. Ich sagte, ich müsse für meinen Präsi und meinen Club eintreten, und ein Anwärter dürfe nicht das Gesicht verziehen, wenn man ihm befehle, etwas zu tun, was ihm nicht gefalle.

»Gut so«, sagte Dennis. »Das beweist, dass du richtig tickst.«

Der Anwärter der Hells Angels kam mit einer Menge geöffneter Bierdosen im Arm zurück. Er verteilte sie, Turtle nickte ihm zu und trat dann zur Seite, um sich bereitzuhalten.

Dann kam Timmy mit vier Hotdogs zurück. Einen reichte er Carlos, der gleich reinbiss. Dann gab er mir meinen und Rudy seinen, wobei er diesmal sorgfältig darauf achtete, nicht zwischen Rudy und Dennis oder Turtle zu treten. Ich nahm einen Bissen. Er war saftig und knusprig. Auf einer Seite schmeckte ich Senf und auf der anderen Ketchup.

»Was zum Teufel ist das?!«, bellte Rudy. Er warf den Hotdog auf den Boden und zertrat ihn mit dem Stiefel. »Verdammte Scheiße. Hast du Schmalz im Hirn? Ich hab Sauerkraut gesagt. Ich hab's sogar *zweimal* gesagt: Sauerkraut, du Blödmann. Hol mir einen anderen. Und wenn du es diesmal nicht richtig machst, mache ich Hackfleisch aus dir!«

Timmy drehte sich um und ging wieder zum Grill. Ich rief über die Schulter: »Meiner ist in Ordnung!«

»Meiner auch!«, fügte Carlos hinzu.

Als Timmy ihm den zweiten Hotdog gab, hielt Rudy ihn hoch und inspizierte ihn wie ein Modellflugzeug. Er nickte. Dann biss er ein Stück ab und sagte: »Gut gemacht. Du und Pops könnt jetzt was essen, wenn ihr wollt.« Timmy und Pops trotteten zum Grill.

Wir verspeisten unser Essen, tranken Bier und unterhielten uns über Bad Bob und darüber, wie sehr wir uns freuten, den Segen der Hells Angels erhalten zu haben. Ich sagte, es sei eine Ehre, mit der ich nie gerechnet hätte. Dennis sagte, er habe Gutes von mir gehört. Rudy erklärte, Bad Bob sei ein guter Mann. Pops, Carlos und Timmy hielten Abstand, aßen Hotdogs und tranken Bier. Cruze entschuldigte sich und ging. Dennis sagte, Bob wolle uns sehen. Wir sprachen über Laughlin und die Schlägerei. Dann sagten wir, es sei Zeit für uns zu gehen, und dankten für das Essen und dafür, dass wir ihnen unseren Respekt hatten zollen dürfen. Während einer kurzen Pause bat mich Turtle, ein Gästebanner zu signieren, das sie über die Rückseite des Zeltes gespannt hatten. Darauf stand HELLS ANGELS NOMADS, und es hatte einen anderthalb Meter breiten Totenkopf in der Mitte. Ich lächelte und entspannte mich. Würde ein Veteran der Angels jemanden, den er nicht leiden konnte oder nicht respektierte, auffordern, Clubeigentum zu signieren? Bestimmt nicht. Ich schrieb »Liebe und Respekt, Bird, Solo Angeles Nomads.«

Ich fühlte mich ziemlich gut, als ich zurück zur Gruppe ging. Dann fragte Turtle: »He, Jungs, was zum Henker sind das für Kutten?«

Prompt erzählte Carlos wieder die idiotische Geschichte – ein wenig ausgeschmückt von Rudy – über Crickets Mama.

Wir schuldeten ihr ein ganzes Zimmer voll Rosen.

Die Rückfahrt nach Phoenix war nervig. Rudys Motorrad gab den Geist auf, und wir bezahlten einen Typen, der ihn, seine Braut und seine Maschine nach Hause brachte. Mein Motorrad hustete und nieste und wollte nicht schneller als 80 fahren, da ich, der große Motorradexperte, den Benzinhahn nur halb geöffnet hatte. Timmy, erschöpft und dehydriert, erbrach alles, was er an diesem Tag gegessen und getrunken hatte, über seine Schulter auf die Straße. Er hielt durch und jammerte nie, aber als wir in Phoenix waren, war seine rechte Seite mit getrockneten Hotdogbrocken bedeckt.

Nach der Ankunft versammelten wir uns im Hauptquartier der Einsatzgruppe, das wir Kürbisbeet nannten, da die Solo Angeles kürbisähnliche Farben trugen. Es war ein einstöckiges Lagerhaus in einem Industriegebiet der Stadt, umgeben von Möbelfabriken, kleinen Softwarefirmen und anderen Gebäuden. Im vorderen Teil befand sich ein Büro, in dem nie eine Sekretärin saß, und dahinter die Einsatzzentrale, die man durch eine unscheinbare Tür erreichte: ein Dutzend Schreibtische, doppelt so viele Computerterminals, ein paar Büros, ein Besprechungsraum und eine Verladerampe, wo wir eine Menge Zeit damit verbrachten, an unseren lahmen ATF-Motorrädern herumzuwerkeln. Außerdem gab es eine vielgenutzte Kochnische und eine Nasszelle, Poster mit Pin-up-Girls sowie eine ganze Wand, die meiner College-Football-Karriere geweiht war und über die meine

Kollegen andauernd Witze machten. Eine weitere Wand bot Platz für Fotos und Namen von Verdächtigen sowie für die Bearbeitung von Ermittlungsergebnissen und für einen Safe. Im Laufe des folgenden Jahres wurden diese Räumlichkeiten für viele von uns eine Art Zuhause.

Timmy säuberte sich, Slats machte Kaffee, und dann hielten wir unsere Nachbesprechung ab. Zwei wichtige Aspekte kamen zur Sprache. Erstens mussten wir unsere Kutten auf alt trimmen. Wir brachten sie zur Verladerampe, begossen sie mit Wasser, Bier und ein paar Handvoll Staub und fuhren mit dem Kleinlaster darüber. Danach sahen sie fantastisch aus. Meine war etwas zu dreckig für meinen Geschmack – ich ziehe saubere, ordentliche Sachen vor –, aber ich wusste, dass eine Kutte weniger unerwünschte Aufmerksamkeit erregt, wenn sie abgetragen aussieht.

Das zweite Problem war Timmy. Er zog Slats beiseite und verlangte, sofort zum Solo-Mitglied befördert zu werden. Slats, der Copenhagen-Tabak kaute, lehnte das kategorisch ab. Er sagte, er und Pops müssten ein paar Monate lang als Anwärter auftreten, damit alles echt wirke. Timmy wandte ein, in diesem Fall werde er Rudy früher oder später krankenhausreif prügeln. Slats befahl ihm genau wie ich zuvor, sich zusammenzureißen. Er versprach, mit Rudy zu reden und ihm klarzumachen, dass er sich etwas zurückhalten solle, weil es um eine große Sache gehe. Damit war Timmy nicht zufrieden. Slats spuckte auf den Boden und sagte: »Schade.«

Wir machten Schluss und fuhren nach Hause. Da unser Undercover-Haus in Phoenix noch nicht fertig war, pennten Carlos und ich in Hotels. Slats, Timmy und Pops gingen zu ihren Frauen, Kindern, Hunden und so weiter. Bevor Timmy sich verabschiedete, schnappte er sich heimlich einen mittleren Aufnäher, einen *top rocker* und einen Nomaden-Seitenaufnäher aus unserer Abzeichensammlung, ohne jemandem

Bescheid zu sagen. Als er um drei Uhr morgens zu Hause war, schlich er sich ins Schlafzimmer und weckte seine Frau.

Timmy wollte kein Anwärter sein. Im Laufe seines Berufslebens hatte er sich mit kriminellen Banden, Sexualstraftätern und Drogendealern angelegt. Er hatte mehr Erfahrung mit Eigentumsdelikten – Raub, Diebstahl, Einbruch – als wir anderen zusammen. Er wusste, dass die Angels ihre Anwärter ein volles Jahr schmoren ließen und dass wir wahrscheinlich von ihm erwarteten, mindestens drei Monate lang den Anwärter für Rudy zu spielen, um den Anschein zu wahren – dies war der übliche Zeitraum bei anderen Clubs. Für ihn war das inakzeptabel. Er war sich sicher, dass er als offizielles Mitglied besser und schneller für Black Biscuit arbeiten konnte.

Seine Frau richtete sich auf. Er zeigte ihr die Aufnäher und seine Kutte und bat sie, die Dinger anzunähen. Sie sagte »Okay«. Er machte eine Kanne Kaffee, und sie setzten sich im Raum neben der Garage gemeinsam an die Nähmaschine.

Am nächsten Tag erschien Timmy in seiner neuen Pracht im Hauptquartier. Wir lachten nur, aber Rudy schäumte. Slats zuckte mit den Schultern und sagte: »Also gut. An die Arbeit!« Ich klopfte Timmy auf den Rücken, froh, ihn als vollwertigen Partner zu haben, und sagte: »Ich schätze, so läuft das bei uns Solos.«

»Verdammt richtig«, sagte Timmy. »Schnell und schnurstracks zum Ziel.«

8 Jesus hasst Schlappschwänze

1. August 2002

FÜNF TAGE nach Too Broke lud Bad Bob uns ins Mesa-Clubhaus ein.

Er erwartete uns um neun Uhr abends. Wir beschlossen, uns auf dem Parkplatz vor einer Kirche in Gilbert, Arizona, zu treffen – einer ehemaligen Kleinstadt, die inzwischen von dem unersättlichen Phoenix verschlungen worden war. Pops, Carlos, Timmy und ich machten uns beinah in die Hosen. Too Broke schien Monate her zu sein. Die Angels am helllichten Tag in einem Zelt im Freien zu treffen war etwas anderes, als mit unseren Motorrädern zur 153 South LeBaron zu fahren und geradewegs in ihre Festung aus Betonziegeln zu marschieren.

In der Nacht.

Ich war sicher, dass wir in eine Falle liefen. Vielleicht war unser Spiel zu riskant und Rudy ein drogensüchtiger Blödmann und Polizistenhasser, der uns in der Pfeife rauchen wollte. Wir wussten, dass jeder verdeckte Ermittler schon am nächsten Tag so tot sein konnte wie Elvis. Wenn wir uns verkalkulierten oder unbesonnen vorgingen, waren wir erledigt, ehe wir sagen konnten: »Mister Hells Angels, Sir, es ist uns eine Ehre ...« Klar, das Deckungsteam würde wenige Minuten später die Bude stürmen, aber es könnte nur noch Rache üben, unsere Gehirne von der Wand kratzen und einige Markierungen neben unseren Zehen anbringen.

Wir setzten uns an einen Picknicktisch unter einem Süßhülsenbaum und warteten auf Rudy. Die Sonne war untergegangen, aber noch lag Dämmerlicht über der Wüste. Pops und ich rauchten wie Zwillingsfurien. Es war August in Arizona, und der Schweiß klebte unsere Solo-Kutten wie eine zweite Haut an unsere Oberkörper.

Ich hatte meine Glocks dabei, Carlos und Timmy trugen beide eine Beretta .380, Pops einen fünfschüssigen Revolver, Marke Smith & Wesson. Im Grunde ist es verboten, einen Informanten zu bewaffnen, selbst einen bezahlten wie Pops; aber ich vertraute ihm und wollte, dass er sich notfalls verteidigen konnte.

Ich schnippte mein Feuerzeug auf, klappte es zu, schnippte es wieder auf. Carlos ließ Kaugummiblasen platzen. Pops telefonierte mit seiner Frau. Timmy saß einfach nur da, ruhig wie eine Eidechse auf einem Stein. Dieser Bastard.

Rudy fuhr vor. Er ließ den Motor aufheulen, stellte ihn ab und sprang vom Sitz. Er war nicht bewaffnet. Pops war ein Freund, doch Rudy war nur ein Mittel zum Zweck. Als verurteilter Verbrecher durfte er keine Waffe tragen.

»Tut mir leid, dass ich zu spät komme.« Den Eindruck, dass es ihm leidtat, hatten wir nicht.

Aber es war mir egal. »Keine Sorge«, sagte ich. »Wir haben Zeit.«

Timmy sagte: »Es ist erst sieben, Präsi.«

»Okay.« Rudy zog eine neue Packung Reds aus der Tasche, biss die Folie ab und schüttelte eine Zigarette heraus. Ich zündete sie für ihn an.

Wir sagten nichts.

Dann erklärte Rudy: »Also, wenn wir drinnen sind, habe ich das Kommando, vergesst das nicht. Wenn ihr mir auf die Zehen tappt, ist die Show vorbei. Die Angels halten sich strikt an die Regeln, und das erwarten sie auch von uns. Ich will nicht den Ruf verlieren, den ich mir für euch Bullen erworben habe. Ich will sehen, dass ihr stolz auf eure Farben seid. Kann sein, dass wir heute Abend mit diesen Jungs wegfahren. Ich lass euch nicht gern so früh ins kalte Wasser springen. Aber ihr müsst einige Dinge wissen. Wir fahren hinten im gleichen Tempo. Wir müssen Schritt halten. Wenn sie bei Rot über eine Ampel fahren, dann tun wir es auch. Wenn sie angehalten werden, halten auch wir an. Mesa fährt wie die Blue Angels am Heldengedenktag. Andere Charter hassen es, mit ihnen zu fahren, weil sie verdammte Straßennazis sind. Bleibt einen halben Meter hinter dem Rad vor euch. Bleibt dort. Ihr dürft nie, nie das Vorderrad eines Vollmitglieds passieren. Wenn ihr das tut, ist der Teufel los.«

Niemand sagte etwas.

Rudy fragte: »Alles klar? Seid ihr bereit?« Wir sahen einander stumm an. Sogar der alte Graubär Pops, dem es normalerweise piepegal war, ob er Gefahr lief, eine Kugel abzubekommen, blieb still. Rudy war angewidert. »Hört zu, wenn wir das wirklich durchziehen wollen, dann brettern wir so schnell wir können dahin. Wir steigen von unseren Motorrädern ab und gehen auf diese Typen zu, als wären wir der schlimmste Abschaum auf Erden. Wir schauen ihnen in die Augen und sagen ihnen, wer wir sind. Und dann passiert, was eben passieren soll. Wir werden es schon auf die Reihe kriegen.« Rudy sah mich an. »Wenn ihr euch das nicht zutraut, wenn ihr jetzt gleich nach Hause fahren und der Frau eures Nachbarn erzählen wollt, was für harte Jungs ihr seid, dann blasen wir das ganze Theater ab und beenden den Fall. Er muss nämlich hier und jetzt anfangen.« Wir blieben stumm, mehr aus Scham als aus Furcht.

»Jesus hasst Schlappschwänze«, platzte ich heraus. Die anderen sahen mich verdutzt an. »Das ist das Mantra meines alten Partners Chris Bayless in solchen Situationen. Wenn er hier wäre, würde er sagen: ›Ihr habt also einen Knoten im Magen und wollt nach Hause gehen. Nun, dann reißt euch am Riemen, und geht an die Arbeit! Jesus hasst

Schlappschwänze – ihr seid Undercover-Cops, verdammt noch mal, ihr müsst tun, was ihr tun müsst!‹ Auf geht's, Jungs. Ich bin nervös wie ein Teenager, aber Jesus hasst Schlappschwänze, kapiert?«

Timmy wiederholte ruhig: »Jesus hasst Schlappschwänze.« Carlos und Pops sagten es gemeinsam.

Rudy sagte: »Gut, das wäre geklärt – Jesus hasst Schlappschwänze. Und jetzt machen wir uns auf die Socken.«

Es funktionierte. Wir fuhren los. Das Folgende aufregend zu nennen wäre so, als würde man ein abgetrenntes Bein als Kratzer bezeichnen. Rudy teilte Pops und Timmy, beide furchtlose, knallharte Fahrer, als Nachhut ein und wies sie an, ihr Temperament zu zügeln. Jeder blieb einen halben Meter hinter der Maschine vor ihm, und so fuhren wir wie eine Kette durch einen verstopften Kurbelkasten. Autos flogen in obszönen Winkeln vorbei, wenn wir uns auf den Schnellstraßen von Phoenix mit den schweren Harleys in die Kurve legten. Die Dämmerung wich der Nacht, und die Lichter verschwammen zu einem Mischmasch aus Orange, Rot und Weiß. Der Lärm fraß sich in unsere Beine und Hintern und Brustkörbe, und bald schnurrten die Maschinen, als würden sie atmen. Keine Frage, das war meine erste richtige Motorradfahrt.

Wir hielten an einem Supermarkt am südlichen Stadtrand von Mesa. Timmy und Pops gingen hinein und kauften Red Bulls und Zigaretten.

Carlos sagte zu niemand Bestimmtem: »Was für ein Wahnsinn! Wir kommen da nicht lebend raus. Das wisst ihr doch, oder?«

Jedenfalls fühlten wir uns so. Unsere Harleys waren berauschende Todesfallen. Punkt.

Rudy sagte: »Das war besser.« Er tätschelte meinen Schenkel.

Slats rief an und sagte ebenfalls: »Das war besser.«

Ich dankte ihm und sagte, wir seien bereit, die Höhle der Löwen zu betreten. Er versicherte, dass die Drähte glühten und das Deckungsteam schon vor Ort sei. Die Kollegen könnten innerhalb von 45 Sekunden mit ratternden Ithaca-Pumpguns im Clubhaus sein. »Cool«, sagte ich und legte auf.

Zivilisten beobachteten uns aus dem Augenwinkel. Ich lächelte einer Frau und ihrem Zehnjährigen zu. Sie drehte den Jungen an der Schulter um, damit er die furchterregende Männergruppe, der ich angehörte, nicht sah; dann schob sie ihn rasch zu ihrem Auto. Zum ersten Mal seit Tagen dachte ich an meinen Sohn Jack.

Ich hatte viele Meilensteine meiner Kinder verpasst. Das Schlimmste war, dass ich Jacks erste Schritte nicht miterlebt hatte, weil ich damals an einem Fall arbeitete, bei dem es um ein Sprengstoffattentat auf ein Casino in Vegas ging.

Gwen rief mich an und hinterließ eine Nachricht, als es passierte; aber ich konnte das Telefon nicht abnehmen, weil ich mit unserem Verdächtigen und meinem Partner Vincent Cefalu in einem vergammelten Undercover-Auto saß. Wir suchten den Stadtrand von Las Vegas ab, um ein Lokal zu finden, in dem wir Tacos essen und dabei über den Anschlag reden konnten, der mit Plastiksprengstoff verübt worden war. Für solche Einsätze habe ich immer wieder die kostbarsten Augenblicke meines Lebens geopfert.

Die Frau mit dem kleinen Jungen legte den Gang ein und fuhr in einem schnellen, scharfen Bogen und mit knirschender Achse vom Parkplatz. Wir hingen noch ein wenig länger dort herum, bis Rudy zum Aufbruch blies. Wir alle sagten: »Jesus hasst Schlappschwänze«, und brachen auf.

9 Die erste Nacht in Mesa

1. und 2. August 2002

DAS CLUBHAUS in Mesa, ein einstöckiges Gebäude mit Stellplatz an der Westseite, befand sich in einem Wohnviertel. Die weißgestrichene Ziegelmauer vor der Fassade war mit roten Dachschindeln bedeckt. Dahinter ragte ein großer Palo-Verde-Baum empor. Ein offener Maschendrahtzaun mit roten, in die Maschen geflochtenen Plastikstreifen konnte geschlossen werden, um die Einfahrt zu sperren. Doppelte Totenköpfe starrten einander über der Veranda an. Zwischen ihnen war das Wort MESA in den lodernden Lettern der Hells Angels aufgemalt.

Fünf Angels kamen heraus, um uns zu begrüßen. Rudy nannte sie Ghost, Trigger, Bighead, Stroker Dave und Rockem. Letzterer war ein Anwärter. Alle trugen Schusswaffen und ihre jeweils bevorzugte Handwaffe: Buck-Messer, Hammer, Totschläger, Schlagringe. Sie führten uns zu einem Seiteneingang. Rudy trat mit Trigger ein, ich folgte Ghost, der eine kugelsichere Weste trug. Als er die Tür erreichte, drehte Ghost sich um, legte eine Hand auf meine Brust und sagte: »Tut mir leid, Bird. Die müssen draußen bleiben.« Er deutete auf meine Glocks.

Wir durften unsere Waffen nicht ablegen. Wenn die Angels uns keine Waffen erlauben wollten, konnten wir die Ermittlungen ganz einfach nicht fortsetzen. Außerdem hätten wir uns mit einem Verzicht auf unsere Waffen einen schlechten Dienst erwiesen. Klar, wir konnten sagen: »Okay, aber nur dieses eine Mal.« Aber dann hätten sie sich gefragt, ob wir tatsächlich die bösen Jungs waren, die zu sein wir behaupteten. Das konnte passieren. Jedes Wort und jede Tat mussten unsere Glaubwürdigkeit steigern. Wir beschlossen, auf unseren Waffen zu bestehen – alles andere wäre nicht nur töricht gewesen, sondern uns auch als Schwäche ausgelegt worden. Es ist ein Klischee, aber es trifft ganz besonders auf verdeckte Ermittler zu: Einen ersten Eindruck kannst du nur einmal machen.

Ich sagte: »Ghost, nichts für ungut, Mann, aber ich nehme meine Kanonen für niemanden ab, nicht einmal für Hells Angels. Es ist nicht persönlich gemeint; aber wir sind eben wie ihr.« Ghost schaute über meine Schulter. »Und meine Jungs denken genauso.« Carlos, Timmy und Pops nickten feierlich.

Ghost runzelte die Stirn und neigte den Kopf zur Seite. Seine Augen konnte man nicht sehen, weil er sogar nachts stets eine dunkle Panoramasonnenbrille anhatte. Ich hingegen trug eine ärztlich verordnete Brille mit klaren Gläsern, die gut für Nachtfahrten waren. Er nahm die Hand von meiner Brust und grunzte: »Tja ...«

Ich fuhr fort: »Nicht nur Hells Angels haben Feinde, Alter. Wir haben auch welche. Wenn ihr darauf besteht, uns zu entwaffnen, warten wir gerne hier draußen auf unseren Präsi. Du weißt ja, er darf keine Waffe tragen, und wenn diese tuntigen Mongols euch angreifen, müssen wir bei ihm sein und ihn verteidigen.«

»Okay, Bird«, sagte Ghost. »Ich höre dich, aber ich mache nicht ...«

»... die Regeln.« Die Stimme kam von jenseits der Türschwelle. Dort stand Bad Bob.

Robert Johnston jun., 1 Meter 96 groß und 105 Kilo schwer, füllte den ganzen Türrahmen aus. Ich dachte an seine Polizeiakte: Festnahmen wegen Erpressung, gefährlicher Körperverletzung, Drogenhandels, Verstößen gegen das

RICO-Gesetz, krimineller Geschäfte und natürlich unerlaubten Waffenbesitzes. Sein Erscheinungsbild passte gar nicht dazu. Er hatte einen gepflegten runden, braungelben Spitzbart und langes, gesundes braunes Haar, das in Wellen auf die Schultern fiel. Er sah aus wie Barry Gibbs versauter, lange verschollener Bruder. Er hatte einen gewaltigen Brustkorb und Hände wie ein Catcher. Seine Lederkutte, die mit Dutzenden von Aufnähern geschmackvoll verziert war, blähte sich über seinem runden Rumpf. Er schaute auf uns hinab und strahlte.

»Ich mache die Regeln«, wiederholte er. Seine schlaffen Augen sahen aus, als hätten sie genug gesehen. Manchmal dachte ich auch, ich hätte genug gesehen; aber ich hatte keine schlaffen braunen Augen. Meine waren blau und hell. Ich dachte über Bad Bob nach. Wie oft hatte er wohl schon richtig Angst um sein Leben gehabt? Nicht so oft wie ich. Bad Bob sagte: »Das ist schon in Ordnung, Ghost. Diese Jungs sind okay. Sie sind unsere Gäste.« Er breitete seine langen Arme aus, und wir gingen alle nach oben.

Als wir den Hauptraum betraten, ließ Trigger hinter uns eine Reihe von Bolzenschlössern einrasten. Ich hatte nicht so sehr das Gefühl, eingesperrt zu sein, als eher den Eindruck, dass die Welt ausgesperrt wurde. Wir hatten Schritte unternommen, die wir nie mehr zurückgehen konnten, Schritte ins Unbekannte. Es war ein fast lähmendes Gefühl – *fast*. Ja, wir hatten unsere Waffen behalten; aber das bedeutete nur, dass wir uns wehren konnten.

Ich zündete eine Zigarette an, um meine Furcht zu verbergen. Das war's, dachte ich. Ich wusste noch nicht, wie es passieren würde, wer es tun würde und ob es sofort oder später sein würde, aber ich war plötzlich davon überzeugt, dass ich in einem Clubhaus der Hells Angels sterben würde.

Wir waren in einem drin.

An einer Seite befand sich eine Bar und neben ihr ein kleines dreieckiges Podium. Ein über dreieinhalb Meter hoher Totenkopf war an eine Wand gemalt. Trophäen und Souvenirs bedeckten die angrenzende Wand. Es gab eine Musikbox, zwei Fernseher und ein rotes Neonschild, das HELLS ANGELS summte. Die Fenster waren entweder mit Brettern vernagelt oder von roten und weißen Rollos verdeckt. Der Raum roch wie eine Bar. Die Musikbox spielte Steppenwolf.

Mindestens ein Mensch war auf dem Boden des Clubhauses in Mesa bereits getötet worden. Im folgenden Monat sollte die ATF endlich herausbekommen, warum Mesa Mike sich von seinen Vereinsbrüdern abgewandt hatte. Am 25. Oktober 2001 feierte eine etwa 40-jährige Frau namens Cynthia Garcia mit den Jungs eine Party und betrank sich. Irgendwann in dieser Nacht hatte sie den Nerv, die Angels in ihrem Revier zu beleidigen – ein unverzeihlicher Fehler. Die Mitglieder Mesa Mike und Kevin Augustiniak sowie der Anwärter Paul Eischeid schlugen sie bewusstlos. Sie lag ausgestreckt auf dem Boden des Clubhauses, während ihre Peiniger immer betrunkener und angetörnter wurden. Als sie zu sich kam, hatte sie die Frechheit, die Kerle erneut zu beschimpfen, weil sie eine unbewaffnete Frau geschlagen hatten. Diese fielen über sie her, diesmal mit ungezügelter Wut. Es war wie im Lehrbuch: »Einer für alle und alle für einen«, wie Slats es so treffend ausdrückte.

Mesa Mike, Augustiniak und Eischeid schleppten die Frau, die noch lebte, zum Stellplatz und warfen sie in den Kofferraum eines Autos. Dann fuhren sie hinaus in die Wüste und zogen ihr Opfer ins Unterholz. Die Frau packte Mikes Hose am Saum. Eischeid hatte ein altes Buck-Messer, das nicht scharf war. Sie stachen wiederholt auf sie ein. Abwechselnd versuchten sie, ihr den Kopf abzuschneiden, um ihn auf einen Zaunpfahl zu spießen und den Geiern zu überlassen. Aber die Wirbelsäule machte ihnen Schwierigkeiten.

Sie hackten und zwängten die Messerspitze in die Wirbel, aber die blieben stur.

Cynthia Garcia, eine Mutter von zwei Kindern, hatte einen schlimmen Fehler begangen, und nun war sie tot.

Mesa Mike wurde mit seinen Schuldgefühlen nicht fertig und wechselte die Seiten.

Als wir den Raum betraten, schaute ich auf den Fußboden. Damals wusste ich, dass Mesa Mike ein Geheimnis hatte, aber mehr wusste ich nicht. Der Boden war sauber und weiß.

ICH SAGTE zu Bad Bob, das Haus gefalle mir, und es sei sehr gepflegt. Er glättete die Vorderseite seiner Kutte, dankte mir, führte uns an die Bar und befahl Rockem, uns Drinks zu servieren. Budweiser und Jack Daniel's. Wir kippten den Whisky, und die Gläser wurden aufgefüllt. Bad Bob gab Rudy ein Stück Papier, dann ging er hinter die Bar und kramte in einer Schuhschachtel. Nachdem er gefunden hatte, was er suchte, schloss er den Karton und stellte ihn wieder unter die Bar. Dann streckte er uns eine Handvoll HAMC-Aufkleber und -Aufnäher entgegen. Solche Insignien trugen die Sympathisanten der Angels.

»Ich möchte, dass ihr das hier nehmt. Bringt sie an euren Maschinen und an euren Kutten an.«

Wir nahmen sie und bedankten uns.

Carlos fragte Rockem, warum er diesen Namen trage. Er sagte, er habe einen Bruder namens Sockem. »Ihr seid also Rockem und Sockem?«, fragte Carlos. Rockem bejahte. »Wir kämpfen gerne«, erklärte er. »Ich auch«, meinte Carlos.

Bad Bob sagte, Rockem sei Pilot bei American West. Er ticke nicht ganz richtig und sei scharf auf Weiber. Schade, dass wir nicht einen Abend früher gekommen seien. Rockem, der eigentlich Ralph hieß, habe eine ganze Truppe

Flugbegleiterinnen mitgebracht, und sie hätten eine Show abgezogen. Die Frauen seien in ihren Bleistiftröcken und hässlichen Strümpfen erschienen, aber es habe nicht lange gedauert, bis sie total betrunken gewesen seien und in Unterwäsche herumgetanzt hätten. Pops sagte, das hätte er gerne gesehen. Bad Bob erwiderte: »Wenn du öfter kommst, wirst du's sehen.« Er sagte, eines der Mädchen habe viel mehr getan, als zu tanzen. Ghost und Trigger kicherten wie Schuljungen. Trigger bewegte die Faust in der Luft, als ziehe er an der Hupe eines Sattelschleppers.

Das ist ein allgemein bekanntes Biker-Zeichen für Gruppensex.

Mein Telefon klingelte. Ich hatte Nellys »E. I.« als Klingelton, was die Angels verwirrte. Um es vorsichtig auszudrücken: Hells Angels mögen weder Schwarze noch Rap. Der einzige Nelly, den sie kennen, ist Willie Nelson.

Ich ignorierte sie. Als ich das Handy aufklappte, fauchte Nelly gerade »*Somebody probably jealous 'cause the bitch got hit –*«.

»Ja, Bird.« So meldete ich mich immer.

Es war Jack. »Hallo, Papa.«

»Was gibt's?«, fragte ich. »Ist Lou da?« Das war unser Code für »Hol deine Mutter ans Telefon.«

Jack sagte: »Bleib dran.«

»Cool, Alter. Ich will mit ihm reden.«

Gwen übernahm das Telefon. Ich hörte, wie Jack weglief und dem Hund etwas zurief. »Du bist beschäftigt«, sagte Gwen.

»Hallo? Was geht ab?« Ich drückte meine Kippe in einem gläsernen Aschenbecher aus und zündete eine neue an. Es machte mir auf perverse Weise Spaß, mit Gwen zu sprechen, als ich es nicht hätte tun sollen. Wie die Kugel, die mir einst in die Brust gedrungen war, vermittelte mir Gwens Stimme ein Gefühl der Unbesiegbarkeit.

»Du rauchst«, sagte Gwen.

Ich sagte nichts, nahm einen weiteren Zug und blies den Rauch in die Sprechmuschel.

»Ich wünschte, du würdest das nicht tun. Es ist eklig.« Ihr Vater hatte ebenfalls geraucht und war an einem Emphysem gestorben. Sie meinte es ernst.

»Weiß ich. Was ist los?«

»Nichts. Jack und Dale wollten nur wissen, ob du am Wochenende nach Hause kommst.«

Ich machte eine Pause, damit es aussah, als erhalte ich Anweisungen. Dann nickte ich und sagte: »Klar.« Am anderen Ende summte Gwen die Melodie aus *Jeopardy*. Dann sagte ich: »Alles klar, Big Lou. Nichts, was ich lieber täte. Absolut nichts. Du kannst dich auf mich verlassen.«

»Gut. Dann bis bald. Ich liebe dich.«

»Okay. Ich auch.« Gwen machte ein Kussgeräusch und legte auf. »Okay. Sie werden nie dahinterkommen. Ich ruf dich an, wenn die Sache erledigt ist. Genau. Bis später.«

Ich klappte das Handy zu und legte es auf die Bar. Als ich mich zu den Jungs umdrehte, reichte Trigger mir einen Joint. Ich nahm ihn, führte ihn aber nicht an die Lippen. Meine Zigarette brannte noch. »Wer war das?«, fragte Trigger.

Ich erzählte ihnen von Big Lou und meiner Tätigkeit als Geldeintreiber für Imperial Financial. Während ich sprach, zog ich an meiner Zigarette und wedelte so ausgiebig mit den Armen, dass sie kaum an den Joint dachten. Wir alle waren ohnehin mehr oder weniger betrunken. Ich steckte den Joint in den Mund, ohne zu inhalieren, und zog eine Visitenkarte heraus. Ich reichte sie Rudy, der sie Bad Bob gab. Er betrachtete sie und schob sie in eine Seitentasche. Pops starrte das Gras gierig an. »Bird«, sagte er, »willst du diese Tüte allein rauchen, oder teilst du sie mit mir?« Ich zog den Joint aus dem Mund, atmete den restlichen Rauch der

Marlboro aus und gab Pops die Kippe, der mir aus der Patsche half, indem er ungerührt einen langen Zug nahm.

Polizisten dürfen keine Drogen nehmen, es sei denn, ihr Leben hängt davon ab. Wenn ein Strafverteidiger Wind davon bekommt – oder von sexuellem Fehlverhalten, Wutausbrüchen oder anderen Verhaltensweisen, die uns in schlechtem Licht zeigen –, kann er uns als unglaubwürdige Zeugen hinstellen. Immerhin sind wir professionelle Lügner, die anderen ständig etwas vorspielen. Das reiben selbst die dümmsten Verteidiger den Geschworenen unter die Nase. Aber Pops, unser bezahlter Informant, der alles andere als ein Polizist war, galt als Ausnahme. Er bewegte sich in einer Grauzone und nutzte seinen größeren Spielraum hin und wieder, um uns zu helfen.

Bad Bob sagte: »Scheint ein guter Job zu sein, Bird.«

»Stimmt, ich kann meine Rechnungen zahlen, und der Rasen bleibt grün.«

»Coole Sache. Ich hab auch einen guten Job.« Wir wussten, dass Bad Bob für einen Autohändler arbeitete. Trigger gab den Joint an Bad Bob weiter, und der inhalierte jäh. Er sah gelangweilt aus. Plötzlich sagte er: »He, gehen wir ins Spirits.«

Wir gingen raus, stiegen auf und starteten unsere Maschinen.

Rudy hatte nicht gelogen. Die Mesa-Jungs fuhren wie furchtlose Todesfeen auf Crack. Jesus Christus höchstpersönlich hätte nicht besser, schneller oder in engerer Formation Motorrad fahren können. Wie Rudy gesagt hatte, fielen sie nie mehr als einen halben Meter hinter ihren Vordermann zurück, und oft fuhren sie noch dichter auf. Wenn die Führenden sich in eine Kurve legten, hatte der Dritte bereits eine Schulter gesenkt. Sie bewegten sich wie eine Schlange, die ein Kaninchen durch seinen Bau jagt, fuhren über rote Ampeln und ignorierten den Verkehr. Die Kaninchen – alle, die nicht auf einer verchromten Harley-Davidson saßen; alle, die in einem »Käfig«, also in einem Auto oder LKW eingesperrt waren; alle, die das Unglück hatten, Fußgänger zu sein; alle, die keine Hells Angels waren – wichen verängstigt aus. Wir fuhren, als wären wir allein auf der Welt. So fahren die Hells Angels immer, denn die anderen interessieren sie nicht.

Das Spirits im Norden von Gilbert war Mesas heißestes Lokal. Einige Parkplätze waren ständig für die Hells Angels reserviert. Sie lagen gleich neben dem Eingang, wo die Türsteher – beide wie Kühlwagen gebaut – sie im Auge behalten konnten.

Bad Bob ging voraus. Ich war noch nicht ganz drin, als die Musik abrupt abbrach. Dann brüllte ein schlechter Michael-Buffer-Imitator ins Mikro: »Leute, der Outlaw-DJ hat tolle Nachrichten für euch – wir haben noch mehr Heeeeeellllllsssss Angeeeeeellllllsssss im Haussssss, ah!« Scheinwerfer richteten sich auf die Tür, als wir eintraten. Die Menge, die ansehnlich, aber nicht riesig war, teilte sich wie das Rote Meer vor Moses. Als wir Solos einmarschierten, fügte der DJ hinzu: »Und Gäste!!!!!!«

Die Musik – »Enter Sandman« von Metallica – wurde wieder aufgedreht. Es war wie ein Konzertabend. Fehlen nur noch die Kiffer, dachte ich.

Selbst für einen Mann, der in Stadien voller kreischender Footballfans gespielt hatte, fühlte sich diese Zeremonie gut an. Für die Angels muss es ein unglaubliches Gefühl gewesen sein. Sie waren Typen, die ohne den Totenkopf auf dem Rücken abgehalfterte Herumtreiber gewesen wären, die allein am Ende der Theke sitzen und Vierteldollarmünzen zählen, um zu prüfen, ob sie sich noch eine Dose Budweiser leisten können. Stattdessen erhielten sie die Drinks umsonst, und die Frauen standen bei ihnen Schlange. Das erklärt zu einem großen Teil, warum es so verlockend ist, sich den

Hells Angels anzuschließen: Dort fühlen sich Männer einer bestimmten Sorte einfach wohl. Sobald sie Mitglieder sind, werden sie von allen respektiert – und das mit Recht, weil sie als Gruppe ein furchterregender Haufen sind. Man behandelt sie wie Könige, denn in ihrer Welt sind sie Könige. Und da man sie sofort erkennt, wird ihnen dieser Respekt auch überall entgegengebracht. Ihre Welt reist mit ihnen und für sie, eine Blase aus Leder und Motorrädern.

Wir wurden in einen VIP-Raum geführt, in dem sich bereits einige andere Hells Angels und eine Gruppe spärlich bekleideter Frauen befanden. Manche waren attraktiv, andere sahen aus wie Schmutzfänger an einem verschneiten Tag im März. Wir wurden vorgestellt.

Danach bildeten sich kleine Gruppen. Timmy schaute immer wieder nach unseren Motorrädern und unterhielt sich mit den Rausschmeißern. Pops hing mit Ghost ab, und ich setzte mich mit Rudy und Bad Bob zusammen.

»Ich weiß, dass du mit Cruze Geschäfte in Tucson machst«, sagte Bad Bob.

Rudy sagte: »Ich bin froh, dass du es weißt. Wenn nicht, würde das bedeuten, dass er nicht ganz astrein ist, und das würde heißen, dass ich nicht mehr mit ihm arbeiten könnte.«

»Es ist mein Job, solche Dinge zu wissen.«

Ich sagte: »Verdammt richtig!«

Bad Bob warf sich in die Brust. »Genau.« Er wandte sich an mich. »Ich wollte dir sagen, dass du mit meiner Erlaubnis dein Ding mit Cruze oder anderen Leuten durchziehen kannst. Solange ich Bescheid weiß, ist alles in Ordnung. Ein Mann muss Brot auf den Tisch bringen.« Ein unbekannter Anwärter brachte jedem von uns eine braune Flasche Bier. Die Flaschen schwitzten, ihre Etiketten lösten sich.

Bad Bob schüttete sein Bier in den Schlund. Er hielt sich ans Drehbuch. Wir alle taten das. »Hab Gutes von dir gehört, Bird«, sagte er. Nur Gutes.« Ein kleiner Knoten bildete sich in meinem Magen, aber Bad Bob lächelte, und der Knoten löste sich. Er schien uns zu trauen. Ein besonders scharfsinniger Cop hätte diese Worte vielleicht anders gedeutet: Manchmal sind die Rollen, die verdeckte Ermittler spielen, *zu gut*. Ich hoffte, dass es nicht so war. Dass wir nicht alles zu schnell vorantrieben. Bad Bob sagte: »Ich habe Rudy eine Liste mit Telefonnummern gegeben. Wir können dir helfen, und du kannst uns helfen.«

»Du sprichst von den Mongols.«

»Richtig. Aber wir ziehen das Wort ›Mädchen‹ vor.«

»Okay. Ich halte dich auf dem Laufenden. Sobald ich oder meine Jungs einen dieser Wichser sehen – in Nogales, auf einer staubigen Kaktusstraße, in einer dreckigen mexikanischen Kneipe oder wo auch immer –, erfährst du es als Erster.«

»Danke, Bird.«

»Nicht der Rede wert.«

Gegen ein Uhr morgens kehrten wir zum Clubhaus zurück. Obwohl sie betrunken waren, fuhren die Jungs eng und schnell. Stroker Dave war vor uns, und einmal breitete er die Arme und Beine aus wie ein Adler. Er sah aus wie ein vierzackiger Stern, der mit fast 150 Sachen über den Superstition Freeway raste. Timmy warf mir einen Blick zu und schüttelte den Kopf. Ich wusste, was er meinte. Ich war erschöpft, doch wir mussten noch Berichte schreiben und am nächsten Morgen wieder aufstehen, und dann würde sich alles wiederholen. Dabei war es nicht einmal sehr spät. Wir wärmten uns erst auf.

Im Clubhaus brachte Rockem noch eine Runde Jacks und Buds. Ich kippte den Whisky runter und nippte am Bier. Dann sagte ich: »Wir müssen gehen.« Bad Bob, immer der Gastgeber, fragte: »Seid ihr sicher, dass ihr noch fahren könnt?« Ich dachte, er wollte uns eine Fahrt mit einem nüchternen Fahrer anbieten. Stattdessen holte er einen Plastikbeutel, der mit weißem Pulver gefüllt war, hinter der Bar hervor. »Ich kann jedem von euch etwas zum Ziehen geben, wenn ihr gut fahren wollt.«

Pops sagte, er nehme den Stoff nicht mehr; Rudy behauptete, er habe bereits eine Line genommen; und ich sagte, Timmy, Carlos und ich hätten früh am Morgen einen Job, und ich hätte ohnehin schon so viel von dem Zeug geschnupft, dass es für drei Leben reiche. Bad Bob zuckte mit den Schultern. »Wie ihr wollt. Wir sehen uns bald.«

»Klar. Bis bald.«

Ich will was?

August 2002

HELLS ANGELS leben für ihren Club und für ihre Brüder. Eines ihrer Credos lautet: »Lass dir von keinem Menschen, keinem Gesetz und keinem Gott etwas befehlen.« Sie sehen sich als freie Menschen, und die Wurzel dieser Freiheit ist das Erlebnis, ein Motorrad zu fahren. Mit ihren Harleys entziehen sie sich den Regeln und Erwartungen der Gesellschaft, einem Leben voller Arbeit und Pflichten, anderen Menschen, Ehefrauen, Freundinnen und Angehörigen. Natürlich haben sie Jobs und Frauen und Freundinnen und eine Familie. Aber ihr Status als Hells Angels geht vor. Sie verzichten auf alles, was uns anderen Sicherheit und Beständigkeit gibt. Sie sind Ausgestoßene. Und darum haben sie, wie sie selbst meinen, keinen Grund, jemandem einen Gefallen zu tun.

Für diese Männer ist es nur ein winziger Schritt vom Außenseiter zum Kriminellen.

Durch ihr Äußeres und ihre Lebensweise unterscheiden sie sich eindeutig von uns Normalos, doch komischerweise sind sie sich untereinander verblüffend ähnlich. Eine starre Konformität schränkt ihre Individualität ein. Alle tragen die gleiche Art Kleidung, fahren die gleiche Motorradmarke und halten sich an die gleichen Clubregeln. Alle müssen einmal in der Woche an einer Versammlung ihres Charters teilnehmen, und alle müssen monatlich einen Beitrag zahlen. Die Kutten bleiben im Eigentum des Clubs, ebenso die »Hautabzeichen«, die Tätowierungen, die jedes neue Mitglied sich stechen lassen muss. Wenn ein Bruder den Club verlässt, egal aus welchem Grund, müssen die Hells Angels ihn besuchen und ihm jedes Kleidungs- und Möbelstück sowie sämtliche Insignien wegnehmen, die mit den Angels zu tun haben – nicht nur, um ihn zu bestrafen und auszustoßen, sondern auch, weil ihm die Sachen einfach nicht gehören. Wenn er im Guten geht, bekommt sein Hautabzeichen den Zusatz »OUT«; wenn er im Streit geht, werden diese Tattoos entfernt, manchmal mit einer Käsereibe oder mit einem Bügeleisen.

Später erfuhr ich von den Skull-Valley-Angels Teddy Toth und Bobby Reinstra, die ich im August 2002 noch nicht kannte, dass die Hells Angels zahlreiche Regeln für fast jeden Lebensbereich aufgestellt haben. Dagegen sieht ein Fußballregelbuch wie ein Werbeflyer aus. Die Regeln betreffen die Motorräder, das Aussehen, das Verhalten, die Frauen, die kriminellen Aktivitäten und den Umgang mit Rivalen. Wenn du Hells Angel wirst, verliert alles andere seine Bedeutung. Du bist nicht mehr John J. Johnson, sondern ein Bruder, ein Soldat, ein Inbegriff der Furcht, eine Speiche an einem Rad der Gewalt. Getränke gibt es kostenlos, und eine Muschi ist nie weiter als eine Schwanzlänge entfernt. Du bist der Rockstar und gleichzeitig seine beiden Bodyguards. Auf einmal wirst du respektiert, und zwar mit rollendem R. Wenn jemand dir auf die Zehen tritt, ist der ganze Club verpflichtet, es ihm heimzuzahlen.

Ein Beispiel dafür ist Cynthia Garcia. Gott hab sie selig.

Trotz alledem fehlte ihnen offenbar eine Regel, die uns daran gehindert hätte, leichten Zugang zu finden. Oder Bad Bob war so leichtgläubig oder verzweifelt, dass er wenige Wochen nach unserem ersten Besuch in Mesa in ganz Arizona für uns bürgte. Genau das tat er nämlich.

Wir nutzten eine der wenigen Schwächen der Angels aus. Nach Laughlin brauchten sie Verbündete und potentielle Rekruten. Sie musterten uns und sahen Männer vom gleichen Geist, hart, vorsichtig, geschäftstüchtig und bereit, Gewalt anzuwenden. Die Probleme mit den Mongols waren real, und obwohl die Angels vorbereitet waren auf ihre Gegner, konnte eine noch bessere Vorbereitung nicht schaden. Kurz gesagt, die Angels wissen, was gut ist – und wir waren gut.

Am Tag nach unserem ersten Besuch in Mesa wollte ich so schnell wie möglich zu Hause anrufen. Am Morgen drehte ich mich im Bett um, klappte mein Handy auf und wählte unsere Nummer. Ich sagte zu meinen Kindern, es tue mir leid, dass ich am Abend zuvor nicht bei ihnen habe sein können. Ich versicherte ihnen, sie seien für mich das Wichtigste auf der Welt, und ich hätte ihnen am Telefon niemals das Wort abgeschnitten, wenn es nicht um mein Leben gegangen wäre. Ich sagte ihnen, dass ich sie liebte. Und sagte es ihnen noch einmal. Ich sagte, vor allem anderen sei ich ihr Vater. Natürlich war ich nicht so naiv zu behaupten, dass ich alles nur für sie machte; aber ich war so naiv, meinen eigenen Lügen zu glauben.

Dann entschuldigte ich mich bei Gwen, weil ich so getan hatte, als wäre sie ein Mafioso.

»Mach dir darüber keine Sorgen, Schatz. Das war ja nicht das erste Mal, und ich weiß, es wird nicht das letzte Mal bleiben. Außerdem finde ich es irgendwie aufregend.«

»Ich höre gern deine Stimme, wenn ich unter solchen Leuten bin.«

»Näher werde ich deinem Arbeitsplatz nie kommen.« Sie lachte. Gwen lacht gern über ihre eigenen Witze, egal, ob sie lustig sind oder nicht. Das habe ich immer an ihr geliebt.

Ob zu Recht oder nicht, ich habe sie stets aus meiner Arbeit herausgehalten. Ich brauchte die Gewissheit, dass meine Familie nichts mit meinem Job zu tun hat, dass beide sich niemals begegnen würden. Ich habe es nicht übers Herz gebracht, ihnen von den hässlichen Geheimnissen zu erzählen, welche die Welt mir enthüllt hatte, und ich musste an meiner Überzeugung festhalten, dass ich für anständige Familien wie unsere kämpfte. Ich brauchte ein Heiligtum, und genau das war meine Familie für mich.

Eigentlich wollte ich nach Hause zurückfahren, aber davor mussten wir einen Waffenhandel abschließen, den Rudy vermittelt hatte. Er hatte nichts mit den Angels zu tun, war aber Teil der Show. Also stiegen wir auf den Sattel.

Wir fuhren nach Apache Junction, eine öde, mit Müll übersäte, vernachlässigte Vorstadt, und selbst das ist noch zu freundlich ausgedrückt. Kein einziger Rasen zu sehen. Überall kaputte Wohnwagen. Überall Geröll und Abfall und Staub. Große, wertlose, leere Grundstücke. Einer dieser heruntergekommenen Orte am Rande dessen, was wir für Amerika halten. Aber alles an diesem Ort ist amerikanisch.

Carlos, Timmy, Rudy und ich fuhren gegen fünf Uhr nachmittags zu einem weißen Wohnwagen. Carlos bildete die Nachhut. Plötzlich verlor er die Kontrolle über seine Maschine und geriet ins Schleudern, wobei er mich und mein Motorrad fast umwarf. Doch alles verlief glimpflich, und wir lachten. Rudy schlug die Hände vors Gesicht. Er konnte immer noch nicht glauben, wie ungeschickt seine Mitglieder mit ihren Motorrädern umgingen. Ich konnte es ihm kaum verübeln.

In der Auffahrt stand ein weißer BMW 325i, das neueste Modell, mit schmutzigem, unlesbarem Nummernschild. Drei Autos waren aufgebockt. Unter dem Vordach des Wohnwagens stand ein kleines Sofa, auf dem ein Mann mit nacktem Oberkörper lag. Ein tätowiertes Pentagramm umgab seinen vorstehenden Nabel, und ein Tattoo einer Hand mit gestrecktem Mittelfinger zierte die Haut über dem Herzen. Er trug ein Halsband aus satanisch aussehenden Buchstaben. Der Typ war weggetreten. Ein Band an seinem rechten Handgelenk wies ihn als ambulanten Patienten irgendeiner Klinik aus.

»Das ist Nathan«, sagte Rudy.

Eine Frau öffnete die Tür. »Hallo, Rudy.«

»Hallo, Süße.«

»Süße« war das letzte Wort, das mir eingefallen wäre, als ich diese typische Meth-Braut betrachtete: faltiges Gesicht, kaputte Zähne, eingesunkene Augen, blond gefärbtes Haar. Ihre Taille wölbte sich über ihren abgeschnittenen Shorts.

»Hi. Das ist deine Crew, was? Ich bin Iwana.«

Ich zündete mir eine Zigarette an. Eigentlich hätte ich Mitleid haben müssen mit Leuten wie Iwana, aber die schlichte Wahrheit lautet: Ich hatte keins. Ab einem bestimmten Alter, nach so vielen Meilen und vielen Drogen – und nachdem ich bei meiner Arbeit schon so viele Menschen wie sie gesehen hatte – war es einfacher, solche Leute als hoffnungslose Fälle zu betrachten. Ich wusste, dass das eine bequeme Lüge war, die ich mir selbst auftischte, denn ich hätte keine Sekunde gezögert, eine Frau wie Iwana als Spitzel einzusetzen, wenn ich sie für nützlich gehalten hätte. Rudy war ein gutes Beispiel für genau diese Art von Zusammenarbeit. Was wir vor seiner Nase baumeln ließen, war nicht nur die Rettung vor dem Knast, sondern ein endgültiger Ausweg. Die Möglichkeit, das Lager zu wechseln – und die Aussicht auf ein besseres Leben –, ist die größte aller Chancen für Leute, deren Leben bisher eine einzige Enttäuschung gewesen ist. Alle Beteiligten stimmten stillschweigend darin überein, dass so ein Wandel unwahrscheinlich war – doch die Cops stellten ihn in Aussicht, und die Ganoven klammerten sich an die Hoffnung, dass sie noch einen Rest von Anständigkeit besaßen. Wir wussten, dass die Iwanas und Rudys dieser Welt selbst mit besten Absichten schlechte Karten hatten. Gewohnheiten sind hartnäckig, Geld ist schwer zu verdienen, und die Versuchung ist ein Luder.

Ein Kind tauchte an Iwanas nacktem Oberschenkel auf und zupfte an ihrem Hemd. Es war ein Junge, vielleicht fünf Jahre alt. Er sah aus, als hätte er tagelang nicht gebadet.

Iwana schubste ihn weg und sagte: »Nicht jetzt, Dale, wir haben Gäste!«

Der Kleine trug den Namen meiner Tochter. Mein Herz verkrampfte sich, als er beschämt den Kopf sinken ließ und sich entfernte.

Dann gingen wir rein. Zwei weitere Leute waren anwesend. Rudy stellte sie als Mark und Sharon vor. »Ich bin Nathans Freundin«, sagte Sharon und fügte hinzu: »Er hat sich gestern Abend eine Überdosis verpasst.« – Ungelogen.

Timmy fragte: »Braucht er irgendwas?«

»Nee. Sie haben ihm schon was gegeben.«

Rudy sagte: »Mark ist euer Mann«, und wir folgten ihm. Er führte uns in eine dunkle Einzimmerwohnung, die man nur vom Hinterhof aus erreichen konnte, wo der kleine Dale einen Reifen rollen ließ. Während Carlos und Timmy weitergingen, fragte ich das Kind: »Na, was hast du denn da?«

Er hörte auf, und der Reifen fiel wirbelnd zu Boden. Dale fragte: »Willst du das neue Spielzeug sehen, das Nathan mir geschenkt hat?«

»Sicher, mein Kleiner, wo ist es?« Ich erwartete, dass er mich auf die andere Seite des Hauses ziehen würde, um mir ein Dreirad, eine Rutschbahn oder eine große Spritzpistole zu zeigen. Stattdessen ging er zum Reifen, kniete nieder, richtete ihn auf und schubste ihn seitlich in den Wohnwagen. Er traf die Wand und wirbelte erneut zu Boden.

Mit aufrichtigem Lächeln drehte er sich zu mir um. »Echt cool, nicht?«

Ich lächelte. Es tat weh. »Ja, großartig, Kleiner. Aber jetzt muss ich mit Mark reden.«

»Okay, bis später.«

Bis später, dachte ich und setzte mich auf die lange Liste der Menschen, die ihn im Stich gelassen hatten.

Im Apartment nahm Timmy eine abgesägte H&R-Schrotflinte, Kaliber .410 von Mark entgegen, der meinte, Rudy habe ihm schon 50 Mäuse dafür gezahlt. Ich schaute nach Rudy und fragte Timmy, wo er sei. Der zuckte mit den Schultern. Timmy öffnete das Gewehr, um zu zeigen, dass es nicht geladen war, und ließ es dann wieder zuschnappen.

»Das hier hab ich auch noch bekommen«, sagte Mark. Er trat an eine niedrige Theke, und sein Rücken versperrte uns die Sicht. Plötzlich drehte er sich um und deutete mit einem AK 47 auf uns.

Carlos, der an seiner Seite stand, rief: »Sachte!«, und packte das Gewehr an seinem Holzgriff. Ich legte eine Hand auf den Gummischaft einer meiner Glocks, zog sie aber nicht.

»Regt euch ab!«, sagte Mark. »Sie ist nicht geladen.«

Carlos drückte den Lauf nach oben. »Ja, das kenne ich. Es ist alles nur Spaß, bis jemand ein Auge weniger hat.« Ich ließ meine Pistole los.

Mark sagte: »Ich dachte, ihr seid vielleicht daran interessiert. Verdammt. Das ist doch euer Job, nicht? Waffen kaufen?«

»Wir kaufen nur ganz bestimmte Waffen, Alter«, sagte ich. »Schauen wir uns das Ding mal an.«

Mark übergab das Gewehr an Carlos, der die Wohnung verließ, um es im restlichen Sonnenlicht zu inspizieren. Es kam aus China und hatte keine Seriennummer, kein Magazin und eine leere Kammer. Sein Zustand war schlecht, und man hatte wahrscheinlich nicht mehr damit geschossen, seit es Peking auf einem Frachtschiff verlassen hatte.

»Ich geb's euch für 100 Dollar. Ein erstklassiges Geschäft.«

»Wir wissen, was ein gutes Geschäft ist und was nicht«, sagte Carlos. »Das ist Schrott. Häng es an die Wand und erzähl den Leuten, dein Vater sei in Korea gewesen oder was Ähnliches.«

Ich sagte: »Da hast du's. Wir nehmen nur die Flinte. Sonst noch was?« Ich wollte raus.

Mark sagte: »Ich glaube nicht. Lasst uns Nathan fragen gehn.« Wir widersprachen nicht. Auf einmal hatte ich Lust auf einen Taco. Es gibt gute Taco-Buden in Apache Junction.

Als wir wieder beim Wohnwagen ankamen, lag Nathan auf dem Boden und stöhnte, Sharon versuchte anscheinend, ihm zu helfen. Rudy und Iwana waren nirgends zu sehen.

Timmy fragte, was passiert sei.

Sharon blickte mit großen verzweifelten Augen über die Schulter, als wäre sie soeben von einem Balkon heruntergefallen. »Er ist gestürzt.«

Nathan sagte: »Verdammte Scheiße.«

Aus einem Hinterzimmer kreischte eine Frau: »Ja. Schneller. Oooh, ja. Ja. Ja! JA!«

Der Junge kam zu uns rüber und blieb vor mir stehen. Niemand sagte etwas zu ihm. Er langweilte sich. Das alles kannte er schon.

Ich fühlte mich schmuddelig und ging ihm aus dem Weg. Er ging vorbei.

Nathan lag immer noch auf dem Boden. Ich zeigte auf das Pentagramm auf seinem Bauch. »Was ist das für ein Tattoo?«

Er setzte sich auf. »Das?« Er packte seinen Bauch mit beiden Händen und schüttelte ihn wie Wackelpudding. »Ich bin der Teufel, Mann.«

»Wirklich?«, fragte Carlos. Timmy schnaubte. »Also, hast du Waffen, die du uns verkaufen willst, Beelzebub?«

»Ich hab 'ne Pistole im Auto. Die schenke ich euch.«

Mark sagte: »Verdammt, Nathan. Diese Leute sind Händler.« Er wandte sich an uns: »Ich hol sie«, und ging. Timmy kniete sich neben Nathan und fragte, ob er zurück ins Krankenhaus müsse. »Ach was, nein«, wehrte Nathan ab. Ich fragte ihn, ob er hungrig sei. Er fragte, ob wir was zum Schnupfen für ihn hätten. Dazu sagte ich nichts.

Mark kam mit einem schmutzigen Lappen zurück. Er wickelte ihn vorsichtig auf, um die Pistole nicht zu berühren. Es war eine sehr kleine schlachtschiffgraue .22er Derringer. Carlos nahm sie, entlud sie und prüfte sie. »Das ist doch keine Waffe«, sagte er. »Das ist ein Briefbeschwerer.«

Timmy schaute sie an und lachte.

»Wie viel willst du dafür?«, fragte ich. Sie war höchstens zehn Mäuse wert.

Nathan sagte: »20.«

Da meinte Sharon: »Zum Teufel, nehmt sie einfach mit.«

»Nein«, sagte Nathan. »Mark hat gesagt, diese Jungs sind Händler.« Er sah mich an. »20 Mäuse.«

Sharon stand auf und bat: »Bitte, nehmt sie.« Offenbar wollte sie nicht, dass der Teufel bewaffnet war. Timmy half Nathan auf die Füße. Der machte zwei Schritte nach vorne und schlug Sharon mit beiden Händen ins Gesicht. »Ich verkaufe diese verdammte Pistole, wenn die Jungs sie wollen, okay?« Sharon begann, ihn mit beiden Händen auf die Schultern und auf die Brust zu schlagen. Er wich ein wenig zurück, blieb aber unbeeindruckt. Timmy trat zwischen die beiden. Sie beruhigten sich so schnell, wie sie ausgerastet waren.

Ich zündete eine neue Zigarette an und nahm einen tiefen Zug. In Gedanken war ich an meinem blauen Schwimmbecken in meinem schattigen Garten mit meinen großartigen Kindern, die darin spielten, bevor sie das Essen verspeisten, das ihre Mama für sie gekocht hatte.

Das hier war unerträglich. Ich wollte abhauen.

Dann wandte ich mich Mark zu und bekam nicht mit, wie Nathan von Carlos die 20 Dollar für die Derringer entgegennahm. »Nun, das dürfte für alles reichen«, sagte Carlos. »Wir warten draußen auf Rudy. War nett, mit dir Geschäfte zu machen, Alter.«

»Gleichfalls.«

Als wir gingen, sahen wir zwei kleine Mädchen in der benachbarten Küche. Keines war älter als vier, und beide sahen verängstigt und hungrig aus. Die Jüngere klammerte sich an die Ältere, und diese hielt sich an einer nackten, haarlosen Plastikpuppe fest. Am liebsten hätte ich die Kinder da rausgeholt, das Sozialamt angerufen und wäre dann wieder reingegangen, um all diese Typen zu Brei zu schlagen.

Während ich diese kleinen Geschöpfe anstarrte, begannen Nathan und Sharon wieder zu streiten. Sharon wollte anscheinend nicht, dass Nathan Geld für die Waffe nahm. Ich fragte Carlos, ob er dafür bezahlt habe, da ich vorher nicht aufgepasst hatte. »Klar«, sagte er, »ich hab ihm das Geld gegeben, nur 20 Mäuse.«

»Verdammter Mist«, sagte ich. »Wenn sie will, dass wir die Knarre umsonst mitnehmen, dann tun wir das eben.« Ich nahm Nathan die 20 Dollar aus der Hand. Diesen Arschlöchern wollte ich kein Geld geben, damit sie sich zuballerten, anstatt Essen für ihre Kinder zu kaufen. Ich zeigte auf die zwei Mädchen, die Carlos nicht bemerkt hatte. Er sah sie an, dann schaute er Nathan und Sharon an und sagte: »Verschwinden wir von hier!« Timmy öffnete schon die Tür.

Wir traten hinaus und gingen zu den Motorrädern. Als wir außer Hörweite waren, entwich mir ein »Jesus Christus!«.

»Scheißkerle.« Carlos rieb sich die Wange.

Timmy lehnte sich an seine Maschine. Wir waren alle angewidert. Schließlich waren wir nicht gekommen, um neben Rudy zu stehen, während der eine Meth-Nutte fickte. Minuten vergingen.

»Ist immer noch heiß in der Sonne«, sagte Timmy. Es war fast sechs, aber das half nichts. Er kramte eine Tube Sonnencreme hervor und legte sie auf die Lenkstange. Dann zog er sein T-Shirt aus, drückte ein wenig Creme auf die Hand und rieb sich die Brust ein. »Da ist Aloe drin. Das kühlt.«

Carlos fragte: »Wirklich?«, und streifte ebenfalls sein Hemd ab.

Auch ich zog meins aus. Wir alle nahmen von der Creme. Carlos fragte, ob ich ihm den Rücken einreiben würde. Wir lachten beklommen. Ja, wir hatten das alles schon erlebt, aber dadurch wurde es nicht erträglicher. Wir wollten vergessen. Ich übernahm seinen Rücken, und er versorgte meinen. Wir lachten ein wenig lauter, ein wenig befreiter.

Rudy kam aus dem Haus und schloss seinen Gürtel. Iwana stand auf der Veranda und winkte wie eine Frau, deren Mann zur Arbeit geht. Er kam rüber zu uns – drei Bikern, die einander an einem heißen Nachmittag in Phoenix mit Sonnencreme einrieben.

»Was zum Teufel …?«

Ich fragte: »Was zum Teufel ist mit dir?«

»Ich brauchte 'ne Nummer. Ihr wisst, wie es ist. Diese Hühner kriegen gar nicht genug von diesem alten Hahn.«

Rudys Benehmen gefiel mir nicht, aber ich konnte ihn nicht sofort zurechtweisen. Ich musste den Schein wahren – er war der Präsident unseres Clubs. Eigentlich aber wollte ich ihm sagen, dass er aufhören musste, sich so aufzuführen. Ich wollte ihn beiseiteschieben, zurück in den Wohnwagen gehen und die Nieten festnehmen, bei denen wir eben gewesen waren. Doch das ging nicht. Ein verdeckter Ermittler verbiegt seine Moral zugunsten des Falls, des höheren Ziels.

Ich wusste, dass Rudy sich nicht von selbst ändern würde. Er war kaum zwei Monate bei uns, und schon mussten wir ihn in seine Schranken weisen. Alter Hund, alte Tricks.

Neues Problem.

11 Warum hat Jack mir diesen Stein gegeben?

August 2002

DER NÄCHSTE TAG war ein Samstag. Ich fuhr nach Hause. Das musste ich.

Als ich in die Auffahrt einbog, hing mein Job in mir drin wie ein Nierenstein.

Doch er löste sich schnell auf.

An der Tür empfing mich eine Idylle: meine Frau, meine Kinder, mein Hund. Lächeln und Winken und Umarmen. Das Wochenende verging wie im Glücksrausch. Die Kinder rannten lachend um den Pool, Gwen zeigte mir, was es im Garten zu arbeiten gab. Ich liebe Gartenarbeit, denn ihr Ergebnis ist fürs Auge sichtbar, und man wird dafür belohnt. Der Rasen musste gemäht werden, also mähte ich ihn. Die Blumen am Rande des Hintergartens mussten beschnitten werden, also tat ich das. Einige steckte ich in eine Vase im Stil des Südwestens – rote Wüstenkeramik, königsblau bemalt und mit gelben Sonnen drauf – und stellte sie mitten auf unseren schweren Eichentisch. Ich spielte mit Jack und Dale Fangen im Dunkeln auf dem Golfplatz. Wir gingen ins Kino und machten Mutproben im Schwimmbecken. An diesem Wochenende wich die schwere Bürde meines Berufs den federleichten Freuden des Familienlebens.

Gwens Geburtstag stand bevor, und wir wussten, dass ich nicht dabei sein konnte – ich musste an einer ATF-Fortbildung in San Diego teilnehmen. Darum kamen eines Abends alle Großeltern zum Essen. Gwen grillte Shrimps, ich T-Bone-

Steaks. Wir sprachen über Jack, der im Herbst mit Softball anfangen wollte. Kein T-Ball mehr. Mein Vater sagte: »Am besten zeigst du ihm im Schnelldurchgang, wie man's macht.« – »Klar, auf jeden Fall«, versprach ich. Wir unterhielten uns darüber, was ich in San Diego machen würde, und ich sagte, dass ich neben den Vorträgen, die ich hören würde, und dem Herumhängen mit Kollegen auch surfen wolle.

Nachts im Bett dachte ich über den Fall nach. Wir hatten gute Fortschritte gemacht, aber ich fühlte mich noch nicht sicher. Die Angst, die ich gespürt hatte, als wir nach Mesa gefahren waren, hatte sich zwar gelegt, und ich wurde allmählich zuversichtlicher. Dennoch wollte ich nichts überstürzen. Sobald wir gute Erfolgsaussichten mit riskanteren Fragen und Aktivitäten hatten, würden wir die Sache beschleunigen. Aber wenn man nicht wartet, bis man glaubwürdig genug ist, kann ein Fall schnell schiefgehen.

Meine letzten schlechten Erfahrungen hatte ich in einem Fall zu den Sons of Silence gemacht. Diese »Söhne der Stille« waren eine kleine Motorradgang in Colorado Springs. Wir Ermittler trieben uns als fiktiver Club namens Saint Michael herum – alle Mitglieder waren Polizisten, unser mittlerer Aufnäher war der heilige Michael – und wollten beweisen, dass die Gang andere einschüchterte und bedrohte, um ihr Revier zu verteidigen. Wäre uns das gelungen, hätte man die Ermittlungsergebnisse im RICO-Verfahren gegen sie verwenden können. Eines Abends wollten wir in ihrem Lokal herumhängen und sie bloßstellen, um die Schrauben enger zu ziehen. Sie waren Kleinkriminelle, und mein Selbstvertrauen war groß.

Meine Partner John »Babyface« Carr und Chris »Chrisser« Bayless begleiteten mich an die Bar. Wir saßen in ihrem Lokal und tranken und warteten. Lange mussten wir nicht warten.

Ein Typ kam zu mir und fragte mich, wer ich sei. Ich sagte, ich sei der Erbarmungslose. »Und wer zum Teufel bist du?« Er meinte, er sei der Kriegsherr der Sons of Silence. Ich log und behauptete, nie von ihnen gehört zu haben. Er wusste, dass ich nur daherlaberte. Also riet er uns, die Kutten auszuziehen und geduldig auf die Abreibung zu warten, die seine Brüder uns bald verpassen würden. Ich sagte: »Verpiss dich! Wir bleiben. Und wenn wir gehen, dann auf eigenen Wunsch und nicht auf Befehl.«

Das war dumm. Plötzlich war es totenstill im Lokal. Das einzige Geräusch, das man hören konnte, kam von den Bolzenschlössern, die sich an der Eingangstür drehten.

Wer verprügelt wurde, behauptet meist, der andere sei so groß gewesen, dass er nicht die Spur einer Chance gehabt habe. Ich bin kein Zwerg, aber dieser Kerl war wirklich riesig. Nach den Polizeiakten maß er 1 Meter 98 und wog 136 Kilo.

Er wirbelte herum und traf mich mit einem Fausthieb, der es in sich hatte. Mein Kopf wackelte wie der einer Stoffpuppe. Später erzählte mir Babyface, er habe gesehen, wie meine Augen in meinen Hinterkopf hineingesprungen seien. Ich schwankte, und das Einzige, was mich auf den Füßen hielt, war ein Pfeiler in der Mitte der Bar.

Keine fünf Sekunden später bekam Babyface einen Ellbogen in die Rippen, während Chrisser und ich um unser Leben kämpften, als die ganze Bar – Männer, Frauen, alle – sich auf uns stürzte. Billardstöcke, Schnapsgläser, Stiefel mit Stahlkappe, Taschenlampen flogen durcheinander. Irgendwann griffen schließlich ein paar Kollegen ein, die draußen auf uns gewartet hatten, und machten dem Ganzen ein Ende. Aber wir hatten unsere Abreibung bekommen und hinterließen einen derartigen Eindruck, dass der Präsident der Sons of Silence, als er von dem Kampf erfuhr, sagte: »Ich weiß nicht, wer diese Typen sind, aber sie sollten zu unserem

Club gehören.« Der Preis, den ich für diese Art von Respekt zahlen musste, war, dass ich etwa eine Woche lang Traubensaft pisste.

Darum liebe ich Gartenarbeit, und an diesem Wochenende im August gab es reichlich für mich zu tun.

Doch das Wochenende war kurz, und als ich den Merc belud, lief Jack auf mich zu. Er blickte zu mir hinauf, streckte die Hand aus und gab mir einen kleinen, glatten Stein aus dem Hintergarten. Er legte ihn auf meinen Handteller und faltete meine Finger darüber. Es war eine reife Geste für einen Achtjährigen. Ich fragte mich, warum er mir den Stein gegeben hatte, sagte aber nichts und lächelte Jack an. Dann steckte ich den Stein in die Tasche, küsste Jack auf sein Haar und verabschiedete mich.

Bis zur Fahrt nach San Diego hatte ich noch eine Woche Zeit, und in diesen Tagen musste ich Smitty treffen.

Während des ganzen Falles Riverside, an dem ich mit Sugarbear gearbeitet hatte, hatte ich steif und fest erklärt, ich sei *kein* Einprozenter. Soweit Smitty wusste, war ich ein freiberuflicher Schläger. Nun fürchtete ich, er könnte Verdacht schöpfen, wenn ich von dieser Taktik abwich und ihn darüber informierte, dass ich die ganze Zeit ein Solo Angeles Nomad gewesen war.

Ich wusste, dass Bad Bob Smitty angerufen und ihm mitgeteilt hatte, dass die Solos ein neuer Club seien, der die Erlaubnis habe, seine Farben in Arizona zu zeigen. Als Smitty einwendete, er kenne mich und ich sei seines Wissens kein Einprozenter, versicherte ihm Bad Bob, dass ich vertrauenswürdig sei. Wie Smitty war er der Meinung, ich hätte von Anfang an die Wahrheit sagen sollen; aber im gleichen Atemzug verbürgte er sich für mich und sagte, meine Unehrlichkeit werde von meiner Loyalität ausgeglichen. Smitty akzeptierte das, wollte mich aber trotzdem sprechen.

Am 9. August trafen Carlos, Timmy, Pops und ich Smitty,

seine Frau Lydia und Dennis im Inferno in Bullhead. Man führte uns in einen Privatraum im oberen Stock. Auf dem Tisch standen leere Gläser und ein paar Flaschen Crown Royal.

Ich entschuldigte mich sofort und sagte, ich hätte aus Notwendigkeit und Respekt gelogen. »Ich hab das so lange für mich behalten, weil ich die Hells Angels auf gar keinen Fall herausfordern wollte«, sagte ich. »Tut mir leid, dass ich unaufrichtig war, aber im Nachhinein glaube ich, das war für uns alle das Beste.«

Smitty dachte darüber nach. Lydia und Dennis setzten sich in eine Ecke und flüsterten miteinander. Nach etwa einer Minute löste Smitty das Siegel einer Flasche Crown und füllte ein halbes Dutzend Gläser. Als er fertig war, sah er jeden von uns durchdringend an. Er hob sein Glas und bedeutete uns, das Gleiche zu tun. Wir gehorchten. Er nahm einen Schluck. Als er das Glas absetzte, zeigte er sein breites Lächeln. Sogar sein Bart wurde fröhlich. Dann legte er mir eine Hand auf die Schulter, drohte uns allen mit dem Finger, als wären wir unartig gewesen, und sagte: »Du hast alles absolut richtig gemacht, Bird. Nicht nur *richtig*, sondern *absolut* richtig. Von jetzt an bist du bei den Eight-Ones auf dem aufsteigenden Ast, und alles ist vergeben.« Eight-Ones war ein weiterer Spitzname der Angels, der auf den achten und ersten Buchstaben des Alphabets verweist: H-A.

Der Whisky brannte. Ich unterdrückte ein Husten und sagte: »Kein Problem, Smitty!«

Dann hielt Smitty eine Ansprache und hieß uns in Bullhead willkommen. »Macht euer Ding«, sagte er. »Ich habe Knarren, wenn ihr welche braucht, und ich habe in ganz Arizona Jungs mit Knarren für euch – und Bräute.« Carlos wackelte mit den hohlen Händen vor der Brust und sagte: »Das will ich hoffen!« Smitty lachte, immer noch grinsend, und sagte: »Nicht nur die Sorte, sondern auch Bräute, die es richtig knallen lassen.« Carlos sagte, einmal seien zwei Titten auf ihm mit einem Knall geplatzt. Das sei nicht appetitlich gewesen. Alle lachten. Lydia lachte am lautesten.

Dann eröffnete uns Smitty unvermittelt, er sei nach einer Brandstiftung von Kalifornien nach Arizona geflohen. Er habe eine Bar, ein benachbartes Geschäft und eine Motorradgarage angezündet.

»Glaubt mir, das war echt heiß!«

Niemand kritisierte den dummen Scherz.

Er erzählte weiter. »He, Mann, Arizona ist spitze. Echt spitze. Sonny ist hier, Johnny und Hoover und Bad Bob auch. Teddy ist hier. Crow ist hier. Viele alte Headbanger aus der Schule. Wir haben diesen Staat im Griff. Arizona ist durch und durch rot und weiß. Bad Bob hat recht. Wir sind in dieser Gegend noch nicht so stark, und darum sind wir froh, euch zu haben. Ihr Jungs seid echt stark. So, und jetzt gehen wir essen.« Als wir die Bar verließen, deutete Smitty augenzwinkernd mit dem Lauf einer Pistole auf mich und gab sie dann Dennis, der als Verbrecher verurteilt war. Der nahm sie und steckte sie in die Hose.

Wir besiegelten unsere Freundschaft in der Mad Dog Tavern mit Hamburgern, Bier und Milchshakes.

Alles schmeckte köstlich.

Die Dinge liefen gut.

Das bedeutete, dass der erste Rückschlag überfällig war.

12 Belehrung eines Lehrers

Mitte August 2002

»**WAS ZUM TEUFEL** meinst du mit ›wir sind nicht offiziell‹?« Slats nahm Rudy in die Mangel.

Rudy war nervös. Seine Augen waren so rund und schwarz wie die eines Teddybären.

Wir bereiteten uns auf unser regelmäßiges Spießrutenlaufen im Hauptquartier vor. Bei diesen Zusammenkünften saßen verdeckte Ermittler und Informanten an einem Ende des Zimmers, während Slats und einige Kollegen uns als angebliche Hells Angels in die Zange nahmen. Dieses Training sollte verhindern, dass wir nachlässig wurden und aus der Rolle fielen.

Rudy scharrte mit den Füßen und senkte den Blick. »Na ja, ich habe meinen Mitgliedsbeitrag nicht bezahlt.«

Slats war wütend. »Wir haben dir Geld dafür gegeben. Warum hast du nicht bezahlt? Pops, warst du nicht in Tijuana mit Rudy?«

»Doch«, sagte Pops.

»Und? Habt ihr bezahlt oder nicht?«

Pops sagte ruhig: »Ich dachte, wir hätten bezahlt. Rudy sollte sich darum kümmern.«

Slats wandte sich an Rudy: »Entweder du zahlst deine Schulden sofort, oder ich rufe die grüne Minna, und jemand anders als Iwana seift dir heute Abend den Arsch ein.«

Rudy murmelte: »Es war nicht genug. Ich war drei Jahre im Rückstand. Sie wollten mehr, wegen der Anlaufkosten in Arizona. Es hat nicht gereicht.«

Slats stellte sich dicht vor ihn, holte eine Dose Kautabak aus der Tasche, schob sich eine Prise in den Mund und sprach ganz leise: »Du bringst das so schnell wie möglich in Ordnung, kapiert?« Rudy starrte auf den Boden, als fürchte er, dass die Erde sich auftun und ihn verschlingen werde. Slats fuhr fort: »Wenn ich herausfinde, dass du das Geld, das wir dir geben, für Meth und Nutten vergeudest, schwöre ich bei Gott dem Allmächtigen, dass ich dich schneller rausschmeiße, als du ›rückfällig‹ sagen kannst. Ist das klar?« Ich beugte mich zu Pops und ermahnte ihn leise: »Alter, komm Slats bei diesem Fall ja nicht in die Quere!« Er nickte bestätigend.

Rudy sagte: »Klar. Aber vielleicht brauche ich Hilfe.«
Slat sagte: »Was. Zum. Henker.«
Dann gestand Rudy uns, dass wir im Welthauptquartier der Solo Angeles in Tijuana, Mexiko, nicht offiziell registriert waren und uns nicht einmal in Arizona organisieren durften. Man habe es uns zwar nicht direkt verboten, aber wir bekämen wegen seiner Schulden keine Genehmigung.

Wir mussten uns etwas ausdenken, und zwar schnell.

Erster Aufenthalt: Los Angeles, Hauptquartier der Solo Angeles in den USA. Wir wollten Präsident Dave »Teacher« Rodarte treffen.

Rudy, Carlos und ich besuchten Rodarte bei ihm zu Hause und nahmen in seinem Wohnzimmer Platz. Anfangs war Rodarte nicht sehr erfreut. Er rief einige seiner Freunde zu sich, aber die gefielen uns nicht. Also ließ er sie draußen warten, während wir ihm erklärten, worum es ging. Im Grunde zwangen wir, mit verschränkten Armen und starren Blicken dasitzend, dem Kerl unseren Willen auf. Wir sagten, Arizona sei startklar, und es tue uns leid, dass wir Schulden hätten – aber wir würden unverzüglich bezahlen, was Rudy dem Club schuldig sei. Wir meinten, wir seien sehr erfolgreich und würden nie wieder eine Zahlung versäumen, und fügten hinzu, dass wir die lokalen Gepflogenheiten einhielten und den Segen der Hells Angels hätten.

Den »amerikanischen Präsidenten« so unter Druck zu setzen war riskant, aber wir hatten keine andere Wahl. Wir durften keine Zeit verlieren, denn wenn die Hells Angels Wind davon bekommen hätten, dass wir in unserem eigenen verdammten Club keine offiziellen Mitglieder waren, hätte das einen schlimmen Verdacht geweckt. Doch wir konnten dies auch nutzen, um noch glaubwürdiger zu werden. Das Letzte, was ein Ganove – selbst ein bekloppter Biker wie Rodarte – von verdeckten Ermittlern erwartet, ist, dass sie hartnäckiger sind als er. Es klang logisch: Ja, wir haben Mist gebaut, aber schau uns an – wir sind echter als du. Also halt die Klappe, und gib uns, was wir haben wollen.

Er tat es.

Zum Zeichen unserer Wertschätzung und unseres Engagements gaben wir ihm 500 Dollar in bar.

Er sagte, es gebe einen einzigen Haken: Wir müssten sofort nach Tijuana fahren und mit dem Chef der Solos reden, einem drahtigen Mexikaner japanischer Abstammung namens Suzuki.

Das war fair.

Wir schickten Rudy und Pops noch einmal hin. Nur Gott konnte uns Special Agents erlauben, Amerika zu verlassen, und wir wollten Gott nicht belästigen. Zwar hätten auch unsere Chefs die Erlaubnis erteilen können, aber dann wäre uns der Fall wahrscheinlich gleich entzogen worden, weil wir gegenüber Rudy nicht wachsam genug gewesen waren. Das kam also auch nicht in Frage. Sicherheitshalber gaben wir Pops zusätzlich 1000 Dollar, von denen Rudy nichts wusste.

Dann fuhren Carlos und ich zurück nach Phoenix und warteten.

Später erstattete Pops uns Bericht. Er erzählte, dass alle sich gefreut hätten, Rudy wiederzusehen – außer einem Solo namens Alberto, der sich abseits hielt und Rudy und Pops aus dem Weg ging. Sie bezahlten Rudys offene Beiträge, und man erklärte ihnen, von nun an müsse mindestens einer von uns an ihren monatlichen Versammlungen teilnehmen. Außerdem wurde uns aufgetragen, echte Solo-Kutten mit der spanischen Aufschrift *Nomada* zu erwerben. Zum Schluss verlangte Suzuki, dass wir ihm beim nächsten Besuch eine Harley Evolution Sportster mitbrachten. Rudy und Pops stimmten allen Forderungen zu, aber wir machten uns nicht die Mühe, sie einzuhalten, weil die Solos sie ohnehin nicht durchsetzen konnten. Stattdessen gaben wir ihnen regelmäßig symbolische Geldbeträge und verpassten keinen weiteren Zahlungstermin, um Mitglieder bleiben zu dürfen. Als der Fall abgeschlossen wurde, hatten sie ungefähr 3000 Dollar von uns erhalten. Bei kleinen Clubs wie den Solos kann man sich seine Glaubwürdigkeit buchstäblich erkaufen.

Pops und Rudy verbrachten die Nacht im geheimen Unterschlupf eines Solos. Das Haus hatte hohe Wände und war mit Überwachungskameras sowie einem Methamphetamin-Labor im ersten Stock ausgestattet. Pops verstand nicht viel von den Unterhaltungen, weil die Solos Spanisch sprachen. Vor ihrer Abreise hatte ich ihm den einzigen spanischen Satz beigebracht, den ich kannte: *Tiro el gringo en la cabaza* – Schieß dem weißen Kerl in den Kopf. Das war nicht sehr hilfreich; also setzte sich Pops mit ein paar kalifornischen Solos zusammen und quatschte mit ihnen.

Sie erzählten ihm etwas Interessantes. Ihnen war zu Ohren gekommen, dass sich bei den Red Devils in Tucson oder im Phoenix-Charter der Hells Angels ein Undercover-Cop oder ein Informant eingeschlichen habe. Der Phoenix-Charter galt als schwer zu knacken, da er fast ausschließlich aus ehemaligen Mitgliedern des Dirty Dozen bestand, unter ihnen der gefährliche Robert »Chico« Mora, vor dem mich Mesa Mike beim Florence Prison Run gewarnt hatte. Pops bedankte sich und versprach, seine Brüder zu informieren.

Und genau das tat er, als er zurückkam.

Smitty wird mit Kuchen gefüttert

Ende August 2002

DIESE INFORMATION konnte sich auf Rudy, einen von uns oder Mesa Mike beziehen. Aber es konnte auch ein lästiges Gerücht ohne Grundlage sein. Biker glauben immer, dass jemand sie infiltriert – das bestätigt, dass sie mächtige Leute sind, die man überwachen muss. Sie *wollen* nicht überwacht werden – das wäre echt nervig –, aber sie wollen immer *glauben*, dass man sie überwacht.

Eine seltsame Psychologie.

Die Einsatzgruppe diskutierte im Hauptquartier darüber. Da uns nicht einfiel, wie wir das Gerücht zu unseren Gunsten nutzen konnten, beschlossen wir, Zeit zu schinden. In der Zwischenzeit nahmen wir in San Diego an der jährlichen Konferenz der verdeckten Ermittler teil. Die Trainingsseminare der ATF sind nicht für ihren Unterhaltungswert bekannt, aber dieses machte großen Spaß. Der Redner an besagtem Wochenende war Michael Durant, der Pilot des Black-Hawk-Hubschraubers, der über Mogadischu in Somalia abgeschossen worden war. Sein Vortrag war äußerst lehrreich, das Martyrium, das er durchleiden musste, weit grauenvoller, als ich es mir hätte vorstellen können. Er sprach ausführlich darüber, wie man durchhält, wenn das eigene Leben bedroht ist. Das konnten wir alle voll und ganz verstehen. Seine Worte elektrisierten das Publikum.

Nach dem Vortrag beschloss ich, mich in die Brandung zu stürzen, um meinen Kopf zu befreien. Ich mietete ein langes Surfbrett und ging an einen beliebten Platz am Mission

Beach. Der Strand war von Bars mit Meeresblick gesäumt. Ich schlüpfte in meinen Neoprenanzug und paddelte hinaus. Dann wartete ich zusammen mit den einheimischen Kids am Startpunkt und erwischte ein paar Wellen.

Der Ozean tat seine Pflicht und erfrischte mich. Die salzige Luft blies eine Packung Zigaretten aus meinen Lungen, und das Wasser schrubbte meine von Nikotin verfärbten Fingerspitzen sauber.

Als ich genug hatte, trottete ich den Strand hinauf zur Promenade und dann nach Süden, wo ich mein Auto geparkt hatte. Auf einmal – ich ging gerade an der Bar des Strandclubs Lahaina vorbei – hörte ich jemanden schreien: »Glatzkopf, hey, Glatzkopf!«

Ich drehte mich zur Terrasse der Bar um. Auf den besten Plätzen des Lokals – einer Bar, in der man kaum jemals gute Plätze bekommt – saßen Smitty, seine Frau Lydia und Pete Eunice, der Dago-Angel, den wir im Flamingo in Laughlin getroffen hatten und der in jener Nacht in Harrah's Casino um sich geschossen hatte.

Ich stieg hinauf und ging zu der Gruppe. Mein Brett lehnte ich an das Holzgeländer. Smitty fragte, was mich nach Dago führe, und ich sagte, ich hätte in dieser Gegend Geld einzutreiben und wolle anschließend im Auftrag der Solo Angeles nach Tijuana fahren.

Nachdem wir uns eine Weile unterhalten hatten, bellte Pete: »Zum Teufel, Bird, du surfst?« Er sprach die Worte aus, als wolle er wissen, ob ich auf dem Mond gewesen sei. Vergnügungen wie Surfen waren vor allem für Hells Angels der alten Schule wie Pete und Smitty absolut tabu.

»Klar, Alter!«, sagte ich.

»Wo hast du's gelernt?«

»Ich kenne diese verrückten Mexikaner in Puerto Vallarta, Drogendealer. Die ziehen gerne ein halbes Dutzend Lines und stürzen sich danach mit ihren langen Brettern ins Meer.

Sie werden immer so high, dass sie meist nur ins Wasser plumpsen, aber sie amüsieren sich köstlich. Sie haben es mir beigebracht.« In Wahrheit hatte ich es im College gelernt.

»Irre Mexikaner«, sagte Pete.

»Klar«, sagte ich, »aber sie helfen mir, und ich helfe ihnen. Wir haben 'ne Menge Spaß. Seid ihr zum Vergnügen hier?«

»Geschäft und Vergnügen«, antwortete Smitty. »Hab deinen Anruf bekommen. Wollte dich später zurückrufen.« Er zeigte mit seiner Bierflasche auf Pete. »Wir haben hier 'ne ernste Sache für den Club zu regeln. Und Lydia ist mitgekommen, damit wir meinen Geburtstag feiern können.« Nun kamen mir die Überwachungsvideos aus Laughlin in den Sinn, auf denen zu sehen war, wie Smitty Pete gedeckt hatte, während dieser mit seiner Pistole herumballerte. Vermutlich wollten sie ihre Aussagen vor dem Geschworenengericht absprechen. Der Prozess stand noch aus.

Ich erwähnte, dass ein paar Freunde und ich später gemeinsam essen wollten, und bestand darauf, sie zu einem Surf and Turf bei Jose's in La Jolla einzuladen. Smitty und Lydia nahmen die Einladung an, Pete sagte, er könne nicht kommen, lud mich aber ein, in seiner Bar, Dumont's, vorbeizuschauen, falls ich Zeit hätte.

Dann nahm ich mein Brett und beschloss, zurück ins Wasser zu gehen und ihnen zu zeigen, was ich draufhatte.

Ich paddelte hinaus und wendete. Ich konnte sie sehen, während ich auf und ab schaukelte und meine Füße im Pazifik baumelten. Lydia winkte. Es war nicht zu erkennen, ob Smitty und Pete etwas taten, aber sie schauten eindeutig in meine Richtung. Ich winkte zurück – wie ein großes, albernes Kind. Es machte mir Spaß, vor ihren Augen zu surfen. Welchen Sinn hatte es, ein Hells Angel zu sein, wenn man Dinge wie Surfen nicht mehr genießen durfte?

Dann ließ ich mich in eine behäbige, anderthalb Meter

hohe Welle fallen und glitt an ihrer Vorderseite entlang. Bevor sie abebbte, warf ich das Brett über ihren Kamm, packte es an der Kante und fiel ins Wasser. Nachdem ich aufgetaucht war, schaute ich rüber zur Bar. Lydia winkte wieder.

Sogar aus der Ferne konnte ich Smittys aufgeblasenes, breites Opalächeln sehen.

Kaum hatten sie die Bar verlassen, stieg ich aus dem Wasser und ging ins Holiday Inn, wo die Konferenzteilnehmer wohnten. Ich schnappte mir Carlos, und wir stellten eine Gruppe von Polizisten zusammen. Mit von der Partie war die junge Beamtin Jenna »JJ« Maguire, die in Laughlin dabei gewesen war. Sie sollte einen Abend lang meine Freundin sein.

Ich wusste, dass ich für die Ermittlungen irgendwann eine Vollzeitfreundin brauchen würde. Wer auch immer das schließlich sein sollte – sie durfte sich von niemandem etwas gefallen lassen, wenn sie in der Welt der Biker überleben und erfolgreich sein wollte.

Es gibt nicht allzu viele Polizistinnen auf den Straßen, das Verhältnis von Männern zu Frauen liegt etwa bei 20 zu 1. Darum hatten wir Glück, JJ zu begegnen. Ihre größte Schwäche war ihre Unerfahrenheit, ansonsten sprachen tausend Gründe für sie. Sie zeichnete sich durch Grips, Ehrgeiz, eine positive, fröhliche Einstellung, Furchtlosigkeit und Selbstbeherrschung aus. Zudem war sie sehr attraktiv, was nicht zu verachten war, weil dies jedem Hells Angel zuerst auffallen würde.

Vor dem Abendessen unterhielt ich mich ein paar Stunden mit ihr. Ich wollte nicht Arm in Arm mit ihr im Restaurant aufkreuzen, die Begegnung sollte vielmehr spontan aussehen. Wir verabredeten, dass sie sich an die Bar setzen und ich sie als ehemalige Flamme wiedererkennen würde. Ich würde ihr einen Drink spendieren und sie an unseren Tisch einladen. Diese »zufällige Begegnung« sollte es ihr ermöglichen, sich jederzeit zu verabschieden – falls sie sich unbehaglich fühlte oder ich den Eindruck hatte, sie sei der Situation nicht gewachsen. Dann konnte sie sich mit der Behauptung entschuldigen, sie habe noch etwas anderes vor. Außerdem bot mir das einen guten Ausweg, wenn sie Smitty oder Lydia nicht gefiel.

Aber das war nicht der Fall.

Smitty fand sie sofort sympathisch, erstens aufgrund ihres Aussehens und zweitens wegen ihrer Persönlichkeit. JJ lächelte viel und beschäftigte Lydia. Lydia hätte sie an diesem Abend sicher gern nach Bullhead mitgenommen, wenn das möglich gewesen wäre.

Carlos und ich stellten die anderen als Partner der Solos vor. Das Team war routiniert und professionell. Sie widmeten sich Smitty und Lydia und versicherten, es sei ihnen eine Ehre, mit einem führenden Hells Angel abzuhängen, und das sogar an dessen Geburtstag.

Smitty genoss die Aufmerksamkeit. Er erzählte uns, er sei in Vietnam gewesen, habe eine Menge Schlitzaugen erledigt und eine umfassende militärische Ausbildung erhalten. Es hörte sich an, als sei er Ranger, Marinesoldat und Mitglied einer Kampfbrigade in einem gewesen – eine tödliche Mischung. Ich dachte an Scott Varvil, und einen Augenblick schien Smitty sich nicht von diesem abgehalfterten Schulkrankenpfleger mit seinem Waffen- und Motorradfetisch zu unterscheiden.

Doch als er in Fahrt war, sprach er über Laughlin und flüsterte uns zu, wie sehr er die Mongols hasse. Er erzählte uns alles, was wir schon wussten: dass man ihn in Laughlin festgenommen habe und wahrscheinlich wegen Mordes anklagen werde und dass er seine gute alte Kutte vermisse, die beschlagnahmt worden sei. Wir schnappten nach Luft, als wäre die Beschlagnahme einer Hells-Angels-Kutte nicht nur unvernünftig, sondern zutiefst unamerikanisch. Unsere Empörung gefiel ihm.

Am Ende des Abends zog ich die Kellnerin beiseite und bestellte Kuchen für alle – mit einer aufgesteckten Kerze für den Hells Angel. Es war Vanillekuchen mit einer weißen Glasur, die Kerze war rot. JJ saß zwischen mir und Smitty. Lydia war ziemlich früh nach Hause gegangen. Smitty lächelte und blies seine Kerze aus. JJ hielt seine Hand fest, nahm seine Gabel, steckte sie in seinen Kuchen und hielt ihm ein Stück vor den Mund. Smitty nahm den Bissen und kaute lächelnd. JJ fütterte ihn noch ein paarmal. »Verdammt«, sagte Smitty, »eben ist mein Traum wahr geworden.«

Es war eine gute Vorstellung, die ich von einer so jungen und unerfahrenen Polizistin nicht erwartet hätte. JJ war ein Naturtalent.

Nach dem Dessert beugte sich Smitty zu mir und fragte, ob ich Geld für ihn eintreiben wolle, das jemand in Bullhead ihm schulde. »Klar«, sagte ich, »kein Problem.« Außerdem, sagte Smitty, habe er einen Auftrag für mich, sobald wir wieder in Bullhead seien. Dabei krümmte er einen Finger, als schieße er mit einer Pistole. »Cool, Alter«, sagte ich. »Du kennst mich ja.« Ich sagte, es sei schade, dass wir uns nicht vor Dago abgesprochen hätten. Carlos und ich würden in einigen Tagen nach Mexiko fahren, wo er ein wenig zusätzliches Geburtstagsgeld hätte verdienen können. »Nächstes Jahr«, sagte er bedauernd, »nächstes Jahr.«

Das bezweifelte ich.

Erfrischt und voller Tatendrang fuhren wir nach Bullhead zurück.

Slats fand, das Inkasso für Smitty sei eine perfekte Gelegenheit, meine Glaubwürdigkeit zu verbessern. Es war in der Tat ideal, weil wir den Schuldner zudem vor den Prügeln bewahren konnten, die ansonsten unvermeidlich gewesen wären. Wir beschlossen, noch etwas zu warten und mehr Informationen aus Smitty herauszulocken. Wir waren Profis. Es sollte aussehen, als wollten wir wissen, wie tief das Wasser war, bevor wir hineinsprangen.

Ein paar Tage nach der Rückkehr aus Dago trafen Timmy und ich abends auf dem Parkplatz der Sand Bar Tavern mit Smitty zusammen. Wir schüttelten einander die Hände, und Smitty wies uns an, seinem weißen Lieferwagen bis zu seinem Haus zu folgen.

Die Smiths lebten in einem hübschen Arbeiterviertel aus fahrbaren Häusern und schlichten einstöckigen Gebäuden. Ihre Straße hieß Swan Road. Das gefiel mir.

Wir hielten gegen halb neun Uhr abends vor dem Haus. Der Tag war wieder mal brütend heiß gewesen – 46 bis 49 Grad –, und der Himmel war immer noch hell, als habe die Hitze das Licht eingefangen. Lydia goss die Pflanzen im Vorgarten. Es war ein hübscher Garten, der mit Windspielen aus Seeglas, exzentrischen Kreiseln, bemalten Steinen und Gartenzwergen geschmückt war. An der Seite des Hauses lehnte ein großes rot-weiß-blaues Neonleuchtzeichen in Form des Friedenssymbols. Keines dieser Schmuckelemente sah teuer aus.

Lydia winkte uns zu, als wir die Motorräder abstellten. Timmy und ich winkten zurück. Sie sah glücklich aus, nicht nervös oder verkatert. Sie trug schwarze Jeansshorts und ein helles Jeanshemd, das sie unter dem Brustbein verknotet hatte. Ihr schwarzes Haar war zu einem Pferdeschwanz geflochten. Das war ihre Gartenkleidung.

»Hallo, Lydia«, sagte ich. »Du siehst gut aus. Hübsche Zwerge.«

»Danke, Bird. Hallo, Timmy.«

Timmy begrüßte sie, und wir gingen die Holztreppe hinauf zum Eingang, wo ein strahlender Smitty uns erwartete.

Das Innere des Wohnwagens war sauber und ordentlich.

Souvenirs der Angels hingen verstreut an den Wänden und lagen auf Kaffeetischen herum: Plaketten, Trophäen, gerahmte Zeitungsausschnitte und Todesanzeigen, Zeichnungen. Im Wohnraum stand neben dem Fernseher ein einzelner schwarzweißer Bildschirm, dessen Anzeige in vier Quadrate unterteilt war. Drei davon zeigten die Außenseite des Hauses, das vierte war schwarz. Im Quadrat unten links war Lydia bei der Gartenarbeit zu sehen.

Smitty zeigte auf die Stühle am Esstisch, während er zwei Coors Lights aus dem Kühlschrank holte. Er reichte sie uns, und wir öffneten sie. Dann mixte er für sich einen Crown mit Cola und setzte sich zu uns. Lydia kam herein und fing an, in der Küche zu hantieren.

Smitty klagte über einen Streit an seinem Arbeitsplatz. Es ging um den Sohn eines Kollegen, der mit einem Motorrad, das Smitty ihm verkauft hatte, tödlich verunglückt war. Er schaute in sein Glas, als wäre es ein Orakel, und sagte: »Mann, ich hab in letzter Zeit zu viel mit dem Tod zu tun. Laughlin, der Sohn eines Bruders, der vor kurzem getötet wurde, und nun dieser Bursche. Zu viel, Mann, zu viel.«

Wir redeten kaum. Schließlich waren wir schwere Jungs und an den Tod und dessen Sinnlosigkeit gewöhnt. Soweit Smitty wusste, waren wir Auftragsmörder – was kümmerten uns ein paar Todesfälle?

Er bemerkte unsere Gleichgültigkeit, richtete sich auf und sagte: »Ich mag den Tod nicht, wisst ihr. Außer ich bin die Ursache.«

Dann änderte er das Thema und sprach über das Geld, das ich eintreiben sollte. Es ging um acht Riesen, die ein Kerl namens Porter einer Frau schuldete, die Smitty »Crazy Carol« nannte. Der Streit war vor Gericht gelandet. Carol war die Klägerin, Porter der Beklagte. Smitty gab uns die Nummer auf der Prozessliste und die Anschrift des Typen.

Plötzlich trat Dennis ein, ohne anzuklopfen.

Das schien niemanden zu überraschen. Vielleicht hatte Smitty ihn auf dem Bildschirm gesehen. Dennis ging in die Küche, holte sich ein Bier und setzte sich. Smitty fragte ihn, ob er diesen Porter kenne, und er verneinte.

Dennis schwitzte und war nervös. Dann nahm er sein Bier, öffnete die Vordertür, schaute in alle Richtungen hinaus und stieg die Treppe hinunter.

Als er weg war, fragte Lydia: »Bird, weißt du, wie sie Dennis nennen?«

»Nein.«

Smitty sagte: »Man nennt ihn Chefkoch.«

»Wisst ihr, warum?«, fragte Lydia.

»Nein, warum?«

»Weil er das beste Crack kocht, das es gibt. Das absolut beste«, sagte Smitty.

Lydia fügte hinzu: »Sein Stoff ist so gut, dass Jesus neidisch darauf wäre.«

Dennis kam zurück. Niemand stellte ihm eine Frage, aber er schnauzte: »Nein, ich kenne keinen Porter. Warum zum Teufel sollte ich einen Typen namens Porter kennen?«

Smitty sagte, Porter sei in Drogengeschäfte verwickelt, doch Dennis ignorierte ihn und begann, über sieben Riesen zu schimpfen, die er dem County schulde. Offenbar war Grundsteuer für sein Haus fällig geworden, als er im Knast saß.

Smitty ging in die Küche und holte sich noch einen Drink. Als er zurückkam, sagte er: »Weißt du was? Ich hätte da noch was für dich. Ein Kautionsagent hat etwa 300 Riesen Außenstände, und die will er zurückhaben. Er wollte, dass ich ihm helfe; aber das kann ich derzeit nicht machen, nicht, solange ich Ärger wegen Laughlin habe. Das solltest du übernehmen, Bird. Das könnte dein Durchbruch sein.«

Ich zündete mir eine Zigarette an und tat, als überlegte ich. Als Bundespolizist konnte ich auf keinen Fall bei armen

Schluckern Geld für einen faulen Kautionsagenten eintreiben. Andererseits konnte ich nicht sofort ablehnen. Also versprach ich, darüber nachzudenken. Ich sei zwar mit meiner Arbeit in Vegas und mit dem Waffenhandel ziemlich beschäftigt, aber das Honorar für 300 Riesen sei nicht zu verachten. Um Porter würde ich mich kümmern, aber auf meine Weise – systematisch und der Reihe nach. Ich sagte, ich müsse ihn ein wenig unter Druck setzen, und das könne ein paar Wochen dauern. Das sei ihm egal, sagte Smitty, sofern er sein Geld bekomme.

Ich drückte meine Zigarette aus, dann standen Timmy und ich auf. Dennis ließ sich aufs Sofa fallen und quiekte: »Bis später.« Lydia gab uns einen Kuss auf die Wange, als wir an der Küche vorbeigingen. Sie bat mich, Carlos zu grüßen. »Sag mal, Bird«, sagte Smitty, »warum bringst du diese blonde Puppe nicht nach Bullhead?«

Ich sagte, daran hätte ich selbst schon gedacht. Das stimmte.

14 »Zur Hölle mit euren Kanonen!«

September 2002

IN DER NÄCHSTEN Woche waren wir schwer auf Trab. Am 9. September flog ich mit ATF-Kollegen nach New York und nahm an einigen Gedenkfeiern zum 11. September teil. Während meines Aufenthalts besuchte ich mit ein paar Kollegen eine Biker-Bar namens Hogs and Heifers, um dort ein paar Drinks zu kippen. Auch eine New Yorker Polizistin namens Karen war mit dabei. An diesem Abend war ich besonders frech. Ich rief Bad Bob an und sagte, ich befände mich in New York, um Geld einzutreiben. Dann fragte ich ihn, ob ich die Jungs im Clubhaus in der Third Street besuchen könne. Er meinte, da müsse er erst ein paar Anrufe machen. 15 Minuten später rief er zurück, sagte, ich solle Branden, den New Yorker Präsidenten, anrufen, und gab mir dessen Nummer. Das tat ich, und Branden sagte: »Zum Teufel, ja, komm rüber!«

Ich war sprachlos. Branden war in der ganzen Biker-Welt bekannt. Er schuldete mir oder irgendeinem anderen Mitglied eines unbekannten Clubs absolut nichts. Der Umstand, dass Bob für mich bürgte, öffnete mir die Tür.

Als ich mich verabschiedete, bat mich Karen eindringlich, nicht hinzugehen – ohne Deckung sei das eine Dummheit. »Wovon sprichst du?«, fragte ich.

Sie sagte: »Du willst die Hells Angels treffen, Jay.«

»Ich weiß nicht, wie du darauf kommst. Außerdem – zur Hölle mit den Hells Angels. Ich hab keine Angst. Ich mache mir keine Gedanken darüber, was sie mir antun könnten. Sie sollten sich Sorgen darüber machen, was ich ihnen antun werde!«

Sie sah mir fest in die Augen und sagte: »Ich bin froh, dass wir nicht zusammenarbeiten. Du hast den Verstand verloren. Wenn du da hinfährst, geh ich nach Hause.« Dies war wahrscheinlich das erste Mal während des Falles Black Biscuit, dass mein Ehrgeiz über meine Vernunft siegte.

Ich winkte ein Taxi heran und sagte: »Bring mich zu den Hells Angels, Mann!« Er wusste nicht, wo das war. Ich sagte: »Third Street zwischen First und Second Avenue.«

Ich hatte Angst – doch in letzter Zeit hatte ich oft Angst gehabt und gewöhnte mich langsam daran. Klar, Jesus hasst Schlappschwänze; trotzdem konnte ich kaum glauben, was ich da tat. Während das Taxi mich durch die Stadt fuhr, nahm ich mir vor, nicht zu kneifen. Ich dachte an die Zeit, als ich zum Bungee-Jumping gegangen war – entsetzt von der Vorstellung, mich von einer Brücke zu stürzen und nur von einem angeblich sicheren Gummiband gerettet zu werden. Damals hatte jeder Nerv meines Körpers mich angefleht, es nicht zu tun, während mein Verstand schrie: »Reiß dich zusammen, und spring einfach, Mann!« Also stürzte ich mich von der Brücke. Das war fast mehr, als ich ertragen konnte, doch es war auch berauschend und jede Furcht wert. Genau darauf kam es an: War das Risiko die Furcht wert? Hätte ich mir noch in die Augen sehen können, wenn ich aufgegeben hätte? Nein. Ich hätte meine Selbstachtung verloren. Wie konnte ich erwarten, dass andere Menschen – meine Familie, meine Kollegen und sogar Leute, gegen die ich ermittelte – mich respektierten, wenn ich selbst offensichtlich nichts auf mich hielt?

Wir kamen an. Ich zahlte, stieg aus und zündete eine Zigarette an. Dann überquerte ich die Straße.

Die New Yorker Hells Angels hausten im wohl sichersten Block in New York City. Sie besaßen eine ganze Mietskaserne, die schwarz gestrichen war. Der Gehsteig vor dem Gebäude war mit Fässern und Motorrädern verbarrikadiert. Er war sauber, als hätte man ihn poliert. Viele Kameras überwachten die Eingangstür und die Straße. Ich klopfte. Ein kleiner Schlitz öffnete sich, und ich sah ein schwarzes Augenpaar. Eine Stimme fragte: »Wer bist du?« Ich antwortete: »Ich bin Bird, Branden erwartet mich.« Die Tür ging auf. Ein großer Kerl, ein echter Hüne, versperrte den Eingang. Er sagte, er sei Lumpy. Ich hielt meinen vorlauten Mund, schüttelte ihm die Hand und trat ein zur Schlossführung.

Das Haus war ein Museum. Überall lagen und hingen teils uralte Utensilien der Angels: Bilder, Plaketten, Fahnen, eingerahmte Kutten und Anhänger (»in memoriam«), Zeitungsausschnitte und sogar ausgemusterte Motorräder. Es war der Himmel der Hells Angels. Ich bekam Stielaugen.

Ich stand unter meinem eigenen Zauberbann.

Lange blieb ich nicht, ich wollte nur meine Aufwartung machen. Ich kaufte ein paar T-Shirts, die ich den Jungs im Westen zeigen wollte, und lernte einige Typen kennen. Einer davon gehörte zu den furchterregendsten Gestalten, die mir je begegnet sind. Er war nur 1 Meter 80 groß, wog aber etwa 140 Kilo und hatte kein Gramm Fett am Leib. Er hieß Mel Chancey und stammte aus Illinois. Was mir am meisten Angst machte, war allerdings nicht seine Statur, sondern sein Lächeln und sein ungezwungenes Lachen. Es sah freundlich aus und hörte sich auch so an, aber unterschwellig sagte es: »He, Mann, nett, dich zu sehen, ich würde dir gerne am Bordstein den Schädel einschlagen. Wollen wir rausgehen?« Ich ging ihm aus dem Weg. Branden fragte, ob ich Wurst von einem Markt in der First Avenue haben wolle – sie sei wirklich gut gemacht, auf italienische Art mit Paprika und Zwiebeln auf weichem Brot. Ich lehnte dankend ab. Keine 20 Minuten nach meiner Ankunft ging ich wieder.

Ich beschloss, mir Ground Zero anzusehen. Ich wollte etwas Ehrbares aus ehrbaren Gründen tun. Etwas in mir musste gegen Birds Impulsivität und Leichtsinn ankämpfen. Gegen zehn Uhr nachts kam ich dort an.

Auf den Straßen war es ruhig. Da war die Grube, immer noch voller Geröll, von Scheinwerfern angestrahlt. Ein hoher Zaun sperrte das Grundstück ab. Er war mit Zetteln, Fotos und Plakaten beklebt. Eine kleine Gruppe von Menschen drängte sich an der Ecke Church und Vesey Street zusammen. Sie sahen aus wie Mennoniten: die Männer bärtig, die Frauen mit Hauben und in Kleidern, die aussahen wie Küchenschürzen aus dem 19. Jahrhundert. In der Nacht davor hatten zwei der zahlreichen Scheinwerfer blaue Lichtsäulen in den Himmel geschickt, um die Toten und die verlorenen Gebäude zu ehren. Alles sah würdevoll aus. So vergaß ich für einen Moment, wer ich war und wer ich zu sein vorgab; ich vergaß, wer die Angels waren und wer sie zu sein vorgaben. Ich befand mich in der größten, geschäftigsten Stadt des Landes, und sie war fast völlig still. Nun starrte ich eine flatternde amerikanische Fahne an. Ein paar Minuten lang schob ich alles andere beiseite.

Dann stieg ich in den Zug und fuhr wieder zurück zu meinem Hotel in Brooklyn.

Am 13. September flog ich nach Hause. Ich landete in Tucson, stieg in mein Auto und fuhr heim. Ich hatte mich hier nie wirklich eingelebt. Was ich rund ums Haus tat, das tat ich nachlässig. Wenn ich den Rasen mähte, ließ ich ganze Teilstücke aus, so dass stoppelige Stellen im Gras zurückblieben. Gwen schimpfte mit mir. Ich wusste, dass etwas nicht stimmte. Mein altes Ich – mein wahres Ich? – hätte die Fehler beseitigt. Meiner derzeitigen Inkarnation waren sie egal. Ich wollte nur zurück an die Arbeit.

Am Nachmittag vor meiner Abreise lud Dale ein paar Freundinnen zu einer Poolparty ein. Ich beobachtete sie in ihren Badeanzügen – 12- und 13-jährige Mädchen an der Schwelle zum Jugendalter – und konnte nur an die Frauen denken, mit denen die Biker herumhingen: die Freundinnen, die Töchter, die Nutten. Ich konnte mir sehr gut vorstellen, wie anders als Dale und ihre Freundinnen diese Frauen lebten und aufgewachsen waren und was die Gründe dafür waren, dass manche Frauen in einem Clubhaus der Hells Angels endeten, als Drogenkuriere und Drogendealer, darauf wartend, dass ihr Herr und Meister heimkam und einen Blowjob, oder was auch immer er wollte, von ihr verlangte – und erhielt. Ich wusste genau, dass diese Frauen Väter hatten, die nie für sie da gewesen waren, die ihnen nie Liebe (oder zu viel Liebe von der falschen Sorte) gegeben und ihnen nie gesagt hatten, dass sie wertvolle Menschen waren. Es tat weh, meiner Tochter beim Spielen mit ihren Freundinnen zuzuschauen, während diese Geister über mir schwebten. Es tat weh, daran zu denken, dass sich irgendeines dieser Mädchen, die in meinem Schwimmbecken planschten, in wenigen Jahren vielleicht in einer ähnlichen Situation befinden könnte. Einige schlimme Trennungen und falsche Entscheidungen genügten.

Ich rief Dale zu mir, unterbrach ihr fröhliches Spiel. Sie musste aus dem Becken klettern und war nicht erfreut darüber. »Was ist denn los, Dad?«, fragte sie vorwurfsvoll.

Als sie vor mir stand, sagte ich: »Etwas Wichtiges, Shoey.« Als Baby hatte Jack *sheshu* statt *sister* gesagt, und Gwen und ich hatten daraus Shoey gemacht. Der Name blieb hängen. »Hör mir gut zu, okay?«, fuhr ich fort. Sie schob die Hüfte ungeduldig zur Seite und rollte mit den Augen. »Hör einfach zu, okay? Ich muss dir das sagen.«

»Jetzt gleich? Geht es um Jungs?«

»Eigentlich nicht. Es geht mehr um dich. Hör zu. Tu nie, niemals etwas, was du nicht tun willst, nur weil ein anderer es will. Wenn jemand etwas von dir will, was du nicht tun willst, dann tust du es nicht, verstehst du?«

Sie sagte nichts. Es war zu beängstigend. Schon während ich sprach, wusste ich, dass Gwen ihr den Sinn meiner Worte später würde erklären müssen.

»Was ich sagen will, ist: Für dich bist du der wichtigste Mensch auf der Welt. Wenn du acht auf dich gibst, ist alles in Ordnung. Andere Leute respektieren dich nur, wenn du dich selbst respektierst, verstehst du?«

»Ich denke schon, Dad.«

»Vergiss das nie: Du hast nur einen Ruf. Darum hüte und schütze ihn. Lass dir von niemandem sagen, was du zu tun hast.«

Sie richtete sich mit verschmitztem Lächeln auf. »Aber du sagst mir doch gerade, was ich tun soll!«

»Schlaubergerin. Hör wenigstens einmal auf deinen alten Herrn, okay?«

»Okay.« Sie drehte sich um und lief zu ihren Freundinnen zurück. Ihre nassen Füße klatschten auf der Veranda.

»Ich hab dich lieb, Shoey!« Sie blieb stehen, blickte mich finster an und lief dann noch schneller fort. Ihre Freundinnen kicherten.

Der Rest des Tages und die Nacht zogen sich in die Länge. Ich musste immer wieder an den Fall denken. An diesem Abend übte ich mit Jack Ballfangen, und mir gelangen sogar einige weiche, kurze und steile Würfe. Später am Abend hatten Gwen und ich keinen Sex, was nicht allzu ungewöhnlich gewesen wäre, hätte sie mich nicht darauf aufmerksam gemacht. Ich hatte nicht einmal an Sex gedacht.

Als ich am nächsten Morgen in mein Undercover-Auto stieg, gab Jack mir noch zwei von seinen Steinen. Er lächelte und schloss wieder meine Finger um sie. Ich küsste ihn auf den Kopf, legte die Steine aufs Armaturenbrett, sagte »Ich liebe dich« zu ihm und fuhr los.

Ich traf mich mit Carlos, um einige Waffengeschäfte abzuschließen, die Timmy und Pops eingefädelt hatten. Es sollte unser erster großer Tag als Händler werden. Das war gut, denn Slats wurde allmählich ungeduldig und drängte uns, Beweise zu liefern. Wir wussten, dass die ganzen Formalien, die wir erledigt hatten – wie die Anerkennung durch die Angels und die Erlaubnis, uns in Arizona frei zu bewegen –, eine gute Grundlage für ein Verfahren nach dem RICO-Gesetz waren, aber sie waren wertlos, wenn wir nicht beweisen konnten, dass die Hells Angels Straftaten begingen.

Carlos und ich trafen uns in einem der Treffpunkte der Solos, einer Waffle-House-Filiale an der Ecke Grant Street und I-10. Wir aßen die Spezialität der Solo Angeles, Pecanwaffeln mit Spiegeleiern und Speck, und warteten darauf, dass unser Kontaktmann Doug Dam, ein Hells Angel aus Tucson, uns anrief und die Dinge ins Rollen brachte.

An diesem Tag hatten wir Aufzeichnungsgeräte dabei, aber keine Funkgeräte. Damit das Deckungsteam uns folgen konnte, mussten wir es telefonisch darüber informieren, wohin wir fuhren.

Doug rief Carlos an. Er wollte, dass wir ihn in seiner Wohnung trafen, also zahlten wir – die Kellnerin hieß tatsächlich Flo und hatte eine platinblonde Haarmähne, in der Blumen steckten – und gingen.

Doug stand in seinem Vorgarten, als wir ankamen. Er war 1 Meter 83 groß und etwa 90 Kilo schwer. Seine Augen sahen aus wie Fenster, die einen Blick in die Seele eines sehr ernsten oder sehr dummen Menschen erlaubten. Er trug den bei den Hells Angels üblichen Bart und eine dünne silberne Halskette mit einem Kreuz. Doug stand im Ruf, ein Straßenkämpfer zu sein, den nichts aufhalten konnte. Immer wieder reiste er durch das Land, um Probleme der Hells Angels mit den Fäusten zu lösen.

Nachdem er uns die Hände geschüttelt hatte, meinte er, er

müsse erst etwas essen, weil wir lange auf den Beinen sein würden. Carlos schlug ein zweites Waffle House vor, das sich an der Ecke 22. Street und I-10 befand.

Ah, das Waffle House! Nie hat es ein besseres Restaurant für verdeckte Ermittler gegeben. Schlechter Kaffee, unterdurchschnittlicher Service und leckere Waffeln, die der Geldbörse, nicht aber der Verdauung guttun. Es riecht vertraut, genau wie der Schmutz unter den großen Zehennägeln, und ist einfach wie für uns geschaffen, vor allem seit die Inhaber aus unerfindlichen Gründen offene Parkplätze mit Blick in drei Himmelsrichtungen zur Verfügung stellen – die vierte Richtung versperrt das Lokal. Man kann es daher gut überwachen und erlebt keine bösen Überraschungen. Ja, wenn ich oder Kollegen die Straße entlangfahren und den Schriftzug sehen – elf gelbe Rechtecke mit elf schwarzen Buchstaben –, werden wir magisch angezogen, wie Motten von einem Verandalicht, abgesehen davon, dass wir uns nach einem Kaffee in einer Tasse sehnen, deren Sauberkeit fragwürdig ist.

Wir luden Doug ein und aßen noch einmal Pecanwaffeln mit ihm. Doug beendete seine Mahlzeit mit Eiscreme.

Während er sich Vanilleis in den Mund (mit Ziegenbart) schaufelte, sagte er: »Folgendes. Ich hab 'ne .38er und 'ne .40er Halbautomatik zu Hause. Die .40er ist nicht sauber, also lasst euch nicht mit ihr erwischen. Dann hab ich noch eine andere Waffe, aber die kann ich nicht verkaufen.« Er wischte sich mit dem Handrücken den Mund ab, wobei er Sahne in seinen Schnurrbart schmierte. Dann beugte er sich vor und flüsterte: »Sie wurde bei einem schweren Verbrechen benutzt und gehört in den Fluss, darum ...«

Ich flüsterte zurück: »Verstehe. Berufsrisiko.«

»Genau.« Doug war ein schwatzhafter Hundesohn. Von ihm Informationen zu erhalten war so leicht wie Fischen mit

Dynamit. »Danke für die Kurierfahrt heute. Ich brauch die Knete wirklich.«

Carlos mischte sich ein. »He, wir haben gedacht, ihr macht hier ziemlich gute Geschäfte.« In Wahrheit wussten wir, dass dem nicht so war.

»Eigentlich nicht. Ich hab früher massenhaft Gras verkauft, aber seitdem man mich voriges Jahr geschnappt hat, ist das Geschäft fast tot. Ja, das waren Zeiten! Ich konnte den Stoff hier für etwa 400 Dollar das Pfund kaufen, ihn nach Maine bringen, wo ich wohnte, und dort für den dreifachen Preis verkaufen. Und ich war Kurier für einen Lieferanten – 500 Pfund je Fahrt –, aber ich war schlau und begann, kleinere Mengen meines eigenen Stoffs mitzunehmen, damit ich nicht andere Leute für den Transport bezahlen musste. Doch wie gesagt, das ist vorläufig vorbei.«

Ich sagte: »Hört sich an wie unser Waffengeschäft. Wir packen diese Mexikaner mit einer Hand an den Eiern und mit der anderen an der Gurgel.«

»Was meinst du damit?«

»Mann, ich bin die Quelle und der Verteiler. Kein Zwischenhändler. Das Alpha und Omega, Baby. Ich kreuze mit einer Ladung Pistolen auf und lege den Preis fest. Ich biete nur so viel an, dass die Nachfrage knapp befriedigt wird.«

»So hab ich es mit dem Stoff gemacht«, sagte Doug sehnsüchtig. »Aber ich musste mich nicht mit dem Grenzschutz herumschlagen.«

»Na ja«, sagte ich, »Berufsrisiko.«

Doug lachte und löffelte die geschmolzene Eiscreme aus. »Nee. Uns geht es nicht so gut wie denen in Mesa, das kann ich euch sagen. Tucson erlebt harte Zeiten. Zunächst mal haben wir nur sechs Mitglieder, ohne die Jungs, die wegen irgendeinem ATF-Scheiß im Knast sitzen. Eines der Mitglieder, unser Tätowierer, Mac, hat 'ne Bewährungsauflage und darf sich nicht mehr mit uns blicken lassen. Jojo ist eben aus dem Knast gekommen und hat ein kaputtes Bein. Und mir wurden neulich die Nummernschilder weggenommen, weil ich die Versicherung nicht bezahlt habe. Außerdem wäre ich wegen der Geschäfte mit dem Gras voriges Jahr fast zum dritten Mal verknackt worden. Hab ich euch erzählt, dass ich mich selbst verteidigt habe?« Hatte er nicht. Carlos sagte: »Toll!« – »Und da wäre da noch Fang, der wegen Mordes 16 Jahre abgesessen hat und nicht in den Knast zurückwill, aber das lässt ihn kalt. Ihr werdet ihn später kennenlernen. Er hat auch ein paar Sachen. Jedenfalls, ich kann euch sagen – wenn die verdammten Bullen uns wegen Bandenkriminalität drankriegen wollen, brauchen sie sich nicht besonders anzustrengen.«

Wunderbar. Das würde Slats gerne hören.

Carlos sah Doug an und nickte ernst. Unter dem Tisch gab er mir kleine Fußtritte, als wären wir Teenager, die dasselbe Mädchen umwerben. Carlos hatte Spaß daran, jede Situation zu verharmlosen.

Ich erzählte Doug, dass wir Mesa mit Bargeld unterstützten. Wenn alles klappte, würden wir ihnen einen Teil des Profits aus den Mexikogeschäften abgeben – das gehöre sich einfach. Doug versicherte, dass er und alle Jungs die, wie er betonte, nichts ohne Absprache mit der Gruppe taten – was eine wichtige Aussage für unsere Aufnahmen war –, uns dafür wirklich dankbar sein würden.

Dann begannen wir zu handeln. Bevor wir das zweite Waffle House verließen, rief ich Slats von der Toilette aus an und gab ihm Dougs Anschrift. Slats sagte, er werde den Lieferwagen vier Straßen entfernt parken und könne blitzschnell bei uns sein. »Gut«, sagte ich, »aber ich glaube nicht, dass wir uns große Sorgen machen müssen. Lehn dich zurück, und schlürf deine Cola Light.«

»Halt die Klappe.« Er hustete.

Wir fuhren zu Doug, und dieser gab uns einen fünfschüssigen Taurus-Revolver Kaliber 38 aus brüniertem Stahl. Dann zeigte er uns das nicht saubere 9-mm-Gewehr unbekannter Herkunft, das er nicht verkaufen konnte, und sagte, die 40-Kaliber-Pistole sei bei Fang. Wir müssten zu ihm fahren, um sie zu kaufen, aber er wolle das Geld jetzt gleich haben. Carlos gab ihm 800 Dollar für beide Waffen und 50 Dollar Provision. Doug steckte die 800 Dollar in seine Gesäßtasche und die 50 in seine Geldbörse. Das sei alles, was er heute verdient habe, sagte er.

Ich dachte: Mann, eines Tages wanderst du für lange Zeit ins Gefängnis, weil du für 50 Dollar schmutzige Geschäfte machst. Herzergreifend.

Doug stieg in sein Auto, und wir folgten ihm zu Fangs Haus. Carlos rief Slats an, um ihm zu erklären, wohin wir fuhren, und fügte hinzu, wir würden um drei Uhr nachmittags genügend Beweise gegen diese Kerle haben, alles laufe wie geschmiert. Das stimmte. Wir waren erfahrene ATF-Beamte, die ihre Pflicht taten. Im Laufe der Jahre hatten Carlos und ich so viele Waffen gekauft, dass wir uns dabei fühlten, als würden wir auf dem Weg nach Hause noch schnell Milch besorgen.

Gegen ein Uhr bogen wir in Craig »Fang« Kellys Auffahrt in der 1501 South Winmore ein. Er brachte uns Bier, und wir kamen gleich zur Sache. Ich fragte, wo die Knarre sei, und er antwortete, sie sei nicht da; er habe Schwierigkeiten gehabt, sie zu bekommen, und wir müssten sie wahrscheinlich im Haus des Tucson-Angels Mark McPherson holen. Vorher müssten er und Doug aber erst ein paar Anrufe machen. Wir könnten draußen warten, wenn wir wollten.

Carlos zog die Vorhänge beiseite. Im Hinterhof stand ein Metalltisch, an der Wand hing ein Basketballkorb. Carlos und ich schauten einander an und nickten. Okay, wir würden draußen warten.

Als wir zum Tisch gingen, sagte Carlos: »Ich wette 50 Dollar, dass du nicht mehr stopfen kannst, Bird.«

»Aber du kannst es?«

»Weißt du doch.« Carlos hatte in der zweiten Liga als Verteidiger gespielt.

»Alter, wenn du es kannst, dann kann ich es auch.«

»Na schön, probieren wir's.«

Wir suchten einen Ball, waren aber nicht überrascht, als wir keinen fanden. Unvorstellbar, dass die Hells Angels ihre Fäuste für ein Spiel hoben, bei dem das Outfit aus Trikots und Haut bestand. Den Korb hatte bestimmt der frühere Eigentümer zurückgelassen.

Ich hielt meine Autoschlüssel hoch. »Wir nehmen die.«

»In Ordnung. Wer fängt an?«

»Du, Kleiner.«

»Von mir aus.«

Carlos zog sich bis aufs Unterhemd aus. Das brauchte ich nicht zu tun, weil ich nur ein T-Shirt anhatte, aber ich legte mein Schulterhalfter auf den Tisch. Beide trugen wir Jeans und Motorradstiefel. Ich warf Carlos meine Schlüssel zu. Er ging unter den Ring, streckte den Arm aus, um die Höhe zu messen – der Ring befand sich etwa 90 Zentimeter über seinen Fingerspitzen –, und trat dann mehrere Schritte zurück. Er nahm die Sprungstellung ein, wippte vor und zurück und ließ die Schlüssel in seiner rechten Hand klimpern. Ich war froh, dass wir keinen Funkkontakt mit Slats hatten, denn er hätte uns sofort zurückgepfiffen. Aber wir wollten nicht aufhören. Dies war einer der Hauptgründe dafür, dass ich gerne mit Carlos arbeitete: Er hielt mich immer auf Trab.

Er sprang, aber ein gutes Stück zu kurz. Seine Stiefel schlitterten über den Boden. Er sagte: »3 Runden. Der Beste gewinnt!«, und versuchte es noch zweimal, ohne dem Ring näher zu kommen. Ich sagte: »Gib die Dinger mir, dann zeig ich dir, wie man's macht.« In meiner besten Zeit konnte ich den Ball mit beiden Händen von oben einwerfen. Ich machte mir nicht die Mühe, den Abstand zu messen – entweder schaffte ich es oder nicht. Dann nahm ich seitlich Anlauf und sprang mit gestrecktem linken Arm hoch, als ich etwa 90 Zentimeter vom Ring entfernt war. Ich berührte das hintere Ende des Rings, schaffte es aber nicht über ihn. Als ich nicht sehr elegant landete, schlitterten meine Stiefel ebenfalls über die Erde. Ich spürte einen jähen Schmerz im Rücken, nichts Ernstes, aber eine Erinnerung daran, dass ich alt und für Übungen wie das Stopfen nicht mehr geeignet war.

Die Schlüssel allerdings waren zwischen dem Ring und dem Brett dahinter eingeklemmt.

Carlos lachte sich kaputt. Er wollte mir 25 Dollar für meine Bemühungen geben. Ich traute mir aber nicht zu, noch einmal so hoch zu springen. »Na ja«, sagte Carlos, »wir können Doug den Merc als Zahlung geben. Er kann ihn zerlegen und für die Einzelteile Hells-Angels-T-Shirts oder Meth oder was auch immer kaufen.« Ich sagte: »Schnauze!« Carlos lachte wieder.

Ich versuchte, zu springen und die Schlüssel zu erwischen, aber ich hatte keine Sprungkraft mehr und berührte den Ring nicht einmal. Gut, dass Jack mich nicht sehen konnte. Carlos nahm viermal Anlauf, blieb aber weit unter dem Ring.

»Also gut«, sagte ich. »Steig mir auf die Schultern.«

»Verdammt noch mal, nein!«

»Steig rauf. Ich zahle dir 25 Dollar dafür. Dann sind wir quitt.«

»In Ordnung.«

Ich ließ mich auf ein Knie nieder. Carlos trat hinter mich und setzte sich auf meine Schultern. Mit knackenden Gelenken stand ich auf, und wir schwankten hin und her, bevor Carlos den Ring packte und an den Schlüsseln zog.

»Verdammt, Bird, du hast die Dinger gut eingekeilt!«

»Genau wie Shaq.«

Wir waren dem Haus zugewandt. Als Carlos »Hab sie!« rief, sahen wir Doug, der mit dem Telefon hinter dem Vorhang stand und uns zuschaute. Vermutlich sprach er mit McPherson und sagte, bei ihm seien zwei Clowns, die Geschäfte machen wollten. Vielleicht habe er schon von den Solo-Ganoven Jay »Bird« Davis und Carlos Jimenez gehört. Die beiden spielten gerade Fangen mit einem alten Basketballring.

Kein ehrenhaftes Verhalten für Biker. Deshalb lachten wir später besonders ausgelassen darüber.

Carlos packte den Ring, machte einen Klimmzug, schwang sich über meinen Kopf, ließ den Ring los und landete hart auf dem Boden. Dann gingen wir zum Tisch zurück und holten unser Bier. Ich schnallte meine Pistolen wieder um. Wir gingen ins Haus, und niemand sagte etwas. Doug schlug vor, wegen der .40er-Pistole zu Mark zu fahren. Er werde dafür sorgen, dass unsere Mühe belohnt werde.

»Ist doch keine Mühe«, sagte ich.

Wir verließen Fang, riefen Slats aber nicht an. Schließlich hatten wir alles im Griff, und der Tag war fast vorbei. Wie versprochen war die 40-Kaliber-Pistole bei Mark, ebenso zwei weitere Waffen: eine chinesische 9-mm-Halbautomatik aus brüniertem Stahl, Modell 213, und eine hochwertige halbautomatische Luftpistole, Modell A .22. Mark sagte, die 213 sei legal, aber bei der .22er-Pistole sei er nicht sicher – wir sollten also vorsichtig damit sein.

Als wir die Waffen inspizierten, bemerkte ich zwei Silver-Star-Medaillen an der Wand des Wohnzimmers und fragte, wem sie gehörten. Mark sagte, es seien seine. »Vietnam?«, fragte ich. Er bejahte.

Ich musste an einen Geldautomaten, um genügend Geld für den Handel abzuheben. Doug begleitete mich zu einer Bank in der Nähe. Er fragte mich, ob ich wisse, wo er Meth bekommen könne. Seine doofe Frau habe gestern Abend seine letzte Line weggezogen, und Tucson sei trockener als das Death Valley. Die Jungs in Tucson hätten ihm verboten, Meth zu kochen oder zu verkaufen, obwohl er immer noch alle paar Wochen ein, zwei Gramm brauche, um über die Runden zu kommen. Ich versprach ihm, mich umzuhören. Vielleicht könne Rudy ihm helfen.

Ich hob 600 Dollar ab. Es würde Spaß machen, Gwen das zu erklären.

Doug und ich fuhren zurück, um alles unter Dach und Fach zu bringen. Er besaß eine legale Reparaturwerkstatt für Motorräder, der wir nie etwas anhängen konnten, und war ein dekorierter Vietnamveteran. Später fand ich heraus, dass er einen seiner Sterne erhalten hatte, weil er aus einem abfliegenden Hubschrauber gesprungen war, um einen Kameraden aus seiner Kompanie zu retten, der angeschossen worden war, kurz bevor er den Hubschrauber erreichte. Mark hatte einen direkten Befehl seines Vorgesetzten missachtet, der sofort abfliegen wollte, weil sie unter Feuer standen. Er packte den Mann und kletterte zurück, während der Pilot auf sie wartete. Die hohen Tiere überlegten, ob sie ihn vors Kriegsgericht stellen oder ihm einen Orden verleihen sollten. Vernünftigerweise entschieden sie sich für Letzteres. Eigentlich hatte ich keine Lust, Leute wie McPherson zu verhaften – ich hatte andere Ziele als Polizist.

Dennoch war es ein guter Tag für Black Biscuit. Am Ende waren Carlos und ich zwar um 1500 Dollar ärmer als zuvor, aber dafür umso reicher an Handfeuerwaffen und an Beweisen. Carlos rief Slats an. Wir beschlossen, uns in einem Einkaufszentrum zu treffen, das etwa fünf Kilometer entfernt war.

Nachdem er aufgelegt hatte, sagte Carlos: »Slats scheint wütend zu sein.«

»Nun, wir haben einen Kofferraum voller Knarren. Das wird ihm gefallen.«

»Ich weiß nicht recht. Er hört sich ziemlich sauer an.«

Wir waren zuerst da. Wir parkten neben einem Müllcontainer, Carlos öffnete den Kofferraum und ordnete die Waffen, um den Kollegen zu zeigen, dass wir einen erfolgreichen Tag hinter uns hatten.

Slats fuhr vor, sprang heraus und knallte die Tür zu. Zwei andere Beamte der Einsatzgruppe waren bei ihm, stiegen aber langsamer aus. Als Slats auf uns zukam, hob er eine leere grüne Bierflasche auf, die auf dem Boden lag. Er warf sie uns wuchtig vor die Füße, und sie zerbarst in tausend Stücke.

»Was soll das?«, schrie ich.

»Was das soll? Wo seid ihr gewesen?«

»Wir haben Waffen gekauft, Mann.«

»Tatsächlich? Und wo habt ihr sie gekauft?«

»Bei ein paar Ganoven zu Hause. Reg dich ab. Es ist gut gelaufen.«

»Verdammter Mist – ihr wart einen halben Tag lang abgetaucht! Wisst ihr, wie gut das für mein Herz ist?« Er klopfte sich auf die Brust. »Jay, wenn euch etwas zustößt, bin ich dran, kapiert?«

Carlos und ich hielten lieber den Mund, anstatt darauf hinzuweisen, dass *wir* dran waren, wenn uns etwas zustieß.

Ich sagte: »Aber wir haben den Kofferraum voller Knarren!«

»Zur Hölle damit!«

Ein junger Schwarzer mit einer Mütze der Phoenix Suns und einem ledernen Bombermantel aus Lammfell, der für das Klima in Südarizona viel zu warm war, trat plötzlich von hinten in unseren Kreis. Er überraschte Slats, der plötzlich zurücksprang. Carlos und ich konnten ein Kichern nicht unterdrücken. Das missfiel Slats.

Er wandte sich an den Typen: »Was glotzt du so?« Dann zog er seine Jacke beiseite, öffnete sein Halfter und holte seinen Revolver halb heraus. »Ich wiederhole: Was glotzt du so?«

Wer weiß, was dem armen Kerl durch den Kopf ging. Wahrscheinlich dachte er, dass wir mit Waffen handelten. Für Cops hielt er uns ganz bestimmt nicht. Ich bat ihn stumm, nichts zu sagen und einfach zu verduften. Anscheinend wirkte das, denn er drehte sich um und verschwand so schnell, wie er aufgetaucht war.

»Herrgott noch mal!« Slats sah aus, als wäre er einem Herzanfall nahe.

»Hol tief Luft, Slats«, sagte Carlos. »Komm und schau, was wir mitgebracht haben.«

»Zum Teufel mit euren Kanonen«, murmelte Slats. Dann ging er zu dem offenen Kofferraum und schaute hinein. Er nickte. Dann spuckte er braunen Kautabak aus und starrte abwesend in den Kofferraum. »In Ordnung, gute Arbeit. Versucht in Zukunft, den Kontakt nicht abreißen zu lassen. Das bringt mich um. Ich muss wissen, dass ihr nicht in Gefahr seid.« Trotz seines Ärgers wusste ich, dass er sich wirklich Sorgen um uns gemacht hatte. Er sagte leise: »Jay, du weißt, dass ich und die Jungs im Kleinbus für euch verantwortlich sind. Ich weiß, ihr glaubt, dass ihr ohne Hilfe auf den Mount Everest klettern könnt, aber ich lasse nicht zu, dass es unter meiner Aufsicht zu einer Katastrophe kommt.« Er sah mich scharf an. »Ich will nicht zu dir nach Hause fahren und Gwen sagen, dass du nicht mehr heimkommst, weil ich dich aus den Augen verloren habe.«

»Okay«, sagten Carlos und ich. Ich fügte hinzu: »Wir werden dich in Zukunft auf dem Laufenden halten.« Es war mir klar, dass ich log. Wir hatten Slats nicht absichtlich hängen lassen. Wir hatten einfach zu viel Erfahrung und waren zu sehr daran gewöhnt, unser eigenes Spiel zu spielen. Es musste zwangsläufig wieder passieren. Außerdem wollte ich nicht ständig beaufsichtigt werden.

Slats drehte sich um und ging zurück zu seinem Auto. »Bringt das Zeug zum Unterschlupf, damit wir's erfassen können.« Dann stieg er ein, doch bevor er die Tür schloss, beugte er sich noch einmal hinaus und sagte: »Oh, fast hätte ich es vergessen ... Carlos, ab nächste Woche bist du nicht mehr mit von der Partie. Dein Chef in Miami will dich zurückhaben.«

Er schloss die Tür und fuhr rückwärts vom Parkplatz, während Carlos und ich stehen blieben und einander anstarrten.

15 **Auf Wiedersehen, Carlos**

September 2002

TJA, DAS WAR ätzend. Wir wussten, dass Carlos nur eine Leihgabe war, aber wir hatten gehofft, unsere frühen Erfolge würden unsere Vorgesetzten davon überzeugen, dass niemand ihn dringender brauchte als wir. Keine Chance. Er fuhr nach Hause und war davon ebenso wenig begeistert wie wir.

Wir waren sicher, dass man uns verarscht hatte, so wie bestimmte ATF-Bosse ihre Straßenbeamten eben verarschen. Carlos bekam einfach deshalb einen neuen Job, weil jemand die Macht hatte, ihm einen neuen Job zu geben.

Die Wahrheit stellte sich bald heraus. Slats hatte in Miami gearbeitet und verstand sich gut mit dem dortigen SAC. Unser ASAC hatte in einer knappen E-Mail verlangt, dass Carlos weiter bei uns blieb, und das hatte der Chef in Miami in den falschen Hals bekommen. Er lehnte ab, und Carlos musste ab dem 1. Oktober 2002 wieder in seinem Bezirk arbeiten.

Sein baldiger Ausstieg war ein ernstes Problem. Wie sollten wir sein Verschwinden erklären, ohne dass es überstürzt oder unglaubwürdig aussah?

Die Einsatzgruppe diskutierte im Hauptquartier darüber. Carlos konnte einen Unfall mit dem Motorrad gehabt haben. Jeder wusste, dass er (wie ich) kein besonders guter Fahrer war. Aber es hätte eine Menge Make-up und Aufwand erfordert, ihn ins Krankenhaus zu stecken, und es hätte sein Verschwinden aus Arizona noch nicht erklärt. Wir konnten ihn festnehmen, aber wie sollten wir das fertigbringen, ohne andere Solos ebenfalls zu verhaften? Wir konnten sagen, die Solo-Bosse hätten ihn nach Tijuana beordert, aber das wäre zu riskant gewesen, denn wir wussten, dass es bereits undurchsichtige Kontakte zwischen den mexikanischen Solos und der restlichen Biker-Szene gab.

Ein paar Tage lang befanden wir uns in einer Sackgasse.

Um uns abzulenken, beschlossen Carlos und ich, das Geld für Smitty einzutreiben.

Slats schlug vor, Porter an seinem Arbeitsplatz aufzusuchen, wo es viele Zeugen gab und das Risiko eines Unglücks geringer war; denn das durften wir nicht zulassen. Ein Undercover-Agent muss stets alles geben, um eine Situation im Griff zu haben, und dabei seinem Gegenüber den Eindruck vermitteln, es habe die Oberhand.

Wir beschlossen, als Gruppe aufzukreuzen, um einschüchternd *und* abschreckend zu wirken, und baten zwei kräftige Kollegen, uns zu begleiten: Nicolas »Buddha« Susuras, der Speckrollen am Hals hatte, die an Brotlaibe erinnerten, und Chris »Elvis« Hoffman, ein Schwergewicht aus Tempe.

Porter arbeitete im Wohnungsbau. Als wir auf ihn zugingen, zog er seinen Hammer aus der Gürtelschlaufe und drehte ihn so, dass er mit der Kralle zuschlagen konnte. Keine schöne Vorstellung.

Wir alle trugen unsere Waffen offen, und Carlos hatte meinen Baseballschläger dabei.

Porter und ich redeten. Er wiederholte, was Smitty mir gesagt hatte: Die Sache werde vor Gericht verhandelt. Er sah nicht ein, warum er Geld zahlen sollte, das er Smitty nicht schuldete, zumindest noch nicht. Auch er nannte die Frau, für die wir angeblich arbeiteten, »Crazy Carol«. Er war ruhig und zäh, vor allem wenn man bedenkt, dass er davon ausging, sich herausreden zu müssen, um Prügel oder Schlimmeres zu vermeiden. Ich fand ihn glaubwürdig und sagte ihm, ich müsse meinen Chef fragen, ob wir ihn noch einmal besuchen sollten. Er sagte, das verstehe er; dann dankte er mir, und wir schüttelten einander sogar die Hände. Ich hätte ihm ein Bier gekauft, wenn ich gekonnt hätte.

Später am Abend, in unserem Undercover-Schlupfwinkel im Verano Circle, rief ich Smitty an und berichtete, was Porter gesagt hatte. Er werde nicht nachgeben und sei kein Weichei. Ich sagte, er schiene mir glaubwürdig, und wir sollten ihn besser in Ruhe lassen. Aber wenn Smitty darauf bestehe, würden wir ihm noch einmal einen Besuch abstatten. »Nee, ich vertraue dir, Bird«, sagte Smitty. Diese Carol ist sowieso eine verrückte alte Schlampe.«

Wir hörten nie mehr etwas über Porter.

Smittys Worte hallten in meinem Kopf wider. »Ich vertraue dir, Bird.«

Als Slats am nächsten Morgen Kaffee trank und die *Arizona Republic* las, stieß er auf einen Artikel über einen Landschaftsgärtner aus Phoenix, der in Chicago wegen eines großangelegten Kokainhandels verhaftet worden war. Sein Familienname war Jimenez.

Soweit die Angels wussten, hieß Carlos ebenfalls Jimenez.

Am 26. September verabredeten wir uns mit Smitty im Inferno. Er saß mit Lydia an der Bar, als Carlos, Timmy und ich hereinkamen. Lydia hatte eine Hand auf Smittys Schenkel gelegt, und ihre Augen waren so groß wie Seerosenblätter. Wir sagten hallo. Sie lächelte uns an wie ein kleines Mädchen, das Zitronendrops bekommen hatte. Beide wussten nicht, was wir ihnen gleich mitteilen würden.

»He, Jungs«, sagte Smitty.

Er deutete auf Dennis, der Billard spielte und seine Bierflasche hob. Wir setzten uns an die Bar und bestellten eine Runde – Crown Royal mit Wasser für Smitty, Cuervo 1800 und Ginger Ale für Lydia, irgendwas für Dennis und Bier für uns Solos.

Carlos setzte sich neben Smitty, Timmy und ich setzten uns neben Carlos. Smitty fragte, was los sei. Ich sagte, Timmy und ich hätten einen Job in Vegas erledigt. Es sei einfach gewesen, und wir hätten ordentlich Geld verdient. Timmy fügte hinzu, für Leute, die aussähen wie wir, sei es manchmal fast zu leicht, Geld einzutreiben. Ich stimmte ihm zu. Carlos sagte nichts und starrte nur in seinen Drink.

Ich sagte: »Eine Tussi will, dass ich ihr einen Gefallen tue.« Das stimmte. Während der Operation Riverside hatte mir eine Frau Geld dafür angeboten, dass ich ihren Alten umlegte. Offenbar schlug er sie und schnüffelte ihren Stoff. Sie hatte die Nase voll von ihm. »Ihre beste Freundin sitzt im Geschworenengericht im Fall Laughlin, und ich hab mit ihr gesprochen. Sie überflog eine Liste mit Namen, und deiner war mit dabei.« Auch das stimmte – teilweise. Da ich gut über den Fall informiert war, konnte ich davon ausgehen, dass man während der Strafprozesse in Nevada auch von Smitty gesprochen hatte. Aber ich hatte die Freundin dieser Frau wirklich getroffen, und – nennen Sie es Schicksal – sie war tatsächlich Geschworene, wenngleich sie mir nichts enthüllt hatte.

»Und?«, fragte Lydia ungeduldig. Die Geschworenen hatten es nicht eilig. Es gab massenhaft Zeugen, und die geringe Qualität der Videoaufnahmen erschwerte die Arbeit. Es sah so aus, als sei der Fall in trockenen Tüchern, aber die Staatsanwälte ließen sich für die Anklageschriften Zeit. Sie wollten dem Gericht wasserdichte Fälle vorlegen. Außerdem übten sie einigen Druck auf uns aus, weil sie vermuteten, dass unsere Ermittlungen für sie nützlich sein konnten. Damals war noch kein Angel offiziell verhaftet worden. Die Beteiligten warteten darauf, dass die Gerichtsdiener mit Haftbefehlen und mit Pistolen bewaffnet bei ihnen klingelten.

»Sie hat nur Namen«, sagte ich, »nichts Handfestes. Sie

erwähnte Dago Pete und zwei Typen namens Calvin Schaefer und George Walters.« Auch diese Information hatte ich als Polizist erhalten, aber ich tat so, als hätte ich sie mir heimlich beschafft.

Smitty sagte: »Schaefer ist Casino Cal. Er hat ein paar dieser Mongol-Hundesöhne erledigt. George ist Joby. Magerer Bursche. Vokuhila.«

Ich erinnerte mich, ihn im Flamingo gesehen zu haben – ich hatte ihn den Nesquik-Hasen genannt. »Also, ich hab sie gebeten, sich wegen dir und Pete umzuhören. Ich werde ihr sagen, dass sie auch die anderen Namen abchecken soll.«

»Ja, tu das.«

Lydia fragte Smitty: »Was sagst du dazu, Schatz?«

»Wenn diese Bastarde uns nach RICO anklagen, hauen wir beide ab.«

Carlos, der immer noch in sein Bier starrte, fragte: »Wohin?« Das waren die ersten Worte, die er seit unserer Ankunft gesprochen hatte.

Lydia verkündete: »Brasilien!«, als hätte sie ihre Fahrkarte bereits abgestempelt. Da ich wusste, wie lange sie schon in Bullhead lebte, konnte ich ihr keinen Vorwurf machen.

Smitty sah mich an und sagte: »Ich brauche ein wenig Hilfe von deinen Kontaktleuten in Mexiko.« Dann wandte er sich an Carlos und fragte: »Was ist denn los?« Carlos sagte nichts. »He, Carlos, hörst du mir zu?«

Carlos fragte: »Was soll das, Smitty?«

»Was ist los mit dir, Mann?«

»Hast du gestern nicht die *Republic* gelesen?«

»Nee. Und morgen auch nicht.« Lydia kicherte.

»Na ja, da stand etwas über meinen Cousin. Er wurde vor ein paar Tagen geschnappt.«

»Echt?«

»Echt.« Carlos warf den Zeitungsausschnitt auf den Tisch. Smitty las ihn. »Tut mir leid, Carlos. Wirklich.«

»Spielt keine Rolle. Er ist ein Scheißkerl. Aber er hat Geschäfte gemacht, und ich hab ihm ab und zu geholfen.« Carlos tat so, als wechsle er das Thema. »Brasilien, was?«

»Ja.« Smitty ließ sich nicht ablenken. Das sollte er auch nicht. »Wovon sprichst du?«

Ich lehnte mich zurück und sah Smitty an. »Carlos wird uns verlassen, Smit.«

»Was?« Smitty erhob sich halb von seinem Stuhl. Lydia keuchte ein wenig. Dennis schaute zu uns rüber. Ich war ein wenig eifersüchtig. Smitty und Lydia hatten Carlos wirklich sehr gern. Ich glaubte nicht, dass sie so erschüttert gewesen wären, wenn ich hätte untertauchen müssen.

Carlos sagte: »Tja. Ich kann hier nicht mehr rumhängen, Smitty. Die Cops werden mich suchen – nur um Fragen zu stellen, aber du weißt ja ... Es wird mir ein bisschen zu heiß. Wenn ich bleibe, gefährde ich meine Solo-Brüder. Und euch. Das will ich nicht.«

Lydia sagte: »Ach, Süßer ...«

Smitty lächelte. Er ließ sich auf seinem Stuhl zurücksinken. Dann goss er Crown Royal nach und bestellte noch einen. Er legte Carlos die Hand auf die Schulter. »So ist das Leben. Ich sag's den anderen.«

»Danke, Smitty«, sagte ich.

»Ja, danke Smit«, pflichtet Carlos bei. »Ich komme zurück, sobald ich kann.«

»Tu das«, sagte Smitty ernst. »Unbedingt.«

Doch Carlos kam nicht zurück.

Wir wollen dich

Ende September bis Oktober 2002

MANCHMAL GLAUBE ICH, der Fall wäre anders gelaufen, wenn Carlos geblieben wäre. Wir waren Kumpels, die morgens miteinander boxen und mittags zusammen Eis essen konnten. Er war ein Draufgänger wie ich, aber unbeschwerter. An freien Tagen grübelte ich über unsere Arbeit und schmiedete Pläne, die nicht einmal Superman auf Crack hätte ausführen können. Carlos lehnte sich einfach zurück, schaltete den Fernseher ein und schaute sich eine Folge *MASH* nach der anderen an. Er war ein zwölfjähriger Junge im Körper eines 90 Kilo schweren und 1 Meter 78 großen Muskelpakets mit Ziegenbart. Einmal sagte er zu mir: »Hältst du dich für den ATF-Cop, der am schwersten arbeitet? Du bist es nicht. Und selbst wenn du's wärst, würde es niemanden interessieren. Also setz dich hin, und schau mit mir fern. Vielleicht lernst du etwas dabei.« Er sorgte dafür, dass ich am Boden blieb. Wenn er geblieben wäre, hätte er mich dazu ermahnt, die Dinge gelegentlich leichter zu nehmen – von selbst kam ich nicht darauf.

Der Oktober war ein Partymonat. Es gab eine Massenversammlung der Arizona-Nomaden am 5., ein paar Mesa-Fan-Partys in der Monatsmitte und die 5-Jahres-Feier der Angels in Arizona am 26. Wir hofften, alle besuchen zu können.

Doch bevor es losging, rief Smitty uns an und sagte, wir müssten uns treffen. Das war am 27. September. Ich versprach, sofort zu kommen.

Als ich eintraf, arbeitete Lydia wie beim letzten Mal im Garten. Sie trug einen Hut mit breiter Krempe, um sich vor der Sonne zu schützen. »Der Garten sieht gut aus«, sagte ich.

Sie dankte mir und zeigte aufs Haus. »Der Alte ist drin.«

Ich klopfte, und Smitty ließ mich rein. Er trug keine Kutte, hatte eine Bierflasche in der Hand und lächelte wie immer beschwingt. Die Smiths sahen aus, als hätten sie einen netten Tag zu Hause verbracht.

»Na, habt ihr es euch heute zu Hause gemütlich gemacht?«, fragte ich.

Er lächelte noch breiter. Seine Augen verengten sich. »Darauf kannst du wetten. Bier?«

»Darauf kannst du wetten.«

Wir gingen rein. Er führte mich zu dem Tisch vor der Küche, ging zum Kühlschrank, holte ein Bier heraus und öffnete es mit einem Öffner, der an seinem Schlüsselbund hing. Dann reichte er mir die Flasche und setzte sich.

»Wir haben nicht viel Zeit. In einer Stunde muss ich zur Charterversammlung.«

»Keine Sorge. Was gibt's?« Ich trank. Das Bier war süß und kalt. Ich hielt meine Zigarettenpackung hoch und hob die Augenbrauen, um mich zu vergewissern, dass ich rauchen durfte.

»Klar doch«, sagte Smitty. Ich zündete mir eine an. »Zwei Dinge. Erstens muss ich wirklich wissen, was du von deiner Freundin am Geschworenengericht über Laughlin erfahren hast. Wenn Lydia und ich das Land verlassen müssen, will ich das rechtzeitig erfahren.«

Ich nickte und rauchte weiter. »Ich bleib am Ball. Sobald ich etwas höre, erfährst du's.«

»Gut. Die andere Sache ist, dass ich bald die Erlaubnis bekomme, einen Charter der Eight-Ones in Mohave Valley zu gründen. Er besteht aus mir, Dennis, Joby, ein paar anderen

Arizona-Nomaden, einem Bruder aus Barstow, der demnächst einen Tattoo-Salon eröffnet, und einigen Anwärtern.«

Ich nickte. »Das sind gute Neuigkeiten. Ihr braucht hier mehr Leute. Ich hab gehört, dass ein paar Mongols sich auf der anderen Seite des Berges in Kingman niederlassen wollen.« Kingman lag ganz in der Nähe von Bullhead im Osten.

Smitty schnitt eine Grimasse. »Das hat Joby auch gesagt. Nicht gut. Du sagst mir doch alles – *alles* –, was du über diese Hundesöhne hörst?« Ich nickte heftig. Das war eine ernste Angelegenheit.

Smitty griff nach einer Packung Marlboro Reds. Er öffnete sie und zog eine Zigarette raus. Mein Feuerzeug brannte, als er sie zwischen die Lippen steckte.

Er nahm einen Zug, und die Spitze leuchtete auf. Dann nickte er, und ich schloss das Feuerzeug. Wieder nickte er. »Meine Rede, Bird. Ihr Jungs wisst, was zu tun ist.«

Ich nickte erneut.

Er rauchte mit Hingabe und stieß nach einem tiefen Zug keine Rauchwolke aus. »Folgendes, Bird. Wir brauchen mehr Leute wie ihr. Ich will, dass du, Timmy und Pops zu uns nach Mohave Valley kommt. Ich hab mit Dennis gesprochen, und er ist einverstanden.« Rudy erwähnte er nicht, weil wir ihn an der kurzen Leine hielten und Smitty ihn noch nicht getroffen hatte. Rudy war zu unberechenbar; er konnte uns die Arbeit in ganz Arizona vermasseln.

Dies war eine aufregende Entwicklung, aber ich konnte aus mehreren Gründen nicht zusagen. Es war nicht zulässig und erst recht nicht ratsam, sich im Anfangsstadium der Ermittlungen den Nomaden anzuschließen. Ich wusste, dass ich als Anwärter der Angels nicht mehr die Freiheit haben würde, die ich als Solo-Angeles-Nomade hatte. Ganz zu schweigen davon, dass Slats – und unsere Chefs – einen solchen Schritt genehmigen mussten. Also vertröstete ich

Smitty und beschloss, mich mit den Kollegen der Einsatzgruppe zu beraten.

Trotzdem gefiel mir Smittys Angebot. Dass er auf Carlos' Abgang so emotional reagiert hatte und uns nun auch noch als Mitglieder gewinnen wollte, war ein sehr gutes Zeichen. Man hatte uns akzeptiert, wollte uns sogar haben. Das bewies, dass wir sehr gute Arbeit leisteten.

Offenbar dachte ich einen Augenblick zu lange über das Angebot nach, denn Smitty fragte: »Hast du gehört, was ich eben sagte, Bird?«

Ich zündete mir wieder eine Zigarette an. »Dich gehört? Soll das ein Witz sein, Smit? Du fragst mich, ob ich ein Hells Angel werden will?«

»Du, Timmy und Pops. Ich will die Arizona-Solo-Angeles-Nomaden übernehmen.«

Ich trank mein Bier. Die Luft war heiß, und auch das Bier wurde langsam warm. Dann gab ich Smitty meine wohlüberlegte und im Prinzip ehrliche Antwort: »Schau mal, Smitty, darüber muss ich erst nachdenken. Nichts für ungut, aber ich muss mit Rudy, meinem Präsi, reden. Bob kennt ihn. Ich bin loyal gegenüber den Solos und kann sie nicht einfach im Stich lassen.«

»Loyalität ist wichtig. Das ist mir klar.« Er schnippte eine zerbrechliche Aschesäule in einen Hells-Angels-Aschenbecher. »Klar. Überlege es dir, das musst du. Ich weiß, du hast alles, was ein Angel braucht. Aber denk daran – er braucht 'ne Menge.« Er kippte seine Flasche, ich trank meine aus. »Jetzt muss ich zur Versammlung.« Er blieb sitzen. Unser Meeting war beendet. Ich stand auf.

»Danke, Smitty.« Ich streckte die Hand aus.

Er ergriff sie und lächelte. »Bis bald, Bird.«

5. Oktober. Auf dem Weg zum Hauptquartier hielt ich bei Starbucks. Sie hatten schon den Milchkaffee mit Kürbisaroma und braunen Tupfern aus Zucker und Zimt, den es

nur zu Halloween gibt. Ich liebe diesen Kaffee – ich trinke ihn mit extra viel Schaum und fettarmer Milch. Uncool, aber was soll's.

Als ich durch das Black-Biscuit-Hauptquartier ging, fragte Slats: »Was zum Teufel ist das?« Er zeigte auf meinen Kaffee.

»Ein extra großer Milchkaffee mit Kürbisaroma und extra viel Schaum plus Zucker und Zimt. Was denn sonst?«

Er ließ den Kopf sinken und drehte sich um.

Die Kollegen bereiteten sich auf einen Run der Angels-Nomaden in Bellemont vor, einer Stadt westlich von Flagstaff. Es war eine Nachmittagsveranstaltung, keine Party. Wir wollten vorbeischauen, unseren Respekt bekunden und gleich wieder nach Phoenix zurückfahren.

Bei einer kleinen Probe überhäufte uns Slats mit Fragen: Wo treibt ihr euch rum? Solos? Nie von ihnen gehört. Wo, hast du gesagt, arbeitest du? Was ist das für ein Tattoo? Wo, hast du gesagt, wohnst du? Was für ein Motorrad ist das? Wer ist euer Präsident? Wo ist er?

Slats schnauzte mich an: »Wo ist deine Braut?«

»Ich bin zurzeit solo, Alter.«

»Echt? Ich kann dir 'ne erstklassige Tussi besorgen.« Slats spielte den doofen Biker-Zuhälter hervorragend.

»Das kann ich schon selbst beurteilen.«

»Komm mit.«

»Okay. Wenn du sie herbringen willst, dann tu's. Ich hab gesagt, ich bin solo, nicht verzweifelt. Ich hab's nicht nötig, mit dir rumzurennen und ein paar Weiber zu testen.«

Slats spuckte in eine Colaflasche und gab seine Rolle auf. Er beugte sich über einen metallenen Liegestuhl, dessen harte graue Lehne auf seine Brust drückte. »Ich weiß nicht recht.«

»Was hätte ich sagen sollen?«

»Nicht das.«

»Alter, ich fand es ziemlich gut. Außerdem nennen sie uns immer die schwulen Solo-Nomaden. Dagegen müssen wir uns doch wehren.«

»Weiß ich, aber du musst es besser machen.«

»Also gut ... Notfalls ficke ich meine Bierdose.« Ich hole tief Luft. »Besorg mir 'ne Braut, Mann!«

»Ich arbeite dran.«

»Dann streng dich mehr an.«

»Ich arbeite dran.«

Die Egos zweier Polizisten lieferten sich einen kleinen Wettstreit.

Ich wusste, dass Slats bei unseren Chefs auf wenig Gegenliebe gestoßen war, als er eine Kollegin zur Verstärkung für Black Biscuit angefordert hatte. Ob es uns gefiel oder nicht, diese Ermittlungen fanden nun mal in einer Männerwelt statt.

Ich vertrete die Meinung einer Minderheit in den Justizbehörden – nämlich, dass Frauen bei verdeckten Ermittlungen ebenso fähig und wichtig sind wie Männer. Aber sie haben es schwerer. Sie spielen meist Freundinnen, Laufburschen oder Packesel. Was ich brauchte, war eine Frau, die den Hells Angels sogar Respekt einflößen würde. Slats hatte ein paar Frauen mitgebracht, die uns eine Weile unterstützten, aber sie konnten nicht mit einsteigen. Ich wollte Karen aus New York, doch ihr Chef war strikt dagegen.

Jenna Maguire war meiner Meinung nach die beste Alternative. Ihr Auftreten gegenüber Smitty und Lydia war eindrucksvoll gewesen, und ihre Jugend, ihr Humor und ihre Attraktivität waren wichtige Pluspunkte. Aber wie sollte ich sie kriegen? Ihre Vorgesetzten und erfahreneren Kollegen hatten sie davor gewarnt, mit mir zu arbeiten, weil ich im Ruf stand, wild und ungestüm zu sein, und weil die Welt der Hells Angels voller Gewalt und frauenverachtend war. Darauf erwiderte sie, die Angels trügen ihren

Sexismus wenigstens offen zur Schau. Ihre Vorgesetzten taten das nicht.

Daran konnten wir vor der Versammlung der Nomaden nichts ändern, also kleideten wir uns an. Ich bestand darauf, die Motorräder im Anhänger nach Flagstaff zu bringen und nur die letzten paar Kilometer zur Zusammenkunft zu fahren. Weder Timmy noch Pops widersprachen heftig.

Pops sollte unser Fahrer sein. Er fuhr den Kleinlaster hinter das Haus. Timmy und ich stellten die Motorräder bereit. Pops stieg aus und öffnete den Anhänger, ohne darauf zu achten, wo sein Motorrad stand. Als er die Tür losließ, traf sie das Vorderrad seiner Maschine, und diese fiel um. Pops fluchte, Timmy und ich lachten. Dann fuhr Pops mit dem Laster etwas nach vorne, wir hoben sein Motorrad auf und beförderten es hinein. Timmy schob vorne, Pops und ich hinten. Als wir mein Motorrad in den Anhänger schoben, verdrehte ich mir ein wenig den Knöchel und ließ die Maschine einen Augenblick los, so dass Pops plötzlich das ganze Gewicht halten musste, obwohl er in einer ungünstigen Position dazu war. Die Maschine rollte zurück – über meinen anderen Fuß – und fiel gegen Pops, dem es gelang, sie zu halten. Ich fluchte und half ihm. Er war nicht erfreut. Wir befestigten mein Motorrad, während Timmy seines die Rampe hinaufschob. Wie gesagt, Timmy war ein großer, starker Mann, aber er unterschätzte das Gewicht seiner schräg liegenden Maschine. Er brachte sie bis zur Mitte der Rampe, verlor den Schwung und hielt sie dort fest. Dann bat er uns um Hilfe.

Slats beobachtete das Ganze und kaute dabei unablässig seinen Tabak. Die meisten Kollegen standen hinter ihm und schüttelten die Köpfe.

Als wir die Rampe hinabgingen, spuckte Slats aus und sagte: »Ihr seht aus wie ein Haufen Affen im Zoo, die versuchen, einen Fußball zu bumsen.« Alle hinter ihm johlten. Wir johlten mit.

Von da an hießen wir in allen verschlüsselten Gesprächen, Berichten und Briefwechseln »die Affen«. Der Kürze halber war ich A1, Timmy war A2 und Pops A4. A3 reservierten wir für den hochgeschätzten abgereisten Carlos, für den Fall, dass er jemals zurückkehrte.

Wir fuhren nach Flagstaff, parkten den Kleinlaster im Norden der Stadt vor einem Waffle House, stiegen aus, rieben uns die Stirn mit Öl ein und wälzten uns im Staub, damit wir aussahen, als wären wir eben 240 Kilometer Motorrad gefahren.

Die Versammlung fand im Motorradhaus Bellemont Harley und in der Roadhouse Tavern statt. Der Zyniker in mir musste daran denken, dass eine Bar und ein Motorradhändler eine perfekte symbiotische Kombination waren – wie ein Knast und ein Kautionsagent oder ein Waffengeschäft und ein Schnapsladen.

Billy Schmidt, ein Hangaround, der sich bei Dennis als Anwärter bewerben wollte, stand mit Dolly, Dennis' platinblonder, fast zahnloser Verlobten, am Eingang. Wir begrüßten die beiden und zückten unsere Geldbörsen. Dolly meinte, wir bräuchten nicht zu zahlen; aber ich bestand darauf. Wir stritten uns eine Weile, bis schließlich jeder von uns fünf Dollar zahlte und einen Stempel mit der Zahl 81 in blauer Tinte auf die Hand bekam.

Danach schlenderten wir auf den Parkplatz, wo ein paar Grills rauchten. Ein großes Zelt war aufgestellt worden, und Plakate der Hells Angels flatterten im Wind. Der Harley-Händler hatte einige neue Modelle aufgereiht, und vor der Kneipe hatte man mehrere Bierfässchen in Mülltonnen gesteckt, die mit Eis gefüllt waren. Niemand war offen bewaffnet, auch wir nicht, denn die Teilnehmer waren davor gewarnt worden.

Smitty begrüßte uns und führte uns zu einer Gruppe, zu der auch Dennis und Turtle gehörten. Auch andere Clubs waren vertreten: die Red Devils, die Spartans, die Rough Riders und die Desert Road Riders. Pops holte so viel Bier, wie er tragen konnte, und wir begannen, zu trinken und herumzustehen. Auf der benachbarten I-40 rollte der Verkehr. Im Norden konnte man eine Reihe rauchgeschwärzter Gelbkiefern sehen. Ich bemerkte zwei schwarze Geier, die am Himmel langsame Spiralen drehten.

Wir lebten das herrliche, freie Leben der Hells Angels.

Ich fragte Smitty, ob an diesem Tag jemand Geschäfte mache. Er verneinte und sagte, dies sei eine öffentliche Versammlung, und wir wüssten nicht, was für Leute anwesend seien – offensichtlich meinte er Informanten oder, Gott bewahre, sogar verdeckte Ermittler. Er sagte, die Uniformierten parkten auf der Autobahn und warteten auf einen Vorwand zum Eingreifen. Wir fanden beide, dass wir ihnen den nicht liefern sollten.

Es überraschte mich nicht, dass auch meine alten Kumpels Varvil und Abraham da waren. Sugarbear hatte sie noch nicht verhaftet. Ich ließ sie völlig links liegen, denn ich hing ja nun mit den Angels ab – mit ihrem Lokalhelden Smitty –, und sie verdienten meine Aufmerksamkeit nicht mehr. Ich sah, wie sie mich von der anderen Seite des Parkplatzes aus neidisch beobachteten, und kämpfte gegen den Drang, lachend zusammenzubrechen.

Zu Smitty sagte ich, dass wir nicht lange bleiben würden; wir hätten am nächsten Tag einen Job und wollten nach Phoenix zurück. Er bat uns, zu bleiben, die Nacht dort zu verbringen und ein Zimmer im Geronimo Inn zu mieten.

Also entschlossen wir uns spontan zu bleiben.

Irgendwann kam Steve Helland, ein Arizona-Nomade und enger Freund von Smitty und Dennis, zu uns, begleitet von seiner Frau Cheryl und zwei Mädchen, die ihrem Aussehen nach etwa 16 waren. Die Mädchen waren attraktiv; beide trugen abgeschnittene Jeansshorts und T-Shirts, die sie als Fans der Hells Angels auswiesen. Wie alle jungen Frauen erinnerten sie mich an meine Tochter. Helland sagte zu mir: »He, Bird, das sind meine Tochter April und ihre Freundin Michelle. Sie wollten dich treffen.«

Smitty sagte: »Ja, Bird, du solltest mit diesen Mädchen rumhängen und sie besser kennenlernen.« Cheryl Helland nickte mit einem eingefrorenen Lächeln im Gesicht.

Mir wurde also der Körper einer Minderjährigen – und der ihrer Freundin – angeboten, von ihrem eigenen Vater. Ich wusste nicht, ob ich lachen oder die Hellands einfach verprügeln sollte. Im Rückblick glaube ich, dass sie mir offeriert wurden, weil ich ein Biker, Schuldeneintreiber und Waffendealer war und mich selbst und andere einigermaßen respektvoll behandelte. In der Bikerwelt galt ich als guter Fang.

Traurig.

Ich lehnte ab und sagte, ich sei durchaus in der Lage, in Schwierigkeiten zu geraten, ohne mich mit 14-Jährigen einzulassen. Alle kicherten. April sagte, sie sei 18, was mich aber nicht beeindruckte. Sie war noch ein Mädchen. Helland mischte sich ein und knurrte: »Wenn sie alt genug ist, am Tisch zu sitzen, ist sie alt genug, um zu essen.« Er lächelte seine Frau an, die mit den Schultern zuckte. April und Michelle standen noch ein paar Minuten bei uns und gingen dann weg. Lydia, die alles mitgehört hatte, fragte, ob ich in letzter Zeit mit JJ gesprochen hätte.

Ich entgegnete, ich könne jetzt sofort mit ihr sprechen, öffnete mein Handy und wählte ihre Nummer.

Sie erwartete meinen Anruf nicht, aber ich brauchte kein Codewort, um ihr klarzumachen, worum es ging. Sie spielte sofort mit. Lydia verlangte das Telefon. Sie plauderten über die Versammlung, Bullhead, San Diego und mich. Ich hörte Lydia sagen: »Wir lieben Bird.«

Das war verdammt richtig.

Lydia reichte das Handy weiter an Smitty, der sich ein paar Minuten mit JJ unterhielt. Er erwähnte seinen Geburtstag und den Kuchen, mit dem sie ihn gefüttert hatte. Das werde er nie vergessen.

Dann gab er mir das Telefon zurück. Ich sagte: »Nimm's leicht, Schätzchen. Wir sehen uns bald.«

17   Gib mir ein B! Gib mir ein I! Gib mir ein R! Gib mir ein D!

Oktober 2002

MEIN VERHÄLTNIS zu Slats ist immer noch gut, auch wenn der Fall »Black Biscuit« schon seit einigen Jahren abgeschlossen ist. Neulich verglich er mein Verhalten und meine innere Anspannung während der Ermittlungen mit dem Gehabe eines Kampfhundes, dessen Leine er festgehalten habe, so gut er konnte. Jeder gute Hundeführer weiß, dass man den Hund ab und zu Blut schmecken lassen muss, damit er scharf bleibt. Slats leistete gute Arbeit. Ich wollte immer nur beißen, beißen, beißen. Ich wollte Verdächtige suchen. Ich wollte erreichen, dass alle Angels angeklagt werden konnten. Ich wollte bessere Beweise gegen die Leute haben, die wir schon überführt hatten, und neue Beweise gegen jene, die noch nicht überführt waren. Wir hatten viele Informationen gesammelt, die wir gegen Smitty verwenden konnten, sowohl in Bezug auf die Randale in Laughlin als auch wegen Bandenkriminalität. Ich würde weiter daran arbeiten, aber ich musste die Flügel ausbreiten und mein Aktionsgebiet vergrößern.

Es war Zeit, nach Süden aufzubrechen. Nach Phoenix. Nach Mesa.

Das waren größere Jagdgründe – Mesa rühmte sich, mindestens 20 Clubhäuser mit zahlreichen Anwärtern und Hangarounds zu haben. Es würde also heißer werden. Wir erwarteten, dass man uns öfter als in Bullhead Frauen aufdrängen würde. Timmy bereitete eine Polizistin aus Phoenix auf den Einsatz vor, und ich wartete darauf, dass Slats JJ bekam. Dieser Plan machte nur langsame Fortschritte, denn JJs ASAC wollte, dass sie zuerst an einem Fortbildungskurs für verdeckte Ermittler teilnahm. Das war schön, abgesehen davon, dass der Kurs im *Januar* begann. So lange konnten wir nicht warten.

Die Rückkehr nach Phoenix bedeutete zudem, dass wir gut auf Rudy aufpassen mussten, der nutzlos und ein Risiko war. Ab und zu hörten wir, dass er sich mit Iwana in Apache Junction herumtrieb und entweder zugedröhnt war oder kleine Straftaten beging. Für ihn war der denkbar schlimmste Fall eingetreten: Er war erneut Opfer seiner Dämonen, also wieder drogensüchtig und kriminell geworden. Sein Wesen hatte seine guten Absichten besiegt. Slats überlegte, was wir mit Rudy anfangen sollten. Sollten wir ihm vorläufig den Laufpass geben und ihn später wieder einfangen, oder war es besser, ihn endgültig fallenzulassen? Doch dessen ungeachtet, ob Rudy für uns gefährlich war oder nicht – wir konnten uns nicht entscheiden. Noch nicht.

Timmy, Pops und ich fuhren am 17. nach Mesa zu einer Fanparty in der Spirits Lounge. Wie üblich begrüßte uns DJ Charlie, der Strahlemann, über die dröhnenden Lautsprecher, und da wir Solos inzwischen ein bekannter Name unter den lokalen Clubs waren, wurden wir ausdrücklich erwähnt. An diesem Abend bot Bad Bob Timmy eine hübsche Blondine mit Reifenohrringen an. »Sie bläst gerne auswärtige Biker«, sagte er. Timmy meinte, das höre sich gut an, aber er habe eine Alte, die ihn am 24. zur Unterstützungsparty begleiten werde. Bad Bob gab auf.

Am gleichen Abend wollten mich der Mesa-Angel Kevin Augustiniak, »Casino Cal« Schaefer und Nick Nuzzo mit einer sturzbetrunkenen Blondine verkuppeln. Sie hatten ihr Bier, Whisky mit Bier und Tequila eingeflößt und beschlossen, dass ich das Vergnügen haben sollte, sie nach Hause zu bringen. Sie taumelte auf mich zu und machte einen kleinen Knicks. Ich stand bei Bad Bob, den eine junge, attraktive Blondine begleitete, die eine Brille und eine Latzhose trug und vom Hals abwärts vollständig tätowiert war. Die knicksende Frau war niedlich. Ihren Namen habe ich nicht erfahren, aber ich werde nie vergessen, was sie dann tat. Sie ging drei Schritte zurück, schüttelte die Alkoholwolke ab, die sie einhüllte, und begann, zu hüpfen und die Fäuste in die Luft zu stoßen.

»Gib mir ein B! Gib mir ein I! Gib mir ein R! Gib mir ein D! Was kommt raus? BIRD! BIRD! Das ist mein Mann. Wenn er mich nicht ficken kann, dann kann es keiner!« Sie war echt gut. Sie sprang hoch, ihre Zehen zeigten dabei immer nach unten, und ihr Lächeln schien ihr im Gesicht zu kleben, als wäre sie Mrs Potato Head, die Kinderspielfigur.

Casino Cal und Nuzzo kippten fast um vor Lachen. Bad Bob packte die tätowierte Blondine an der schlanken Taille, drückte sie und prostete der Cheerleaderin mit seiner Bierflasche zu. Ich schüttelte lächelnd den Kopf.

Aber ich stellte mich der Blondine. Sie durfte auf meinem Schoß sitzen und sich an meine Schultern und Arme klammern. Einmal drehte ich mit ihr eine Huckepackrunde um den Billardtisch.

Später fuhren wir alle zurück zum Clubhaus und alberten noch eine Weile herum. Die Angels gaben ihr noch mehr Fusel zu trinken.

Erst kurze Zeit zuvor hatte die ATF das Geheimnis erfahren, das Mesa Mike – der Informant, der mit Schimpf und Schande aus L.A. vertrieben worden war – so lange für sich behalten hatte: Er hatte zugegeben, dass er und zwei seiner Mesa-Brüder Cynthia Garcia auf dem Boden des Clubhauses geschlagen und in der Wüste getötet hatten.

Wir waren 15 Minuten im Clubhaus, als ich auf einmal

bemerkte, was ich gerade getan hatte: Ich hatte die Blondine mit ins Clubhaus genommen und damit eine wohl unschuldige, wenn auch dumme Frau in die Höhle des Löwen gebracht. Die Bestie hatte zwar noch nicht zugebissen, aber nichts sprach dagegen, dass sie es noch tun würde.

Wir beide mussten verschwinden. Sofort.

Ich packte sie und ging zu Timmy, Nuzzo, Augustiniak, Bad Bob und seiner mageren Blonden. Die Cheerleaderin zog an meinem Arm. »Ich muss die Süße sofort hier rausbringen«, sagte ich. »In einer halben Stunde nutzt sie mir nichts mehr.«

Bob sagte: »Verdammt, Bird, bleib hier. Die Kleine will doch ihren Spaß haben, und die Party hat eben erst angefangen.« Wir mussten unbedingt gehen. Wäre sie ohnmächtig geworden, hätte ich mich der Beihilfe zur mehrfachen Vergewaltigung schuldig gemacht.

Also wandten wir uns zum Gehen, und alle verabschiedeten sich herzlich von uns.

Draußen entlockte ich ihr ihre Anschrift, setzte sie auf mein Motorrad und fuhr los. Sie konnte sich kaum halten, also fuhr ich langsam. Als wir zu ihrem Haus kamen, schlief sie auf dem Rücksitz. Ich hob sie hoch, fischte ihre Schlüssel aus ihrer Tasche, brachte sie nach oben und legte sie aufs Bett. Sie war völlig weggetreten.

Meine Gedanken rasten. War das alles ein abgekartetes Spiel? Hatte sie noch etwas anderes intus außer Alkohol? Meine Paranoia trieb die wildesten Blüten. Ich betrachtete sie. Sie sah tot aus, aber ihr Brustkorb hob und senkte sich leicht. Als ich das Zimmer verließ, war ich davon überzeugt, dass ich in eine Falle getappt war und dass die Angels mir gefolgt waren, um herauszufinden, ob ich diese Frau ficken und dann abhauen würde.

Darum durfte ich jetzt nicht gehen. Ich musste inkognito bleiben und meine Rolle weiterspielen. Alle ähnlichen Situationen, in denen ich mich schon befunden hatte, gingen mir jetzt durch den Kopf. Vor allem eine.

Damals arbeitete ich mit Vince Cefalu am Fall Iron Cross. Vince war einer der wenigen Undercover-Agenten, die noch eifriger und aggressiver waren als ich. Ich lernte eine Menge von ihm. Er war nicht nur ein hervorragender verdeckter Ermittler, sondern besaß auch einen Doktortitel in Psychologie. Vermutlich war ihm dieses Studium bei seiner Arbeit eine große Hilfe.

Der Anführer des Motorradclubs Iron Cross, ein Typ namens Lil' Rat, wurde von einem Niemand beschimpft, der im gleichen Ort lebte und dort ein Tätowierstudio besaß. Lil' Rat wollte, dass wir diesen Rivalen aufsuchten und ihm den Mund stopften. Wir wussten, dass es ein Test war. Lil' Rat wollte herausfinden, ob wir in brenzligen Situationen Schiss hatten. Uns war klar, dass wir es tun mussten, um nicht unglaubwürdig zu werden.

Also gingen wir zum Laden des Burschen. Es dämmerte, und den Kerlen, die uns im Auftrag von Lil' Rat folgten, gelang es nicht gut, das zu verheimlichen. Wir würden den Typ anschreien und ihn vielleicht niederschlagen und ein wenig aufmischen müssen.

Wir bogen auf den Parkplatz ein. Das Studio war anscheinend geschlossen. Vince ging an die Tür und schlug mit der fleischigen Seite seiner Faust dagegen. Er zog heftig an seiner Zigarette, dann nahm er sie aus dem Mund und schrie: »Aufmachen!«

Keine Antwort. Noch ein Zug, während er wieder klopfte. Er schrie: »Mach auf, komm raus, und steck deine Prügel ein, du verdammter Schwanzlutscher!« Vince zog eine tolle Show ab für Lil' Rats Spione. Dann schaute jemand durch die Fensterläden, und eine Stimme sagte: »Gebt mir eine Minute.« Vince drehte sich zu mir um und zwinkerte.

Die Tür ging auf, und bevor wir reagieren konnten, hielt

uns der Tätowierer eine doppelläufige Flinte vor die Brust. Verdammter Mist. Mir fiel ein, dass Schrotflinten eine große Streuung haben; darum trat ich zur Seite. Ich legte die Hand auf meine Pistole, ließ sie aber stecken.

Später sagte Vince, er habe in diesem Moment nur noch denken können: »Warum bin ich nicht zur Feuerwehr gegangen?«

Der Mann hatte offenkundig Angst und zitterte. Er und wir befanden uns in einem Dilemma. Ich hätte ihn erschießen können, aber dann wäre auch Vince tot gewesen, und ich hätte mich über die zerfetzte Leiche eines guten Freundes beugen müssen, im vergeblichen Versuch, sein Leben zu retten. Auch der Fall wäre dann zu Ende gewesen.

Doch dann tat Vince etwas, was nur Vince tun würde.

Er zog noch einmal an seiner Zigarette und ließ die heiße, ausgedrückte Kippe zu Boden fallen. Dann packte er den Lauf der Flinte und schob ihn hinauf an seine Stirn, während er die Hände am Lauf ließ. Dabei drehte er sich ein wenig zu mir hin und zwinkerte wieder. Die Botschaft war klar: *Wenn ich heute Abend sterbe, dann nicht wie ein Weichei. Sag meinen Söhnen, ich sei gestorben wie ein Mann, nicht wie ein Versager, der einen Drogensüchtigen bittet, ihn am Leben zu lassen.*

Der Tätowierer wusste nicht, was er davon halten sollte. Ehrlich gesagt, ich wusste es auch nicht.

Vince sprach deutlich und ruhig. »Ein paar Dinge. Erstens: Wenn du jemanden erschießt, dann in den Kopf. Zweitens: Wenn du mir eine Knarre an den Kopf hältst, dann solltest du auch die Absicht haben abzudrücken. Drittens: Verpiss dich. Tu's jetzt, oder ich verprügle dich mit deiner eigenen Flinte und ficke dich auf der Kühlerhaube meines Autos in den Arsch.«

Danach stieß Vince das Gewehr schnell nach oben in die Schulter des Kerls und riss es herum. In weniger als einer

Sekunde hatte er die Rollen vertauscht. Er hielt die Waffe in der Hand, und der Typ suchte nach einem Versteck. Ich frage mich, wie er das gemacht hatte.

Vince klappte die Flinte auf, holte die Patronen heraus und steckte sie in seine Tasche. Dann tat er wieder etwas, was nur Vince tun würde. Er schlug den Mann nicht, sondern gab ihm die geöffnete Knarre zurück und sagte: »Hör auf, Lil' Rat zu beschimpfen. Er ist mein Freund, und ich dulde das nicht. Wenn du noch einmal den Mund aufmachst und ›Lil' Rat‹ rauskommt, fügst du am besten gleich ›Tut mir leid‹ oder ›Verzeih mir‹ hinzu. Heute lass ich dich noch einmal laufen, aber das war das letzte Mal.«

Dann drehte er sich um und ging weg. Ich folgte ihm wie ein erschrockenes Hündchen, während der Tätowierer einfach nur dastand und zitterte. Wahrscheinlich machte er sich in die Hose.

Die Kerle, die Lil' Rat uns hinterhergeschickt hatte, um zu erfahren, wie wir uns schlugen, waren schon auf dem Weg, um zu berichten, was sie soeben miterlebt hatten.

Diese Episode ging mir durch den Kopf, während ich in der Wohnung der Cheerleaderin hin und her ging. Ich wusste, dass es verschiedenste Arten solcher Prüfungen gab und dass man zumindest den Eindruck erwecken musste, als hätte man sie bestanden. Die Angels machten mich immer noch unsicher. Testeten sie mich, weil ich Frauen aus dem Weg ging? Erlaubten sich Cal, Nick und Kevin einen Spaß mit mir? War sie die Braut eines Feindes und ich das Opfer einer Vergeltungsaktion?

Ich ging in die Küche, ohne Licht zu machen. Dort rief ich Tom »Teabag« Mangan an, ein Mitglied der Einsatzgruppe und enger Freund, der mir an diesem Abend Deckung gab, und schilderte ihm die Lage. Er meldete sich beim Team ab, das gerade Mesa beobachtete, und fuhr in das Stadtviertel, in dem die Frau wohnte. Dort sah er sich um und gab mir

Entwarnung. Er wollte wissen, wie es der Frau gehe. Ich fand, sie sehe gut aus. »Dieses Mädchen hat heute Glück gehabt, was?«, sagte er.

»Stimmt. Echtes Glück. Anstatt dass einer dieser Idioten sie gefickt hat, zwingt sie mich dazu, so zu tun, als würde ich sie ficken.«

Tom lachte kurz.

Ich sagte ihm, dass ich noch eine Weile in der Wohnung herumhängen wolle, für alle Fälle. Er meinte »Okay« und legte auf. Dann öffnete ich den Kühlschrank, machte mir ein Truthahnsandwich mit leicht schimmligem Käse und Ketchup und setzte mich ins dunkle Wohnzimmer. Ich aß leise und schloss die Augen, als ich fertig war.

Mir war klar, dass man mich eines Tages beschuldigen würde, die Frau misshandelt zu haben. Ich sah mich bereits im Zeugenstand, mit Fragen bombardiert. Nun, ich würde das Gericht daran erinnern, dass verdeckte Ermittler wie ich ständig in Situationen geraten, die ihre Moral auf die Probe stellten, und dass ich in diesem Fall spontan eine fragwürdige Entscheidung getroffen und mich mit begrenztem Erfolg um Schadensbegrenzung bemüht hatte. Aber ich würde auch darauf hinweisen, dass ich keinen Sex mit der Frau gehabt hatte und dass dies die reine Wahrheit war.

Ich wusste, dass ich zur Verantwortung gezogen würde. Es ist nun mal das Los eines Undercover-Agenten, im Nachhinein kritisiert und schlechtgeredet zu werden.

An demselben Abend hatte Timmy von Bad Bob schriftliche Einladungen für die restlichen Oktoberfeste erhalten. Wir wollten am 24. zur Mesa-Fanparty und am 26. zur Jubiläumsfeier gehen.

Am 24. fuhren wir gegen halb zehn zum Clubhaus. Wie versprochen brachte Timmy seine »Freundin« mit, eine Undercover-Agentin aus Phoenix.

Einige der Anwesenden kannten wir, andere nicht. Außer

den Mitgliedern des Mesa-Charters waren zugegen: John »Joanie« Kalstedt, der Präsident des Phoenix-Charters, George »Joby« Walters, der Skull-Valley-Angel, der in Laughlin dabei gewesen war, und ein paar Dutzend weitere Mitglieder mit Rückenaufnähern, auf denen Alaska, New York, Connecticut, South Carolina, Colorado und Belgien stand. Die kalifornischen Mitglieder kamen aus San Fernando, San Diego (Dago) und San Bernardino (Berdoo). Auch ein paar Mitglieder anderer Supportclubs aus Arizona waren da. Mindestens neun Männer, uns nicht eingerechnet, trugen offen Pistolen. Einer von ihnen war Joby Walters.

Bad Bob führte uns herum. Wir wurden jedem Einzelnen vorgestellt. Einmal stand ich bei Bad Bob, Bruno von den Spartans und »Dutchman« Keith von den Lost Dutchmen. Wir unterhielten uns über belanglose Dinge, als ich bemerkte, dass Bob auf meine Brust starrte. So freundlich wie möglich fragte ich: »Warum glotzt du meine Titten an, Bob?«

Er kicherte leise. Bruno und Keith warteten auf seine Antwort, bevor auch sie grinsten. Ich stand einfach nur da.

Bob sagte: »Wie ich sehe, hast du ein neues Abzeichen. JHS.«

»Jesus hasst Schlappschwänze. Das Motto der Solos.«

»Tja, ich finde, du brauchst noch ein paar mehr. Du solltest den Aufnäher unserer Unterstützer tragen.« Er deutete auf Bruno und Keith, die beide an ihren Kutten hinunterschauten. Man hätte ihnen einen Finger in die Nase stecken können, so leichtgläubig sahen sie aus.

Ich lächelte nicht. »Das geht nicht, Bob«, sagte ich bestimmt, aber respektvoll. »Ich bin ein Solo, und ich nähe auf keinen Fall den Namen eines anderen Clubs auf meine Kutte. Es ist eine Solo-Kutte, verstehst du?« Ich wollte damit sagen, dass die Kutte nicht mir gehörte, sondern meinem Club, so wie eine HA-Kutte den Angels gehörte und nicht dem Typen, der sie trug. Außerdem gab ich zu verstehen, dass ich nicht wie Bruno oder Keith war. Ich würde nicht wie sie zu den Angels wechseln. Es war verrückt, aber ich versuchte, den Eindruck zu erwecken, als seien die Solos den Hells Angels ebenbürtig, und ich wollte klarmachen, dass ich vor allem loyal war und – wie ein Angel – meinem Club nie die Treue brechen würde.

Ich fuhr fort: »Diese Jungs, das soll nicht respektlos klingen oder so« – ich nickte den beiden zu –, »wollen euch mit ihren Abzeichen unterstützen. Und ich? Ich unterstütze euch damit.« Ich öffnete meine Kutte vorne, so dass man meine Pistolen sehen konnte, die ich immer dabeihatte. Bob lächelte, und ich lächelte auch. Dann schaute ich Bruno an. Er war tatsächlich rot geworden. Keith hingegen schien es nichts auszumachen, dass ich ihn abgekanzelt hatte.

In diesem Moment ging Joby vorbei. Er nickte mir zu. Offenbar hatte er alles gehört, und es gefiel ihm. – Gut.

Wenige Minuten später verkündete Bad Bob, dass nun alle gemeinsam zum Spirits fahren würden.

Wir brachen auf. Es war die größte Gruppe von Angels, mit der wir je gefahren waren. Die Mesa-Jungs fuhren eng beieinander voraus, doch weiter hinten waren die Abstände größer. Da wir keine Angels waren, fuhren wir am Ende, was mir sehr recht war.

Wir missachteten rote Ampeln, ignorierten Vorschriften, verzichteten auf Höflichkeiten wie das Blinken, nahmen anderen die Vorfahrt und donnerten mit unseren 40 Maschinen auf den Parkplatz vor dem Spirits. Ich fühlte mich verdammt gut.

Als wir reingingen, sagte ein Angel aus Südkalifornien: »Mann, diese Arizona-Brüder drücken wirklich aufs Tempo. Scheiße, ich fahre wie ein alter Knacker, langsam und schludrig.« Das tröstete mich ein wenig. Ich war also nicht der Einzige, der Angst hatte, wie die Jungs aus Mesa zu fahren.

Hastig richteten Anwärter und Rausschmeißer eine VIP-Ecke für uns her, und der kostenlose Alkohol begann zu fließen. Plötzlich tauchten Frauen auf. Die Anlage spielte Lynyrd Skynyrds »Freebird«.

Das war seit der Mittelschule mein Lied, ein Song, der mir zu Herzen ging, seitdem ich ihn zum ersten Mal gehört hatte. Auf manche Songs reagieren wir, weil sie uns etwas über uns selbst sagen, was wir schon wissen, aber vielleicht nicht ausdrücken können; aber es gibt auch Songs, auf die wir reagieren, weil sie mithelfen, unser Selbstbild zu formen. Auf »Freebird« traf beides zu. Im Liedtext geht es um die Unmöglichkeit einer dauerhaften Liebe zwischen einer Frau und dem Freebird, der eine rastlose, wandernde Seele ist. Diese Unruhe war auch immer in mir gewesen. Das Lied erinnert mich daran, dass ich nicht lange zufrieden sein kann, und bekräftigt mit einer grausamen Wendung, dass mir immer nur meine Niederlagen und nie meine Erfolge im Gedächtnis haften bleiben. Wenn ich mich selbst betrachte, vor allem seit dem Abschluss des Falles, halte ich diesen Charakterzug für einen meiner schwächsten.

Die Ironie ist, dass ich im Grunde nur zufrieden sein will. Von da kommt auch meine Unruhe, und deshalb bin ich andauernd aktiv, wandere herum und suche, meist an den falschen Orten – schließlich bin ich ein Undercover-Cop. Darin gleiche ich dem »Freebird«, der nicht bleiben und sich nicht ändern kann und dessen Gott weiß, dass er es nicht kann.

Doch auch an der Bar änderte sich nichts. Es war die übliche Szene. Wir verließen das Lokal gegen elf und fuhren mit einer ganzen Meute von Frauen zurück zum Clubhaus.

Die Party wollte nicht aufhören. Irgendwann wurde die Jukebox angeworfen, und wir brachten die Lautsprecher in den Vorgarten. Ich konnte mir vorstellen, was die Nachbarn dachten.

Als ich pinkeln musste, stand Joby, dem ich noch nicht

offiziell vorgestellt worden war, neben mir am Pissoir und nickte mir zu, während wir unserem Geschäft nachgingen. Er war vor mir fertig und ging zum Waschbecken. Bevor ich den Reißverschluss zuzog, ließ ich einen Tropfen Pisse auf jeden meiner Stiefel fallen. Als ich ans Waschbecken ging, schaute er mich fragend an.

»Bird, stimmt's?«, fragte er.
»Stimmt. Du bist Joby, nicht?«
»Richtig. Was zum Teufel sollte das?«
»Was? Die Stiefel? Ein alter Cowboy hat mir gesagt, das bringt Glück.«

Er lächelte breit, seine Augen funkelten. »Das gefällt mir.«
»Hat sich bewährt.«

Dann gingen wir zurück zur Party, und unsere Wege trennten sich.

Ich stand mit einem Dutzend Typen und halb so vielen Frauen im Garten herum. Das Clubhaus in Mesa hatte ein »Vorderhaus«, das Mitgliedern vorbehalten war. Gelegentlich schwang die Tür weit auf, und einer von uns warf einen Blick hinein. Wir sahen immer das Gleiche.

Doch nun kam Joby auf uns zu. »Hallo, Bird.«
»Hallo, Joby.« Wir schüttelten einander die Hände. Timmy und Pops standen neben mir. Ich stellte sie vor.

»Ich hab viel Gutes von euch Jungs gehört. Echt viel Gutes.«

Ich sagte: »Freut mich zu hören. Es bedeutet uns viel, dass ihr Jungs 'ne gute Meinung von uns habt.«

Er nickte. Ich schaute ihm über die Schulter und sah, dass drüben ein kleiner Aufruhr im Gange war. Eine betrunkene Frau in zu engen, verblichenen Jeans mit hoher Taille bedrängte zwei Mesa-Angels. Joby warf einen Blick über die Schulter und drehte sich dann wieder zu uns um.

»Smitty und Bob haben mit mir gesprochen«, sagte er. »Dennis auch.«

Timmy entgegnete: »Cool. Wir mögen diese Jungs.« Pops schwieg.

»Das beruht anscheinend auf Gegenseitigkeit.« Joby sprach mit dem schnellen Näseln der High Plains, aber das änderte nichts an dem Eindruck, dass er ein durchtriebener Kerl war. Und schlau obendrein.

Die Frau in den verblichenen Jeans war inzwischen zu einer Gruppe von Angels gegangen, die neben uns stand. Sie bettelte um ein wenig Meth. Ihre Stimme war schrill, und ihre Worte klangen pathetisch. Da tauchte Bad Bob aus dem Vorderhaus auf, gefolgt von dem tätowierten Mädchen. Sein Gesicht war verkniffen und rot. Als er vorbeiging, sah er mich an und knurrte: »Scheiße, Bird!« Er schnaubte kräftig, und seine Augen tränten. Die Tätowierte lachte. Bob kniff sie in beide Pobacken.

Die verblichene Meth-Schnüfflerin spürte, dass gutes Meth in der Nähe war, und bettelte heftiger. Joby zuckte zusammen, ignorierte sie aber. »Der Chef hat mich vor ein paar Monaten nach Kingman versetzt«, berichtete er. »Wir brauchen dort mehr Mitglieder.« Der Chef war vermutlich kein Geringerer als Ralph »Sonny« Barger.

Ich sagte: »Ja, ich hab ein paar böse Gerüchte über Mongols in Kingman gehört.«

»Hab ich auch gehört. Vier oder fünf von diesen Wichsern sollen dort sein.«

»Na, eigentlich sollten sie nicht dort sein«, warf Timmy ein.

»Verdammt richtig«, fauchte Joby. Er wurde schon wütend, wenn er nur an sie dachte.

Die Meth-Schnüfflerin kreischte: »Ich brauch 'ne Line! Wer hat 'ne Line?«

Joby sagte: »Wenn ich diese Dreckskerle sehe, leg ich sie um. Ist mir scheißegal. Egal, wo ich einen Mongolwichser sehe, auf den Stufen eines Gerichtsgebäudes oder in der

Wüste, ich schieß ihn von seinem Motorrad und verkauf die Kiste als Schrott. Da pfeif ich drauf.«

Ich glaubte ihm.

Nachdem sie bei allen anderen abgeblitzt war, wandte sich die Drogenbraut an uns. Joby warf ihr einen Blick aus dem Augenwinkel zu. Sie ging leicht in die Knie, wippte und faltete bittend die Hände. Ihr Gesicht war rot und sah müde aus, und sie hatte große Tränensäcke unter den Augen und kaputte Zähne. Wahrscheinlich war sie mal hübsch gewesen, bevor sie mit dem Crystal angefangen hatte. Pops drehte sich um und wollte hineingehen. Ich sah, dass er angewidert war. Er hatte solche Frauen schon zu oft gesehen. Timmy und ich beobachteten Joby.

Die Frau stieß drei Worte aus: »*Ich brauche es.*« Plötzlich drehte sich Joby mit einer fließenden Bewegung um, zog eine halbautomatische 380-Kaliber-Pistole aus dem Hüfthalfter und hielt sie ihr an die Stirn. Sie hörte auf zu sprechen und verdrehte die Augen.

In tiefem Tenor schnauzte Joby sie an: »Du Schlampe, ich bring dich um, wenn du mich und meine Brüder nicht sofort in Ruhe lässt!«

Nun war nur noch die Musik zu hören. Die Zeit stand fast still. Einige Angels in der Nähe schauten Joby an, andere scherten sich nicht um den Vorfall. Für sie existierte diese Frau schon nicht mehr. Es war, als ziele Joby auf einen Geist oder auf einen Fleck aus Sonnenlicht im Wohnzimmer.

Doch Joby meinte es ernst und war, so schien es, an Mord gewöhnt. Die Frau musste verschwinden, oder er würde sein Versprechen einhalten, das war mir klar.

Als Polizisten durften Timmy und ich das nicht zulassen. Ich beschloss spontan, Joby wenn nötig zu packen und aufzuhalten. Ich würde zu ihm sagen, die Frau sei es nicht wert, was mit Sicherheit stimmte, und hoffte, er würde vernünftig sein und auf mich hören – und mir verzeihen, dass ich einen

Hells Angel ohne Erlaubnis angefasst hatte. Joby fuhr fort: »Du sprichst mit einem Hells Angel, du Nutte. Lektion Nummer eins: Wir geben nicht, wir bekommen. Weißt du, was passiert, wenn du mich oder meine Brüder noch einmal um etwas bittest?« Joby drückte ihr die Waffe noch fester an die Stirn.

Zum Glück für uns und die Süchtige tauchte nun eine andere Frau auf, nahm sie am Arm und zog sie fort. Sie verschwand, und ich sah sie nie wieder.

Die Musik hatte nicht aufgehört, und alle widmeten sich wieder den Dingen, mit denen sie beschäftigt gewesen waren.

Als die Frau fort war, drehte Joby sich zu uns um, steckte seine Pistole ins Halfter und sagte ruhig: »Ich geb euch meine Handynummer. Ruft mich an, wenn ihr das nächste Mal in Kingman seid.«

Wir versprachen es.

Danach verließ uns Joby. Wir standen im Hof herum. Ein Mädchen, das ich nicht bemerkt hatte, stolzierte aus dem Clubhaus, gefolgt von fünf Angels, die ich nicht kannte. Die Nachhut bildete Bad Bob, der uns mit der Zungenspitze winkte. Er reckte die Faust in die Luft, als ziehe er an einer Zugpfeife.

Der Rudelbums dieser Nacht begann.

Wir verabschiedeten uns ziemlich bald.

Fünf Jahre in der Wüste

25. und 26. Oktober 2002

DER 25. WAR ein Tag der Berichterstattung und Analyse. Indem wir es in unseren Berichten niederschrieben, versuchten wir, uns von allem zu distanzieren, was einen starken Eindruck in unserer Erinnerung hinterlassen hatte. Slats wusste, dass unsere nächtlichen Aktivitäten hektisch waren. Darum bestand er darauf, dass wir unsere Gedächtnisspeicher leerten, ehe wir weitermachten.

Das Hauptquartier brummte vor Geschäftigkeit. Cricket und Buddha arbeiteten an unseren Motorrädern. Der Techniker überprüfte routinemäßig unsere launenhaften Aufzeichnungsgeräte. Andere Kollegen sahen Verbrecherfotos und Vorstrafenregister durch und fügten den Akten der Verdächtigen Überwachungsfotos hinzu. Timmy und ich tippten Berichte und besprachen unsere Pläne mit Slats. Der hatte gute Neuigkeiten: Es war ihm gelungen, JJ für ein paar Abende abzuwerben. Sie sollte im Überwachungswagen sitzen und sich einen Eindruck von unserer Arbeit verschaffen. An den Einsätzen durfte sie zwar nicht teilnehmen, aber Slats sagte, er komme dem grünen Licht langsam näher. Das freute mich.

Insgesamt war die Stimmung im Hauptquartier von Black Biscuit euphorisch. Alles lief rund. Zum ersten Mal während des laufenden Falles begannen wir, gemeinsam mehr zu leisten, als man von uns verlangte. Meine Zuversicht nahm zu, und da ich einer der wichtigsten Stimmungsmesser der Ermittlungen war, wurde das ganze Team optimistischer.

Als ich mit den Berichten fertig war, rief ich Gwen an. Sie wollte nichts von mir hören. Dale hatte Anfang des Schuljahres Probleme. Anscheinend ging es um Mathematik, aber ich hatte nicht die Zeit, genauer nachzufragen. Jack ging es gut, doch er war ein stilles Kind und wollte mehr Zeit mit seinem Vater verbringen, als dieser für ihn übrighatte. Gwen hatte es satt, gleichzeitig Mama und Papa zu spielen. Sie war gestresst. Ich versuchte, ihr zu erklären, dass es mir ebenso ging, und erzählte ihr ein wenig von meiner Arbeit. Sie wusste, dass ich die Angels infiltrieren wollte, aber sie dachte, ich würde andauernd Partys feiern, mit leichten Mädchen rumhängen, Motorrad fahren und mich amüsieren. Das ärgerte mich, und das Gespräch endete schnell. Sie sagte, sie brauche etwas Zeit für sich. Ich sagte, die bräuchte ich auch, und mein Leben sei durchaus nicht der Himmel auf Erden, doch das wollte Gwen nicht hören. Sie hielt unsere Familie mit Hingabe und Mühe zusammen, und ich war ihr nicht dankbar. Wir legten zwar nicht einfach auf, aber wir verabschiedeten uns auch nicht so richtig. Ich sprach nicht mit den Kindern.

Danach diskutierten Timmy, Slats, Cricket und ich über Rudy. Während der Feier am 24. hatte Bad Bob mich gefragt, ob ich von Rudy gehört hätte, und ich hatte getan, was jeder verdeckte Ermittler tun sollte, wann immer es möglich ist: Ich hatte ihm die Wahrheit gesagt – nämlich dass ich nichts von Rudy gehört hatte und dass ich mir Sorgen machte. Ich sagte, er sei ganz dem Stoff verfallen und sei weg vom Fenster. Bad Bob fragte, ob er Crack koche, und ich antwortete ihm, das wisse ich nicht, aber vermutlich schon. Das löste bei Bob gemischte Gefühle aus. Die Sache war nicht ungefährlich, aber er war immer auf der Suche nach Stoff. Trotzdem äußerte er sich besorgt wegen Rudy und fragte, ob ich noch Drogen nähme. »Auf keinen Fall«, sagte ich. Zu diesem Zeitpunkt kannte Bad Bob bereits die

Tätowierungen auf meiner Brust: GDJ auf der rechten und DOA auf der linken Seite. Er wusste, dass GDJ für God Damned Junkie stand (in Wirklichkeit stand es für Gwen, Dale, Jack) und dass DOA hieß, was es immer heißt – in meinem Fall erinnerte es daran, dass Brent Provestgaard mich Dead Or Alive zurückließ, nachdem er mich, den Berufsanfänger, angeschossen hatte. Die Buchstaben stehen genau über der Stelle, wo seine Kugel in meine Brust gedrungen war. Aber ich hatte zu Bad Bob gesagt, das DOA spiele auf die Zeit an, als ich eine Überdosis genommen und mich damit fast umgebracht hätte. Diese Tattoos sollten mich ständig daran erinnern. Niemand zweifelte im Geringsten an meiner Geschichte, auch Bad Bob nicht.

Aber wir sprachen über Rudy. Bad Bob drückte es mit einfachen Worten aus: »Du musst Rudy zurückholen.«

Wir beschlossen, seinem Rat zu folgen. Sobald wir Rudy Kramer erwischten, würden wir ihn festnehmen.

Partyabend. Das Paradies für echte Hells Angels.

Die örtlichen Polizisten sicherten die Straße. Es war ein seltsames Bild: Auf der einen Seite der Absperrung standen angespannte Uniformierte und Autos mit wirbelnden roten Lichtern, auf der anderen Seite eine viel größere Zahl von entspannten Hells Angels, Anwärtern und Hangarounds. Die Jungs lümmelten auf Liegestühlen und tranken Bier; sie lehnten an ihren Motorrädern oder saßen auf dem Bordstein. Für die Angels war es die perfekte Verkörperung eines Lebens außerhalb des Systems und ihrer Existenz als Outlaws. Die Cops waren dort, um die Außenwelt vor den Hells Angels zu schützen, aber sie waren auch dort, um die Angels vor der Außenwelt zu schützen. In gewisser Weise arbeiteten die Cops an diesem Abend für die Hells Angels.

Ich kam 45 Minuten nach Pops, Timmy und dessen Partnerin. Ein Anwärter, den ich nicht kannte, hielt mich an der Polizeischranke am Ende der Straße auf. Die Cops sahen mich schief an. Ich nickte ihnen zu und machte mich über sie lustig. Sie waren daran gewöhnt. So ging es ihnen die ganze Nacht.

Dann zeigte ich dem Anwärter meine Einladung, und er ließ mich rein. An der Tür zum Clubhaus bekam ich einen Stempel.

Es war eine klassische Biker-Versammlung. Unaufhörlich dröhnten Motorräder und Musik. Aus all dem Leder hätte man eine Herde Kühe aufwecken und aus all dem Denim die größten Jeans der Welt schneidern können. Bärte in jeder Form, Farbe und Länge waren vertreten, vom meterlangen ZZ Top bis zum Unterlippenstrich. Der durchdringende Geruch von Marihuana hing über dem ganzen Platz. Es war, als steige Rauch aus den Gullys auf der Straße und aus den Entlüftungsschächten des Hauses und als gehe man jeden Schritt auf einer dicken Schicht duftender Grasblüten. Frauen lachten, und die Männer machten ein finsteres Gesicht; Männer lachten, und die Frauen machten ein finsteres Gesicht. Bier war das Lebenswasser, Whisky der zuverlässigste Heiltrank des Mannes. Ein Zirkuszelt, das sie im Hinterhof eines Nachbarn hatten aufstellen dürfen, unterstrich den surrealistischen Eindruck der Party.

Smitty stand in der Nähe des Eingangs, als ich hineinging. Er umarmte mich innig. Ich gratulierte ihm und den Angels und sagte: »Scheint ja alles zu klappen.« Er zog mich rein. »Bird, ich muss dir etwas sagen, was ich eben erst rausgefunden habe. Einer meiner Kontakte bei der Polizei von Bullhead sagte mir, dass sie euch Jungs beobachten. Sie wollen wissen, was ihr vorhabt. Üble Sache. Sie haben eine Einsatztruppe auf euch angesetzt und verteilen Flugblätter mit eurem Bild und allem. Seid also vorsichtig, ja?«

Ich drückte ihm den Arm. Davon hörte ich zum ersten Mal, und ich war ihm aufrichtig dankbar. Am nächsten Tag würde ich mit Shawn Wood von der Behörde für öffentliche Sicherheit darüber reden müssen.

Ich blieb ein paar Minuten bei der Bullhead-Gang und entschuldigte mich dann, um meine Leute zu suchen.

Timmy und Pops hingen mit einem Red Devil namens James herum. Timmy erzählte mir später, sie hätten über größere Geschäfte mit Marihuana, Waffen und gestohlenen Autos gesprochen. James hatte Timmy seine Handynummer gegeben und ihn gebeten, ihn nächste Woche anzurufen. Das hatte ihm Timmy fest zugesagt.

James ging weiter, und wir Solos waren einige Minuten allein. Wir standen an der Bar im Gästebereich des Clubhauses. Eine barbusige Tänzerin im goldenen Bikinihöschen und eine andere Stripperin in einem engen, zerrissenen T-Shirt mit einem kreischenden Adler darauf standen kichernd am anderen Ende der Bar. Ghost, der sich ein Bein gebrochen hatte, als er bei einem Verkehrsunfall vom Motorrad gestürzt war, unterhielt sich mit den beiden Frauen. Auch Rockem und Sockem waren dabei.

Dennis, Dolly und ein anderes Paar Anfang 50 kamen zu uns. Dennis stellte sie als JoJo und Tracey Valenti vor. Der Typ war ein Monster, etwa 140 Kilo schwer und mit einem kahlen Kopf, der kleiner war als sein Oberarm. Über seinem rechten Ohr hatte er ein Totenkopf-Tattoo von der Größe eines Krapfens. Sein wehender buschiger Bart war so groß wie sein Gesicht, seine Wangen waren sauber rasiert. Er trug schwarze Nietenmanschetten, die seine vollständig tätowierten Unterarme zum größten Teil bedeckten, und er schwitzte und atmete wie ein fetter Mann. Seine besten Tage hatte er hinter sich, aber einst musste er eine wahre Abrissbirne gewesen sein.

JoJo war Vizepräsident in Tucson, einer der Kerle im Umfeld von Doug Dam und Fang. Er ging an Krücken und hatte ein Gipsbein. Das andere Bein war eine Prothese. Die Geschichte seines verbliebenen Beines hatte erst vor kurzem die Runde gemacht. JoJo hatte sich bei einem Motorradunfall einen Knöchel gebrochen und eine tiefe Fleischwunde zugezogen. Sie flickten ihn zusammen, legten ihm einen Gips an, gaben ihm Krücken und verboten ihm, das Bein zu belasten. Er hörte nicht auf sie. Das hätte er unbedingt tun sollen, zumal er Diabetiker war. Er kümmerte sich nicht um den Gipsverband, ließ ihn im Regen und unter der Dusche nass werden, ging damit spazieren, fuhr Motorrad, alles. Jeder merkte, dass JoJo in letzter Zeit stank, aber niemand fragte sich nach dem Grund. Er war dick, und Dicke duften eben nicht immer nach Rosen. JoJo klagte über Schmerzen und Juckreiz. Eines Tages, als er auf der Toilette saß, begann Blut, aus dem Gipsverband zu laufen. Seine Zehen waren schwarz wie seine Lederkutte. Tracey brachte ihn ins Krankenhaus. Als man den Gips aufbrach, flog ein Schwarm junger Kriebelmücken heraus. Die Wunde war voller Maden. Die Ärzte reinigten die Wunde, gaben ihm einen neuen Gips und empfahlen ihm, besser aufzupassen. Er versprach es.

Wir gingen weiter und trafen noch mehr Angels. Einer davon war Duane »Crow« Williams, ein altes und seniles Mesa-Mitglied, das nur murmelte. Er war immer bewaffnet, obwohl er kaum zu merken schien, was um ihn herum vorging. Seine Frau führte ihn am Arm auf der Party herum, setzte ihn auf Barhocker und holte ihm einen Drink nach dem anderen. Sie wirkte eher wie eine Betreuerin als eine Ehefrau. Von unserer ersten Begegnung an nannte Crow mich Pruno. Ich bestand darauf, Bird zu heißen, aber er sagte, das sei Quatsch, und ich sei Pruno, weil ich den besten Gefängniswein mache, den er je gekostet habe (dieser »Wein« wird aus Essensresten hergestellt und auch »Pruno« genannt). Monate später kaufte ich von ihm eine Taurus-Pistole. Bevor er mir die Waffe aushändigte, zeigte er auf Blutspritzer an der Mündung. In einem Anflug von Klarheit erzählte er mir, er habe versucht, es abzukratzen, aber es sei nie mehr ganz weggegangen. Ich versicherte ihm, das spiele keine Rolle – es war ja eine Knarre, oder? Er lächelte und sagte, ich gefalle ihm. Dann gab er mir ein kleines Halsband mit einem Dolchpendel. Ich fragte ihn, wofür das sei. »Du bist schwer in Ordnung, Pruno«, sagte er. Ich sagte ihm zum tausendsten Mal, dass ich Bird hieß. Er zuckte mit den Schultern und sagte: »Egal, behalte es trotzdem.« Monate später, als der Fall vor dem Abschluss stand, sollte Crow der letzte Hells Angel sein, mit dem wir Kontakt hatten.

Wir trafen auch Daniel »Hoover« Seybert, den Präsidenten von Cave Creek. Er lud uns zu einem Besuch in sein Haus ein, die RBC Tavern. Wir versicherten ihm, dass wir auf jeden Fall vorbeischauen würden.

Außerdem trafen wir Robert »Mac« McKay, das Tucson-Mitglied, das sich wegen einer Bewährungsauflage keinem Club anschließen durfte. Er war verurteilt worden, weil er den Expräsidenten des Tucson-Charters niedergeschlagen hatte. Damit die Cops ihn nicht belästigten, trug er einen unechten langen, grauen Bart und eine braune Perücke mit Haaren in zwei Farbtönen, die auf verschiedene Köpfe gehörten. Sein echter Bart lugte unter dem falschen hervor, und als es später wurde und das Bier reichlich floss, sah er immer lächerlicher aus. Warum er die Verkleidung im Clubhaus trug, war mir nicht klar, da er dort ja niemanden austricksen musste. Wie alle anderen sagte Mac, er habe Gutes von uns Solos gehört. Ich war wie immer freundlich und bescheiden. Er schien ein netter Kerl zu sein und war, wie ich herausfand, ein verdammt guter Tätowierer.

Es war ziemlich viel los auf der Party. Irgendwann ging Pops weg, um Bier zu holen. Als er den Raum durchquerte, stellte sich ihm ein älterer Angel – braun gebrannt, gepflegt, mit Brille – in den Weg und packte ihn am Arm.

Ich erkannte ihn sofort als Ralph »Sonny« Barger.

Es war das erste Mal, dass ich ihn sah. Er war etwa 65, wirkte aber so fit und gesund wie ein dynamischer Mann

Mitte 50 – eine beachtliche Leistung, wenn man bedenkt, was sein Körper im Laufe der Jahrzehnte alles mitmachen musste. Er hatte kurzes weißes Haar, war glatt rasiert und sah eher wie ein schneidiger Marinefeldwebel aus als wie ein Mann, der sein Leben lang ein Outlaw gewesen war. Er bewegte sich mit dem Selbstvertrauen und der Sicherheit eines Sultans in seinem Harem.

Falls Sie ihn nicht kennen: Dies ist der legendäre Mann, der die Hells Angels zu dem gemacht hat, was sie sind. Es ist nicht übertrieben zu behaupten, dass Sonny Barger ein Visionär war, der das Bild des Outlaw-Bikers entscheidend geprägt hat. Natürlich standen ihm dabei weitere Leute zur Seite, aber auch die Namen seiner Vasallen von den späten 1950ern bis heute sind in der ganzen Biker-Welt bekannt: Johnny Angel, Terry the Tramp, Magoo, Junkie George, Mouldy Marvin, Cisco Valderama. Gemeinsam und mit vielen anderen Brüdern erschufen diese Männer das Image des Outlaw-Bikers mit allem, was dazugehört: Leder, Haar, Schmutz, Härte, Schweigsamkeit, Undurchdringlichkeit, das Motorrad.

Vor allem das Motorrad.

Ohne die Hells Angels gäbe es keine Harley-Vorführmodelle, die aussehen wie nackte Lärmmaschinen. Keine Apehanger-Lenker, keine breiten Kotflügel, keine Haltegriffe auf dem Rücksitz, keine Spulräder, keine Anbauteile vorne. Die Maschinen hätten weniger Chrom, weniger originelle Farben, weniger Stil. Die Hells Angels waren besessen davon, schnell zu fahren, und ohne diese Besessenheit wären ihre Maschinen langsamer. Unermüdlich entfernten sie alles an ihren Motorrädern, was nicht unbedingt notwendig war. Jedes Pfund, das sie abwarfen, machte sie gut drei Kilometer in der Stunde schneller. Daher auch der Name »Chopper« (von englisch *chop*, »abhacken«) – abgespeckte Motorräder. Was die Hells Angels taten, wurde von all denen imitiert, die ein Hells Angel sein wollten, aber nicht konnten. Heute ist ihr Einfluss etwa bei den Motorrädern erkennbar, die Jessie James von West Coast Choppers und die Teutuls von Orange County Choppers entwerfen.

Von den Motorrädern mal abgesehen, sähe die Welt ohne Sonny Barger allerdings ziemlich gleich aus. Die Welt der Outlaw-Biker jedoch, wenn man von einer solchen denn sprechen kann, wäre total anders. Er ist *die* Ikone der Outlaw-Biker, und alle Mitglieder jedes Clubs verehren ihn als den Urvater ihrer Kultur. Er wird für das respektiert, was er ist, aber auch für seine Vision. Er hat erkannt, dass die Angels international werden konnten, dass sie nicht vor Amerikas Grenzen haltmachen mussten, obwohl sie in Amerika entstanden waren. Wie gesagt, ich glaube, dass die Hells Angels und in geringerem Ausmaß alle anderen Bikergangs im amerikanischen Stil die einzigen genuin amerikanischen Exporteure des organisierten Verbrechens sind. Das verdanken wir Ralph »Sonny« Barger. Er verkörpert alles, was die Hells Angels ausmacht, von ihrem unwandelbaren Image bis zu ihren Widersprüchen.

Diese Widersprüche faszinieren mich. Die Hells Angels sondern sich ab von der Gesellschaft, sind aber in ihr verwurzelt. Sie sind Nonkonformisten, sehen aber alle gleich aus. Sie sind eine Geheimgesellschaft, aber auch schillernde Exhibitionisten. Sie pfeifen auf die Gesetze, halten sich aber an strenge Regeln. Ihr Name und ihr Totenkopf-Logo symbolisieren Freiheit, sind aber eingetragene Warenzeichen.

Die Art und Weise, wie sich diese Widersprüche in der realen Welt offenbaren, stößt mich ab. Diese Typen sollten nicht zweigleisig fahren dürfen. Ich meine, wenn ihr euch nicht an das Gesetz haltet, warum stellt ihr dann Gesetze auf, um euch zu schützen? Warum Fanpartys und andere Veranstaltungen abhalten, um euer Image in der Öffentlichkeit aufzupolieren, wenn es euch doch gar nicht kümmert, was die Öffentlichkeit denkt? Welche Welt ist die richtige? Seid ihr missverstandene Motorradfans oder gewalttätige Rowdys? Warum interessiert es euch, ob andere euch mögen? Wenn die Angels sich von ihrer kriminellen Seite zeigen, tun sie, was ein Outlaw zu tun hat: erst kämpfen, dann fragen. Besser noch: Stell keine Fragen. Nimm dir, was du willst: ein Revier, Bräute, Bier, Motorräder, Drogen. Sei brutal und entschuldige dich nicht. Ich habe mich nie dafür entschuldigt, dass ich ein verdeckter Ermittler bin, nicht einmal dann, wenn ich dadurch in lebensgefährliche Situationen geriet oder moralische Kompromisse schließen musste. Ich habe mich nie dafür entschuldigt, Menschen festgenommen zu haben, die es verdienten, egal, ob ich sie mochte oder nicht. Ich habe mich nie dafür entschuldigt, auf der anderen Seite der Hells-Angels-Medaille zu sein.

Wie ich waren die meisten dieser Männer sehr streitlustig – doch im Gegensatz zu mir fühlten sie sich alle von der Gesellschaft diskriminiert. Wie ich hatten sie kein Interesse an regelmäßiger Arbeit oder an einem normalen Leben. Vielleicht liebte ich meine Angehörigen und Freunde mehr als sie die ihren – aber lebten sie ihre Liebe für ihre Brüder und ihren Club nicht auf die gleiche Art aus? Sie wussten, dass sie Außenseiter waren, warum also sollten sie nicht gemeinsam Außenseiter sein? Vielleicht, nur vielleicht wurden sie tatsächlich unfair behandelt. Doch sonderten sich die Hells Angels von der Welt ab oder die Welt sich von den Hells Angels?

Während der Ermittlungen hatte ich keine Zeit für solche Gedankenspiele. Als ich sah, wie Sonny auf Pops zuging, dachte ich nur: Mann! Der Chef! Der verdammte Chef ist da! Bei uns! Ich hatte mir vorgenommen, unbeeindruckt zu bleiben, aber es gelang mir nicht. Ich war von diesem Star fasziniert.

Pops ging es genauso. Sonny bewegte sich graziös. Ich

hörte ihn nicht, aber ich sah, dass Pops ihm sein Ohr zuwandte, ohne sich an der Öffnung in Sonnys Luftröhre zu stören. Diese eigentlich unschöne Folge des Krebses machte ihn sogar noch eindrucksvoller. Vor 30 Jahren hatte ihm jemand die Kehle aufgeschnitten, und der Täter hatte ganze Arbeit geleistet. Sonny war der König der Ausgestoßenen, und er wusste es. Wir alle wussten es.

Sonny musterte Pops Solo-Kutte und umarmte ihn herzlich. Dann gingen sie auseinander.

Pops berichtete später, was Sonny gesagt hatte: »Danke, dass ihr gekommen seid. Danke, dass ihr uns euren Respekt erweist. Kommt doch mal zu uns nach Cave Creek. Wir haben dort auch einen Charter.«

Die Solo-Angeles-Nomaden hatten den Segen des Paten, und das fühlte sich gut an.

Wir hingen herum. Bad Bob sah Barry Gibb ähnlicher denn je. Sein Haar war steif – perfekt festgehalten von einem Netz aus Haarspray. Doug Dam wollte wissen, ob ich »eines von diesen Dingern« haben wolle. Er meinte Waffen. Ich zwinkerte und sagte: »Darüber reden wir später.« Dann ging ich in den Vorgarten und sah, wie die den Mitgliedern vorbehaltene Tür weit aufging. Drinnen, an einem niedrigen Tisch, konnte ich einen Kristall von der Größe eines Baseballs erkennen. Neben ihm befand sich ein etwa zehn Zentimeter hoher Hügel aus gemahlenem Meth. Mitglieder kamen und gingen, ihre Frauen kamen und gingen (Frauen konnten zwar nicht Mitglied werden, durften das vordere Haus jedoch mit einem bestimmten Aufnäher betreten). Alle beugten sich über den Tisch, um zu schnupfen.

Irgendwann fiel mir ein, dass ich ein Geschenk mitgebracht hatte. Also suchte ich Bad Bob und überreichte es ihm. Er guckte in den Umschlag, sah fünf glatte 100-Dollar-Scheine und zog eine Visitenkarte der Solo Angeles heraus (wir hatten 1000 Karten drucken lassen – schwarz und orange, FSSF). Auf die Rückseite hatte ich geschrieben: »Liebe und Respekt, Solos«. Er steckte sie in seine Weste. Wir schüttelten uns die Hände und umarmten uns.

Alle waren glücklich. Sie waren glücklich, weil sie fünf Jahre in der Wüste durchgehalten hatten. Wir waren glücklich, weil wir glaubten, dass sie es nie auf zehn bringen würden. Erfolg und Rauch und der satte Geruch von Bier durchdrangen alles.

Der Dunst lichtete sich nicht. Die Party sollte niemals enden. Ich habe keine Ahnung, wann wir gingen.

Rudy Kramer wird festgenommen

November 2002

EIN WEITERES EREIGNIS beflügelte unsere euphorische Stimmung. Wie versprochen war JJ am Abend der Jubiläumsparty in Phoenix und belauschte uns mit dem Deckungsteam. Als sie am nächsten Tag nach San Diego zurückreiste, rief ihr ASAC sie an. »Maguire«, sagte er, »Sie kriegen, was Sie wollten. Sie werden mit diesen verrückten Bastarden in Arizona arbeiten. Viel Spaß.«

Ihr Teilzeitjob begann am 5. November. Von da an stand uns JJ an drei Tagen pro Woche zur Verfügung.

Am Sonntag, den 27. Oktober, fuhr ich für ein paar Tage nach Hause, um mich zu entspannen. Das tat ich allerdings nur, weil Slats es angeordnet hatte. Hätte er nichts gesagt, wäre ich in Phoenix geblieben.

Pops' Frau und Töchter lebten ebenfalls in Tucson, und so beschlossen wir, mit unseren Motorrädern heimzufahren. Wir wollten in den Solo-Farben über die I-10 rauschen und Seite an Seite durchs Tal sausen. Unter meiner Lederkutte trug ich nichts – nur nackte Haut. Die Kutte war offen und flatterte im Wind, meine Pistolen ragten aus dem Hüfthalfter. Es war verdammt kalt, aber das war mir egal. Alle sollten sehen, dass ich ein stolzer Solo war. Pops trug ein langärmliges orangefarbenes T-Shirt unter seiner Kutte. Wir beide hatten orangefarbene Tücher um den Kopf gebunden. Ich fuhr links, er rechts. Langsam wurde ich besser auf dem Motorrad. Wir fuhren etwa 140 km/h. Autos wichen uns aus. Die Landschaft erstreckte sich vor uns, und die Autobahn schien nur für uns da zu sein. Ich fühlte mich frei.

Am Rande der City von Tucson trennten wir uns. Ein Winken genügte – wir würden uns bald genug wiedersehen.

Ich hielt an einer Blumenfarm, die einem alten Freund gehörte. Er verkaufte seine Produkte auf Vertrauensbasis und stellte Schnittblumen in Vasen vor sein Haus. Man bezahlte, indem man Geld in eine kleine Holzkiste warf. Ich nahm drei Sträuße und steckte einen 100er in die Box. Die Blumen band ich mit schwarzen und orangefarbenen Bungee-Seilen am Rücksitz fest. Nachbarn schauten mich schräg an und wollten offenbar nicht von dem Rocker mit den Blumen gesehen werden.

Ich bog in meine Straße ein, die sich durch die Wüste schlängelte. Ein Wegekuckuck huschte über das Pflaster, den Schwanz steil nach oben gestreckt. Eine lange schwarze Schlange glitt in eine Kakteengruppe wie ein lebendiges *S*. Mein Motorrad war laut; die Leute konnten hören, dass ich kam. Gwen stand an der Haustür, als ich vorfuhr.

Ich drosselte den Motor. »Was gibt's, Schatz?«

Sie blickte mich finster an. Richtig finster, finsterer, als die Typen, mit denen ich rumhing, es je gekonnt hätten. Das gefiel mir nicht. Ich band die Blumen los.

»Ich hab dir und den Omas ein paar Blumen mitgebracht.«

Sie beachtete sie nicht. »Ich geh aus. Jack spielt in seinem Zimmer Videospiele. Dale ist bei Mel.«

»Wer ist Mel?«

»Eine neue Bekanntschaft. Die Telefonnummer hängt am Kühlschrank.« Sie ging zu ihrem Auto und wiederholte. »Ich geh aus.«

»Ist Mel ein Junge?«

»Nein, Jay.«

Ich hatte den Arm ausgestreckt, um ihr die Blumen zu geben. Als sie zum Wagen ging, ließ ich den Arm sinken. »Wohin gehst du?«

»Nur weg. Aber ich komm zurück. Keine Sorge.«

Sie stieg ein und fuhr los.

Ich ging ins Haus, zog meine Kutte aus und hängte sie an den Kleiderständer. Neben den Kleidern meiner Familie schien sie fehl am Platz zu sein. Im Flurspiegel warf ich einen Blick auf mein Spiegelbild: nackter Oberkörper, tätowiert, pralle Muskeln, Arme und Gesicht schmutzig von der Straße. *Ich* war hier fehl am Platz.

Dann ging ich durchs Haus. Es war ein Schweinestall. Haufenweise Schmutzwäsche auf dem Schlafzimmerboden und haufenweise saubere, nicht zusammengelegte Kleider auf den Betten. Ungewaschenes Geschirr in der Küche. Kleine Wasserpfützen auf den Waschbeckenrändern. Gwen wusste, dass ich ein Ordnungs- und Sauberkeitsfanatiker war. Das Chaos war vermutlich keine Absicht – sie verkraftete es einfach nicht, die ganze Arbeit allein zu machen, während ich abwesend war –, aber ich konnte nicht umhin, mich zu fragen, ob der Zustand des Hauses mir sagen sollte, dass sie keinen Wert darauf legte, dass ich mich wohl fühlte, wenn ich nach Hause kam.

Nachdem ich geduscht hatte, zog ich eine Badehose an und ging zu Jack ins Zimmer. Auch auf seinem Bett lagen Kleider, aber sie waren zusammengelegt. Man konnte sehen, dass er sie selbst zusammengelegt hatte. Sein Fernseher lief. Der Bildschirm zeigte das erstarrte Bild eines Videospiels: Madden NFL 2001. Jack saß an seinem Schreibtisch und schrieb.

Ich sagte: »Hallo, Kleiner.«

Er drehte sich um. Er sah überrascht und frustriert aus. Offenbar hatte er mich nicht kommen hören. Als er mich erkannte, entspannte sich sein Gesicht. Er war ein guter Junge. Zu gut für mich.

Ich fragte, was er da mache.

»Na ja, jetzt gerade Hausaufgaben. Ich habe Madden gespielt und versucht, all die Angriffszüge zu lernen, damit ich nicht so viel daran denken muss, weißt du.« Ich wusste, dass er sich nie lange mit einem Videospiel beschäftigen konnte, aber es freute mich zu hören, dass er versuchte, sich die Spielzüge einzuprägen. Ich hatte früher gemeinsam mit ihm gespielt und war ganz verblüfft gewesen über die Zahl der möglichen Spielzüge, die oft gar nicht so leicht auszuführen oder abzuwehren waren. Zu meiner Schande muss ich gestehen, dass ich dieses Footballspiel für ein sehr gutes Erziehungsmittel hielt.

»Hast du Hunger?«, fragte ich.

»Ja.«

»Magst du im Esszimmer an deinen Hausaufgaben weiterarbeiten? Dann mach ich uns was zu essen.«

In der Küche holte ich eine Dose Thunfisch aus dem Schrank, öffnete sie, ließ den Saft ablaufen, gab den Fisch in eine Schüssel und vermischte ihn mit Pfeffer und Majo. Dann schnitt ich eine kleine Zwiebel und eine saure Gurke, gab beides dazu und streute Dill darauf. Anschließend zerdrückte ich das Ganze mit einer Gabel und steckte vier Scheiben Brot in den Toaster. Als ich zu Jack hinüberschaute, hatte er die Schultern bis zu den Ohren hochgezogen und die Zunge rausgestreckt. Er strengte sich wirklich an und versuchte, sein Bestes zu geben. Ich war stolz auf ihn.

Danach legte ich das geröstete Brot auf einen großen Teller, verteilte den Thunfischsalat auf zwei Scheiben und bedeckte sie mit ein paar Salatblättern. Die anderen zwei Brotscheiben bestrich ich mit Senf und bedeckte damit die belegten Brote. Zum Schluss schnitt ich die Sandwiches diagonal durch.

Erneut beobachtete ich Jack. Er radierte einige Buchstaben aus. Nein, er radierte ganz viele aus. Ich sah sein Gesicht von der Seite. Die Konzentration hatte wieder in Frustration umgeschlagen. Dann trug ich den Teller hinüber zum Tisch.

Jack hatte so stark radiert, dass Löcher im Papier entstanden waren. Ich fragte ihn, ob er Probleme mit einer Aufgabe habe.

»Nein«, sagte er, »die Antwort ist richtig.«

»Was ist dann los, Kleiner?« Ich setzte mich neben ihn, stellte den Teller auf den Tisch, nahm ein Sandwich und biss hinein.

»Es ist meine Handschrift. Sie ist ganz und gar nicht perfekt. Ich kriege das einfach nicht hin. Ich hasse es.«

Er legte den Bleistift weg und ließ den Kopf hängen. Der Thunfisch schmeckte gut, aber ich fühlte mich schlecht. Ich wusste sofort, dass ich im Kopf meines Sohnes Unheil angerichtet hatte.

»Ich finde, deine Schrift sieht gut aus. Ich kann sie lesen«, sagte ich.

»Darum geht es nicht, Papa. Sie ist *nicht perfekt*, verstehst du? Ich kann es besser.«

»Kleiner, du bist doch erst neun Jahre alt. Das kriegst du schon noch hin.«

»Aber sie ist nicht perfekt.« Ich wusste, was er meinte. Er drückte mit eigenen Worten aus, was ich zu ihm und Dale wer weiß wie oft gesagt hatte, und zwar in jedem denkbaren Zusammenhang: Sport, Schule, häusliche Pflichten. Ich hatte ihnen eingetrichtert: »Gebt immer euer Bestes, egal, was ihr tut. Das ist der Schlüssel zum Erfolg und zur Zufriedenheit im Leben. Wenn ihr nicht alles gebt, was ihr könnt, dann ist es nicht genug. Nur so werdet ihr zu Siegern.« Ich fühlte mich wie ein Wurm. Ich hätte Jack klarmachen sollen, dass seine Bemühungen zählten und nicht das Ergebnis. Aber ich war nicht da gewesen. Nun, ich war zwar insofern da, als Jack versuchte, mich glücklich zu machen, indem er seine Buchstaben tadellos schrieb – aber ich war nicht physisch anwesend, um ihm zu sagen, dass er mich immer glücklich machte, egal, was war. Er hatte die Anstrengung mit dem Resultat verwechselt, so, wie ich es immer tat.

Ein Wurm. Ein zweigeteilter Wurm. Ich wand mich, ließ es mir aber nicht anmerken.

Ich sagte: »He, Kleiner, ich weiß, dass ich etwas anderes gesagt habe, aber wichtig ist nur eines: Du musst dein Bestes versuchen. Du hast getan, was du kannst, und es gibt keinen Grund, mit dem Ergebnis unzufrieden zu sein. Verstehst du? Nur das ist wichtig. Streng dich an. Das wird immer belohnt.«

Er sagte »Okay«, aber ich glaubte ihm nicht. Warum auch? Ich glaubte mir selbst ja kaum. Resultate waren alles, was mich interessierte, alles, was mir seit Jahren wichtig war. Ich reichte ihm ein Sandwich. Wir aßen und unterhielten uns über die Little League und die Arizona Cardinals. Ich versprach, ihn zu einem Spiel mitzunehmen. »Echt?«, fragte er.

»Echt«, antwortete ich.

Später kam Gwen zurück. Sie hatte im Old Navy Klamotten eingekauft und mit ein paar Freundinnen gegessen, die sie eine Weile nicht gesehen hatte. Jack war schon im Bett, und Dale, die bei Mel gegessen hatte, saß in ihrem Zimmer und las.

Gwen war nicht glücklich. Wir gingen in unser Zimmer und stritten uns. Sie wollte nicht, dass ich in meiner Bikerkluft zu Hause aufkreuzte. Es sei schwer genug für die Kinder, dass ich nie da sei, und verwirre sie nur noch mehr, wenn ich in meinem eigenen Haus wie ein verdammter Rocker herumliefe. Ich sagte, Jack habe mich nicht in meiner Bikerkluft gesehen, und sie erwiderte, das hätte durchaus passieren können. Sie hatte recht. Also versprach ich, mein Undercover-Outfit nie mehr zu Hause zu tragen. Darauf entgegnete sie, darum gehe es nicht; sie selbst fühle sich völlig ausgebrannt. Nun fragte ich, ob sie glaube, dass ich mich nicht ausgebrannt fühle, und ob sie überhaupt wisse, womit ich mich jeden Tag herumschlagen müsse. Sie stellte mir die gleiche Frage. Wir wussten beide nicht genau, was der andere alles am Hals hatte, und fühlten uns gleichermaßen ungerecht behandelt, doch weder sie noch ich wollte dem jeweils anderen zugestehen, dass er schlimmer dran war. Ich fragte sie, warum sie so rasch habe gehen müssen – hätten wir nicht ein wenig Zeit miteinander und mit den Kindern verbringen können? Sie schrie meinen vollen Namen: »Jay Anthony Dobyns!« Ich sagte: »He, ich bin kein Kripobeamter.«

Sie sagte: »Nein, du bist ein Undercover-Agent.« Dann wechselte sie das Thema und sagte: »Ich weiß, dass du mit einer Frau an dem Fall arbeitest. Ich weiß es einfach.«

Das schockierte mich. Ich hatte ihr nichts von JJ erzählt, die nicht einmal ganztags arbeitete. Weibliche Intuition, nehme ich an. Sie wollte wissen, ob es meiner Meinung nach fair sei, dass sie die ganze Zeit zu Hause bei der Familie verbringen müsse, während ich tat, was ich wolle und mit wem ich wolle. Diese Andeutungen gefielen mir nicht. Ich hatte mit keiner anderen Frau geschlafen und hatte es auch nicht vor. Ich machte sie darauf aufmerksam, dass ich in meinem Beruf mit Ganoven herumhängen müsse und keine Cocktails auf Hawaii schlürfen könne. Sie sagte, wann auch immer ich nach Hause käme, müsse ich damit rechnen, dass sie eine Weile verschwinde – sie brauche auch mal eine Pause. Damit war ich einverstanden. Dann fügte sie hinzu, es sei vielleicht mein Job, dies und das dann und dann mit diesen und jenen Leuten zu tun, aber es sei ihr Job, sich um unsere Familie zu kümmern. Dabei betonte sie das Wort *unsere*, als hätte ich diese Tatsache vergessen. Vielleicht hatte ich das wirklich. Auf jeden Fall hatte ich damals begonnen, sie zu vergessen. Wieder fühlte ich mich wie ein Wurm. Aber ich war auch wütend darüber, dass Gwen mir das Gefühl gab, ein Wurm zu sein. Ich machte doch nur meinen Job, und ich war gut in dem Job und würde ihn sicher nicht aufgeben.

Um mich abzukühlen, ging ich hinaus zum Pool und lauschte der Wüste. Man hörte Grillen und Kojoten. Kein Mond. Die Sterne waren hell. Jack hatte das Licht ausgeschaltet, bei Dale und Gwen brannte es noch. Ich zündete mir eine Zigarette an und rauchte. Dann zündete ich eine weitere an und rauchte.

Am 2. November verließ ich das Haus in einem ärmellosen Hemd. Jack hatte mir wieder zwei Steine geschenkt, als ich mich für die Abreise fertig machte. Beide waren grau; einer sah aus wie eine Faust, der andere wie ein Fisch. Ich steckte sie in meine Tasche. Wie Gwen verlangt hatte, trug ich meine Kutte nicht. Erst als ich mich in sicherer Entfernung von meinem Haus befand, fuhr ich an den Straßenrand, schnallte die Kutte vom Rücksitz los und zog sie an. Dann band ich mir das Kopftuch um und steckte die Pistolen ins Halfter.

Jetzt war ich wieder Bird.

Ich traf mich mit Pops, und wir fuhren zu Doug Dam, um weitere Waffen zu kaufen.

Wir hingen mit Doug, seiner Freundin und einem Anwärter namens Hank Watkins herum. Hank war ein Tucson Red Devil gewesen, dem man angeboten hatte, den Club zu wechseln. Er war Ende 40 und sah mehr wie ein Mann vom alten Schlag aus als wie ein Senkrechtstarter. Er hatte schon ein paar Geschäfte mit Rudy gemacht, aber seit er Anwärter bei den Angels war, musste er sich zurückhalten, denn Anwärter dürfen ohne ausdrückliche Erlaubnis ihrer Chefs keine illegalen Geschäfte abwickeln. Doug war Hanks Bürge, und da die beiden zusammen auftraten, hielt nichts sie davon ab, uns ein paar Knarren zu verkaufen.

Sie hatten zwei erstklassige Stücke: eine halbautomatische

Intratec Luger AB-10 9-mm-Pistole und eine halbautomatische 9-mm-Pistole aus brüniertem Stahl von Heckler & Koch. Sie verlangten 1600 Dollar für beide. Das war mehr, als sie meiner Meinung nach wert waren, aber ich akzeptierte den Preis. Die H&K war eine sehr schöne Pistole. Ich fuhr zur Bank, hob Geld ab und zahlte.

Pops und ich machten uns auf den Weg. Wieder fuhren wir flott durchs Tal, mit etwa 150 km/h. Türme aus rotem Fels wachten über uns. Bei Picacho dehnte sich eine Straußenfarm nach Westen aus. Das Motorrad fühlte sich gut an zwischen meinen Beinen. Es brummte über die Autobahn. Beim Motorradhändler in Kingman hatte ich mir einen Apehanger-Lenker besorgt, und es war wirklich angenehm, damit zu fahren.

Während der Fahrt dachte ich über den Fall nach, über Bird, über meine Rolle, und überlegte, was der Tag noch so bringen mochte.

Abgesehen von Jacks Steinen dachte ich überhaupt nicht an zu Hause. Um ehrlich zu sein, dachte ich damals ohnehin nur selten an meine Familie. Ich wusste, dass sie da war, zu Hause, und das genügte mir. Natürlich war mir ebenso klar, dass ich nicht dort war, aber ich fand, ich hatte gute Gründe dafür. Trotzdem fiel mir unweigerlich Jacks Handschrift ein, die ihm so viel Kummer bereitete – und mir auch. Auch ich musste mich mehr anstrengen bei den Ermittlungen – nicht für die ATF, nicht für Slats, nicht für Gwen, sondern für mich selbst. Ich musste noch härter arbeiten und mich öfter bei den Angels zeigen. Und ich hatte Jack angelogen, als ich gesagt hatte, es seien nur seine Bemühungen, die zählten.

Doch allzu lange dachte ich nicht darüber nach.

Wir fuhren ins Hauptquartier und legten die Waffen von Hank und Doug in den Tresor, in dem die Beweismittel aufbewahrt wurden, dann füllte ich ein Formular aus. Pops trank eine Cola und fummelte am Benzinansaugventil seiner Maschine herum, das Probleme machte, und Slats teilte mir mit, das Undercover-Haus in Phoenix sei nun bereit, ich könne dort übernachten. Es befand sich drüben in Vattoland, South Central Phoenix. Dort gab es auch gute Tacobuden.

Schließlich kreuzte Timmy mit seiner Partnerin auf, beide wie Biker gekleidet. Er hatte mir ein paar Kampfsporttechniken beigebracht, und wir übten ein wenig. Das war ein wichtiger Teil seiner Rolle: Er war Lehrer für Kampfsportarten und gab Privatunterricht. Es machte ihm Spaß, mich herumzuwirbeln, zu Boden zu werfen und zu würgen. Als es Zeit war aufzubrechen, banden wir uns alle schwarze Kopftücher um den Bizeps.

Wir fuhren zu einer Beerdigung.

Ich kannte den Typen nicht, aber Rudy kannte ihn. Sie hatten früher gemeinsam in einem kleinen Club namens Loners herumgegangen. Bis vor kurzem war der Mann ein Spartan Rider gewesen, dann wurde er von einem Schwerlaster angefahren, als er ein Rotlicht missachtete. Allerlei garstige Dinge hingen im Kühlergrill. Rudy hatte uns um Unterstützung gebeten und gesagt, wir müssten als Club auftreten, um einem gefallenen Bruder die Ehre zu erweisen. Wir stimmten zu, aber aus anderen Gründen. Wir wollten Rudy aus der Reserve locken.

Die Beerdigung fand in der Church of the Sun in Cave Creek statt. Loners, Spartans, Lost Dutchmen, Bonded Slaves und Limeys nahmen daran teil. Drei Hells Angels mit Abzeichen aus Phoenix waren ebenfalls vertreten. Wir hatten sie noch nie gesehen.

Die Zeremonie war kurz und schlicht. Diesen Männern fiel es leicht, über den Tod zu reden. Es gab die üblichen Phrasen über ein anständiges Leben eines treuen Bruders, eines Mannes, der vielleicht kein guter Sohn, aber ein aufrechter Outlaw gewesen war. Grabreden waren nicht ihre Stärke. Sie klagten und nickten und ließen die Köpfe hängen. Sie beteten – zu welchem Gott auch immer. Sie salutierten. Alle trugen ihre Lederkutten. Sie waren gute Amerikaner, gute Freunde, und sie glaubten an die Existenz der Seele. Sie glaubten an die Erlösung von einer Welt der Vorurteile, der Schikanen und der Gefängnisse. Sie beteten dafür, dass ihr Bruder im Jenseits ein Motorrad bekam.

Wir fuhren alle in einer einzigen Kolonne fort. Unsere Maschinen dröhnten und schickten seinen Geist mit einer letzten Fanfare, mit einer Proklamation an den Ort, der ihm bestimmt war.

Vielleicht war das pathetisch, vielleicht tiefsinnig oder auch sinnlos. Ich beobachtete alles ohne große Anteilnahme. Ich hatte andere Dinge im Kopf.

Rudy sah schrecklich aus. Er hatte seine Reise zurück nach Methopotamien, an die Quelle des Crystals, vollendet. Ich hatte Bad Bob gesagt, seine Nase stecke tief in dem Stoff. Aber seine Augen verrieten, dass er mit dem ganzen Kopf und dem ganzen Körper drinsteckte.

Schließlich fuhren wir zum Clubhaus der Spartan Riders an der East Van Buren in Central Phoenix, wo sich das Gleiche abspielte wie zuvor, aber nun mit Bier und Gras.

Wir Solos verabschiedeten uns gegen 19 Uhr und fuhren die Van Buren entlang über die Seventh Street in Richtung der I-10 und des Bank One Ballpark, wo die Diamondbacks spielen. Wir hielten die Standardformation ein: Rudy und ich vorne, Timmy und Pops unmittelbar hinter uns.

Zwei Polizeiautos bogen dicht nebeneinander vor uns in die Seventh Street ein. Rudy drosselte das Tempo, dann hielt er an. Ich folgte seinem Beispiel. Ein Hubschrauber kam von Westen her geflogen. Er sank schnell. Grelles Scheinwerferlicht erhellte die Szene. Die Türen der Polizeiautos öffneten sich. Rudy wollte, dass wir uns im Dreieck aufstellten. Ich sagte: »Rudy, ich will heute noch nicht sterben. Diese Burschen machen keinen Spaß.« Ich schaute über die Schulter. Drei weitere Polizeiautos blockierten die Straße hinter uns. Wir waren mitten im Straßenblock gefangen.

Die Polizisten handelten schnell. Ich kannte ihren Auftrag: Schnappt euch die Solo-Angeles-Nomaden, und vollstreckt den Haftbefehl gegen einen gewissen Rudy Kramer, einen Kriminellen, der eine Schusswaffe besitzt.

Aus einer Seitenstraße liefen zwei Mitglieder eines Sondereinsatzkommandos auf uns zu, alle in Schwarz, mit geschwärzten Visieren und Waffen, deren Mündungen nach unten zeigten: die Darth Vaders der Justiz. Die Uniformierten stiegen aus und näherten sich rasch. Wir wurden aufgefordert, von den Maschinen zu steigen, also stiegen wir ab. Waffen wurden gezückt – aber nicht unsere. An diesem Abend war tatsächlich keiner von uns bewaffnet.

Der Einsatzleiter, Leutnant Heston Silbert, war eingeweiht, aber die Beamten, die er befehligte, wussten nichts über uns. Sie waren sehr professionell, chirurgisch präzise und schnell. Und sie konzentrierten sich auf Rudy.

Wir mussten uns mit dem Gesicht nach unten, den Händen im Nacken und gekreuzten Knöcheln in einer Reihe auf den Boden legen. Rudy lag neben mir. Ich beobachtete ihn, aber er schaute mich nicht an. Er sah ruhig aus – er erlebte das hier nicht zum ersten Mal. Als sie ihn wieder hochhoben, sagte ich: »Ich liebe dich.« Er sah mich an und sagte: »Ich weiß.« Ich musste ein Lachen unterdrücken. Er hatte es ernst genommen. Der alte Junkie verstand keine Ironie. Ich senkte den Blick wieder. Er tat mir nicht leid. Es war meine Aufgabe, Leute wie Rudy festzunehmen, selbst wenn ich vorher von ihnen profitiert hatte. Trotzdem hätte ich ihm gedankt, wenn ich gekonnt hätte.

Sie legten ihm Handschellen an und brachten ihn weg. Er spuckte auf den Boden, nicht aus Wut, sondern weil er spucken musste. Er nahm es leicht. Ein echter Ganove. Die Beamten fanden eine geladene Pistole und einen Beutel mit 100 Gramm Meth in seinen Satteltaschen. Beides steckten sie in separate Asservatentüten. Dann schoben sie Rudy in eines der Autos. Ein Lieferwagen fuhr vor, zwei Polizisten luden Rudys Motorrad auf, und der Wagen entfernte sich. Dann zogen die SEK-Leute wieder ab, die Autotüren wurden geschlossen, die Polizeiautos stießen zurück und fuhren weg. Der Hubschrauber flog nach Norden, auf das Autobahnkreuz zu. Wir standen auf.

Dieser Einsatz war so überzeugend, dass Rudy Kramers Verteidiger Jahre später darauf beharrten, dass es sich um eine routinemäßige, wenn auch ausgeklügelte Verkehrskontrolle gehandelt habe, bei der man uns unseren Präsidenten weggeschnappt hatte. Sie konnten nicht glauben, dass die Aktion zu Slats' Plan gehörte und dazu diente, das schwache Glied in unserer Kette zu entfernen.

Rudy war von Black Biscuit abgezogen worden.

Ich sah ihn nie wieder.

20 Hallo, JJ

November 2002

NOCH AM SELBEN Abend rief ich Teacher an, den Präsidenten der amerikanischen Solo Angeles in Los Angeles, und informierte ihn über Rudys Verhaftung. Ich sagte, in dem Moment, als man Rudy die Handschellen angelegt habe, sei ich Präsident der Solos in Arizona geworden. Er hatte nichts dagegen, solange wir pünktlich die Gebühren zahlten und so weiter, worauf ich entgegnete, da brauche er sich keine Sorgen zu machen. Dann rief ich Bad Bob und Smitty an und erklärte ihnen, ich sei der Interimspräsident, bis Rudys Situation geklärt sei. Ich musste den Eindruck erwecken, Rudys Schicksal sei ungewiss, und als sein angeblicher Bruder musste ich so tun, als hoffte ich auf einen Freispruch.

Ich wusste, dass es nicht dazu kommen würde und mein neuer Posten daher nicht zeitlich begrenzt war.

Der nächste Punkt auf der Tagesordnung war unsere neue Partnerin. Pops und ich holten sie am 5. November am Flughafen Phoenix ab. Wir fuhren den Merc und trafen sie an der Gepäckausgabe. Sie trug schwarze Jeans, ein weißes T-Shirt und ein kalifornisches Lächeln. Ihr blondes Haar hatte sie mit einem großen schwarzen Gummiband zu einem Pferdeschwanz frisiert; die Fransen fielen bis auf die Augenbrauen. Eine hübsche, gesunde junge Amerikanerin, die gleichermaßen unschuldig, enthusiastisch und selbstsicher war. Das war keine Verkleidung – JJ war eine gute Polizistin, und genau das brauchte ich. Wir hielten es für weniger überzeugend, wenn sie zu sehr wie ein Bikerflittchen aussah. Eine

Grundregel der verdeckten Ermittlung lautet: Lüge so wenig wie möglich, und sei du selbst. Ich konnte sehen, dass JJ echt war, und die Angels würden es bestimmt auch sehen.

Während Pops auf ihren Koffer wartete, plauderten wir. Ich sagte: »Du bist ein erfrischender Anblick für müde Augen.«

Sie lächelte und sagte: »Du siehst zum Kotzen aus.«

Ich trug meine üblichen Klamotten, abgesehen von meiner Solokutte und meinen Pistolen. Obwohl wir im Flughafengebäude waren, hatte ich immer noch meine Sonnenbrille auf der Nase. Auf dem Kopf trug ich eine gestrickte schwarze Skimütze mit dem aufgestickten Wort SERIENMÖRDER quer über der Stirn. »Großartig«, sagte ich. »Du passt gut zu uns.«

»Das hoffe ich.«

Nach Rudys Verhaftung hatten wir sie telefonisch über den Fall informiert und ihr eine allgemeine Einführung gegeben: über unsere Einsatzgebiete, die Namen der wichtigsten Verdächtigen und unsere Waffengeschäfte. Während eines Gesprächs merkte Slats an, wir müssten uns mehr mit Drogen befassen. Ich räumte ein, dass wir zwar schon eine ganze Menge Beweise für Waffenhandel und organisiertes Verbrechen gesammelt, aber meist nur kleine Drogenkäufe abgewickelt hatten: Crystal Meth, ein wenig Marihuana, ein paar Dutzend Tabletten. Slats hoffte, JJ könne uns helfen, mehr Drogen sicherzustellen.

»Kein Problem«, sagte sie.

Dann besprachen wir ihre Undercover-Biographie. Sie stimmte mit dem überein, was Smitty und Lydia über JJ wussten: Wir waren vor ein paar Jahren zusammen gewesen und hatten uns im La Jolla wieder getroffen. Sie war ein paarmal für mich nach Mexiko gefahren und hatte ihre Aufträge ordentlich erledigt. Deshalb waren wir jetzt wieder ein Team. Wir wussten nicht, ob wir unsere ganze Zeit miteinander verbringen würden, aber wir standen einander so nahe, dass sie jetzt manche Wochenenden in der Wüste verbrachte und sich während der Woche, wieder zurück im Westen, um meine Geschäfte und die meiner südkalifornischen Partner kümmerte. Um die Geschichte glaubhafter zu machen und damit JJ nicht wie aus dem Nichts aufzutauchen schien, beschlossen wir, etwas länger in Bullhead zu bleiben, wo die Leute, die sie bereits kannten, sie noch besser kennenlernen konnten. So würden sie später für sie bürgen, wenn sie plötzlich an anderen Orten Arizonas erschien.

Sobald sie eingeführt war, sollte sie mehr Verantwortung übernehmen. Sie wollte eher Birds Geschäftspartnerin sein als seine Braut. Wir waren einverstanden. Ich wusste, dass es sie bald gelangweilt hätte, jeden Abend nur herumzustehen und so zu tun, als warte sie darauf, dass ich sie mit nach Hause nähme. Dadurch hätte sie für uns an Wert verloren. Also beschlossen wir, sie wie einen der Jungs zu behandeln und sie ebenfalls eine Waffe tragen zu lassen – in der Hoffnung, dass sie sich auf diese Weise bei den Angels so viel Respekt verschaffen würde wie bei uns.

Aber ich warnte sie auch: Manchmal würde sie als Bikerbraut auftreten müssen. Es war immer noch eine Männerwelt, und sie durfte nicht den Eindruck erwecken, in alles eingeweiht zu sein. Sie kapierte – es würde nicht echt wirken, wenn sie immer eine Art Superfrau wäre. Ich versprach ihr, sie im Gegensatz zu einer echten Braut nicht zu verprügeln, wenn sie einmal vergessen sollte, Tacos zum Abendessen mitzubringen. Sie lachte und sagte: »Hoffentlich. Denk dran, ich habe auch eine Knarre!«

Wir verließen den Flughafen und fuhren zu unserem neuen Undercover-Haus in der Romley Road.

Timmy hing dort mit Casino Cal und einem Mesa-Angel namens Mark Krupa herum, einem monströsen Typen, der 1,83 Meter groß war und fast 120 Kilo wog.

Ich zeigte JJ ihr Zimmer und ging ins Bad. Als ich wieder herauskam, hatte sie ein ärmelloses schwarzes Hemd angezogen und trug ihr Haar nun offen. Ich schüttelte den Kopf, und sie sagte: »Okay, ich bin bereit.«

»Sie gehen voraus, Madam.«

Sie ging im Flur an mir vorbei aufs Wohnzimmer zu.

Ich war begeistert.

Im Wohnzimmer fragte sie, ob jemand einen Drink haben wolle. Alle wollten Bier. Da wandte sie sich an Timmy und fragte: »Wir haben doch Bier, oder?«

Timmy, der JJ noch nie gesehen hatte, antwortete: »Klar, im Kühlschrank.«

Sie stand auf, schwebte in die Küche und brachte vier kalte Dosen Bud Light mit. Eine gab sie Timmy, zwei klemmte sie sich unter die Arme. Sie öffnete eine und reichte sie Cal, öffnete die nächste und gab sie Mark, öffnete die letzte und reichte sie mir. Danach ging sie in die Küche zurück, kam mit zwei weiteren Dosen wieder, beide offen, und gab eine Pops. Sie nahm einen langen Zug aus ihrer Dose und sagte mit kühler Stimme: »So, Jungs, ihr könnt machen, was ihr wollt. Ich geh auspacken.«

Dann verschwand sie.

Eine Weile sagte niemand etwas. Alle tranken. Schließlich sah Cal mich an – die Augenbrauen nach oben und die Mundwinkel nach unten gezogen – und nickte.

Was für einen Unterschied eine Frau doch macht.

Am nächsten Tag gingen wir ins Hauptquartier und luden die Motorräder in den Anhänger. Timmy und ich kletterten auf den Rücksitz des Autos. Ich zündete eine Zigarette an und sagte Pops, er solle fahren. Pops sagte JJ, sie solle fahren. JJ schaute den Wagen an und sagte: »Ich bin noch nie mit einem Anhänger gefahren.«

Ich sagte: »Tja, man lernt durch die Praxis.« JJ wollte sich drücken, aber ich erklärte ihr: »Bisher stand Pops ganz unten auf der Leiter. Aber seit du hier bist, ist er eine Sprosse nach oben gestiegen.« Wer neu war, wurde eben schikaniert.

Sie fuhr. Pops riet ihr dringend, nie so zu fahren, dass sie zurücksetzen musste, aber genau das tat sie auf einem Denny's-Parkplatz bei Prescott. Wir lachten alle, während sie sich darin übte, mit einem Anhänger rückwärts zu fahren. Wie immer lernte sie schnell.

Nachdem wir unser Haus am Verano Circle erreicht hatten, rief ich ein paar Leute in Bullhead an und sagte ihnen, dass wir vor Ort seien und mit ihnen rumhängen wollten. Ich fügte hinzu, dass JJ bei uns sei. Wir verabredeten uns gegen neun im Inferno.

Party, Party im Bullhead-Stil. Smitty freute sich, uns zu sehen. Lydia freute sich, JJ zu sehen. Wir stellten JJ Dennis und Dolly vor, bestellten ein paar Runden und tranken auf die bevorstehende Hochzeit von Dennis und Dolly. Smitty wollte mir Informationen über den Prozess in Vegas entlocken. Ich sagte, ich hätte nichts Bestimmtes gehört, außer dass die Staatsanwaltschaft auf jeden Fall Anklage nach dem RICO-Gesetz erheben werde. Ich versicherte ihm, ich hätte meine Quelle gebeten, mehr über einen Hells Angel namens Donald Smith herauszufinden. Er nickte feierlich, froh, dass ich ihn nicht vergessen hatte.

JJ unterhielt sich unauffällig mit Lydia und Dolly und lud sie und die Jungs sogar für den nächsten Abend zum Essen ein.

Es gab Steak mit Bier, Crown Royal mit Cola und Kartoffeln mit ein paar Pfund Speck, die Hälfte davon schwarz und knusprig gebraten.

Anwesend waren Smitty, Lydia, Dennis, Dolly und Joby sowie alle Solos und JJ.

Es war ein fröhlicher Abend, und ich fühlte mich wie ein waschechter Biker. Ich quatschte und scherzte mit den Angels, die ich am längsten kannte. Timmy und ich maßen uns beim Armdrücken. Er gewann. Joby und Smitty unterhielten sich über Laughlin und gingen dann zu Kriegsgeschichten, Prügeleien, Schießereien und Beinaheunfällen über. Das Haus war angezapft, und wir zeichneten alles auf, aber es war so viel Bikerlatein dabei, dass es vor Gericht völlig wertlos wäre.

Die lokale Bikerpolitik war ein wichtiges Thema, zum Beispiel eine Gruppe namens Vagos, ein kleiner, aber starker Club, der mit den Angels mal befreundet, mal verfeindet war. Man nannte die Leute »die Grünen«, weil ihr vorderes Abzeichen und ihr Schriftzug giftgrün waren. In der Mitte dieses Logos fuhr ein Teufel auf einem einzelnen geflügelten Rad. Er sah aus wie ein Geist, der aus einer Lampe steigt.

Ein paar Grüne hingen seit kurzem ohne Erlaubnis der Angels in Bullhead herum. Ihr Chef hieß Nick Prano, war Mitte 40 und hatte etwa 20 Jahre im Knast verbracht. Timmy und ich hatten uns bereits im August mit ihm angefreundet. Damals hatte er damit geprahlt, er habe eben neun Jahre abgesessen, weil er einem Cop in den Kopf geschossen habe. Er war einer dieser Typen, die stolz darauf waren, kriminell zu sein, ein Mann, für den eine Gefängnisstrafe keine verlorene Zeit war, sondern ein Erfolgsnachweis. »Alles, was ich will«, pflegte er zu sagen, »ist arbeiten, trinken, kämpfen, Weibern nachjagen und ein Arschloch sein.«

Ein typischer Bikertraum.

Man hatte ihn auf Bewährung entlassen, unter der Auflage, dass er nicht mehr in Kalifornien wohnen würde, wo die Vagos am stärksten vertreten waren. Also ging er nach Arizona. Dort gab es Streit zwischen ihm und Smitty, weil Prano auf seiner Kutte einen *bottom rocker* mit der Aufschrift »Arizona« tragen wollte. Das jedoch wollte Smitty nicht erlauben. Timmy und ich waren dabei, als er Prano beiseitenahm und ihm sagte, was Sache war. Es war Ende

August, und Timmy, Prano und ich hingen in einer Gangsterkneipe namens Lazy Harry's am Flussufer herum. Smitty und Dennis kamen rein und gingen zu Timmy, der an der Tür stand und telefonierte. Smitty schaute zu mir rüber und fragte Timmy, ob ich mit »diesem Grünen, Prano« herumhinge, was Timmy bejahte. Smitty schnaubte. Er und Dennis kamen zu uns. Keiner von ihnen sagte etwas zu mir. Smitty legte einen Arm um Prano und ging mit ihm ein paar Schritte zur Seite. Sie unterhielten sich etwa fünf Minuten an der Jukebox. Dann kamen sie zurück, und wir verbrachten alle ein paar Stunden zusammen wie alte Kumpels.

Damals wurde Prano darüber informiert, dass man ihm niemals einen Arizona-Aufnäher erlauben werde und dass die Hells Angels auch keinen Arizona-Charter der Vagos dulden würden. Im Gegenzug aber durfte sich Prano in ganz Arizona in seiner Vago-Kluft frei bewegen. Das hatte er offenbar akzeptiert.

Für uns war das aus mehreren Gründen wichtig. Erstens zeigte es wieder einmal, dass die Hells Angels Arizona im Griff hatten. Das war gut für die Anklage nach dem RICO-Gesetz. Zweitens bewies es, dass wir unsere Aufgabe gut gemacht hatten, denn die Solos hatten die Erlaubnis erhalten, einen Arizona-Charter zu gründen. Allerdings durften auch wir wie die Vagos keine Arizona-Aufnäher tragen.

Die Vagos waren bei unserer Dinnerparty ein Thema, weil die Angels herausgefunden hatten, dass Prano ihnen Informationen vorenthielt. Prano war ein schlauer krimineller Politiker. Er wusste, wann man redet und wann man den Mund hält. Ich weiß nicht, ob er etwas Bestimmtes bezweckte, aber das spielte keine Rolle. Wahrscheinlich wollte er vor allem klarstellen, dass er sich nicht herumschubsen ließ und es ihn nicht kümmerte, wer seine Gegner waren.

Die Information, die er zurückhielt, betraf die Mongols in Kingman. Anscheinend kannte er Namen und Anschriften, und die wollten die Angels unbedingt haben. Vor allem Joby.

»Dreckskerl. Dieser grüne Schweinehund. Wenn er Ärger macht, knall ich ihn persönlich ab. Ist mir egal.« Joby war in seinem Lieferwagen aus Kingman gekommen und hatte ein Jagdgewehr mitgebracht, mit dem er nun auf das Nachbarhaus zielte.

Dennis wimmerte zweideutig.

Joby stopfte sich ein blutiges Stück Fleisch in den Mund, kaute und sagte: »Und ich hab gehört, dass diese Mongols dort ein Geschäft mit Meth aufziehen wollen. Einen verdammten Meth-Ring und so. Wichser. Ich kann es nicht erwarten, sie umzulegen!«

Dennis quiekte: »Erschieß diese Petzer!«

Sie waren betrunken. Joby war wieder einmal in Mordlaune – sein Verstand hatte Urlaub. Irgendwie gefiel mir das. Es gefiel mir, dass wir es auf genau diese Typen abgesehen hatten. Sie waren das eigentliche Ziel.

Ich fühlte mich ebenfalls wie benebelt.

Wir beendeten die Nacht im Inferno. JJ, Dolly und Lydia hielten zusammen wie ein Frauenbund. Als wir aufbrachen, flüsterte mir Lydia ins Ohr: »Ich liebe diese JJ, Bird. Ich liebe sie einfach.«

21 Aufmunternde Worte

November 2002

AM 9. VERLIESS uns JJ für ein paar Wochen, wollte aber am 30. zurückkommen, um an einer Party der Nomaden teilzunehmen.

Nachdem sie sich verabschiedet hatte, diskutierte das Team über ihr erstes Wochenende. Vor allem Slats hielt es für einen Erfolg. Er war erleichtert darüber, dass sein Einsatz für JJ sich gelohnt hatte, und er war froh, dass Rudy von der Bildfläche verschwunden war. Das war ich auch, obschon der Ärger, den Rudy uns bereitet hatte, mehr auf Slats gelastet hatte als auf mir, denn er und nicht ich war für Rudy verantwortlich.

Slats fühlte sich für uns alle verantwortlich.

Ich fragte das Team, wie wir Rudys Verhaftung zu unserem Vorteil nutzen konnten.

Slats, der Schnelldenker, wies darauf hin, dass Smitty uns zwar sympathisch fand, dass aber Bad Bob derjenige war, der sich für die Solo-Nomaden einsetzte. Das fanden wir auch. Meiner Meinung nach wollten Smitty *und* Bad Bob uns zu Anwärtern machen, weil sie uns für die besten Leute hielten, denen sie seit Jahren begegnet waren. Nur ihre Taktik war unterschiedlich. Smitty hatte uns als sein kleines Geheimnis betrachtet, weil wir Jungs aus Bullhead waren. Das hatte nicht geklappt. Wir waren nach Mesa weitergezogen, und dort wollte Bad Bob uns eng an seine Leute binden und seinen Einfluss als Präsident nutzen, um für uns zu bürgen. Dann, so dachte er, würden wir uns für seinen Charter entscheiden, wenn die Zeit für uns reif war, das »Solo« von unserem Angel-Logo zu entfernen und durch »Hells« zu ersetzen. (Es heißt tatsächlich »Hells« und nicht »Hell's«. Die offizielle Erklärung dafür lautet: Es gibt mehr als eine Hölle; dabei kommt es ganz darauf an, wer und wo du bist.)

Obwohl Bad Bob sein Interesse an unserem Übertritt noch nicht offen gezeigt hatte, spürte ich, dass dies sein Ziel war. Ich war mir sicher, dass er und Smitty sich eine stille Schlacht lieferten, um uns für sich zu gewinnen.

Ach, welch ein Glück, geliebt zu werden ...

Da Bad Bob bereits ein Präsident war und ich in Rudys Abwesenheit unseren Club leiten musste, schlug Slats mir vor, Bad Bob um Rat zu fragen. Er wollte, dass ich zu ihm ging und sagte: »He, Bob, du machst diesen Job seit Jahren. Ich wäre dir wirklich dankbar – und es wäre mir eine Ehre –, wenn du mir helfen könntest. Ich muss wissen, wie man einen Club führt. Ich meine, ich habe Glück, euch Jungs zu kennen. Warum sollte ich eure Erfahrung nicht nutzen? Wenn es euch nichts ausmacht.«

Ich hielt das für eine sehr gute Idee. Also rief ich Bad Bob noch am selben Tag an, erklärte ihm die Situation und fragte, ob wir uns treffen könnten. Er schlug vor, am 13. gemeinsam im Five and Diner in Chandler zu frühstücken.

Ich sagte, das sei großartig.

Wir saßen in einer geschlossenen Ecknische. Unser Essen kam schnell – Käseomeletts und Röstkartoffeln für uns beide, Kaffee für mich, Eistee für ihn. Nachdem wir Rudys Schicksal noch einmal durchgekaut hatten, begann Bad Bob zu erklären: »Hör zu, Bird. Ich bin Offizier. Früher war ich Soldat, aber jetzt treffe ich Entscheidungen, und das seit Jahren. Das Gleiche gilt nun für dich. Ich sage dir, das ist eine Ehre. Du kennst mich, du kennst uns. Wir schmeißen den Laden. Wir achten darauf, dass von den anderen Clubs keiner aus der Reihe tanzt und dass wir ganz oben bleiben.

Verdammt, Arizona gehört uns, das weißt du. Ich weiß, dass du das weißt, weil du mir in diesem Moment gegenübersitzt und mich um Rat fragst. Also, hier ist er: Sorg dafür, dass dein Club stark bleibt. Schütze deinen Club, seine Farben und deinen Ruf. Du bist eine Jungfrau auf dem Studentenball, Mann, und dein Ruf ist alles, was du hast.« In diesem Augenblick dachte ich an Dale. Hatte ich nicht genau das Gleiche zu ihr gesagt? Er redete weiter, und ich hörte zu: »Rudy hat's vermasselt. So einfach ist das. Er hat zu viel riskiert. Dass er sitzt, ist scheiße. Du kennst mich, auch ich mach gern mal einen drauf, aber das ist echt scheiße. Kümmere dich um das Wichtigste zuerst. Geh in seine Bude, und säubere sie. Oder willst du, dass diese Schmarotzer, mit denen er in Apache Junction zusammen war, dich dort ausstechen? Sie brauchen vielleicht eine Woche, um herauszufinden, wo er ist. Also kümmere dich darum. Zweitens: Sag deinen Jungs, sie sollen sich keine Sorgen machen. Rudy ist weg, aber das Leben geht weiter. Du bist jetzt Präsident, und du hast meine Unterstützung. Sag ihnen, dass ich das gesagt habe. Die Roten und Weißen sind auf deiner Seite, bis zum Ende.«

Ich versicherte ihm, dass ich seine Hilfe und seinen Rat sehr zu schätzen wisse, und fragte, ob er meinen Jungs ein paar aufmunternde Worte sagen würde. Er antwortete, dass er sich gerne mit uns zusammensetzen werde, wenn wir das nächste Mal alle in Mesa seien – das sei ihm eine Ehre.

»Noch etwas«, fuhr er fort. »Jetzt, wo du Präsident bist, musst du Hoover besser kennenlernen, den Präsidenten in Cave Creek. Ihm gehört die RCB Tavern.«

»Ja, ich erinnere mich an ihn.«

»Gut. Ich rufe ihn an und sage ihm, dass du kommst. Er ist *der* Mann. Er ist wie ich, Alter – wir haben unsere Finger überall drin.«

Ich sagte, das wäre toll. Bad Bob rief Hoover sofort an und bürgte erneut für uns. Ich war beeindruckt.

Nach dem Telefonat mit Hoover sagte Bad Bob: »Bird, mach mit deiner guten Arbeit weiter, dann hast du in Arizona freie Hand. Eins nur: Halt mich auf dem Laufenden. Ich muss wissen, was für Geschäfte ihr macht, damit meine Leute einen klaren Kopf behalten. Ich mag keine unangenehmen Überraschungen, verstanden?« Das hieß: Sei respektvoll, zahl deine Beiträge, tritt niemandem auf die Zehen. Übervorteile niemanden, und lass dich nicht übervorteilen.

Ich fühlte mich großartig.

Bad Bob aß ein paar Happen von seinem Frühstück und trank laut schlürfend seinen Eistee aus. Dann schaute er mich an.

»Ich muss das fragen – Rudy hat gekocht, stimmt's?«
»Ja, bis zu 150 Gramm in einer Nacht. Weiß ich von Pops.«
Bad Bob seufzte. Er rutschte auf seinem Stuhl nach vorne und schob seinen Teller ein wenig zurück. Dann begann er mit einem langatmigen Vortrag über das Thema »Warum wir dieses Geschäft meiden müssen«. Er sagte, die Angels hätten es aufgegeben, weil sie es satt gewesen seien, Geld von Junkies einzutreiben, die gar kein Geld hatten. Ihm sei klar, dass sich das blöd anhöre, weil er selbst Drogen konsumiere. Aber bei ihm sei das anders, ganz sicher. Er sei kein heruntergekommener Junkie, der allein für Crystal Meth lebe. Es sei in Ordnung, wenn wir ab und zu eine Linie zogen; er wisse, dass Pops das gelegentlich tue. Doch wir sollten Rudys Stoff verkaufen und dann unbedingt aufhören.

Das war ein guter Rat. Es freute mich, ihn zu hören, und er erteilte ihn gerne.

Die ganze Zeit über starrte ich Bad Bob in die Augen. Sie blickten mich ernst und traurig an. Bad Bob mochte mich.

Ich war fast gerührt.

Fast.

»Wenn ich dich Bastard noch einmal in dieser Stadt sehe, begrabe ich dich in der Wüste, wo dich keiner findet«

Ende November 2002

DENNIS UND DOLLY heirateten am 29. November.

Bikerhochzeiten sind wie alle anderen Hochzeiten – außer dass man sehr wenig Anzüge, keine Krawatten und keine teuren Kleider sieht, keinen Champagner trinkt, keinen Trinkspruch auf die Eltern der Braut und des Bräutigams ausbringt, keinen Cocktailempfang gibt, nicht im Sitzen isst, keinen Partyservice beauftragt und ganz bestimmt keinen Gruppentanz aufführt. Die korrekte Kleidung bestand aus Lederkutten, sauberen Jeans und schmutzigen Stiefeln für Männer und irgendetwas Hübschem für Frauen – das heißt etwas, was anständig aussah und bei Wal-Mart oder Target für unter 40 Dollar zu haben war.

Die Zeremonie wurde in der Riviera Baptist Church in der Marina Avenue abgehalten. Es ist lustig, einen Haufen eingefleischter, unverbesserlicher Sünder zu beobachten, die der Reihe nach in eine Kirche marschieren. Noch lustiger allerdings ist es, so zu tun, als wäre man einer von ihnen. Der Pfarrer, ein kleiner Mann in einem hellblauen Anzug und mit einer dunkelblauen Krawatte, hatte die Augen eines Mannes, der dazu geschaffen war, dass man sich ihm anvertraute. Er stand an der Tür der Kapelle und nahm unsere Hände in seine. Obwohl er fast flüsterte, war jedes Wort zu verstehen: »Willkommen in der Riviera Baptist Church zu diesem wundervollen Ereignis!«

Die Kirche war nicht so groß wie die Kirchen der Südlichen Baptisten, die ich in Georgia gesehen hatte. Sie war klein und bescheiden. Wie der Pfarrer sah sie nach Stadtrand aus und hatte ein Wildwest-Flair. Es war der letzte Ort, den ein anspruchsvoller Mann aufsuchen würde, um Gottes Rat einzuholen, bevor er tat, was auch immer er zu tun hatte. Diese kleine Kirche wusste, dass die Menschen nicht so gut waren, wie Gott sie haben wollte; aber sie würde immer weiter versuchen, ihre Seelen zu retten.

Der Gottesdienst war kurz und schlicht. Dennis trug seine Kutte über einem billigen Anzug, Dolly war in ein Sonderangebot von Wal-Mart gekleidet – wahrscheinlich mit passender Unterwäsche dazu. Als Dennis aufgefordert wurde, die Braut zu küssen, ließ er sich nicht lumpen.

Danach gingen wir hinaus und spazierten auf dem Parkplatz herum. Es waren mehr als ein Dutzend Leute, und wir überlegten, wo wir feiern sollten. Smitty und Dennis schlugen das Inferno vor.

Da meldete sich JJs Anstandsgefühl, und sie sagte: »Scheiß drauf, Jungs. Gehn wir rüber zu uns.« Die Männer erwiderten, das sei nicht nötig, doch JJ bestand darauf, und dann bestand auch ich darauf, und sie meinten, das sei cool. Einige von ihnen hatten aber etwas anderes vor, und Smitty musste zuerst nach Hause fahren. Also teilten wir uns und vereinbarten, uns um neun Uhr abends in unserem Haus in Bullhead zu treffen.

Während ich nach Hause fuhr, um alles vorzubereiten, kauften JJ und Timmy ein paar Kisten Bud Light, zwei Riesenpackungen Hähnchenteile bei Kentucky Fried Chicken und einige gemischte Platten bei Taco Bell – die kulinarischen Zutaten für einen perfekten Hochzeitsempfang bei den Hells Angels.

Später am Abend trudelten die Jungs ein.

Der Rapper Nelly dröhnte aus unseren Boxen, als sie hereinkamen, und ich befand mich mit JJ mitten im Zimmer und tanzte wie ein Junge, der das Footballteam seiner Schule anfeuert. Eine Zeitlang standen die Angels nur hilflos herum wie Mauerblümchen auf einem Schulball. Dann, zwischen den Songs, ging Dennis zur Stereoanlage und stellte sie leise. »Bird, was zum Teufel ist das für Urwaldmusik?«, fragte er.

»Darauf steh ich, Dennis.«

»Also, ich nicht, und das ist mein Hochzeitstag. Leg was anderes auf.«

Ich sagte: »Okay«, und ließ den Steppenwolf-Mist laufen, den die Jungs so lieben. Da erwachte die Party zum Leben.

JJ zeigte den Leuten, wo das Essen stand, und sie hauten rein. Dennis und Dolly sahen glücklich aus. Sie aßen Hähnchen, tranken Bier und unterhielten sich mit JJ. Timmy und ich tranken mit ein paar Typen, die auf der Hochzeit gewesen waren. Der eine war ein Angels-Nomade und hieß Dale Hormuth, der andere ein Hangaround namens Billy Schmidt.

Smitty und Lydia kamen etwas später mit Pops. Eigentlich hätte Eric Clauss, ein weiterer Angels-Nomade, der auf der Hochzeit gewesen war, mit ihnen kommen sollen, doch er kam nicht.

Ich hatte ein paar getürkte Unterlagen für Smitty vorbereitet: einige Bilder von meinem alten Partner Carlos, einen kurzen Brief von Carlos an Smitty und eine E-Mail von einem Typen namens »Gato«, bei dem es um die Mongols in Kingman ging. Smitty warf nur einen kurzen Blick auf die Sachen von Carlos, las die E-Mail zweimal und wollte dann mit mir reden. Wir gingen hinaus und zündeten uns Zigaretten an.

»Es braut sich etwas zusammen, das musst du wissen.

Erst unschuldig, dann gerissen: Wer hätte gedacht, dass dieser amerikanische Junge eines Tages so erfolgreich Jagd auf Waffen- und Drogendealer machen würde?

Case Agent Joseph »Slats« Slatalla, immer ein Freund, manchmal ein Rivale. Slats leitete die Operation »Black Biscuit« (so lautete der Codename unserer Ermittlungen gegen die Hells Angels) mit sicherer Hand – selbst dann, wenn wir uns in den Haaren lagen, weil wir uns nicht einig waren über den richtigen Weg zu unserem Ziel.

Anstatt uns als vereinsunabhängige Ganoven bei den Hells Angels einzuschmeicheln, gründeten wir einen legitimen Charter der Solo Angeles, eines mexikanischen Motorradclubs, und traten den Hells Angels auf Augenhöhe gegenüber.

Ich habe mich niemals tätowieren lassen, um als Undercover-Agent erfolgreicher zu sein – aber die Tattoos halfen mir auf jeden Fall. Als »Black Biscuit« Fortschritte machte und ich immer mehr in meiner Rolle als Outlaw-Biker aufging, erreichte meine Tintenliebe den Höhepunkt.

Rechts

Unsere Inszenierung war so überzeugend, dass nicht nur unsere Gegner darauf hereinfielen, sondern auch lokale Polizeireviere, die nichts von unseren Ermittlungen wussten. Sie begannen sogar, gegen uns zu ermitteln!

Unten

Jeden Tag undercover. Selbst die Kinder, die in der Nähe unseres Undercover-Hauses in Phoenix wohnten, kannten nur Jay »Bird« Davis.

LAW ENFORCEMENT BULLETIN

***** DO NOT CONTACT ***** ARMED AND DANGEROUS *****

INTELLIGENCE REQUEST

The Arizona / California / Nevada Tri-State biker intelligence group, the Bullhead City Police Department and the Mohave County Sheriffs Department are seeking identification and intelligence information on a newly formed OMG (Outlaw Motorcycle Gang) calling themselves the

Solo Angeles Motorcycle Club (SAMC) Nomads

The SAMC is based in Tijuana, Mexico. A newly formed Nomads charter is allegedly establishing a U.S. base of operations in Bullhead City, AZ. Known members are *Jay Davis* (D.O.B. 08-19-61), a.k.a. 'Bird', 'Jaybird'; and, *Timmy Davis* (D.O.B. unknown), a.k.a. 'TD' (6'3" 270 BR(BD) BR). As many as eleven members of the charter may exist. Jay Davis and Timmy Davis are believed to be half-brothers. Both are known to be armed and dangerous. SAMC is allegedly involved in firearms and stolen motorcycle trafficking.

The SAMC clubhouse / residence is located at 1793 Verano Circle, Bullhead City, Arizona. Members are associates of the Hells Angels Motorcycle Club and the Vagos Motorcycle Club.

Solo Angeles MC
club vest orange over black
motorcycle outline center patch

Jay Davis
08-19-61
6'1" 215 BN(BD) BL.

Call the Bullhead City Police Department (928-763-9200) with information.

FOR LAW ENFORCEMENT USE ONLY

Alle antreten!

Kevin Augustiniak

Dan »Dirty Dan« Danza

Ralph »Sonny« Barger

Paul Eischeid

Dennis Denbesten

Duane »Crow« Williams

Rudy Jaime

Fahndungsfotos der wichtigsten Hells Angels, gegen die wir ermittelten

Robert »Mac« McKay

Robert »Bad Bob« Johnston

Robert »Bobby« Reinstra

Robert »Chico« Mora

Theodore »Teddy« Toth

Donald »Smitty« Smith

George »Joby« Walters

Oben
Pops (links) hängt mit Daniel »Hoover« Seybert herum, dem rechtmäßigen Nachfolger von Sonny Barger. Keine zwei Monate später wurde Hoover auf einem Parkplatz erschossen.

Rechts
Auf dem Prison Run in Florence schwangen wir unsere Solo-Angeles-Fahne und fügten uns nahtlos in die grölende Horde ein.

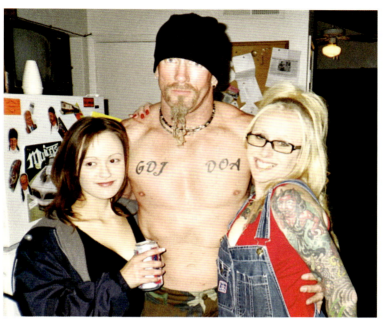

Sieht nach 'ner Menge Spaß aus, nicht? Falsch. Du versuchst, dich selbst davon zu überzeugen, dass du im Herzen noch der gute Mensch bist, für den du dich hältst, obwohl du immer tiefer ins Rattenloch der Täuschung fällst und dich immer häufiger selbst belügst.

Endlich war ich – ein Anwärter in Skull Valley – auf dem besten Weg, Vollmitglied der Hells Angels zu werden. Während der Fall sich seinem Abschluss näherte, nahm mich mein dunkles, gefährliches Leben als Biker voll und ganz in Anspruch. Ich war der Mann geworden, den ich gespielt hatte.

Meine Partner und ich hatten genug von unseren Pflichten als Anwärter und wollten so schnell wie möglich und um fast jeden Preis Vollmitglieder werden. Der Wunsch, Hells Angels zu sein, wurde zu einer Besessenheit ...

... die uns zwang, unserer Bewerbung den ultimativen Nachdruck zu verleihen. Die Angels hassten diese Mongols, einen rivalisierenden Motorradclub, leidenschaftlich. Konnten sie uns noch länger abweisen, wenn wir ihnen einen toten Mongol in einem Wüstengraben zeigten?

Lydia hat einen Anruf von einer Bekannten jenseits des Flusses bekommen. Sie sagt, 50 Mongols sind in Laughlin und wollen uns morgen aufmischen.« Das hörte ich zum ersten Mal. Sofort dachte ich: Ruf Slats an. Smitty fuhr fort: »Ich hab Eric rübergeschickt. Lydia hat ihm ihre .38er gegeben, und er hat seine Kutte in meinem Auto gelassen. Inkognito, verstehst du?«

»Klar doch.«

»Er meldet sich dann bei uns.«

»Gut.«

»Wir decken uns morgen Abend bei der Nomaden-Versammlung mit Waffen ein. Billy kümmert sich darum und versteckt sie alle in seinem Laster hinter dem Inferno. Ich bringe zwei Schrotflinten, ein paar Pistolen und meine Tec 9 mit. Wenn diese Wichser kommen, sind wir bereit.«

»In Ordnung.« Ich machte eine Pause. »Gut.«

Smitty hob die Augenbrauen und sagte: »Schau dir die mal an.« Er zog eine Taurus-Pistole aus seinem Hüfthalfter »Das ist eine von den Pistolen, die ich morgen mitnehme. Nächste Woche verkaufe ich Bad Bob eine davon.« Dann legte er einen Schalter unter dem Lauf um, und ein roter Lichtstrahl schoss heraus und durchdrang die Dunkelheit. Er hatte auf eine Wand gezielt. Ich fragte ihn, ob er mir auch eine verkaufen würde, und er versprach es, gleich nach der Party der Nomaden. Vielleicht *müsse* er mir die Waffe sogar verkaufen, sagte er – falls die Mongols auftauchen sollten.

Als er den Laser abstellte und die Pistole in die Hose schob, sagte er: »Eines musst du verstehen, Bird. Wir brauchen dich morgen. Es wird hart, und so wie ich dich kenne, kämpfst du wie ein Hells Angel. Du beschützt deine Solo-Brüder, aber du arbeitest für uns.«

Ich richtete mich auf und nickte, ohne zu lächeln. »Smitty«, sagte ich, »es wird mir eine verdammte Ehre sein!«

Alle verdeckten Ermittler führten an diesem Abend intensive Gespräche. Ich unterhielt mich mit Smitty, Timmy erhielt von Billy weitere Informationen über das Waffenlager, das dieser bewachen würde, und JJ sprach mit den Frauen über Selbstverteidigung. Lydia wollte wissen, ob JJ immer eine Waffe bei sich trage. JJ bejahte. Lydia erklärte, wenn es heiß werde, hätten sie beide die Aufgabe, die Frauen hinter der Bar zu versammeln und in Stellung zu gehen, um sich zu verteidigen. Sie sagte: »Du und ich legen jeden um, der in unsere Nähe kommt.«

Als Polizist war es meine wichtigste Aufgabe, solche Ereignisse zu verhindern. Nach der Dinnerparty benachrichtigte das Black-Biscuit-Team die Polizei in Laughlin und Bullhead, damit diese sich bereithielt. Wir hofften, eine Konfrontation zwischen den Mongols und den Angels verhindern zu können. Aber wenn es den Mongols gelingen sollte, das Inferno zu erreichen, und dort etwas schiefging, musste ich meine zweitwichtigste Aufgabe erfüllen: mich und meine Kollegen zu schützen. Das wäre gar nicht so schlimm gewesen. Angenommen, die Mongols kreuzten auf, und ich wäre gezwungen, die Solos zu verteidigen, dann käme dies meiner Glaubwürdigkeit sehr zugute, sofern die Angels überlebten und von meinen Taten berichten konnten.

JJ war verständlicherweise nervös. Sie trug ihre Waffe nicht offen wie wir – wie Lydia hatte sie eine Pistole in der Handtasche versteckt. Sie hatte noch nie eine Schießerei erlebt und auch noch nie in einem Ernstfall schießen müssen.

Also beschlossen wir, ein paar Dinge zu proben.

Wir verbrachten den Morgen im Hauptquartier, und als wir zum Haus im Verano Circle zurückkehrten, wurden wir von einem schnarchenden Eric Clauss begrüßt, der sich auf dem Sofa ausgestreckt hatte. Wir gingen einfach unseren Geschäften nach, als wäre er ein Teil der Familie. Als er schließlich aufwachte, nahm er sich ein Bier und ging in die Garage. Die Tür stand offen, und das Nachmittagslicht strömte hinein. Er nahm einen großen Schluck Bier und kratzte sich am Hintern.

JJ und ich saßen auf meinem Motorrad. Ich hatte eine Zigarette im Mund und rauchte, ohne meine Hände zu benutzen, die auf der Lenkstange blieben.

JJ übte, meine Glocks zu ziehen, während sie hinter mir saß. Sie griff um meinen Rumpf herum und verschränkte die Arme. Dann presste sie sich an meinen Rücken, öffnete die Halfter mit den Daumen und zog eine Pistole mit der rechten und die andere mit der linken Hand heraus. Zum Schluss öffnete sie blitzschnell die überkreuzten Arme, und schon hielt sie rechts und links eine schussbereite schwarze Pistole in den Händen. Dann steckte sie die Waffen wieder ins Halfter und übte den ganzen Bewegungsablauf noch einmal. Und noch einmal. Und noch einmal.

Und noch einmal.

Eric schaute zu und trank sein Bier. Nach einer Weile sagte er: »Ihr Jungs meint es verdammt ernst, was?«

Die Waffen steckten in den Halftern. JJ formte mit der rechten Hand eine Pistole, deutete auf Eric, zeigte ihr strahlendes Lächeln und sagte: »Klar.« Ich nickte nur.

Die Party begann um ein Uhr nachmittags. Timmy und Pops erschienen früh. JJ und ich ließen etwas länger auf uns warten. Eine kleine Verspätung war eindrucksvoller.

Timmy rief gegen zwei an, um Bericht zu erstatten. »Die Jungs sind nervös, aber bereit. Sie trinken 'ne Menge, halten sich aber mit Drogen zurück – außer Vicodin. Das lutschen sie wie Bonbons.«

Ich sagte: »Typisch!«

»Stimmt. Sie haben Angst. Reden viel über Geschäfte. Doug und Hank wollen heute irgendwas verkaufen. Ein Typ will uns ein ganzes Auto voller Knarren aufschwatzen. Billy möchte Pops so bald wie möglich ein paar Schrotflinten verkaufen.«

»Mann«, sagte ich, »wir sind wie Guns-R-Us.«

Timmy lachte und sagte: »Sieht so aus.« Ich sagte, ich würde etwas Bargeld aus unserem Safe holen, bevor wir aufbrächen. »Gut«, sagte er. »Wahrscheinlich brauchen wir es.«

Danach rief ich Slats an und beschrieb ihm die Lage. Er sagte, es gebe keine Berichte über Aktivitäten der Mongols in Laughlin.

JJ und ich trafen gegen fünf in der Bar ein. Es herrschte eine seltsame Stimmung. Die Männer waren ernst, aber entspannt, high von Unmengen Alkohol und Schmerzmitteln.

JJ ging rüber zu den Frauen. Ich unterhielt mich mit Timmy, Smitty und Joby. Wir sagten »Hallo« und umarmten einander. Joby, der nicht trank, war nüchtern. Smitty war zerstreut, sah aber ernst aus. Dies war seine Party in seiner Stadt, und er wollte nicht, dass etwas schiefging. Aber wenn, dann war er bereit.

Joby hielt die übliche Schmährede gegen seine Mongol-Feinde. Vorläufig waren sie aber noch imaginär, so wie die Gewalt, die er ihnen androhte. Smitty beugte sich zu mir und sagte: »So weit, so gut.«

»Das sind gute Nachrichten«, sagte ich.

Joby schloss die Augen und schüttelte heftig den Kopf. »Verdammt. Ich will, dass diese Wichser aufkreuzen!« Dann nickte er jemandem über meine Schulter hinweg zu und entschuldigte sich. Als er außer Hörweite war, fragte Smitty: »Erinnerst du dich an die Schalldämpfer, die du mir gezeigt hast?«

»Klar.«

»Hast du deine Meinung geändert? Verkaufst du sie?«

»Sie sind schon verkauft, Smit, tut mir leid«, log ich.

»Kannst du noch welche beschaffen?«

»Derzeit nicht. Was ist denn los?«

»Kannst du mich mit deinem Lieferanten in Kontakt bringen? Ich hätte gerne Schalldämpfer für meine Ruger.«

Ich versprach ihm, mich zu erkundigen. Er sagte: »Gut.«
JJ schloss ein paar Geschäfte ab. Sie kaufte etwas Vicodin und einen kleinen Beutel Meth von Dolly. Später erzählte sie mir, Lydia rede ständig davon, wie beeindruckt alle von mir und den Solos seien und wie froh sie sei, dass ich mit JJ eine so zuverlässige Freundin habe. JJ war sogar rot geworden und fühlte sich geschmeichelt. Lydias Lob gab ihr Selbstvertrauen, und wie eine gute Undercover-Agentin gab JJ dieses Selbstvertrauen in Form von Glaubwürdigkeit zurück.

JJ wurde viel schneller akzeptiert, als ich es mir je vorgestellt hatte. An diesem Abend war sie unsere Abwicklungsstelle für Drogengeschäfte. Es waren zwar nur kleine Mengen, aber sie musste die Beweismittel unbedingt wieder loswerden. Obwohl es nicht danach aussah, hatten wir immer noch mit Randale zu rechnen, und das bedeutete, dass wir es mit Polizisten zu tun haben würden, die nicht über uns informiert waren. Wir wollten keine Drogen bei uns haben, wenn sie uns festnahmen.

Ich sagte zu Doug und Hank, sie sollten gegen neun zu uns kommen, um den Waffendeal abzuschließen. Unter diesem Vorwand seilten wir uns kurz ab.

Wir fuhren in einen Circle-K-Supermarkt. Ich stellte mich an die Theke und kaufte eine Schachtel Zigaretten, während JJ zu einem Regal voller glitzernder Packungen mit Snacks ging. Unser Kollege Buddha fummelte an einer Tüte Maischips herum, als JJ ihn streifte und ihm einen Beutel voller Beweismaterial in die Gesäßtasche steckte.

Dann zahlten wir und gingen. Wir fuhren zum Verano Circle, trafen dort Doug und Hank und schlossen den Handel ab. Erst wollten sie keine Geschäfte machen, solange JJ im Zimmer war, aber ich bedeutete ihnen, dass es keinen Deal geben würde, wenn sie ihr misstrauten. Da sie für ihre drei halbautomatischen Pistolen ordentlich Geld bekommen sollten, konnten sie schließlich nicht nein sagen. Sie verlangten 1600 Dollar. Ich ließ JJ die Waffen prüfen. Sie tat es und nickte ein klein wenig zögernd. Also sagte ich: »Nicht mehr als 1500.« Damit waren sie zufrieden. Ich bedankte mich und stellte ihnen weitere Geschäfte in Aussicht. Sie fragten, ob sie bei uns pennen durften, und ich erwiderte, das sei überhaupt kein Problem – Eric Clauss werde ebenfalls bei uns übernachten. Das war ihnen recht. Dann fuhren wir alle zurück zum Inferno in der Mercury.

Die Nacht zog sich in die Länge. Manche Männer begannen, Meth zu schnupfen, andere schossen sich mit Alkohol ab. Irgendwann fragte ich Smitty, warum sie auf einmal so unvorsichtig geworden seien. Er sagte erleichtert und bedauernd zugleich: »Diese Schwuchteln kommen nicht.«

Wir gingen kurz nach Mitternacht. JJ fuhr mit mir. Doug, Hank und Eric fuhren allein. Timmy und Pops nahmen den Merc. Ich sagte ihnen, sie bräuchten uns nicht zu suchen, falls wir in dieser Nacht nicht nach Hause kommen sollten – wir seien entweder auf einer Party oder festgenommen worden.

Es war ein Scherz. Alle lachten.

Auf dem Weg nach Hause gerieten wir in eine Verkehrskontrolle. Wir waren absichtlich durch eine dunkle Seitenstraße gefahren, um einer Konfrontation aus dem Weg zu gehen.

Die Angels waren daran gewöhnt, und wir taten so, als wären wir es auch. Sie wussten, was sie von einem Cop zu erwarten hatten. In gewisser Weise begreifen sie es als Ehre, ständig von der Polizei gepiesackt zu werden, auch wenn die Angels andauernd darüber schimpfen.

Aber in dieser Nacht geschah etwas Seltsames. Etwas, was keiner von ihnen je erlebt hatte.

Normalerweise stehen die Hells Angels im Mittelpunkt der Aufmerksamkeit, wenn eine gemischte Gruppe von Bikern gestoppt wird. Jeder weiß, dass man sich vor den Angels in Acht nehmen muss und dass sie nach der ganzen Hand greifen, wenn man ihnen den kleinen Finger reicht. Darum musste man sich zuerst um sie kümmern.

Doch das geschah nicht.

Die Polizisten schrien, die Blaulichter blinkten. Ein Beamter näherte sich JJ und mir von hinten. Als er etwa drei Meter entfernt war, lud er sein Gewehr durch. JJ umklammerte mich fest.

Wir rührten uns nicht.

Das Geräusch dieser Flinte gefiel mir nicht. Vielleicht hatten die Polizisten so wie wir die ganze Nacht auf die Mongols gewartet und wollten nun, weil die Mongols nicht gekommen waren, ein wenig Dampf ablassen.

Eine junge, wütende Stimme befahl über ein Megaphon: »Bird, lass den Lenker erst los, wenn du dazu aufgefordert wirst. Verstanden?« Ich nickte und hielt die Stangen mit eisernem Griff fest. JJ hing an mir wie ein Rucksack.

Die Angels wurden aufgefordert, auf ihren Motorrädern sitzen zu bleiben.

Ein junger, stämmiger Beamter befahl mir abzusteigen. JJ und ich wurden getrennt. Sie führten mich hinter ihre Fahrzeuge.

Hände auf den Kopf.

Finger verschränken.

Knöchel kreuzen.

Hinsetzen.

Die Handschellen klickten.

Der junge Polizist sagte: »Kutte ausziehen!«

Ich rasselte mit den Handschellen. »Und wie soll ich das machen?«

Er atmete zischend. »Mist.«

»Übrigens, ich würde sie auch dann nicht ausziehen, wenn ich es könnte.« Ich wusste, das war dumm, aber ich wusste auch, dass es Eindruck auf die Angels machen würde, die nur ein paar Meter entfernt in einer Reihe stehen mussten.

Der junge Cop packte mich am Arm und zog mich hoch.
»Mund halten. Wir machen ein Foto von dir.«
»Schön. Aber ich werde nicht lächeln.«

Er zog meine Handschellen fester an, so dass es weh tat. Dann nahm er mir meine Pistolen ab und reichte sie weiter. Ein Polizist drückte auf den Auslöser einer Kamera, während ich herumgedreht wurde – von vorne, von der Seite, von hinten. An diesem Abend trug ich meinen Ziegenbart in zwei langen Zöpfen, und der Cop mit der Kamera sagte: »Sie sehen aus wie ein verdammter Katzenfisch.«

Unterdessen tasteten sie JJ ab. Sie trug keinen BH, und die Cops waren mit den Händen nicht zimperlich. Dann filzten sie sie erneut. Sie blieb gelassen. Ich war sehr wütend, konnte aber nichts tun.

Als sie mit den Fotos fertig waren, wurde ich zum Bordstein geführt, wo ich hinknien musste. Der Lauf eines geladenen Gewehrs war auf mich gerichtet.

»Keine Bewegung! Wir werden mit deiner kleinen Freundin und deinen Kumpels reden.«

JJ wurde zu einem Polizeiauto gebracht und auf den Rücksitz geschoben. Den anderen Männern legte man Handschellen an und stellte sie am Bordstein nebeneinander auf. Nur ich musste knien. Nur auf mich war ein Gewehr gerichtet. Die Angels konnten es nicht glauben; aber für diese Polizisten war ich gefährlicher als sie.

Ein Beamter ging zu JJ und fragte sie durch die heruntergekurbelte Scheibe des Wagens, warum sie sich mit Typen wie mir abgebe. Sie schaute ihn nicht an, sondern sagte nur: »Sie meinen, warum ich mich nicht mit einem Typen wie Ihnen abgebe?«

Damit war das Gespräch beendet.

Sie hörte zu, als die Polizisten über Funk ihr Vorstrafenregister abfragten. Sie war sauber. Ich hatte ein paar kleine – aber erfundene – Vorstrafen. Auch Clauss war ein wenig vorbelastet, und Watkins hatte wegen eines Verkehrsdelikts einen Strafzettel bekommen, den er nicht bezahlt hatte. Da machte es sich gar nicht gut, dass man ihn mit einem versteckten Bowiemesser schnappte.

Man schob ihn in ein Polizeiauto und steckte ihn über Nacht in eine Zelle. Was JJ Angst machte, war Dams Strafregister. Er hatte mehrere Drogendelikte auf dem Kerbholz und war einmal wegen Kokainhandels verurteilt worden. Doch das Schlimmste war, dass man ihn einmal wegen schwerer Körperverletzung gegenüber einem Polizeibeamten festgenommen hatte. JJ betete, dass er es nicht noch einmal probieren würde.

Inzwischen sprach der Flintenmann mit mir. Er wollte wissen, wo ich wohnte und warum ich noch in Bullhead war. Ob ich nicht gehört hätte, dass man ein Auge auf mich geworfen habe? »Zeit, dass du dich verziehst, Bird. Verschwinde aus meiner Stadt!«

Ich sagte: »Ihr könnt mich festnehmen oder mir Vorträge halten, aber nicht beides. Also entscheidet euch. Wenn ihr mich losbindet, bin ich ganz Ohr. Aber wenn ihr mich verscheißern wollt, dann könnt ihr mich gleich mitnehmen. Darauf pfeife ich nämlich.«

Das gefiel ihm nicht. Er stemmte einen Stiefel zwischen meine Schulterblätter und drückte mich auf den Boden. Da ich Handschellen trug, knallte ich mit der Wange aufs Pflaster. Er kniete nieder, beugte sich über mich und flüsterte mir ins Ohr: »Wenn ich dich Bastard noch einmal in dieser Stadt sehe, begrabe ich dich in der Wüste, wo dich keiner findet.«

Mein Rekorder lief. Ich dachte: Nicht gut für dich, Mann, gar nicht gut. Ich wusste, dass dieser Bursche mich unbedingt aus der Stadt vertreiben wollte und dass sein Verhalten unzulässig war. Ich hätte ihm gern gesagt, wer ich war, aber das konnte ich nicht. Erst einige Monate später erfuhr er, dass er beinahe seine Karriere ruiniert hätte.

Schließlich nahmen sie Hank mit, hatten gegen uns andere aber nichts in der Hand. Also ließen sie uns laufen.

Während sie einen Gang herunterschalteten, die Luft aus ihren geblähten Brustkästen entweichen ließen, uns die Handschellen abnahmen, die Pistolen zurückgaben und uns empfahlen, nach Hause zu gehen und uns um unsere eigenen Angelegenheiten zu kümmern, fuhr ein neuer dunkler Mercury Cougar langsam vorbei. Ich sah, wie Pops uns neugierig und grinsend angaffte.

JJ, die wieder hinter mir auf meinem Motorrad Platz genommen hatte, sah ihn ebenfalls und sagte ganz ruhig: »Was für ein Blödmann.«

23 Einatmen ... Ausatmen ... Einatmen ... Ausatmen ...

Dezember 2002

TIMMY, JJ UND ich blieben an diesem Abend noch lange auf und rauchten auf der hinteren Veranda, während Doug und Eric drinnen schliefen. Es war ein verdammt anstrengender Tag für uns alle gewesen, vor allem für JJ. Sie hatte eine Menge gelernt – vor allem, dass sie Drogen zukünftig im Stiefel aufbewahren musste, weil dies der einzige Ort war, den die Cops nicht abtasteten. Timmy lachte darüber, wie die örtliche Polizei mich in die Mangel genommen hatte. Er sagte, er sei froh, dass er dieses Schauspiel nicht verpasst habe. Ich grinste und riet ihm, seine freche Schnauze zu halten.

Am nächsten Tag flog JJ nach Hause, um ein paar Wochen bei ihrer Familie zu verbringen. Sie hatte diesen Urlaub beantragt, ehe sie zu uns gestoßen war. Dagegen war nichts einzuwenden, aber sie fehlte uns. Trotzdem sagte ich ihr, wir bräuchten sie derzeit nicht, weil wir wegen der Feiertage ohnehin bald alle verschwinden würden. »Hier wird es eine Weile lang ruhiger zugehen, also hast du Zeit, dich zu entspannen«, sagte ich. »Das habe ich vor«, versicherte sie.

Ende 2002 befand sich Black Biscuit an einem Scheideweg. Die meiste Zeit verbrachten wir damit, über die Richtung des Falles zu diskutieren und unsere nächsten Schritte zu planen, anstatt mit den Angels rumzuhängen. (Wir erklärten unsere Abwesenheit mit einer Notlüge: Wir seien wegen einer Club-Angelegenheit unterwegs in Mexiko und Südkalifornien, und mein Kontaktmann in Vegas, Big Lou, habe mich nach Miami eingeladen, um auf seiner Jacht zu faulenzen und am South Beach ein paar Bräuten in den Hintern zu kneifen.)

Zur Bestandsaufnahme erstellten wir eine Liste unserer Erfolge und Misserfolge und analysierten unsere aktuelle Lage und unsere Ziele.

Der größte Pluspunkt war, dass wir in kurzer Zeit enorm viel erreicht hatten. Wir waren tiefer und schneller in die Szene eingedrungen, als wir es vor kaum sechs Monaten für möglich gehalten hatten. Der Nachteil war eine gewisse Unklarheit. Die Tage verflogen so schnell – manchmal durchquerten wir an einem einzigen Tag ganz Arizona und legten 500 Kilometer zurück, immer inkognito –, dass wir kaum sagen konnten, was wir taten. Wir waren trunken von Gefahr und Adrenalin.

Das führte uns zu unserem größten Minuspunkt: Wir traten auf der Stelle. Wir mussten keine weiteren Waffengeschäfte mit Doug oder Hank abschließen, und es war auch nicht nötig, dass Bad Bob noch mehr Drogendeals für uns vermittelte. Wir brauchten nicht noch mehr Beweise dafür, dass Smitty sich wie ein lokaler Gangster aufführte oder dass Dennis zwar nicht mehr kochte, aber offensichtlich eine zuverlässige Quelle für Meth hatte. Ich hatte genug von diesem Kleinkram, und Slats hatte genug davon, ihn zu bearbeiten und unseren Chefs vorzulegen. Er wollte die Dealer haben, nicht die Konsumenten. Der Fall sollte eigentlich größer sein – er *war* größer; aber wir wussten noch nicht, wie wir ihm auf die Sprünge helfen konnten.

Unsere Frustration veranlasste uns, die Einsatzgruppe zu teilen. Slats war der Meinung, wir machten es uns zu leicht, und ich fand, es sei zu früh für eine Aufteilung. Er wollte, dass wir aggressiv mit jedermann umgingen, während ich zuerst meine Position festigen wollte, um später genau das zu tun. Es war keine große Sache, nur ein kleiner Riss in der

Wand, aus dem langsam Wasser sickerte. Natürlich stand ich fest an der einen Seite der Wasserscheide, während Slats unbeirrt auf der anderen Seite verharrte.

Ich wollte das Angebot der Angels annehmen, bei ihnen Mitglied zu werden. Wie oft hatte eine Gruppe von Polizisten diese Chance bekommen? Äußerst selten. Meiner Meinung nach würden wir als Außenstehende den wahren Schmutz nie zu sehen bekommen. Sie konnten noch so lautstark behaupten, dass sie uns Solos vertrauten, das spielte keine Rolle, da wir keine Hells Angels waren. Wenn wir diese Leute überführen wollten – und es war unbestritten, dass wir alle das wollten –, dann war dies der einzige Weg. Meine Lösung lautete also: Wir mussten uns unserem Feind anschließen, das heißt Hells Angels werden. Und ich wusste, dass ich recht hatte.

Slats wollte, dass wir Solos blieben. Ihm lag nichts daran, dass wir Hells Angels wurden. Als Teil ihrer Organisation wären wir den Launen des Clubs und unserer Bürgen ausgeliefert. Anstatt Waffen zu kaufen, würden wir Wache schieben und Bierflaschen öffnen. Als Solos konnten wir tun, was wir wollten, wann immer und wo wir es wollten. Seiner Meinung nach würden sie irgendwann aus nackter Gier mit uns Geschäfte machen. Außerdem waren die Solos für sie ein bequemer Sündenbock: Wir waren ein eigener Club, auf den sie bei Bedarf jede Schuld schieben konnten. Wir mussten also dreister sein, aufs Tempo drücken und größere Geschäfte fordern. Slats ist Experte für kriminelle Mentalität, und darum hatte er vielleicht auch recht.

Keiner von uns gab nach. Wir hatten unsere Egos viel zu sehr mit der Arbeit verknüpft. Er hatte eine große Vision, und ich wollte die Karten ausspielen, die man uns verdeckten Ermittlern zugeteilt hatte. Ich sagte es zwar nicht, aber ich spürte, dass Slats unseren Beitritt zu den Angels auch deshalb ablehnte, weil er die Dinge dann nicht mehr im

Griff hatte – und darauf hätte er niemals freiwillig verzichtet.

Es gab noch eine dritte Möglichkeit: Einer von uns konnte – oder sollte sogar – vorschlagen, den Fall sofort abzuschließen. Wir hatten viel erreicht. Zwar würden wir die Angels nicht dezimieren können, wohl aber schwere Schockwellen durch ihre Organisation senden. Unsere Botschaft würde klar und effektiv sein: Euer Schutzwall ist nicht undurchdringlich, ihr könnt uns nicht einschüchtern, und wir werden euch nicht in Ruhe lassen. Hätten wir im Dezember 2002 aufgehört, wären unsere Ergebnisse ordentlich und die Verluste gering gewesen.

Aber niemand dachte auch nur eine Sekunde daran.

Wir wollten kein ordentliches Ergebnis.

Wir wollten ein großartiges.

24 Jingle bells, Batman smells usw.

Dezember 2002

DER DEZEMBER war zwar arm an Kontakten, aber es gab welche. Wir waren gezwungen, uns weiter mit Rudy zu befassen.

Am 6. rief mich Bad Bob an. Er hatte einiges über Rudy gehört, was ihn beunruhigte, wollte aber am Telefon nicht darüber reden. Also schlug er ein Treffen am 15. beim Mesa Toy Run vor – einer Veranstaltung, bei der Spielzeug für Kinder gesammelt wurde. Ich sagte, ich würde gerne kommen, aber die Solo Angeles veranstalteten am gleichen Tag in Los Angeles ebenfalls einen Toy Run mit Anwesenheitspflicht. Bad Bob sah ein, dass ich zuerst meinem Club verpflichtet war, aber sehen müssten wir uns trotzdem – vielleicht bei einem frühen Mittagessen am 11. Ich sagte, das lasse sich einrichten. Es war also abgemacht.

Auch wir waren besorgt über Rudy. Anscheinend war er im Gefängnis sehr geschwätzig und hatte Bad Bobs Namen erwähnt, um sich aufzuspielen. Slats verhörte ihn am 10. Er fand heraus, dass Rudy seinen Knastbrüdern erzählt hatte, seine Leute – also wir – arbeiteten eng mit den Angels zusammen und Bob habe ihm einen »Logotausch« angeboten, eine vollständige Übernahme ohne Anwärterphase. Das ist sehr selten. Die Hells Angels werfen mit ihren Totenköpfen nicht um sich. Slats stellte unmissverständlich klar, dass Rudy die Schnauze halten musste. Nichts über die Angels, nichts über die Solos und erst recht nichts über die ATF. Normalerweise muss man einen Informanten im Gefängnis nicht daran erinnern, dass es für ihn äußerst ungesund wäre, sich als Polizeispitzel zu offenbaren, doch angesichts unserer Erfahrungen mit Rudy wollte Slats kein Risiko eingehen.

Rudy versprach, den Mund zu halten.

Danach schickten sie ihn wieder in den Käfig, aber in eine Einzelzelle, um ihm beim Mundhalten zu helfen.

Gefängnisse ähneln Bienenvölkern. Nachrichten verbreiten sich schnell, sehr schnell. Als Rudy umgepolt wurde, dauerte es nicht lange, bis sämtliche Häftlinge wussten, dass die ATF dafür verantwortlich war. Als er dann erneut in Schutzhaft genommen wurde, sah es nicht sonderlich gut aus für ihn. Wir hofften, dass erfahrene Insassen nun aus seiner Einzelhaft schließen würden, dass er nicht mehr kooperierte und dafür bestraft wurde, aber auch das Gegenteil war denkbar. Einige mochten denken, er werde zu seinem Schutz isoliert. Wie dem auch sei, Rudy hatte kapiert. Er verstummte.

Bob und ich hatten ein nettes Dinner im Waffle House an der Ecke Baseline und I-10, um über dieses Thema zu sprechen: Waffeln für mich, Cheeseburger, Pommes und ein Vanilleshake für ihn.

Bob war sichtlich besorgt darüber, was Rudy ausplaudern könnte. Er glaubte nicht, dass Rudy ihn verpfeifen werde, sondern hielt Rudy einfach für Rudy, und das machte die Sache nicht besser. Er fragte mich, ob ich die Gerüchte über den »Aufnähertausch« gehört hätte. Ich verneinte und fügte hinzu, dass ich davon nicht einmal geträumt hätte. Da wechselte er das Thema und sagte, er verstehe nicht, warum Rudy, ein Mann im Knast, so scharf darauf sei, andere zu beeindrucken. Es sei nicht cool von Rudy, Bad Bobs »guten Namen« zu missbrauchen. Er kicherte, als er mir erzählte, das alles habe er von seinem alten Bruder und Freund, dem Phoenix-Angel Howie Weisbrod, gehört, und dieser habe die Info von einem Insassen mit dem Spitznamen Mülltonne.

Man muss die Selbstachtung bewundern, die diese Leute an den Tag legen, wenn sie ihre Spitznamen aussuchen.

»Ich meine, ist das nicht komisch?«, sagte Bob und stopfte sich Fritten in den Mund. »Angeblich bin ich Rudys bester einflussreicher Kumpel, und jetzt höre ich das alles von einem Typen, den Rudy nicht einmal kennt, einfach weil Howie den Typen kennt, bei dem Rudy plaudert. Verdammter Rudy, Mann.«

Doch Bob sagte auch, ich bräuchte mich nicht zu sorgen. »Ich mache die Solos nicht dafür verantwortlich, dass Rudy gesungen hat«, sagte er. »Mein Wort darauf. Aber vielleicht willst du ein bisschen relaxen. Ich weiß, ihr Jungs habt eine ganze Menge Geschäfte in Arizona gemacht, und das ist gut – ein Mann muss tun, was er tun muss –, aber lass es mal langsamer angehen, Bird. Rudy sitzt, und du bist in diese verdammte Verkehrskontrolle geraten. Ich will damit sagen, sie haben dich jetzt auf dem Kieker, genau wie uns. Also halt dich zurück. Du brauchst keine Aufmerksamkeit, und wir brauchen sie ganz bestimmt auch nicht.« Er zwängte ein Viertel des Cheeseburgers – der bereits zur Hälfte vertilgt war – in seinen Mund. »Du musst auf jeden Fall Howie treffen. Ich hab ihm von dir erzählt und ihm geraten, sich nicht so viele Gedanken über Rudy zu machen. Ich hab gesagt, sobald er mit dir gesprochen hat, wird ihm klar sein, dass mit den Solos alles in Ordnung ist.«

Ich sagte: »Danke.«

»Kein Problem.« Er schluckte schwer und nahm einen langen, geräuschlosen Zug von seinem Milchshake. Als er den Trinkhalm losließ, wischte er sich den Mund mit dem Handrücken ab. »Also, wir wissen beide, dass dieser Blödsinn mit dem Logotausch nichts weiter ist als das – Blödsinn. Das heißt aber nicht, dass wir nicht interessiert wären. Ich weiß, dass du einiges erreicht hast.« Er schob den Rest seines Burgers in den Mund und leckte jede Fingerspitze der rechten Hand ab. »Jedenfalls bin ich hier, um dir zu sagen, dass sich wahrscheinlich große Dinge anbahnen. Ich werde euch Jungs beim nächsten Treffen der Offiziere zur Sprache bringen und die andern fragen, was sie von den Solos als Anwärter halten. Und wenn wir uns einigen, werde ich dir sagen, wie du auf die vielen Liebesbriefe antworten sollst, die du dann bekommen wirst.« Er lächelte mich an und schlürfte den Rest seines Shakes.

Ich verdrückte meine Waffel, trank den Kaffee aus und zahlte. Dann dankte ich Bob noch einmal für alles.

»Lass gut sein, Bird, du bist mein Junge.« Wir standen auf und gingen zur Tür. Ich hielt sie für ihn auf. »Noch etwas. Ich möchte, dass du mit Rudy sprichst. Sag ihm, er soll seine verdammte Schnauze halten. Du weißt ja, manchen Leuten passiert etwas, wenn sie nicht still sind.«

Ich dachte: »So hat vermutlich auch Joe Pistone mit seinen Bonanno-Leuten gesprochen, als er Donnie Brasco war. Bob benahm sich, sprach und dachte wie ein Mafioso.

Ich zündete mir eine Kippe an und erwiderte: »Das hättest du gar nicht zu sagen brauchen, Bob. Es ist schon so gut wie erledigt.«

Und das war es ja auch.

Am 15. fuhren Pops und ich zum Toy Run der Solo Angeles nach Chula Vista in Kalifornien. Es war keine große Sache. Wir hingen mit Teacher herum, achteten darauf, dass die Lokalpresse uns aufs Band bekam, und beteiligten uns am Wettschießen. Während wir ein paar Bierchen tranken, hörten wir gute lateinamerikanische Musik, worüber ich äußerst froh war. Inzwischen hing mir Lynyrd Skynyrd zu den Ohren raus.

Auf dieser Reise hatten wir noch andere Solo-Angelegenheiten zu regeln. Wir mussten unsere Clubbeiträge in Tijuana bezahlen. Das Problem war, dass Mexiko außerhalb des Zuständigkeitsbereichs von Black Biscuit lag. Souveräne Staaten haben es nicht so gerne, wenn ausländische verdeckte Ermittler in ihrem Hinterhof herumschnüffeln. Pops jedoch, der nur ein bezahlter Informant war, brauchte keine Erlaubnis, um in seiner Undercover-Rolle nach Mexiko zu reisen. Bisher war er stets zusammen mit Rudy gefahren, doch seit Rudy indisponiert war, musste er die Grenze allein überqueren.

Als wir uns der Grenze näherten, wurde Pops immer angespannter. Ein paar Kilometer vor dem Grenzübergang gestand er mir: »Bird, ich hab Bammel.« Er wollte nicht allein zum Clubhaus der Solos gehen, und ich konnte es ihm nicht verdenken.

Nun tat ich etwas, was ich später bereut habe – nicht weil ich es für falsch hielt, Pops geholfen zu haben, sondern weil es eine ganz unsinnige Aktion war, auf die nicht einmal ich, ein notorischer Draufgänger, mich hätte einlassen sollen.

Ich beschloss, mit Pops nach Mexiko zu fahren, um dort zu ermitteln – ohne die Erlaubnis meiner Vorgesetzten.

Ich hatte nicht vor, mit zum Clubhaus zu gehen – ich wollte nur in der Nähe sein, falls Pops Ärger bekommen sollte. Darum wies ich ihn an, mich nach 30 Minuten anzurufen. Wenn ich bis dahin nichts von ihm gehört hätte, würde ich kommen und ihn retten. Ich würde ihn nicht allein lassen und den Wölfen preisgeben.

Also fuhren wir über die Grenze und trennten uns. Ich schlenderte herum, trank Cola, rauchte Zigaretten und lehnte alle Angebote vom Sombrero bis zum Oralsex ab.

30 Minuten vergingen. Kein Anruf.

40 Minuten vergingen. Kein Anruf.

45 Minuten. Kein Anruf.

Ich machte mich auf zum Clubhaus.

Pops ging es gut. Sehr gut sogar. Er versicherte mir, er habe versucht, mich anzurufen, doch jedes Mal habe sich gleich die Mailbox gemeldet. Ich sah mir mein Handy genauer an und stellte fest, dass ich in Mexiko keinen Netzdienst hatte. Toll. Blöd.

»Reg dich ab, Bird«, sagte Pops. »Diese Jungs lieben uns. Komm schon, feiern wir ein bisschen.« Er aß gerade einen Taco.

Ich wahrte den Schein, lernte ein paar Leute kennen, trank ein Bier und ließ mich zu einem Billardspiel überreden. Suzuki, der Präsident in Tijuana, wollte, dass wir ihm bei unserem nächsten Besuch eine Harley Sportster mitbrachten. Außerdem erinnerte er uns daran, dass wir unsere Aufnäher gegen solche mit dem spanischen Wort *Nomada* umtauschen mussten. »Ich kann diesen Gringomist nicht leiden«, sagte er. Ich umarmte ihn und antwortete: »Geht klar.« Für einen Widerspruch sah ich keinen Anlass. Ich hoffte, ihn nie wiederzusehen. Als mein Billardspiel beendet war, schnappte ich mir Pops und erinnerte ihn an unser Geschäft in San Diego. Er kapierte, und wir verabschiedeten uns.

Als wir durch die Straßen gingen, sagte ich, ich käme mir wie ein Idiot vor. Er riet mir, mich zu entspannen.

Das gelang mir nicht. Ich befand mich in einer Zwickmühle. Wenn ich Pops allein herumfahren ließ, fühlte er sich unsicher. Andererseits durfte ich nicht ohne Erlaubnis undercover arbeiten. Tat ich es doch und informierte Slats anschließend darüber, würde er die Ermittlungen wahrscheinlich beenden. Doch wenn ich ihm meinen Fehler verschwieg, würde er eines Tages dahinterkommen und mich zur Rede stellen. Mein unerlaubtes Handeln konnte unsere Glaubwürdigkeit vor Gericht ernsthaft gefährden, und je länger ich meinen Abstecher nach Mexiko geheim hielt, desto schlimmer würde es für mich werden.

Trotzdem verschwieg ich ihn lange Zeit.

Wir kehrten nervös und unzufrieden nach Tucson zurück. Es war kurz vor Weihnachten. Ich setzte Pops vor seinem

Haus ab, winkte seiner Frau zu, die im Vorgarten stand, und versprach ihm, in ein paar Tagen vorbeizuschauen und ihm einige Dinge für die Feiertage zu bringen. Er bedankte sich. Seine Worte bezogen sich auf die Geschenke, die ich seinen Töchtern bringen wollte, aber seine Gefühle galten meiner Bereitschaft, ihn in Mexiko zu unterstützen, obwohl es schließlich gar nicht notwendig gewesen war.

Dann sagte er: »Tut mir leid.«
»Mach dir keinen Kopf, Pops. *Feliz Navidad*, okay?«
»Okay.«

Ich war nicht der Einzige, der in der Zeit vor Weihnachten noch draußen herumschlich. Auch Slats war als verdeckter Ermittler aktiv gewesen.

Als ich nach Hause kam, war es wie voriges Mal: Gwen stand auf der Veranda und wartete auf mich, damit sie ausgehen und einkaufen konnte. Nur dass sie diesmal gute Laune hatte. Sie sagte: »Wenn ich zurückkomme, hilfst du mir, die Geschenke einzupacken, ja?«
»Natürlich, G.«
»Schön. Für dich hab ich auch eine Überraschung.«

Ich ging ins Haus und entdeckte unsere Skiausrüstung im Wohnzimmer.

Wie sich herausstellte, hatten Slats, seine Frau und Gwen einen Ausflug ins Angel Fire Ski Resort, einen Urlaubsort in New Mexico, geplant, mit Kindern und allem Drum und Dran.

Als ich das hörte, dachte ich allerdings nicht: Hurra! Familienurlaub! Ich dachte: Ausgerechnet jetzt muss ich das Spielfeld verlassen, wo ich doch an den Jungs dranbleiben sollte. Die Wahrheit war, dass die Hells Angels allmählich zu meiner Familie wurden, und obwohl ich ihnen gesagt hatte, ich sei unterwegs, um Geld einzutreiben, konnte es unnötiges Misstrauen auslösen, wenn ich über Weihnachten einfach verschwand. Aber die Kinder waren begeistert davon, dass wir zusammen wegfahren würden, also schluckte ich meinen Stolz hinunter und gab nach. Und wenn es mir keinen Spaß machte, würde ich eben so tun, als ob.

Am 20. sollte es losgehen. Wir hatten also noch ein paar Tage, um uns vorzubereiten.

Die Familie Dobyns veranstaltete jedes Jahr an Weihnachten ihre eigene Spielzeug- und Kleidersammlung. Die Kinder legten ihre alten Kleider auf den Küchentisch und wählten mindestens acht Spielsachen aus, die sie spenden würden. Diese Tradition machte ihnen keinen allzu großen Spaß, aber es war eine gute Lektion für sie. Wenn sie fertig waren, steckten wir die Sachen in Kartons und brachten sie einige Tage vor dem Fest unserer Kirchengemeinde. Jedes Jahr sagte ich zu den Kleinen: »Keine Sorge, Kinder. Wenn ihr erwachsen seid, fühlt ihr euch deswegen besser.« Sie hatten genug Vertrauen zu mir, um es zu glauben.

Ich hatte Pops gefragt, ob er sich als Erster etwas aussuchen wolle. Er verdiente zwar ganz ordentlich, aber als bezahlter Informant ist noch nie jemand reich geworden, schon gar nicht als bezahlter ATF-Informant. Ich versicherte ihm, dass ich ihn damit nicht beleidigen wolle, und er sagte, er fühle sich keineswegs beleidigt und würde alles tun, um seine Töchter glücklich zu machen. Ich versprach ihm, ein paar gute Sachen vorbeizubringen. Dale war so freundlich, zwei neue Stofftiere, einige ungeöffnete CDs und ein wenig neues Make-up beizusteuern. Sie bestand sogar darauf, die Sachen zu verpacken.

Am 19. fuhr ich allein rüber zu Pops. Es war ein kurzer Besuch. Wir umarmten uns vor dem Haus, dann rief er seine Frau und seine Töchter heraus. Behutsam umarmte ich seine Frau und beugte mich hinunter, um seine zwei aufgeweckten, hübschen Töchter zu begrüßen. Ich wusste, dass sie gut in der Schule und immer höflich und vorzeigbar waren.

Die Kleinen sagten: »Danke, Jay«, und trugen den Karton ins Haus. Pops' Frau wünschte mir frohe Weihnachten und folgte den Kindern hinein. Pops griff in seine Windjacke, zog eine neue CD heraus und reichte sie mir. Ich war ein wenig verlegen. Ich hatte kein Geschenk für ihn – ich hatte nicht einmal daran gedacht.

»Danke«, sagte ich.

»Keine Ursache. Hör dir den dritten Song an. Er erinnert mich an uns beide.«

Wir umarmten uns und wünschten einander frohe Weihnachten, dann ging ich.

Der Name der Band, 3 Doors Down, war mit wasserfestem Stift auf die CD geschrieben, ein beigefügtes Blatt Papier enthielt die Liste der Lieder. Der dritte Titel hieß »Be Like That«. Ich steckte die CD in den Player, wählte das Lied und drückte auf die Starttaste, während ich auf die Autobahn einbog.

Es war eine Rockballade. Sie begann mit einem Gitarrenriff, und der Leadsänger fing leise an zu singen. Dann baute sich langsam ein ganzer Chor aus Schlagzeug, einem fantastischen Bass und erstklassigen Becken auf. Darauf folgte wieder ein leiser Refrain. Die Melodie klang gut, und der Sänger wollte etwas wissen:

He spends his nights in California
Watching the stars on the big screen.
Then he lies awake and he wonders,
Why can't that be me?
Cause in his life he's filled with all these good intentions.
He's left a lot of things he'd rather not mention right now.
But just before he says good night,
He looks up with a little smile at me and he says

If I could be like that
I'd give anything

Just to live one day
In those shoes
If I could be like that, what would I do?
What would I do?

(Er verbringt seine Nächte in Kalifornien
Und betrachtet die Sterne auf dem großen Schirm.
Dann liegt er wach und fragt sich:
Warum kann ich das nicht sein?
Denn er lebt mit so vielen guten Vorsätzen.
Er hat so vieles getan, worüber er jetzt nicht gern spricht.
Doch bevor er gute Nacht sagt,
schaut er leise lächelnd zu mir auf und sagt:

Wenn ich so sein könnte,
würde ich alles dafür geben,
Nur um einen Tag in diesen Schuhen zu leben.
Wenn ich so sein könnte, was würde ich tun?
Was würde ich tun?)

Ich begann zu weinen.
 Verdammter Pops.
 Gott segne ihn.
 Wir fuhren als kleiner Konvoi nach New Mexico, die Dobyns in einem Auto, die Slatallas im anderen. Es war eine achtstündige Plackerei, aber ich war das weite Fahren inzwischen so gewohnt, dass es mir nichts mehr ausmachte.
 Jack sang andauernd »Jingle bells, Batman smells, Robin laid an egg« und so weiter. Anfangs sangen wir noch alle mit, aber nach zehn Wiederholungen sang nur noch er. Dann bat ich ihn, damit aufzuhören, und er gehorchte.
 Wir bogen auf einen LKW-Parkplatz ein, um Mittag zu essen. Slats' Kinder sprangen aus dem Auto, und Dale lief zu

ihnen. Jack ließ sich Zeit. Er ging mit den Erwachsenen. Ich schaute ihn an. Er war ungewöhnlich still.

Gwen fragte ihn, ob alles in Ordnung sei. Er lächelte und sagte: »Klar.«

Keine 15 Minuten später kam Jack zu Gwen und stupste sie am Knie. Er war grün wie Spinat. Ich unterdrückte ein Kichern, Slats packte mich am Handgelenk.

Jack klagte: »Mama, mir geht es nicht gut«. Dann griff er nach ihrer Handtasche, öffnete sie und erbrach sich hinein.

Ich hoffte, dass dies kein Omen für unsere Reise war.

Wir säuberten ihn und fuhren weiter. Danach verdrückte Jack ein Sandwich mit Erdnussbutter und Marmelade und fühlte sich gleich so viel besser, dass er wieder zu singen begann. Der Kleine konnte Weihnachten kaum erwarten. Dale wollte wissen, was für Geschenke sie dieses Jahr bekamen, und ging Gwen damit auf die Nerven. Gwen sagte: »Ich verrate nichts, Shoey. Übrigens, ihr wisst doch, dass Weihnachten mehr ist als Geschenke. Die erinnern uns nur daran, dass es uns bessergeht als anderen.« Dale maulte, das wisse sie alles. Doch Gwen riet ihr nur, dankbarer zu sein, und Dale war klug genug, das Thema zu wechseln.

Ich beteiligte mich kaum an diesen Gesprächen, überprüfte aber immer wieder mein Handy, weil ich Anrufe von Smitty und Bad Bob verpasst hatte. Das machte mich nervös. Mir war klar, dass ich jetzt bei ihnen sein sollte, um ihre Egos zu massieren und mich zu integrieren. Irgendwann schaltete ich das Telefon ab.

Als ich nun zum ersten Mal seit Monaten – vielleicht seit einem Jahr – acht Stunden lang allein mit meiner Familie im Auto saß, dämmerte es mir, dass ich mich zu einer gespaltenen Persönlichkeit entwickelt hatte. Der Teil von mir, der Jay Dobyns hieß, hatte ein schlechtes Gewissen, während der Teil, der als Bird bekannt war, sich über Jay ärgerte, weil dieser Schuldgefühle hatte.

Die Slatallas hatten ein Apartment in Angel Fire gemietet: vier Schlafzimmer, drei Bäder und ein hübscher Whirlpool im Freien. Wir richteten uns ein. Slats und ich kauften Karten für den Skilift, während die Frauen und die Kinder zum Supermarkt gingen. Auf dem Weg zum Skilift vereinbarten Slats und ich, möglichst wenig über den Fall zu reden. Wir wussten beide, dass wir uns entspannen und eine Weile in unser altes, ruhigeres Leben zurückkehren mussten. Slats sagte: »Nur abends, wenn alle anderen im Bett sind.«

Ich stimmte zu. »Nur abends. An der Bar.«

»Auf jeden Fall an der Bar.«

Slats bereitete jeden Morgen ein großes Frühstück zu. Am ersten Tag bestand es aus Eiern mit Käse und Frühlingszwiebeln, Toast, Speck und Orangensaft. Am nächsten Morgen gab es Pfannkuchen, am übernächsten Arme Ritter und danach pochiertes Ei mit selbst gemachter scharfer Soße. Er war ein Meister der schnellen Gerichte. Ich sagte scherzhaft, wenn er bei der ATF keinen Erfolg haben sollte, habe er eine Zukunft im Waffle House. »Nein«, sagte er, »dafür bin ich zu gut.«

Wir blieben sechs Nächte und sieben Tage, die Kinder waren begeistert. Dale war im gleichen Alter wie Slats' älterer Sohn, Jack war so alt wie sein jüngerer Sohn. Jeden Tag verbrachten wir drei oder vier Stunden am Hang und versuchten beieinanderzubleiben. Dabei forderte ich Slats andauernd zu Abfahrtsrennen heraus, doch er weigerte sich jedes Mal. Mir war es egal. Ich raste auf kurzen Skiern und ohne Stöcke hinunter. Ich mochte diese Skier, weil ich alles mit ihnen tun konnte. Ihr einziger Nachteil war, dass ich darauf mehr wie ein Affe auf Stöcken als wie Bode Miller aussah. Jedes Mal war ich als Erster unten und wartete ungeduldig auf die anderen. Slats war meist der Letzte, weil er auf seinen langen Parabolskiern anmutige Bögen durch den Pulverschnee zog und darauf achtete, dass alle unverletzt unten ankamen und nicht herumalberten, wenn es unangebracht war. Dann fuhren wir mit dem Lift wieder hinauf, und alles begann von vorne.

An Heiligabend, als die Kinder im Bett waren, schlich ich mich mit dem Handy hinaus auf die hintere Veranda und wählte Smittys Nummer. Während es klingelte, zündete ich eine Zigarette an. Lydia meldete sich und wollte wissen, was ich treibe. Ich entgegnete, Big Lou habe mich zum Geldeintreiben nach Santa Fe geschickt, woraufhin sie fragte, welcher Scrooge denn am Heiligen Abend arbeite. Ich erwiderte, dass ich auf Befehl von Big Lou sogar dem Weihnachtsmann ins Knie schießen und sämtliche Spielsachen von seinem Schlitten herunterholen würde, während er sich im Schnee wälzte. Lydia sagte nur »Mein Gott!«, dann rief sie Smitty ans Telefon. Wir redeten ein paar Minuten. Er sagte, alles sei in Ordnung, und wünschte mir einen schönen Feiertag. Ich versicherte ihm, mir ginge es den Umständen entsprechend gut. Gwen kam heraus, schaute erst mich an, dann die Zigarette in meiner Hand und dann wieder mich. Ich warf ihr einen irren Blick zu. Sie schüttelte den Kopf und ging zurück ins Haus.

Wenn ich einen Funken Anstand gehabt hätte, dann hätte ich mich geschämt. Stattdessen war ich froh, dass sie weg war.

Nachdem ich aufgehängt hatte, rauchte ich noch eine Zigarette und ging wieder hinein. Dort wurde ein Scrabblespiel vorbereitet. Da Slats mitspielte, wusste ich, dass ich keine Chance haben würde. Trotzdem machte ich mit.

Am Weihnachtstag waren die Kinder schon in aller Frühe auf den Beinen. Der Kaffee kochte schon. Aus dem Wohnzimmer waren Geräusche zu hören – drei Jungs rissen Verpackungen auf, und ein Mädchen öffnete seine Päckchen ganz vorsichtig. Ihre Energie war ansteckend. Ich begann, die Verpackungsfetzen aufzusammeln und den Kindern

Papierkugeln an den Kopf zu werfen. Bald tobte eine wilde weihnachtliche Geschenkpapierschlacht. Es war eine gute Entspannung. Danach spielte ich mit den kleineren Jungs Verstecken. Ich musste suchen. Slats machte wieder das Frühstück, und nach dem Essen stürmten wir die Hänge.

In dieser Nacht, als die Lichter aus waren, gingen Slats und ich in die Bar des Resorts. Am Weihnachtsabend war dort nicht viel los – nur ein paar einsame Ortsansässige und Mitarbeiter der Skianlagen, die nach einem ganz normalen Tag einen heben wollten, saßen herum.

Wir sprachen über unsere nächsten Schritte. Was immer jetzt kam, es sollte die Angels aus den Socken hauen, darüber waren wir uns einig. Ich schlug vor, ihnen unsere Macht zu demonstrieren, und wir beschlossen, einen Run der Solo-Angeles-Nomaden in Arizona zu veranstalten, bei dem jeder anwesende Solo ein ATF-Beamter sein würde. Wir wollten in großer Zahl aufkreuzen und es richtig krachen lassen, um den Angels zu zeigen, mit wem sie es zu tun hatten.

Das passte zu Slats' Plan, die Solos weiterbestehen zu lassen, und es fügte sich auch gut in mein Konzept, ohne dass ich einknicken musste. Wenn die Solos bewiesen, dass sie ein starker Club waren, wurde Bird noch glaubwürdiger und begehrenswerter als Aufnahmekandidat. Darum war dieser Plan für Slats ebenso vorteilhaft wie für mich.

Dann stellten wir den Fall für eine Weile zurück und unterhielten uns über die Woche. Ich dankte Slats dafür, dass er uns diesen Urlaub ermöglicht hatte, und fügte hinzu, wenn er es nicht getan hätte, würden die Dobyns in ihrem Wohnzimmer herumsitzen und die Wände anstarren.

Er zuckte mit den Schultern, als wäre er anderer Meinung, und wechselte das Thema.

»Ich hab heute schon darüber nachgedacht, wie wir Ski fahren«, sagte er.

Wie immer hatte ich den Tag damit verbracht, den Hang hinunterzurasen, während er das Geräusch des Windes in den Ohren und die schneebedeckten Kiefern am Rand der Piste genossen hatte – oder etwas Ähnliches. »Was ist damit?«

»Nun, du weißt ja – du saust hinunter, du stürzt, rappelst dich hoch, rast weiter, fällst wieder hin und so weiter.«

»Stimmt. Wenn du nicht stürzt, fährst du nicht energisch genug Ski.«

»Na ja, wie du weißt, fahre ich oft von einer Seite zur anderen. Ich gleite und schaue mir alles an und passe auf, dass alle gesund runterkommen.«

»Klar. Du bist langsam. Ich hab's bemerkt.«

Er ließ es mir durchgehen und fuhr fort: »Ich hab mir nur überlegt, dass wir zwar gegensätzliche Stile haben, aber letztlich doch etwa gleichzeitig unten ankommen und dann gemeinsam wieder hinauffahren. Das eine ist im Grunde nicht besser als das andere. Das ist alles, was ich damit sagen möchte. Wir sind eben, wie wir sind.«

»Ja, ich schätze, du hast recht.«

Wir stießen an und bestellten noch eine Runde.

Die Solo-Zeitarbeiter

Januar 2003

VOR WEIHNACHTEN hatte ich 50 bis 60 Stunden in der Woche gearbeitet; danach musste ich mit 80 bis 100 Stunden rechnen. Trotzdem schuftete ich unverdrossen weiter – ich war sogar in bester Stimmung.

Wir waren dabei, unseren Run vorzubereiten, der in der ersten Monatshälfte steigen sollte. Zuerst riefen wir ein paar ATF-Beamte an und sicherten uns die Mitarbeit von drei Kollegen: Steve »Gundo« Gunderson, Alan »Footy« Futvoye und Jesse Summers, einem Teufelskerl aus San Diego. Jeder von ihnen hatte etwas zu bieten. Jesse war jung und unerschütterlich – er sah aus wie ein Latinogangster. Footy war ein Hüne – 1 Meter 93 groß, 125 Kilo schwer – und hatte eine unbeschwerte Art, die andere sowohl ängstigte als auch anzog. Gundo, der mit mir die Akademie besuchte hatte, war zehn Jahre älter als ich und ein ausgefuchster verdeckter Ermittler der alten Schule, ein mustergültiger, geradliniger Polizist, den jeder – ob gut oder böse – einfach gern haben musste.

Während Slats, Timmy und ich unsere Partner einweihten, kümmerten sich JJ und Pops um die Details. Wir mussten ja drei »neue« Solos aufnehmen und ausrüsten, also besorgten sie gemietete Motorräder, Motelzimmer und – was am wichtigsten war – Lederkutten, die sie so bearbeiteten, dass sie authentisch aussahen. Wir wollten, dass die Jungs gleich loslegen konnten, wenn sie am 28. Januar nach Arizona kamen.

Außerdem stattete ich das Undercover-Haus in Phoenix mit einigen neuen Requisiten aus. Spike, mein ein Meter langer Leguan, hatte von meiner Familie nicht die Liebe bekommen, die er brauchte, also nahm ich ihn nach Phoenix mit. Kaum war Spike da, wurde mir klar, dass er einen Freund brauchte. Aus irgendeinem Grund verkaufte ein Kollege eine zweieinhalb Meter lange namenlose Boa constrictor. Ich kaufte sie – und ihren riesigen Glaskäfig – für 100 Riesen.

Ab Mitte Januar frischten wir unsere alten Kontakte wieder auf. Als Timmy und Pops an einem Abend mit Bad Bob und den Mesa-Jungs ausgingen, gab Bob bekannt, dass Drogen im Clubhaus nicht mehr geduldet würden – kein Verkauf, kein Kauf, kein Gebrauch. Alle fanden das gut. Bob sagte, es habe in letzter Zeit zu viele Drogengeschichten gegeben. Dann zog er Timmy und Pops beiseite und fragte: »Übrigens, Jungs, habt ihr 'n paar Spaßmacher dabei?« Anscheinend galt die Regel nicht für ihn. Später erzählte mir Timmy, er habe ein Kichern unterdrücken müssen, indem er in die Hand hustete, und Pops meinte, er habe es gar nicht glauben können.

Viel mehr passierte nicht bis zu dem Spektakel am 28.

Slats rollte für die Solo-Zeitarbeiter eine Art roten Undercover-Teppich aus: Rumpsteaks vom Grill, eiskalte Colas und ein provisorisches Kasino im Unterschlupf mit Würfel- und Blackjack-Tischen und einem Rouletterad. Ich versuchte, JJ zu überreden, sich wie ein Showgirl zu kleiden, aber sie ließ mich abblitzen.

Wir spielten mit 25-Cent-Münzen und lachten gemeinsam und aßen. Gegen zehn schlug ich eine Spazierfahrt vor. Alle waren dabei.

Als wir aufstiegen, schrie Slats: »Haltet euch heute Abend zurück. Wir haben eine anstrengende Woche vor uns.«

Ich sagte: »Schon klar.«

»Keine Clubhäuser. Nur stinknormale Kneipen.«

»Schon klar.«

»Ihr kriegt keine Deckung.«

»Schon klar.«

Dann fuhren wir los.

Ich wusste, dass diese Jungs zu allem bereit waren, darum verstieß ich sofort gegen Slats' Anordnung. Wir fuhren zum Desert Flame, einem Stripclub, der einem neuen Mesa-Anwärter namens Big Time Mike gehörte.

Zu siebt betraten wir den Laden, JJ eingeschlossen.

Big Time Mike fragte: »Was geht?«

»Big Time, das sind meine Solo-Brüder Jesse, Footy und Gundo.« Big Time wollte wissen, was wir trinken, und wir sagten es ihm.

Als er die Drinks brachte, meinte er: »Ihr solltet rüber nach Mesa fahren. Dort sind einige Jungs, die euch gerne sehen würden.« Bevor ich etwas einwenden konnte, rief er dort an und sagte: »Alles geritzt. Sie warten auf euch.«

»Cool, Alter.«

Dann nahm ich Gundo und Footy beiseite und fragte sie: »Was meint ihr? Wenn ihr noch unsicher seid, gehen wir nicht dorthin. Ihr habt Slats gehört – er will das nicht.«

Beide sagten ohne Zögern: »Zum Teufel damit – gehen wir hin!«

Danach stellte ich Jesse und JJ die gleiche Frage, und auch sie machten mit. Timmy und Pops waren sowieso immer bereit, die Jungs zu treffen. Ich sagte zu allen, dass wir nicht länger als eine oder zwei Stunden bleiben würden – rein und raus, kurze Begrüßung, Lage checken und so. Als wir auf die Motorräder stiegen, warf ich einen Blick auf meine Leute. »Wir brauchen das verdammte Coverteam nicht. Wir *sind* das Coverteam.« Wir waren einer Handvoll Angels gewachsen. Mein Selbstvertrauen steigerte sich enorm.

Der Mesa-Angel Alex Davis begrüßte uns am Tor und

führte uns hinein. Es waren nur eine Handvoll Leute da: Nick Nuzzo, Mark Krupa, Casino Cal, Paul Eischeid und ein paar Anwärter, die ich noch nicht kannte. Nick ging hinter die Bar, goss uns Drinks ein und prostete den Solo Angeles zu.

Dann sagte er: »Gehen wir nach nebenan.« Er meinte den Teil des Hauses, der Mitgliedern vorbehalten war.

Zum ersten Mal betraten wir den Nebenraum. Die Ausstattung war die gleiche, nur dass es mehr Loungemöbel gab: ein paar Sofas, vier übermäßig gepolsterte Sessel und einen niedrigen Kaffeetisch, in den allerlei Unsinn eingeritzt war: AFFA, I (HEART) THE HELLS ANGELS; MESA ROCKS; JAIL, DEATH, AND PUSSY.

Die Leute vermischten sich, und die neuen Solos hatten alles im Griff – keine Furcht, kein Zögern. Sie waren nun seit zwölf Stunden bei uns und benahmen sich schon wie erstklassige Schauspieler. Zum ersten Mal seit Monaten konnte ich mich zurücklehnen und das Leben genießen, während meine Partner im Raum aktiv waren. Nick und Cal schnupften Meth von einer Messerspitze und verstießen damit offen gegen Bobs Drogenverbot. Nick schien gesehen zu haben, dass ich ihn beobachtete, denn er steckte sein Messer weg und kam zu mir.

»Zum Teufel mit Bob«, platzte er heraus.

Es war die Droge, die aus ihm sprach. Ich sagte nichts.

»Zum Teufel mit ihm«, wiederholte er. Da kam Cal zu uns und setzte sich. Nick nahm ebenfalls Platz. Er wippte mit einem Bein und redete schnell. »Ich sag's dir, Bird, das hier ist alles scheiße. Das Rudel teilt sich auf. Die Jungs in diesem Raum, wir wollen Outlaws sein. Bob und Whale und Crow, diese alten Säcke, die wollen, dass wir locker bleiben.« Er spuckte auf den Boden. »Wir wollen Gesetzlose sein – wie ihr, verstehst du?« Ich war sprachlos. Die Mesa-Angels wollten sein wie wir? Wie die Solos?

Nick schnupfte kräftig, und Cal übernahm das Reden. »Hör zu, Bird. Wir wollen mit dir Geschäfte machen, aber wir müssen es langsam angehen lassen, weil Bob nichts davon wissen darf. Er nimmt euch in Beschlag. Er ist paranoid und gierig, und er behält alles, was gut ist, für sich.«

Nun mischte sich Nick wieder ein. »Verdammt, weißt du, wie oft dieser fette Bastard vor meinen Augen seine eigenen Regeln gebrochen hat? Mann, ich hab nicht genug Finger, um das zu zählen.«

Ich nickte. Dann boten sie mir und JJ eine Line an, doch ich erinnerte sie daran, dass ich keine Drogen mehr konsumierte. JJ sagte: »Nein danke. Nicht, solange Bird mein Macker ist.«

»Jedenfalls«, fuhr Nick fort und zog selbst eine weg, »ist nicht mehr jeder von uns auf Bobs Seite. Irgendwie ist es hier in letzter Zeit total beschissen.«

Das war gut und schlecht für uns. Wir hatten die Chance, die Schwäche des Clubs auszunutzen, aber wir mussten auch Bob bei Laune halten und durften seine Autorität auf keinen Fall untergraben. Ich sagte Nick und Cal, wir seien immer an Geschäften interessiert. Bob erwähnte ich nicht und hatte auch nicht vor, ihn zu informieren. Ich beschloss, sie alle zappeln zu lassen und abzuwarten, wie die Dinge sich entwickelten. Es gab keinen anderen Weg. Wenn ich Bob hinterging, würde er es herausfinden, und er würde zugleich durchschauen, dass ich ein Spitzel war. Wenn er hingegen nur herausfand, dass ich Bescheid wusste, konnte ich auspacken und hinzufügen, ich hätte nicht petzen wollen. Dann konnte ich die Schuld auf Nick und Cal schieben, die mich in eine unangenehme Lage gebracht hatten. Ich wusste, dass Bob das verstehen würde. Es war die einzige ehrbare Handlungsweise.

Wir gingen kurze Zeit später. Länger konnten wir nicht bleiben, denn Slats hatte recht: Uns stand eine harte Woche bevor.

Wir hatten alles bis ins Kleinste geplant. Die neuen Kollegen standen mir eine Woche lang zur Verfügung, und ich wollte, dass Slats etwas für sein Geld bekam.

Der 29. begann mit einer Clubversammlung, zu der ich Bob einlud. Es ging um unseren Anwärter Jesse. Die Solos umringten ihn im Wohnzimmer des Undercover-Hauses, während Merengue-Musik aus einem Auto dröhnte, das vor dem Haus stand. Ich wartete in der Küche, bis Timmy sagte: »Verdammt, Anwärter, was glotzt du so?«, und mir damit das Zeichen für meinen Einsatz gab.

Nun zündete ich eine Kippe an und schlenderte hinein. Meine Serienmörder-Mütze hatte ich über die Augenbrauen gezogen. Jesse saß auf einem Klappstuhl mitten im Zimmer. Ich pflanzte mich dicht vor ihm auf und entfernte mich nie mehr als anderthalb Meter von ihm. Er schwang die Knie hin und her, während ich ihn anstarrte und den Zigarettenrauch einsog. Alle anderen standen mit verschränkten Armen und grimmiger Miene um ihn herum.

»Ich werde deine Zeit nicht vergeuden, Anwärter. Und ich hab nicht die geringste Lust, die Zeit eines meiner Brüder oder unserer geschätzten Gäste zu vergeuden. Du bist eine totale Niete. Von deinem Bürgen weiß ich, dass du faul bist, und wenn du etwas machst, dann machst du es falsch. Dein Bürge« – ich deutete auf Footy – »sagt, du kannst nicht mal eine Bierflasche richtig öffnen, und wenn es schwieriger wird, zum Beispiel wenn du einen Benzintank füllen sollst, vermasselst du's erst recht. Nicht auszudenken, dass er dir befehlen würde, mal was richtig Hartes zu tun, etwas, was jeder von uns tun könnte, ohne nachzudenken. Du weißt, was ich meine?« Jesse sah mich an wie ein ertappter Schuljunge.

Gundo sagte: »Bird hat dir eine Frage gestellt. Antworte.«

»Ja, klar. Ich weiß, was du meinst, Bird.« Seine Stimme zitterte nicht.

Ich erwiderte: »Das bezweifle ich. Ich glaube nicht, dass du auch nur die geringste Ahnung hast, wovon ich rede. Ich rede von Dingen, auf die deine Mama nicht stolz wäre. Kapiert?«

»Ja, ja, ich hab's kapiert.«

»Blödsinn!«, bellte ich. Er zuckte nicht einmal zusammen. Ich tat so, als wäre ich unzufrieden, beugte mich über ihn und legte ihm die Hände auf die Knie. Leise sagte ich: »Das ist Blödsinn, Anwärter. Ich glaube, du bist ein Schlappschwanz, eine wachsweiche, unwürdige Tunte. Du bist kein Solo. Wenn du Rad fahren willst, dann rate ich dir, geh nach Hause, und werde Mitglied in einem BMX-Club, du kalifornische Null. Hörst du mir zu?«

»Klar.« Keinerlei Furcht.

»Na schön. Also. Da ich ein anständiger Kerl bin, kannst du jetzt reden, wenn du was zu sagen hast.«

Er erklärte höflich, er sei anderer Meinung. Er habe alles so gut er könne getan, was man ihm aufgetragen habe. Wenn das nicht gut genug gewesen sei, tue es ihm leid. Er sagte, er wolle immer noch ein Solo werden.

Ich drehte ihm den Rücken zu, während er sprach, und schüttelte den Kopf. Als er fertig war, sagte ich: »Vergiss es, Mann, vergiss es!« Dann zwinkerte ich Bob zu. »Ach was, vergiss es einfach. Footy, gib dem Kerl sein Ding!« Footy trat vor und überreichte Jesse seinen Aufnäher. Wir alle johlten, und Jesse stieß einen langen vorgetäuschten Seufzer aus. Bob war fasziniert. Später sagte er zu mir, das sei die beste Aufnahmezeremonie gewesen, die er je gesehen habe. »Abgesehen von der einen, wo der neue Bruder versehentlich erschossen wurde«, fügte er lachend hinzu.

Dann begann das Grillfest der Solo Angeles zu Ehren der Hells Angels von Arizona. Etwa 20 Angels kamen in unser bescheidenes Heim im mexikanischen Viertel. Die Einheimischen nebenan wussten nicht, was sie denken sollten, als zahlreiche Motorräder durch die Straße dröhnten. Doch wir waren gute Nachbarn, also luden wir sie ebenfalls ein. Einige kamen sogar, was ein verrücktes Schauspiel ergab: Mexikanische Gangster und Hells Angels vermischten sich wie auf einem Gefängnishof in der Wüste.

Gundo schoss den Vogel ab. Er hatte vor langer Zeit gelernt, dass er in der Undercover-Welt am besten einfach er selbst war. Außer seiner Kutte trug er eine hellgraue Kordhose, ein weißes Button-Down-Hemd, eine einfache grüne Baseballmütze und Laufschuhe. Abgesehen vom Haarschnitt und seiner Kutte sah er aus wie ein Durchschnittstyp in einem Einkaufszentrum. Die Frisur war das Beste. Ich hatte ihn an den Seiten des Kopfes rasieren müssen. Nur ein breiter Irokesenstreifen auf dem Schädel war übriggeblieben. Er nannte die Frisur »Seepferdchen«.

Als ich irgendwann durch die Küche ging, traf ich Gundo, der gerade lässig die Kleider eines nackten Mannes in den Händen hielt. Ein paar Angels standen mit verschränkten Armen herum und musterten ihn. Ich fragte, was los sei.

»Niemand kennt diesen Burschen«, sagte Gundo. »Ich wollte nur sichergehen, dass er nicht verwanzt ist.«

Der Mann sah gedemütigt und furchtsam aus. Ich hatte keine Ahnung, wer er war. »Tja, wenn es noch keine Mikros für Schwänze gibt, dürfte er sauber sein. Gib ihm seine Klamotten zurück, okay?«

Gundo lächelte. So hatte ich ihn schon Hunderte Male seine Frau anlächeln sehen. »War gerade dabei, Bird.«

Bad Bob hatte die Stripshow beobachtet und kam rüber, um zu fragen, was passiert sei. Gundo erklärte es ihm: »Bob, du bist unser Gast. Ich bin für deine Sicherheit und die deiner Brüder verantwortlich. Wenn jemand aufkreuzt, den keiner kennt, wird er von mir gefilzt, bis ich sicher bin, dass er euch nicht ausspioniert und nicht fotografiert und dass er nichts in böser Absicht einschmuggelt. Bob strahlte. Er schlang einen seiner Arme (sie waren dick wie Baumstämme) um Gundos Hals und barg dessen Kopf in seiner Armbeuge. Dann drehte er sich zu mir um und sagte: »Ich liebe diesen Jungen.« Fehlte nur noch, dass er Gundo auf das Seepferdchen küsste.

Ich wanderte ohne Hemd durch die Party, berauscht vom Erfolg, und lächelte nie, schlug aber mit Trommelstöcken auf allem herum – auf Stuhllehnen und auf den Rücken der Gäste. Sogar Casino Cals Totenkopf bekam einen Trommelwirbel ab. Ich war Bird, und ich war voll nervöser Energie.

JJ freundete sich allmählich mit Nicks Braut Casey an. Casey war das von Tattoos übersäte Mädchen, das Bad Bob manchmal begleitete. Sie mochte JJ, und diese erwiderte ihre Sympathie. Casey behauptete, sie beliefere einen Angel namens Nick Pew in Denver – und den Mesa-Charter – mit Crystal. Sie fragte JJ, ob sie schnupfen wolle, aber diese erwiderte: »Wenn ich das tue und Bird erfährt davon, setzt es Prügel. Das geht gar nicht. Trotzdem danke.« Casey erwiderte: »Kein Problem«, sie verstehe das – und wie. Dann erzählte sie, dass sie für Nick und seine Brüder andauernd Drogen nach Kalifornien bringe und von dort welche mitbringe. JJ sagte, sie habe ein paar Freunde in Dago, die vielleicht Stoff haben wollten. »Sag mir einfach, wie viel, und die Sache ist geritzt«, versprach Casey. JJ bedankte sich und sagte, sie werde daran denken. Dann fügte Casey hinzu, sie würde gern für uns Drogen in den Süden bringen, falls wir noch einen Kurier bräuchten. JJ sagte, sie werde mit mir darüber reden, und als ich das hörte, lachte ich.

Mein neues Haustier, die Schlange, lebte im Wohnzimmer. Während die Party um mich herum in vollem Gang war, holte ich die Schlange aus dem Behälter und legte sie mir über die Schulter. Sie war schwer und glatt und kühl. Ich fühlte mich stark.

Als ich mich Bad Bob näherte, wurde er bleich, zog sein Messer, zeigte auf die Boa und schrie: »Bird, nimm dieses verdammte Biest von mir weg, oder ich mach Stiefel aus ihm!«

Ich sagte: »Danke, Bob.« Er fragte, wofür. »Du hast eben meine Schlange getauft: Stiefel.«

Irgendwann war die Party zu Ende, aber unsere Fahrt ging weiter. Nächte wurden zu Tagen, Tage zu Nächten.

Am 13. bretterten wir zum Mesa Run. Bob, der offensichtlich angetörnt war, zog mich in eine Ecke und begann, auf Rudy zu schimpfen. Er befürchtete, Rudy könne den Mund nicht halten – er habe ein neugeborenes Kind zu Hause und sei daher vielleicht zu einem Handel mit der ATF bereit. Womöglich wolle er sich aus dem Knast freikaufen, um Zeit mit seinem Kind verbringen zu können, solange es noch jung sei. Ich wusste, dass Rudy auf jeden Fall aus der Gegend verschwinden würde und dass er uns nichts mehr zu bieten hatte, aber ich konnte Bob dennoch nicht trösten. Dass Rudy zwar am Ende war, aber doch sicher kein Spitzel, war alles, was ich ihm sagen konnte. Bob spielte wie besessen mit einem der Ringe an seinen dicken Fingern, während wir uns unterhielten. Er sagte, er habe sich für uns den Arsch aufgerissen. Andere Clubs lasse er in Arizona nicht zu, aber wir hätten etwas an uns, was ihm gefalle, und er habe schon lange niemanden wie uns mehr gesehen. Ich dankte ihm zum tausendsten Mal. Er meinte, sobald Rudy vernünftig geworden sei, hätten wir gute Chancen.

Am 31. schlenderten wir in den Pioneer Saloon in Cave Creek und wurden über die Lautsprecher ausgiebig begrüßt. Gundo ging direkt hinter mir, und nach der Durchsage beugte er sich an mein Ohr und flüsterte: »Ist mir egal, wer diese Typen sind, aber das war verdammt cool.« Ich nickte. Er hatte recht.

Alle waren da, wirklich alle: Sonny, Johnny Angel, Hoover, Smitty, Joby, Bob, Fang – jeder, der in Arizona Einfluss hatte.

Sonny kam rüber und begrüßte jeden von uns. Dann durften wir sogar ein Gruppenfoto mit ihm machen: nur Sonny Barger und Johnny Angel inmitten der Solo Angeles alias Cops, seiner Erzfeinde. Es war ein genialer Coup und einer der größten Augenblicke in der Geschichte der Bikerermittlungen.

Am Abend des 1. Februar gingen wir ins Clubhaus in Cave Creek. Es war größer als das Haus in Mesa und stand auf einem offeneren Grundstück in einer Wohnsiedlung. Drinnen gab es eine kleine Bühne mit einer Stripstange, und an diesem Abend hing immer eine Stripperin an ihr dran. Eine Blondine mit kniehohen, engen roten Lacklederstiefeln und eine frivole Brünette in einem gestrickten schwarzen Bikini – meist aber ohne ihn – wirbelten abwechselnd über die Bühne.

Die ganze Nacht löcherte mich Joby wegen meines Schalldämpfer-Lieferanten. Smitty musste ihm davon erzählt haben. Einmal zog er mich in ein Nebenzimmer und sagte: »Ich brauche etwas, damit man es draußen nicht hört, wenn ich genau hier jemanden umlege.« Ich versprach ihm, mit meinem Kontaktmann zu reden, aber ich müsse das auf meine Weise tun. Das sah er ein.

Als wir zurückgingen, stieß ich mit einem kleinen, muskulösen Energiebündel mit kahlem Kopf zusammen. Er sah aus wie mein kleinerer, breiterer Zwillingsbruder. Joby war inzwischen weitergegangen.

Das Energiebündel fragte: »Was zum Teufel…? Ah, du bist doch dieser Bird, nicht?« Er stieß mir einen Finger in die Rippen – genau dorthin, wo die Kugel aus meinem Brustkorb gedrungen war.

»Ja, stimmt.«

»Ich bin Dirty Dan, Mann, und ich muss mit dir reden.

Komm mit.« Ich folgte dem Knastbruder in einen leeren Winkel des Clubhauses und bereitete mich darauf vor, als Menschenopfer zu enden. Plötzlich drehte er sich um und bellte: »Ich hab alles über dich gehört, Bird. Du bist so 'ne Art verrückter Cowboy, nicht? Verdammt, Bruder, das gefällt mir.«

An seinem Hals traten die Adern hervor, und sein Gesicht wurde rot. Er spuckte beim Sprechen. Ich ließ mich von seiner Energie anstacheln und er sich von meiner.

Er erkundigte sich nach Mexiko. Ich sagte: »Bin oft dort.« – »Hab von Mongols in Mexiko gehört«, sagte er. »Es gibt welche, aber nicht allzu viele«, versicherte ich.« Er meinte, sobald seine Bewährungsfrist abgelaufen sei, wolle er mich begleiten und nach ihnen suchen. »Das ist eine großartige Idee«, antwortete ich. Und er fügte hinzu: »Wir suchen sie und legen sie um.« – »Toll«, sagte ich. Er wollte ein echtes Massakerteam mit mir bilden. »Dirty Dan«, sagte ich, »du bist genau der Hells Angel, auf den ich gewartet habe.« Er erwiderte, ich sei ein Mann nach seinem Geschmack, und der Club brauche mehr Leute wie mich.

Ich war auf perverse Weise geschmeichelt und aufgeregt. Nun war ich auf jemanden gestoßen, den ich für einen *richtigen* Hells Angel hielt. Spielzeugbasare oder öffentliche Partys interessierten Dirty Dan nicht. Er wollte nur Motorrad fahren, prügeln und ficken. Amen, Bruder.

Nach ein paar Minuten trennten wir uns ebenso abrupt, wie wir uns getroffen hatten. Wir verabredeten, gemeinsam im Fitnessclub zu trainieren. »Also, abgemacht!«, schrie er. »Bis dann, Bird!«

Ich brüllte: »Bis später, Dirty Dan.«

Wir hatten unsere Umwelt völlig ausgeblendet. Stunden später, als wir uns im Undercover-Haus entspannten, berichtete Gundo, alle Augen seien in diesem Moment auf mich und Dan gerichtet gewesen. Unsere Körpersprache habe einfach zu aggressiv gewirkt. »Mann«, sagte Gundo, »ich dachte, ihr zwei geht gleich aufeinander los. Ich lehnte an der Bar und hatte die Hand an der Pistole, damit ich sie bei Bedarf sofort ziehen konnte. Ich dachte, wir befänden uns kurz vor einer handfesten Schießerei.«

Ich lachte und sagte: »Soll das ein Witz sein? Der Bursche hat mein Selbstvertrauen um etwa 1000 Prozent gesteigert. Verdammt, der Typ gefiel mir.«

2. Februar. Das Freundschaftsfest der Solo Angeles und Hells Angels verlagerte sich zum Florence Prison Run. Es war der Jahrestag meines ersten Runs vor zwölf Monaten. Damals war ich ein Niemand aus Bullhead gewesen, der mit Mesa-Mike hinfuhr. Unglaublich, wie sich alles verändert hatte!

Die Hauptstraße war mit Motorrädern zugestellt. Wir hingen in Yolanda's Bar herum, tranken helles Bier und alberten herum. Eine Band spielte. Ghost ging auf die Bühne und sang ein Lied. Er war ziemlich gut. Alle freuten sich, dabei zu sein. Trotz der vielen konkurrierenden Clubs, die vertreten waren, blieb die Stimmung locker, und es gab keinen Streit.

Dann fuhren wir alle in die Wüste – alle zusammen, mehr als 2000 Mann. Die Cops konnten nur zusehen. Es war herrlich.

Wir mussten nun nicht mehr am Ende der Schlange fahren, sondern waren in die dröhnende Kolonne der Hells Angels integriert. So donnerten wir durch den Staub, und die Farben aller Clubs flatterten im Fahrtwind. Wir waren umgeben von unseren Rot-Weißen Brüdern, den Eight-Ones. Alle Charter der Hells Angels in Arizona waren da: Nomaden, Cave Creek, Mesa, Tucson, Phoenix und Skull Valley. Dahinter fuhren die Charter aus den anderen Bundesstaaten und aus vielen der Länder, in denen es Hells Angels gibt. Als breite Reihe bogen wir um eine Kurve und fuhren durch den Hof. JJ schlang die Arme locker um meine Taille, und ich drückte jäh aufs Gas. Die Häftlinge standen in ihren orangefarbenen Overalls in Habachtstellung da, während wir jaulten wie Hunde im Tierheim. Timmy, Pops, JJ und ich hatten uns orangefarbene Halstücher um den Kopf gewickelt. Sie hatten die gleiche Farbe wie die Overalls. Ich kreischte, so laut ich konnte: »Orange Crush!! Orange Crush!! Orange Crush!!« Timmy schloss sich an. Die Worte galten den Männern im Knast, aber in Wahrheit waren sie für uns bestimmt, für unseren kleinen, heimlichen Spaß. Wir waren die Solo-Angeles-Nomaden, unsere Farben waren Schwarz und Orange, und wir waren der Orange Crush.

Allerdings hörte uns niemand. Die Maschinen waren zu laut, und wir fuhren zu grob.

Dieser Undercover-Schwindel war jetzt mein Leben. Ein früherer Kollege von mir zog eine Analogie aus dem Baseball heran, um eine erfolgreiche verdeckte Ermittlung zu beschreiben: Wenn ein Baseballspieler einen Schlagdurchschnitt von .250 erzielt, ist er einer von vielen. Wenn er .300 erreicht, spielt er in der Auswahlmannschaft. Schafft er .400, kommt er in die Ruhmeshalle. Die gleichen Quoten gelten für den Erfolg eines verdeckten Ermittlers: Wer bei 30 oder 40 Prozent seiner Einsätze wichtige Informationen sammelt, ist ein Star.

Ich hatte bei den Angels eine Erfolgsquote von 1000 Prozent.

Und Erfolg verdirbt den Charakter.

Willst du mein sein?

Februar 2003

AM 3. HATTEN wir unsere Nachbesprechung und konnten erleichtert aufatmen. Danach brachten wir Footy und Gundo zum Flughafen, umarmten sie stürmisch, klopften ihnen auf die Schultern und dankten ihnen immer wieder. Wir alle konnten kaum glauben, wie erfolgreich unser Wochenendstreich gewesen war.

JJ fuhr mit Jesse nach San Diego zurück. Sie würde einige Wochen lang weg sein und dann zurückkehren und ganztags arbeiten. Ihr Wert war unermesslich; selbst Slats konnte das nicht bestreiten. Er hatte während der Solo-Woche mehrere Male per Konferenzschaltung mit ihren Vorgesetzten telefoniert und diese überredet, uns JJ bis zum Abschluss des Falls zu überlassen. Sie war begeistert.

Als die Kollegen abgereist waren, brachten wir unser Haus in Ordnung. Wir putzten, pflegten die Motorräder und studierten gründlich unsere Akten. Slats und ich beschlossen, unseren Schwerpunkt zu verlagern, weil Mesa gespalten und unberechenbar war und Bad Bob sich Sorgen um Rudy machte. Unsere nächstbeste Möglichkeit bestand darin, Joby Walters ins Spiel zu bringen. Also würden wir ihn bearbeiten, sobald wir von einem kurzen Urlaub zurückgekehrt waren.

Mein anderes Haus aber – jenes, für das ich eigentlich verantwortlich war und in dem Gwen, Dale und Jack wohnten – war nicht in Ordnung. Überhaupt nicht.

Ich traf spät am Freitagabend ein. Niemand war da. Ich

war vorgewarnt. Gwen hatte mir mitgeteilt, dass sie über das Wochenende in den Bergen campen würden, hatte aber darauf bestanden, dass ich trotzdem kam. Ich sollte mich um den Garten kümmern und einen Teil des Vordaches auf der hinteren Terrasse reparieren. Aus irgendeinem Grund hatte es ein Leck.

Am Samstag stand ich früh auf, untersuchte das Dach und fuhr zum Baumarkt. Ein Tier hatte einige Verbunddachziegel gelöst. Ich entfernte die alten Ziegel, spannte Dachpappe über die Balken und bedeckte sie mit neuen Ziegeln. Dann stieg ich hinunter, trank am Pool ein Bier, machte mir ein Thunfischsandwich, mähte den Rasen und schnitt die Pflanzen am Rand der Beete zurecht.

An diesem Abend sah ich auf meinem bequemen Sofa fern und rief Smitty und Bad Bob an. Sie gingen nicht ran, also hinterließ ich beiden eine Nachricht: »Hallo, hier ist Bird. Wollte mich nur mal melden«, und dergleichen. Smitty und ich hatten ein Waffengeschäft laufen, und Bob ... nun ja, ich wollte nur seine Stimme hören und mich vergewissern, dass er nicht wegen Rudy ausrastete.

Eigentlich war ich ganz froh, dass das Haus leer war. Sogar der Hund war weg. Niemand verlangte von mir, dass ich mich umzog, und ich musste nicht sein, was ich nicht war. Ich konnte Bird bleiben, ein Gast in meinem eigenen Haus. Ich brauchte nicht so zu tun, als wäre ich Jay. Das war das Schlimmste am Heimkommen; da gab es keine Gnade. Die Angels wussten nur, was ich ihnen sagte und zeigte, aber Gwen kannte mich seit 18 Jahren. Ich konnte nichts vor ihr verheimlichen und ihr nichts vormachen. So wurde es allmählich schwieriger, nach Hause zu kommen, als mit den Hells Angels rumzuhängen. Das machte mich nicht traurig, sondern wütend, denn ich glaubte immer mehr, dass mich niemand zwingen durfte, mich zu ändern. Ich wollte meine Rolle einfach weiterspielen, doch Gwen wollte das nicht zulassen, und damit hatte sie natürlich recht. Damals konnte ich das aber nicht verstehen. Ich sah nur, dass das Haus leer war – sogar mit mir als Bewohner –, und war erleichtert darüber, dass ich kein schlechtes Gewissen hatte, nur weil ich nicht mehr der alte Jay war.

Am Sonntagmorgen rief ich Gwen an und informierte sie darüber, dass ich alles erledigt hatte. Sie sagte, sie werde am Nachmittag mit den Kindern zurückkommen. Darauf entgegnete ich, dass ich früh aufbrechen müsse, weil wir am nächsten Morgen eine Besprechung hätten und ich noch Papierkram zu erledigen habe. Sie sagte, die Kinder vermissten mich, und ich versicherte, dass ich sie ebenfalls vermisste. Ich hatte an diesem Wochenende kaum an sie gedacht – in meinen Gedanken waren sie Abstrakta, die zu Jay Dobyns gehörten –, aber als ich diese Worte aussprach, merkte ich, dass es stimmte: Ich vermisste sie wirklich. Ich vermisste sie so sehr, dass es weh tat. Trotzdem sagte ich Gwen, ich würde nicht mehr da sein, wenn sie zurückkämen, und bat sie, den Kindern auszurichten, dass ich sie liebte. Sie versprach es und legte auf.

Am Sonntagmittag fuhr ich wieder nach Phoenix. An diesem Abend schrieb ich eine oder zwei Stunden lang Berichte und zog dann meine Solokutte an, sprang auf mein Motorrad und fuhr zu Sugar Daddy nach Scottsdale. Ich wusste, dass die Angels dort ab und zu herumhingen. Ich trank Bier und spielte Billard und ging ganz in meiner Rolle auf.

Keiner kam.

Zu Beginn der Woche berichtete mir Pops, Joby habe ihn mehrfach angerufen und nach den Schalldämpfern gefragt, die er von mir haben wollte.

Wir diskutierten auf der Besprechung am Montag darüber. Selbstverständlich durfte ich Joby nicht mit dem Mechaniker Tim Holt in Kontakt bringen, der mir während der

Operation Riverside Schalldämpfer besorgt hatte. Wir entschieden uns für einen Drahtseilakt. Ich wusste, dass Holt die Dinger immer noch herstellte, und es war mir klar, dass auch Smitty es wusste. Also rief ich Joby an und riet ihm, sich an Smitty zu wenden, weil ich nicht so bald nach Bullhead fahren würde. Er war zufrieden, und das war's.

Meine Moral verbot mir, selbst Schalldämpfer für Joby zu beschaffen, auch wenn ich ohnehin nicht verhindern konnte, dass Joby sich welche besorgte. Die schlichte Wahrheit lautet: Polizisten können Kriminelle nicht von illegalen Geschäften abhalten. Wenn das möglich wäre, sähe die Welt anders aus. Ich konnte zum Beispiel beschließen, dem Verdächtigen X kein Maschinengewehr zu verkaufen, aber ich konnte ihn nicht daran hindern, ein anderes Gewehr bei einem anderen Händler zu kaufen. Ich konnte ihn bei dem Deal verhaften oder ihm die Waffe abkaufen und ihm den Verkauf später zur Last legen, aber ich konnte ihn nicht davon abhalten, bei einem Dritten zu kaufen. Nach diesem Prinzip arbeiteten wir auch im Fall Joby, abgesehen davon, dass wir bis an unsere Grenzen gingen, indem wir ihn an Smitty verwiesen, der ihn wahrscheinlich zu Holt schicken würde.

In dieser Woche vertieften wir uns wieder ganz in die Arbeit. Timmy erstand bei Cal eine 9-mm-Ruger, von der Bob nichts wusste, und Pops und ich kauften von einem Phoenix-Angel namens Aldo Murphy weitere winzige Beutel mit Meth. Murphy wohnte mit seiner Frau und einer zehnjährigen Tochter in der Nähe unseres Hauses in der Romley Road. Das Kind war das ganze Jahr über schmutzig und unterernährt und trug den unvorteilhaften Namen Harley Angel.

Wir brachten die Beutel ins Hauptquartier, um sie zu prüfen, und Slats kläffte uns an: »Was, schon wieder nur die Hälfte der Hälfte der Hälfte einer Sechzehntelunze? Ich hab genug von dem Mist.« Wir sagten, wir hätten auch genug davon. »Bringt mir Dealer, nicht Konsumenten«, befahl er. Wir erinnerten ihn an Casey, die Mesa mit Stoff versorgte, und er wedelte mit der Hand, als wische er sich Spinnweben vom Gesicht. »Schön«, sagte er. »Wenn JJ zurück ist, setzt ihr sie auf das Tattoo-Wunder an.« Ich war mir sicher, dass wir keine großen Drogendealer überführen konnten, weil man uns nicht ganz traute. Wir wussten nur, dass die Hells Angels massenhaft Drogen verschoben, und es war peinlich für mich und frustrierend für Slats, dass wir sie nicht überführen konnten. Slats meinte, wir müssten mehr Druck ausüben, doch ich fand, wir müssten noch glaubwürdiger werden.

Genau das hoffte ich zu tun, als Joby uns zu einer Valentinsparty in Prescott einlud. Er sagte, dort würden ein paar Leute anwesend sein, die wir kennenlernen müssten. Ich fragte, ob ich Blumen mitbringen solle, da lachte er und wehrte ab: »Nee, Bird, nur dich.«

Prescott liegt in einem Tal in der Mitte zwischen Flagstaff und Phoenix. Wer nie in Arizona war, hält diesen Staat oft für eine große Wüste, aber Orte wie Prescott korrigieren dieses Bild ziemlich schnell. Die Stadt ist wunderschön – mit Weideland, wogendem Viehgras, Pferdefarmen, Bergen im Osten und Norden und einer Wüste, die von Westen vordringt. Es ist eine fruchtbare und kühle – oft sogar kalte – Gegend, die einen ordentlichen Teil der jährlichen Niederschläge abbekommt. Prescott hat ein College, Bibliotheken, Sportstätten und Bars. Und es gibt dort ein Starbucks – eine Tatsache, die ich nie unerwähnt lasse. Früher spielte ich oft mit dem Gedanken, mich als Pensionär in Prescott niederzulassen, doch es ist eine kleine Stadt, und da ich dort jetzt ein paar Typen kenne, wäre das wohl keine gute Idee.

Damals aber kannte ich sie noch nicht. Pops war vor Timmy und mir losgefahren. Er hatte uns auf Jobys Wunsch angerufen, und wir hatten vereinbart, uns in einer Bar namens Desperados zu treffen, der einzigen Kneipe in der Stadt, die Biker hineinließ. Pops sagte, sie liege direkt an der Hauptstraße.

Als Timmy und ich das Lokal betraten, schwebte Joby zu uns herüber wie der Gastgeber einer elitären Cocktailparty; in seiner Hand hielt er ein Glas Mineralwasser. Er klopfte uns auf die Schulter und führte uns zur Bar. Ich hatte das Gefühl, dass wir Ehrengäste waren.

Pops saß mit fünf oder sechs Hells Angels an der Bar, umringt von Mitgliedern anderer Clubs – Vagos, Vietnam Vets, Americans, Desert Road Riders und Red Devils. Sie umkreisten die Angels wie untergebene Monde einen massiven Planeten. Timmy und ich wurden in die Mitte geführt.

Ich hätte das nicht für möglich gehalten, aber Joby stellte uns vier Arizona-Angels vor, die wir tatsächlich noch nie gesehen hatten: Teddy Toth, Bobby Reinstra, Joey Richardson und Rudy Jaime. Mit von der Partie war auch Robert McKay, der Tucson-Angel und Tätowierer, dessen Bewährungsauflage, sich keinem Club anzuschließen, kürzlich aufgehoben worden war.

Die vier Unbekannten gehörten zum Skull-Valley-Charter der Hells Angels. Teddy Toth war der Präsident. Ich hatte schon von ihm gehört. Er war ein ehemaliger Angel von der Ostküste, und zwar aus New York City, der nach Westen gezogen war, als er zu kränkeln begann. Unsere wenigen Informationen über ihn stammten aus Slats' Akten. Teddy war seit 30 Jahren Mitglied, ein Angel der alten Schule, ein Strippenzieher, der auf einer Stufe mit Bad Bob, Hoover, Johnny Angel und sogar Sonny Barger stand. Er nahm keine Drogen und hielt sämtliche Clubregeln ein.

Trotz seiner Statur hatte ich zunächst den Eindruck, er könne jeden Moment sterben. Er hatte dicke Tränensäcke, und in seinen Nasenlöchern steckten zwei Schläuche, die zu einer Sauerstoffflasche auf Rädern führte, die er an die Bar gelehnt hatte. Er war dick und langsam, doch ich wusste, dass man sich auf das Äußere nicht verlassen durfte. Teddy war gefährlich. Wie ein alter Mafioso, der seine Familie auch in krankem Zustand regierte, war er ein Mann, mit dem wir zu rechnen hatten.

Über die anderen wusste ich nichts. Bobby Reinstra, der aus Boston stammte, war Skull Valleys Vizepräsident. Er war deutlich jünger und kräftiger als Teddy und hatte einen Gesichtsausdruck wie ein Holzklotz. Als wir uns begrüßten, lächelte er nicht. Ich lächelte auch nicht. Wir waren verwandte Seelen, außer dass Bobby leise sprach und genau auf seine Worte achtete. Er war ein starker, ruhiger Typ, was bei einem Hells Angel ziemlich furchterregend sein kann. Rudy Jaime hingegen lächelte ständig und sprühte vor Energie. Er war ein neues Mitglied und hatte Piercings am ganzen Kopf. Der vierte Mann, Joey Richardson, sah aus wie ein typischer Gewichtheber im mittleren Alter. Man nannte ihn Eierkopf.

Ich ging mit einer Support-Karte, in der 100 Dollar steckten, zu Teddy. Er nahm sie, und ich umarmte ihn. Als wir uns wieder voneinander lösten, keuchte er: »Du gefällst mir. Kommst hier rotzfrech rein, genau wie ein New Yorker.«

Ich erklärte: »Wollte nur meine Aufwartung machen.«

Teddy sagte: »Gut, gut.«

Alle schüttelten sich die Hände. Rudy fragte Pops, ob er high werden wolle. Pops zuckte mit den Schultern und verschwand mit Rudy ans andere Ende der Bar.

Wir tranken. Joby, der vor kurzem als Sergeant at Arms nach Skull Valley gegangen war, spielte den Gastgeber. Die Jungs wurden nicht lockerer, und nachdem wir uns eine Stunde lang unterhalten hatten, gewann ich den Eindruck, dass sie nie locker drauf waren. Teddy und Bobby waren Ganoven der alten Schule, die andere mit ihrem Mangel an

Humor beeindruckten. Sie gehörten zu der Sorte von Kerlen, die ständig nach einem Grund suchen, jemandem mit einem Bleirohr in die Kniekehle zu schlagen.

Damit konnte ich umgehen.

Nach einer Weile wollte Joby mit mir rausgehen, und wir entschuldigten uns. Während wir auf dem Gehweg standen, schlenderten lachende Collegeschüler mit Baseballmützen und bedruckten Sweatshirts an uns vorbei. Ich zündete mir eine Zigarette an. Wir standen Schulter an Schulter und sprachen aus dem Mundwinkel heraus.

»Was meinst du, Bird?«

»Wozu, Alter?«

»Zu den Jungs.«

»Machen einen guten Eindruck.«

Er nickte, und ich nahm einen tiefen Zug. »Hör mal. Zuerst danke, dass du mich wegen der Vergaser an Smitty verwiesen hast.« Das war das Slangwort für Schalldämpfer.

»Hast du gekriegt, was du wolltest?«

»Ja, ich denke schon. Der Typ arbeitet dran.«

»Cool. Vergiss nicht, sie zu testen. Manchmal sind sie trotzdem laut.«

»Werd ich tun. Danke.«

»Kein Problem.«

»Pass auf. Ich weiß, dass man dich wegen eines Übertritts anquatscht, und ich mach dir einen Vorschlag.«

»Okay.«

»Ich möchte, dass ihr Jungs zu mir kommt, nach Skull Valley.«

»Echt? Ich meine, versteh mich nicht falsch, Joby, ich bin geschmeichelt.« Ich zeigte auf die Stadt, die vor uns lag. »Aber warum hier, Alter? Der Ort ist ja hübsch und so, aber er sieht etwa so aufregend aus wie Malerfarbe.«

»Stimmt. Genau darum geht's. Ich weiß, dass Bob dich will, und unter uns gesagt, Tucson will dich auch. Ich glaube, das ist der eigentliche Grund dafür, dass Mac hier ist. Ich weiß, dass Smitty schon dafür plädiert hat, dich für die Nomaden in Flagstaff zu gewinnen. Verdammt, sogar Dirty Dan hat dich beschnuppert, wegen Cave Creek. Hier ist mein Angebot. Wenn du nach Mesa gehst, musst du 20 Jungs finden, die für dich eintreten.« Anwärter mussten eine festgelegte Zahl von Befürwortern vorweisen. »Und wenn du dort einen einzigen anpisst oder irgendein politischer Bockmist dir gegen den Strich geht, bleibst du dein Leben lang Anwärter. Kapiert?«

»Ja, klar.«

»Und Tucson, die sind klein, aber kaputt. Smittys Nomaden sind gut, und ich liebe sie, aber sie sind so etwas wie schwarze Schafe. Doch hier – hier ist es hübsch und ruhig, und wir haben keine Konkurrenz. In Skull Valley gibt es fünf Brüder. Meine Stimme hast du schon; das heißt, du musst nur vier Jungs glücklich machen. *Vier*, nicht 20. Verdammt, Bird, was sagst du dazu?«

»Joby, bist du scharf auf mich, Alter?«

Er lachte. »Zum Teufel, ja, das bin ich. Du musst zu uns kommen, Mann. Es ist der einfache Weg zu den Angels. Später kannst du mit mir zum Charter Mohave Valley gehen, den Smitty in Bullhead gründet. Ich werde dort Offizier, Smitty der verdammte Präsi. Du wirst groß rauskommen.«

»Was ist mit Timmy und Pops? Und mit Bad Bob? Du weißt ja, ich bin ein paar Leuten verpflichtet. Big Lou, meinen Pistoleros im Süden, den Solo-Nomaden, die du vorige Woche kennengelernt hast...«

»Mit Bob kläre ich die ganze Sache, keine Sorge. Und die anderen Solos – selbstverständlich sind Timmy und Pops Teil des Deals. Wir lieben auch sie. Wenn ihr bei uns seid, kannst du deine restlichen Brüder nach Herzenslust zu Anwärtern machen.«

Ich drückte eine Zigarette aus und zündete eine neue an. »Wie sieht's mit der Probezeit aus, Joby? Du kennst mich. Ich kann nicht ein Jahr lang den Handlanger für jemanden spielen.«

Er schüttelte den Kopf. »Keine Angst. Ich rede mit ein paar Leuten, und Sonny steht hinter mir. Ihr Jungs kriegt eure Abzeichen zügig. Euch brauchen wir ja keinen Kleinkram beizubringen, ihr kennt den Drill doch in- und auswendig. Natürlich werdet ihr Pflichten im Club haben, aber ganz einfache. Und keine Fragen übers Geschäft – wir verstehen es, wenn ihr viel unterwegs seid, um euren Lebensunterhalt zu verdienen. Damit haben wir kein Problem. Ich sag dir, Bird, eines Tages wachst du auf und bist ein Eight-One.«

»Hört sich echt gut an, Joby.« Ich meinte es ernst. »Danke, dass du an uns denkst, Alter. Das bedeutet mir viel.«

»Ist das ein Ja?«

»Ein starkes Vielleicht. Tut mir leid, ich kann nicht sofort ja sagen. Ich bin schon so lange ein Solo und muss erst mit meinen Jungs reden, bevor ich mich festlege.«

»Das verstehe ich.«

»Ich halt dich nicht lange hin, okay? Mein Wort darauf.«

»Okay.«

Das war ein großer Wurf für mich und ein fantastisches Geschenk zum Valentinstag. Ich rauchte schweigend zu Ende. So musste sich ein Student im ersten Semester fühlen, den die Anwerber der Studentenverbindungen umschwärmen. Ich ging zurück ins Haus. Joby hatte einen federnden Gang, als stecke ein Kiesel in seinem Stiefel. Er nickte Teddy zu, als er an die Bar ging. Teddy verzog keine Miene; er schnaufte nur.

27 »9-1-1! 9-1-1! Raus aus dem Haus!«

Ende Februar 2003

AM 28. FEBRUAR hingen Timmy, JJ, Pops und ich gerade im Undercover-Haus in der Romley Road herum, als mein Handy klingelte.

»Ja, Bird hier.«

»Verschwindet sofort aus diesem verdammten Haus!« Es war Slats. Er klang verängstigt.

Slats klang sonst nie verängstigt.

Ich ließ einen Finger wie einen kleinen Tornado durch die Luft kreisen. Alle standen auf, schnappten sich ihre Waffen und rannten hinaus. Ich folgte ihnen mit dem Telefon am Ohr.

»Was ist los?«

»Keine Zeit. Kommt sofort her. Und passt auf euch auf.«

»Wir sind schon draußen. In 15 Minuten sind wir bei euch.«

Dann stiegen wir in den Cougar, ich warf den Motor an und fuhr los. Ab und zu machte ich einen Schlenker um einen Block, um mögliche Verfolger abzuschütteln. Wir hielten auf dem Büroparkplatz des Hauptquartiers und rannten hinter das Haus. Die Türen der Laderampe standen offen. Wir gingen hinein, und die Türen schlossen sich hinter uns.

Slats schritt auf und ab. Er spuckte in eine Dose. Ich zündete mir eine Kippe an. Slats sagte: »Kommt mit.«

Während wir zum Besprechungszimmer gingen, berichtete er, was passiert war.

»Die Antidrogenbehörde hat einen Spitzel im Phoenix-Charter. Sein Kontaktmann hat mich vor einer halben Stunde angerufen. Chico hat eine Schlägertruppe aufgestellt. Sie sind unterwegs in die Romley, um euch auszuräuchern.«

Er sprach von Robert »Chico« Mora, dem Angel aus Phoenix, vor dem mich Mesa-Mike vor über einem Jahr gewarnt hatte.

»Warum zum Teufel will er das tun?«, fragte ich.

»Dieser Blödmann in Tijuana – Alberto? – hat anscheinend über euch geredet.« Davon hatte ich auch schon gehört. Unser Empfang in Mexiko war im Großen und Ganzen freundlich gewesen, aber Abweichler gab es immer. Alberto war der Vizepräsident der Solos und hatte uns immer die kalte Schulter gezeigt. Ich nahm an, dass er vor Jahren Streit mit Rudy gehabt hatte und uns daher keinen Vertrauensvorschuss geben wollte. Wir ignorierten ihn in der Hoffnung, der Ärger werde in Mexiko bleiben.

Er war nicht dort geblieben.

Slats sagte, Alberto beklage sich darüber, dass wir uns gewaltsam in den Club reingedrängt hätten und nie Anwärter gewesen seien – wir seien Illegale. Er hatte recht. Und irgendwie hatte Chico davon erfahren.

Nun wussten wir nicht, was wir tun sollten. Die Dienstanweisung für solche Fälle lautete: Reißleine ziehen. Lebensgefahr wurde nicht geduldet, und wenn das geringste Risiko bestand, dass einer von uns getötet wurde, war unser Einsatz zu Ende. Cricket und Slats hielten den Fall für beendet. Sie diskutierten schon darüber, wen sie mit den bis dahin vorliegenden Beweisen alles verhaften konnten.

Aber ich war mir nicht ganz sicher, ob wir uns nicht vielleicht doch herausreden konnten. Es gab reichlich Beweise, die unsere Vorgeschichte als Solos bestätigten. Wir mussten sie nur so schnell wie möglich dem richtigen Mann vorlegen.

Plötzlich klingelte wieder mein Telefon.

»Ja, Bird hier.« Im Zimmer herrschte Totenstille.
»Bird, hier ist Bob.« Seine Stimme klang tief und ernst.
»Was gibt's, Bob?«
»Wir müssen reden.«
»Worüber?«
Er machte es kurz. »Du bist ein echter Solo, oder?«
»Was zum Teufel soll das, Bob?«
»Ich weiß, dass du ein echter Solo bist.« Das hörte sich nicht sehr überzeugend an.
»Verdammt richtig, das bin ich. Was ist los?«
»Wir müssen reden. *Sehr* dringend.«
»Okay.«
»Komm allein.«
»In Ordnung.«

Wir vereinbarten, uns in einer Sportbar an der Baseline zu treffen, in der wir noch nie gewesen waren.

In einer Stunde.

Das ganze Team stattete sich mit Waffen aus, auch mit Gewehren. Ein Vorauskommando eilte sofort zur Bar. Dort nahmen die Kollegen ihre Plätze ein und warteten. Sie saßen an der Bar und lösten Kreuzworträtsel oder taten, als schauten sie Spiele im Fernsehen.

Timmy und Pops saßen im Überwachungswagen. Timmy war bis an die Zähne bewaffnet. Falls etwas schiefging mit Bob, würde ich voraussichtlich unversehrt bleiben.

Trotzdem hatte ich kein gutes Gefühl, was das Treffen anbelangte.

Bevor wir das Hauptquartier verließen, half mir Slats, auf die Schnelle ein Bündel Solo-Referenzen zusammenzustellen: Fotos und Videos vom Toy Run im Dezember, Beitragsquittungen, Fotos von Pops und Rudy im Clubhaus in Tijuana und allerlei andere Dinge, die wir hier und da gesammelt hatten. Gleichzeitig probten wir das Gespräch, wobei Slats die Rolle von Bob übernahm und ich Bird spielte.

Wir wollten Bob die Sache so darlegen, wie wir einem Staatsanwalt ein Verbrechen darlegen würden: mit materiellen Beweisen, historischen Beweisen und einer Begründung unseres Standpunkts. Schließlich unterbrach ich die Übung und fragte Slats, ob Bob seiner Meinung nach den Angels demonstrieren wolle, wem seine wahre Loyalität galt. Wollte er die Gelegenheit nutzen, um mich loszuwerden? Wir wussten alle, dass die Solos erledigt waren, wenn ich erledigt war. Slats war sich nicht sicher und meinte, ich bräuchte Bob nicht zu treffen, wenn ich nicht wollte. Damit wäre der Fall jedoch beendet gewesen. »Kommt nicht in die Tüte«, sagte ich, und er antwortete: »Okay, dann gehen wir.«

Ich fuhr den Cougar und rauchte eine halbe Packung Zigaretten, während ich unterwegs war. Ich fürchtete mich, und darauf war ich nicht stolz. Dann rief ich meinen alten Kumpel Chris Bayless an, der mich zum Schweigen brachte und mir den bekannten Vortrag mit dem Titel »Jesus hasst Schlappschwänze« hielt. Als ich auf den Parkplatz einbog, wurde er gerade fertig damit.

Ich ging rein und schlenderte an die Bar. Fünf Minuten später erschien ein sorgenvoller Bad Bob, der sich umschaute, als er auf mich zuging. Ernst sagte er: »Setzen wir uns in eine Nische.«

Wir gingen in eine ruhigere Ecke der Bar und setzten uns. Ich legte die Hände auf den Tisch und verschränkte die Finger. Meine Ringe, meine Ringe. Sie bedeuteten mir etwas. In einem einzigen Augenblick spiegelten sie alles wider, worüber ich gelogen hatte, alles, was ich spielte, alles, was ich riskierte.

Ich beschloss, die Ringe zu ignorieren; aber vorher bat ich sie, mich zu beschützen.

Bob sagte mir, was los war, und ich gab mich schockiert. Ich leugnete nicht, dass wir uns reingedrängt hatten, bestand aber darauf, dass wir legale Mitglieder waren.

»Dein Mann irrt sich, Bob. Etwas anderes kann ich dazu nicht sagen.«

»Ist dir klar, was du da sagst?«

»Sicher. Ich will nicht respektlos sein, und ich nenne niemanden einen Lügner, aber diese Informationen sind falsch. Wir sind legitime Solos, Bob. Wir haben euch alle immer anständig behandelt – glaubst du, gegenüber meinem eigenen verdammten Club verhält sich das anders?«

»Ich weiß gar nichts über deinen Club, Bird. Ich kenne nur euch Jungs.«

»Also, wir sind echte Männer. Glaub mir, wir sind real. Schau mal.« Ich zeigte ihm die Fotos, gab ihm das Video mit den Fernsehaufnahmen und bat ihn, es sich anzuschauen. Dann legte ich ihm die Beitragsquittungen und das Zeug vor, das wir im Laufe der Monate aus Tijuana mitgebracht hatten: T-Shirts, Aufkleber, Abzeichen. Ich schrieb Teachers Nummer auf und sagte zu Bob, er solle ihn anrufen und fragen, ob wir echt seien.

»Schau mal, Bird. Ich will dir ja glauben.« Er machte eine Pause. »Ich glaube dir sogar. Aber ich bin in einer Zwickmühle. Stell dir vor, ich rufe Joanie an« – John Kallstedt, den Präsidenten des Phoenix-Charters – »und sage ihm, du hättest recht – ein Typ, den keiner von uns länger als ein Jahr kennt – und Chico sei im Unrecht – ein Bruder, den ich seit mehr als 20 Jahren kenne. Was glaubst du, wie hört sich das an?«

Ich stimmte ihm zu: Das klang nicht gut. Trotzdem versicherte ich beharrlich – gewürzt mit Kraftausdrücken –, dass ich die Wahrheit sagte.

»Komm, wir gehen raus und rauchen eine«, schlug Bob vor.

»Klar, gehen wir«, antwortete ich. Meine Selbstsicherheit nahm ein wenig zu.

Die Bar hatte eine hintere Veranda, auf der sich niemand befand. Bob holte eine Packung Zigaretten aus der Tasche und fummelte daran herum, während er eine Zigarette herauszog. Als er die Packung wieder verstauen wollte, konnte er sich nicht entscheiden, wo – zuerst in der linken äußeren Brusttasche, dann in der rechten und zum Schluss in der linken Innentasche. Ich klappte mein Feuerzeug auf und bot es ihm an. Die Spitze seiner Zigarette zitterte, als sie orangefarben aufglühte.

Bad Bob war nervös. Meine Selbstsicherheit war wieder dahin.

Angst überkam mich wie eine drei Meter hohe Welle. So viel Angst hatte ich seit Jahren nicht gehabt.

Bob ging zum Rand der Terrasse und winkte mich neben sich in eine Ecke. Jetzt war ich von drei Seiten her eine Zielscheibe.

»Ich hasse solche Situationen, Bird, ich hasse sie.«

Ich unterdrückte das Zittern in meiner Stimme und antwortete hart: »Mir gefallen sie auch nicht.«

»In solchen Situationen muss man jemandem weh tun. Sehr. Ist dir das klar?«

»Ja, aber hör mal –«

Er wedelte mit der Hand durch die Luft. Ich hielt den Mund. Ich dachte, er habe soeben einem Scharfschützen das Zeichen gegeben, mir den Kopf abzuschießen oder meine Brust zu durchlöchern. Ich dachte: Jay, du bist tot.

»Nein. Hör zu, Bird. Ich weiß, du bist es gewohnt, um dein Leben zu kämpfen.«

»Ich tue nichts anderes.« Er wusste nicht, wie wahr dieser Satz war.

»Weiß ich. Das ist alles, was Männer wie wir tun. Aber was ich sagen will, ist, du hast noch nie gegen uns kämpfen müssen, hab ich recht?«

»Ja. Ja, du hast recht.«

Er sog den Rauch tief ein. Dann drehte er sich um und ging ans andere Ende der Terrasse.

Das war's.
Ein explodierender Kopf.
Ein erschlaffender Brustkorb.
Keine Luft mehr.
Da kam er zurück.
»Ich ruf Joanie an. Ich ruf ihn an und sag ihm, du bist in Ordnung.«
Ausatmen. »Gut. Danke.«
»Ich tu niemandem einen Gefallen, klar?«
»Natürlich.«
»Ich tu das, weil ich weiß, dass du mich nicht linkst.«
»Ich weiß. Das tu ich nicht.«
»Aber du musst ein paar Dinge für mich tun.«
»Alles.«
»Keine Farben mehr, bis ich es sage. Eure Privilegien in Arizona sind gestrichen.«
Das gefiel mir nicht, aber ich sagte: »Okay.«
»Du musst diese Sache bereinigen, Bird. Es kann doch nicht sein, dass diese Scheißkerle so über ihre eigenen Leute reden. Verdammt noch mal, wir behandeln euch besser als euer eigener verdammter Club!«
Das stimmte. Ich sagte: »Keine Sorge. Das geht vorbei. Und ich weiß, dass du uns im Auge behältst, Bob. Ich kann dir gar nicht genug danken.«
Er murmelte: »Verdammte Dreckskerle.« Bob war beleidigt, weil die Solos mich beleidigt hatten. Ich war auch beleidigt.
Dann wählte er Joanies Nummer und bat ihn, sich zurückzuhalten. Er werde ihm einige Sachen bringen, die er von mir bekommen habe – Fotos, Video, alles – und sie würden mit diesem Bastard von Teacher reden.
Anschließend gingen wir wieder rein, ich zahlte die Rechnung, dann bewegten wir uns zum Ausgang, schüttelten uns feierlich die Hände und trennten uns.

Ich wusste, dass ich eben den Fall gerettet hatte. Ich hatte einen Hasen und eine Gans und eine Schlange aus meinem Hut gezogen, den Hasen an die Schlange verfüttert und zugeschaut, wie die Gans ein goldenes Ei legte. Ich hatte einen der einflussreichsten Hells Angels in Arizona eingeseift. Das war berauschend.

Auf einmal hatte ich keine Angst mehr. Ich hatte all meine Unsicherheit verloren.

Ich war unbesiegbar.

Slats und ich führten die Nachbesprechung in seinem Auto vor dem Hauptquartier durch. Nur wir zwei. Er reichte mir ein Bier, öffnete eine Dose für sich, trank sie aus und öffnete noch eine.

»Echt scheiße«, sagte er.

»Das kannst du laut sagen.«

»Nein, ich meine, es war nicht so gut. Im Hauptquartier hast du es besser gemacht.«

Ich konnte es nicht glauben. »Ehrlich gesagt, Joe, ich konnte mich nicht daran erinnern, was wir im Hauptquartier besprochen haben. Aber es hat doch geklappt, oder nicht?«

»Warten wir's ab. Du hast diesem Hundesohn ein Pflaster aufs Maul geklebt. Mal sehen, ob es hält.«

»Wird es. Du weißt, dass Bob dafür sorgen wird.«

»Verdammt, das hoffe ich.«

»Bestimmt.«

Er trank die Hälfte seines Bieres in zwei Zügen.

»Aber wir müssen endlich vorankommen, Jay. Ich halte diesen Nachtschwärmerstress nicht länger aus. Du musst dich an unsere Absprachen halten.«

»Zum Henker, Joe, wann bin ich davon abgewichen?«

»Du weichst jeden verdammten Tag davon ab, Jay. Und jede verdammte Nacht sagen wir: ›Heute geht Dobyns einen Schritt zu weit, und wir müssen eine Rettungsaktion starten.‹ Verdammt, wir schließen sogar Wetten darauf ab, Jay.«

Das war mir neu. »Was soll das, Joe? Heute heißt es ›Bringt mir mehr‹ und morgen ›Halt dich zurück‹! Was erwartest du eigentlich von mir? Ich gebe, soviel ich kann, Joe. Mehr geht wirklich nicht. Das ist meine Arbeitsweise! Das hast du von Anfang an gewusst, und darum hast du mich auch eingestellt!«

»Hör zu, Jay. Ich weiß, du stehst unter starkem Stress, aber das ist nichts im Vergleich zu dem, was ich um die Ohren habe. Ich habe dich angeheuert, ja, aber ich kann dich auch wieder entlassen.«

»Wie bitte?«

Er holte tief Luft. »Fakt ist, ihr seid zehn Prozent des ganzen Auftrags. Du und JJ und Timmy und Pops. Wichtige zehn Prozent zwar, aber *nur* zehn Prozent. Ich muss mich mit eurem ganzen Mist befassen *und* mit den Beweisen, der Überwachung, der Technik, den Finanzen, den Genehmigungen, den Protokollen und den gesamten Personalien. Ich muss allen über mir die Eier und allen unter mir den Rücken massieren. Vielleicht hast du das Gefühl, im Mittelpunkt dieses Falles zu stehen, aber da irrst du dich.«

Ich konnte nicht glauben, was ich da hörte. Ich zündete mir eine Zigarette an. Es war, als hätte Slats einen Pass abgefangen, der für mich bestimmt war, so dass ich jetzt den Verteidiger spielen musste. »Joe, mag sein, dass du für 100 Prozent des Falles verantwortlich bist, aber du arbeitest auch nicht härter als ich, verdammt. Du fährst jeden Abend nach Hause und schläfst in einem Bett mit deiner Frau, und deine Kinder schlafen unten! Hast du eine Ahnung, wann ich zum letzten Mal eine Woche lang jeden Abend mit Gwen und den Kindern verbracht habe? So weit kann ich gar nicht zählen! Nein, ich schlafe in einem Dreckloch von Undercover-Haus, und jeden zweiten Tag pennen Ganoven in unserem Wohnzimmer! Während du dasitzt und Geld zählst und Berichte tippst, sitze ich einem Kerl gegenüber, der mich umlegt, wenn er rauskriegt, wer ich bin! Darum will ich von dir nicht hören, wie verdammt hart es für dich ist.«

Ich öffnete die Tür, ging raus und knallte sie zu. Meine leere Bierdose warf ich so weit weg, wie ich konnte.

Ich verstand nicht, was in Slats gefahren war. Ich war also vom Drehbuch abgewichen? Verdammt noch mal, ich hatte ein Gespräch geführt und nicht im Voraus gewusst, was Bad Bob sagen oder tun würde. Es war mein verdammter Job, spontan zu reagieren!

Ich brauchte lange, um mich abzuregen. Es fiel mir schwer, Slats' Standpunkt zu verstehen. Schließlich kam ich zu der Überzeugung, dass es hier um Macht ging. Er fürchtete, man werde ihm bei Black Biscuit die Zügel aus der Hand nehmen, wenn ich noch unberechenbarer werden sollte.

Das war mir egal. Es war *mein* Fall, und von mir aus konnte er zur Hölle fahren.

28 Iron Skillet
März 2003

ICH ERZÄHLTE Timmy und Pops von meinem Streit mit Slats. Sie konnten es nicht glauben. Timmy war besonders wütend, weil sein Beruf für ihn – wie für mich – zugleich seine Berufung war. Er arbeitete nicht des Geldes wegen wie Pops. Timmy fragte: »Warum reißen wir uns derart den Arsch auf für jemanden, der unsere Arbeit gar nicht zu schätzen weiß?«

Ich zuckte mit den Schultern. »Du weißt doch: Wenn du etwas richtig machst, erinnert sich niemand daran, aber wenn du einen Fehler machst, vergisst ihn keiner.«

Timmy nickte. »Verdammt richtig.«

In Wahrheit stand Slats tatsächlich unter größerem Druck als wir, doch weder Timmy noch ich waren bereit, das zuzugeben. Wir nahmen nur unsere eigenen Probleme wahr und hatten uns das Einfühlungsvermögen längst abgewöhnt. Geblieben waren Stolz, Entschlossenheit und Loyalität.

Es war in etwa zu dieser Zeit, als ich anfing, Hydroxycut einzuwerfen.

Dieses Medikament, das den Appetit hemmt und einen Energieschub auslöst, half mir, mich auf das zu konzentrieren, was unmittelbar vor mir lag. Es war bequem: Ich konnte die Tabletten jederzeit einnehmen, und sie waren leicht erhältlich, sogar im Supermarkt. Als Dosis wurden höchstens sechs Tabletten pro Tag empfohlen. Damit fing ich an.

Ich brauchte die zusätzliche Energie, weil ich allmählich auf dem Zahnfleisch kroch. Das Leben eines verdeckten Ermittlers ist kein Zuckerlecken. Ich stand jeden Morgen um sieben auf und ging meine Notizen vom Vorabend durch oder protokollierte, was mein Aufzeichnungsgerät festgehalten hatte. Diese Notizen durften nicht schlampig niedergeschrieben oder geschönt werden; sie mussten hieb- und stichfest sein. Dann folgte die Buchhaltung, und zwar auf den Cent genau. Ich legte Rechenschaft über alles ab – Getränke, Benzin, Zigaretten, Kaffee, Essen, Drogen, Waffen, Beitragszahlungen –, wirklich alles. Später kontaktierte ich die Verdächtigen – von denen immer mal wieder einer im Wohnzimmer schlief, während ich hinter der verschlossenen Schlafzimmertür meine Berichte schrieb – und vereinbarte Treffen und Geschäfte für den Tag oder die Woche. Dann rief ich Slats an und sprach alles mit ihm ab. Anschließend traf ich einen Kollegen von der Einsatzgruppe und überreichte ihm die Berichte und Beweismittel. Danach begann ich mit meiner Runde: Ich traf die Jungs und ließ mich in den Lokalen sehen. Gesehen zu werden ist ein wichtiger Teil des Jobs. Ich ging zu den vereinbarten Treffpunkten, kaufte die bestellte Ware, besuchte Clubhäuser, führte Gespräche. An manchen Tagen fuhr ich von Phoenix nach Bullhead und zurück, an anderen legte ich allein auf der Ringautobahn von Phoenix 250 Kilometer auf dem Motorrad zurück. Zwischendurch telefonierte ich nicht nur mit Slats, sondern auch mit Bad Bob, Smitty, Joby oder anderen Leuten, mit denen ich gerade etwas am Laufen hatte. Während ich mit den Jungs plauderte, dachte ich unaufhörlich nach, überlegte mir neue Tricks und neue Wege, meine Glaubwürdigkeit zu steigern. Irgendwann ging die Sonne dann unter, die Hitze flaute ab, und die Nacht begann. Ich ging aus und versuchte, trotz der Drinks einen so klaren Kopf zu behalten, dass ich mich, JJ, Timmy oder Pops verteidigen konnte, falls einer von uns attackiert wurde. Es ist eine Belastung, fast ständig in Lebensgefahr zu schweben, und es gehörte zu unserer Ausbildung, diesen Stress zu ertragen. Aber wer Tag für Tag damit fertigwerden muss, leidet auf jeden Fall darunter. Jeden Tag, wenn ich heimfuhr, bekreuzigte ich mich, rauchte Zigaretten, schüttete Kaffee in mich rein, machte mir Notizen und Merkzettel und versuchte dann, ein paar Stunden zu schlafen, bevor am Morgen alles wieder von vorne losging.

Es war kein Zufall, dass ich nach meinem Streit mit Slats begann, Hydroxycut zu nehmen. Ich war zu dünnhäutig geworden, aber ich musste weitermachen. Mein Engagement, mein Ego und mein Tatendrang erlaubten es mir nicht aufzugeben. Meine Familie begann, mich zu hassen – oder sie hasste mich bereits –, Slats saß mir im Nacken, die Hells Angels saßen mir noch schwerer im Nacken, und ich war für die Sicherheit meines Teams verantwortlich. Es war wie in dem Film *Und täglich grüßt das Murmeltier*, in dem ein Mann den gleichen Tag immer wieder erlebt. Allerdings kam bei mir hinzu, dass ich ein toter Mann war, wenn ich aufflog. Hydroxycut gab mir einen stärkeren Energieschub als die drei Milchkaffees, die zwei Packungen Marlboro Lights und das halbe Dutzend Red Bulls, die ich täglich konsumierte. Ich wusste, dass die Tabletten nicht gut für mich waren – nichts, was ich damals tat, war gut für mich – und dass ich deswegen wie ein Junkie aussah. Aber ich kümmerte mich einfach nicht darum.

Dass ich im März mit den Tabletten anfing, lag auch an unserem ungewissen Status als Solos. Ich fühlte mich unwohl, weil Bad Bob uns verboten hatte, unsere Kutten zu tragen, und wollte etwas tun, was mir wieder das Gefühl gab, in meiner Rolle aufzugehen. Also beschloss ich, mir die Arme tätowieren zu lassen. Das wollte ich sowieso schon lange tun, und ich wusste, dass es meine Glaubwürdigkeit stärken würde, da die meisten Polizisten sich nicht wie Knastbrüder tätowieren lassen.

Ich hatte seit ein paar Monaten Robert »Mac« MacKays Tätowiersalon Black Rose in Tucson im Auge. Mac war sehr begabt, und ich wusste, dass er auf meinen Armen großartige Arbeit leisten würde. Wir hatten begonnen, uns über mein Vorhaben zu unterhalten, als ich die Skull-Valley-Angels in Prescott kennengelernt hatte. Mac wollte mich sehr gerne tätowieren und mir einen vernünftigen Preis machen. Ich sagte ihm nicht, wie gut der Preis für mich letztlich sein würde – da ich die Tattoos als Spesen geltend machen konnte, würde die ATF die Kosten übernehmen. Ich erklärte Mac, dass ich auf meinen Armen Gut und Böse abbilden wolle, da ich keines von beiden sei. Das gefiel ihm.

Zu diesem Zeitpunkt hatte ich bereits eine Menge Tattoos: den heiligen Michael auf einer Schulter, vier ineinander verschlungene Stacheldrahtstücke – ein Tribut an die vier ATF-Agenten, die bei der Erstürmung der Siedlung einer Sekte in Waco ihr Leben gelassen hatten – auf der anderen Schulter und quer über den Schulterblättern das Wort JAY-BIRD. Diese Tattoos fielen zwar auf, waren aber ziemlich harmlos.

Es macht Spaß, sich tätowieren zu lassen. Ein Tattoo ist ein persönliches Zeitzeugnis: Ein Freund stirbt, ein Kind wird geboren, man hat eine Erleuchtung – also lässt man sich tätowieren. Das gibt einem das Gefühl, einen Teil seiner selbst für immer festzuhalten, immer jung zu bleiben, seine Kinder immer über alles andere zu stellen, den Toten immer zu ehren. Während man sich in Wirklichkeit ständig verändert, bleibt das Tattoo.

Zusammen mit dem Stacheldraht hatte ich mir damals auch die Todesdaten der vier in Waco getöteten Kollegen eintätowieren lassen. Diese hatte ich aber wieder entfernen müssen, weil ich fürchtete, dass jemand – vor allem Scott Varvil vom Fall Riverside – zwei und zwei zusammenzählen und mich fragen könnte, warum ich ein so trauriges Datum in der Geschichte der ATF festhalten wolle. Bevor ich sie beseitigen ließ, fragte ich aber noch einen Kollegen, der in Waco dabei war, nach seiner Meinung. Er sagte, wenn die eintätowierten Daten mich bei meiner Arbeit behinderten, wären die getöteten Polizisten ganz bestimmt dafür, dass ich sie entfernen ließe.

Also ließ ich sie schwärzen, obwohl das für mich an Verrat grenzte.

Daran dachte ich jedoch nur flüchtig, als ich Mac beauftragte, Gut und Böse auf meinen Armen abzubilden. Ich wusste, dass ich tief im Inneren gut war, dass ich aber böse auftreten musste, um zu überleben und in meinem Beruf erfolgreich zu sein. Natürlich wollte ich mir aber nicht eingestehen, dass ich gerade dabei war, meinen dunkleren Neigungen nachzugeben. Ich unterdrückte das Gute in mir schon seit Monaten, und seltsamerweise ließ ich in der Absicht, das Böse zu bekämpfen, genau dieses in mir zu.

Ich war Bird. Ich war Jay Dobyns. Ich war gut. Ich war alles und nichts davon.

Daher bekamen beide Arme Totenköpfe, Flammen und Dämonen, gemischt mit Blumen, Wolken und Engeln. Wie die Ringe an jedem meiner Finger, die Ohrringe an beiden Ohren und die Ketten an beiden Handgelenken balancierten diese Talismane einander aus. Ich war die Waage, sie waren die Gewichte und Gegengewichte. Ich hoffte, diese einander ausgleichenden Ornamente an meinem Körper würden auch meinen Geist ins Gleichgewicht bringen. Das war jedoch nur ein frommer Wunsch. Ich hätte gar nicht unausgeglichener sein können.

Mac war wirklich gut. Wir arbeiteten jeweils eine Stunde an einem Arm und dann eine Stunde am anderen. JJ saß währenddessen mit uns in dem dunklen Zimmer und telefonierte mit Casey, Pops oder Timmy. Manchmal rief Lydia an und fragte, was so los sei. Slats und ich führten zahlreiche verschlüsselte Gespräche, während Macs Nadeln unter einer hellen Tischlampe surrten.

Mac stellte mir eine Menge Fragen über meinen Job als Schuldeneintreiber. Ich sagte, das sei leicht verdientes Geld. Als er wissen wollte, ob ich eine Menge Leute verprügeln müsse, sagte ich fast die Wahrheit: dass das selten vorkomme (in Wahrheit gar nicht, weil ich ja kein Geld eintrieb). Es sei einschüchternd genug, mit einem Baseballschläger, zwei Pistolen und einer Mütze mit dem Schriftzug SERIENMÖRDER aufzutauchen. Auf die Frage, wie viel ich verdiente, antwortete ich, das sei unterschiedlich, aber meist erhielte ich zehn Prozent. Mein bisher höchstes Honorar seien 50 Riesen gewesen. »Im Ernst?«, fragte er. »Im Ernst«, antwortete ich. »Und das für weniger als 20 Minuten Arbeit – die Fahrtzeit mal ausgenommen.«

Mac wollte bei mir einsteigen, falls ich je Hilfe bräuchte. Ich versprach, bei Bedarf auf ihn zurückzukommen, aber vorläufig sei ich mit Timmy und Pops ziemlich gut bedient.

Mac erkundigte sich auch nach dem Ärger mit den Solos. Dass Bad Bob uns unsere Clubzeichen entzogen hatte, war ein heißes Gesprächsthema. Und es war ärgerlich. Dass wir auf Geheiß der Angels unsere Solokutten ausziehen mussten, war zwar gut für die Ermittlungen, denn es würde die RICO-Anklage stützen, aber es war schrecklich, derart im Regen zu stehen.

Und der Regen peitschte durch alle Ritzen. Den ganzen März über wurden wir mit Telefonanrufen überschwemmt. Smitty, Dennis, Joby, Doug Dam, Casino Cal, Dan Danza und viele andere erkundigten sich, was mit uns und unserem Club los sei. Ihre Fragen waren eher neugierig als vorwurfsvoll. Sie wollten wissen, warum die mexikanischen Solos uns ins Knie schossen. Wir sagten ihnen die Wahrheit: Wir wüssten es nicht und würden uns darum kümmern. Doch die meiste Zeit mussten wir uns selbst gut zureden, denn wir wussten nicht, ob Bad Bob mit den »Beweisen« zufrieden war, die ich ihm gegeben hatte. Aber seine Telefongespräche mit Joanie, dem Präsidenten des Phoenix-Charters, waren ermutigend. Sollten Bad Bob oder Joanie jedoch nicht zufrieden sein, mussten wir die Ermittlungen wahrscheinlich abbrechen. Für diesen Fall waren mehrere Agenten der Einsatzgruppe damit beschäftigt, Anordnungen zu Hausdurchsuchungen vorzubereiten.

Entgegen unseren Befürchtungen gingen die Ermittlungen weiter. Aufgrund von Chicos Drohungen verließen wir unsere Bleibe in der Romley Road und mieteten ein Haus mit vier Schlafzimmern, Pool und allem Drum und Dran in der Carroll Street. Es war eine ruhige Gegend am Rand des Reviers des Cave-Creek-Charters. Mir tat es gut, wieder in einer Vorstadt und mitten unter Angehörigen der Mittelschicht zu wohnen. Irgendwo in mir drin lebte immer noch Jay Dobyns.

Am 6. März sprach ich mit Bob. Es sagte, er sei mit Joanie alles durchgegangen und wir hätten sie überzeugt. Ich fragte, ob wir unsere Zeichen wieder zeigen dürften. »Ihr Jungs seid gut«, sagte er. »Zieht eure Kutten wieder an. Aber ich bin nicht glücklich über diese Solos. Ich hab genug davon, mich um euren Scheiß zu kümmern. Ich hab nicht für dich gebürgt, um dein Babysitter zu werden. Die Sache ist noch nicht ausgestanden.« Mehr sagte er nicht, aber ich konnte mir denken, was auf uns zukam.

Man würde uns unter Druck setzen.

Am Morgen des 7. trafen wir Joby in der Fernfahrerkneipe Iron Skillet in Kingman, um unsere Zukunft bei den Angels zu besprechen.

Wir saßen in einer Fensternische. Draußen dröhnten mächtige Sattelschlepper oder brummten im Leerlauf. Es war noch nicht Mittag, aber die Sonne war schon heiß und tauchte die dünne Wolkenschicht in blendend weißes Licht.

Timmy und ich saßen Joby gegenüber, JJ war zwischen Joby und Pops eingeklemmt. Joby bestellte Eier, Wurst, trockenen Weizentoast und Kaffee, wir anderen bestellten Waffeln. Joby wollte wissen, was wir an den Waffeln fänden. JJ fragte zurück, was er gegen Waffeln habe. Alle lachten.

Unser Kaffee kam. Joby sprach schnell. Er überflog verschiedene Themen wie ein Streuflugzug die mit Ungeziefer verseuchten Felder. Laughlin: Er fürchtete, bald verhaftet zu werden – er hatte dort auf Leute eingestochen, bei einem getöteten Angel namens Fester erfolglos eine Herz-Lungen-Wiederbelebung versucht und eine Schusswaffe unter der Leiche versteckt. Wenn es nicht gut für ihn aussehe, werde er vielleicht nach Mexiko gehen. Während der Randale habe er mit seinem Tod gerechnet. »Ich hab nicht erwartet, dass es so ausgeht. Wahrscheinlich haben wir deshalb gewonnen. Als wir reingingen, wussten wir, dass sie uns zahlenmäßig vier- oder fünffach überlegen waren. Wir wussten also, dass wir so gut wie tot waren. Darum hatten wir keine Angst, versteht ihr?« Er machte eine Pause und schüttelte den Kopf.

Dann wurde unser Essen gebracht, und wir hauten rein. Joby kam auf die Solos zu sprechen. Er wiederholte, was er mir auf der Valentinsparty gesagt hatte: Wir müssten nach Skull Valley kommen, dort dürften wir unsere Geschäfte frei ausüben. Wir seien reif. Er plane, uns formell die Aufnahme anzubieten, sobald er nächste Woche von der 55-Jahr-Feier in Berdoo zurückkomme. Das war nichts Neues. Wirklich neu war jedoch, dass unsere Mitgliedschaft seiner Meinung nach notwendig war, um die Macht der Angels in der Region Bullhead, Vegas und San Bernardino in Kalifornien zu sichern. Joby betonte, dass die Angels uns *brauchten*. Das versetzte mich in Hochstimmung. Ich konnte das nutzen, um nicht nur mit Joby und den Hells Angels zu feilschen, sondern auch mit Slats und unseren Chefs.

Als wir zu Ende gefrühstückt hatten, wollte ich die Rechnung übernehmen, aber Joby bestand darauf zu bezahlen. Es war ein verdammtes Date.

Seite an Seite gingen Joby und ich über den Parkplatz. Er fragte mich, ob ich Aufkleber für Unterstützer hätte. Ich dachte, er habe rot-weiße Abzeichen gemeint, und wollte ihn daran erinnern, dass ich diese Dinger nicht trug, doch er unterbrach mich: »Nein, nicht die. Hast du welche für die Solos?«

Ich sagte: »Pops hat welche.«

Dann fragte er Pops. Als wir bei unseren Motorrädern ankamen, wühlte Pops in seiner Satteltasche und brachte drei oder vier Aufkleber zum Vorschein, auf denen stand: »UNTERSTÜTZT EURE ÖRTLICHEN SOLO ANGELES«. Joby nahm einen, ging zu seinem Motorrad und zog die Rückseite des Aufklebers ab, drückte ihn auf seine Ölwanne und strich ihn glatt. Dann drehte er sich um und sah uns an. JJ lehnte an meiner Hüfte, ich hatte einen Arm um ihre Schulter gelegt. Timmy und Pops saßen auf ihren Maschinen. Vermutlich sahen wir aus wie Stallones Gang in *Brooklyn Blues*. Wir konnten nicht glauben, was wir da sahen. Dies war vielleicht das erste Mal, dass ein Hells Angel das Abzeichen eines anderen Clubs auf sein Motorrad geklebt hatte. Und dieser Club war unserer.

Joby wusste, was er tat. »Ist mir egal, Bird. Timmy, Pops, JJ.« Er schaute jedem von uns in die Augen, als er unsere Namen sprach. Die Sattelschlepper rumpelten. »Ist mir egal. Ihr gehört zu mir, und ich unterstütze euch.«

Ich löste mich von JJ und umarmte Joby herzlich. »Danke«, sagte ich in sein Ohr.

Er schüttelte ganz leicht den Kopf. »Nichts zu danken. Ihr seid meine Brüder. Ich melde mich bei euch, wenn ich von der 55-Jahr-Feier zurück bin.«

29 »Hören Sie, Lady, das soll nicht heißen, dass es mir scheißegal ist, was Sie sagen; aber es ist mir scheißegal, was Sie sagen.«

März 2003

DER ÄRGER hörte nicht auf. Alberto, die Klatschtante der Solos, fand Gehör bei Guy Castiglione, dem Präsidenten in Dago, den die Antidrogenbehörde überwachte. (Angesichts der Beweislast erklärte er sich in seinem RICO-Prozess für schuldig.) Alberto schimpfte ständig, wir seien keine legitimen Solos, wir kämen nicht oft genug nach Tijuana, wir seien Hochstapler, Rudy Kramer sei ein Stück Dreck, und wir hätten Suzuki nie seine Harley Davidson Sportster gebracht. Das alles rieb Guy auf der Jubiläumsfeier Bob, Joby und Smitty unter die Nase, doch die schnauzten zurück, wir seien die echten Solos, die Mexikaner hätten uns im Stich gelassen, und der Solo-Angeles-Club tauge ohnehin nichts. Joby bekam eine Menge Ärger wegen des Fanaufklebers an seinem Motorrad, aber er gab nicht nach. Er riet den anderen zu warten, bis sie uns kennengelernt hätten, dann würden sie alles verstehen.

Ich sah Bob Ende März wieder, mitten in einer dreitägigen Meth-Orgie. Er sah aus wie ein nasser Papiersack, durch den man elektrischen Strom gejagt hatte – Barry Gibb war von ihm gegangen. Bob sagte, die Solo-Geschichte habe ihm die Jubiläumsfeier der Hells Angels verleidet, und er habe die Schnauze voll. »Am liebsten würde ich nach Tijuana fahren und diesen verfluchten Alberto in den Pazifik prügeln.«

Zugleich verkündete er uns feierlich unser Ende. Ab dem 21. April 2003 werde im ganzen Staat Arizona kein Solo mehr geduldet. »Wir lassen ihn nicht einmal durchfahren«, knurrte Bob. Dann sagte er: »Bird, hör auf mit dem Theater, und entscheide dich endlich«, als wolle ich seine Lieblingstochter heiraten.

In gewissem Sinne wollte ich das sogar.

Seltsamerweise ließen uns Bob, Joby und die anderen Angels nie die Wut und Verwirrung spüren, die sie gegenüber den Solo Angeles in Tijuana empfanden. Die Frage nach unserer Legitimität hatte dazu geführt, dass jetzt alle Zweifel an unserer fingierten Geschichte beseitigt waren. Die Hells Angels hatten die perfekte Gelegenheit erhalten, uns zu befragen, uns genau zu prüfen und herauszufinden, ob wir waren, was wir zu sein behaupteten. Die Mexikaner hatten ihnen die Wahrheit über uns gesagt, aber die Angels hatten sie als eifersüchtige Lügen und Verleumdungen abgetan. Nun hatten sie das Gefühl, ihre Pflicht getan zu haben – wir wussten, dass sie uns mindestens drei heimlichen »Leumundsprüfungen« unterzogen hatten –, und glaubten, uns zu kennen. Kein Wunder, dass Bob zu mir sagte: »Ich steh voll hinter dir, aber ich hab genug von dem ganzen Bockmist.«

Die Tatsache, dass wir es geschafft hatten, machte unser Leben jedoch nicht einfacher. Im Gegenteil, der März war der heikelste Monat, seit im August die Ermittlungen begonnen hatten. Wir mussten entweder einen unbekannten Weg einschlagen oder den ganzen Fall abblasen, bevor er richtig zu Ende war.

Stillschweigend trafen wir eine Entscheidung: weitermachen. Wir hatten schon zu viel investiert, um aufzuhören, nur weil die Hells Angels uns zum Handeln zwangen. Ich wollte nicht aufhören, weil es so viel für uns bedeutete, den

Angels beizutreten. Slats wollte nicht aufhören, weil er sich weigerte, vor der Gerüchteküche der Biker klein beizugeben.

Also spielten wir weiter.

Mac vollendete meine Tattoos. Eines Morgens – es war Mitte März –, als er zum letzten Mal die Nadel ansetzte, rief JJ an und sagte, sie frühstücke gerade mit einem Typen in einer Imbissbude am Ort. Ich sagte, sie solle ihn aufhalten, ich käme sofort. Dann klappte ich das Handy zu und fragte Mac: »Willst du ein paar Dollar verdienen? JJ hat sich einen Kerl geschnappt, bei dem ich abkassieren muss.«

Er legte die Nadel und das Verbandszeug weg und sagte: »Zum Teufel, ja.«

Mac zog seine Kutte aus, denn er wusste, dass er sie nicht tragen durfte, wenn er ohne Erlaubnis des Clubs Geld eintrieb. Wir gingen hinaus, und Mac schloss den Laden.

Als wir auf unsere Motorräder stiegen, warf ich einen Blick auf meine Arme. Sie glitzerten unter einer dünnen Schicht Vaseline. Sie sahen toll aus. Sie passten zu mir. Sie passten jetzt besser zu mir als davor.

Wir fuhren zum Waffle House in der Grant Road, parkten unsere Motorräder und staksten zum Eingang. Mac fragte, was er tun solle, wie er sich verhalten solle, was passiere, wenn wir den Kerl verprügeln müssten. Ich riet ihm, ganz ruhig zu bleiben, meinem Beispiel zu folgen und mich einfach zu unterstützen. Das traute er sich zu.

JJ saß mit einem hellhäutigen Mann in den Zwanzigern in einer Fensternische. Sie trug ein schwarzes ärmelloses Hemd und Jeans, der Typ einen weißen Trainingsanzug von Rocawear mit grünen Paspeln und eine Sonnenbrille mit bernsteinfarbenen Gläsern. Wir gingen hin und pflanzten uns mit verschränkten Armen vor ihnen auf. Ich sagte: »Rutsch da rüber, Süße«, und zeigte auf die andere Seite der Nische. Der Typ sagte nur »Scheiße«.

Ich setzte mich neben ihn. Mac nahm neben JJ Platz und

starrte den Mann grimmig an. JJ senkte den Blick und spielte das dumme Mädchen, das zur falschen Zeit am falschen Ort war.

Ich deutete auf das Essen und fragte den Typen: »Isst du das?« Dabei nahm ich ihm die Gabel aus der Hand.

»Wollte ich«, sagte er.

»Jetzt nicht mehr.« Ich schob das Essen auf dem Teller herum, griff nach der Tasse und trank den Kaffee in einem Zug aus. »Weißt du, wer ich bin?«

»Ich kann es mir denken.«

»Gut. Ich wollte dir nur sagen, dass heute dein Glückstag ist.« Er räusperte sich. »Weißt du, sie hätten auch einen anderen schicken können, jemanden, der sich mit einem Bleirohr in deiner Kniekehle vorgestellt hätte.« Ich deutete mit dem Kinn auf Mac, der langsam nickte. »Aber du hast mich gekriegt.«

»Wunderbar.«

»Nicht frech werden.« Ich nahm einen Happen Röstkartoffeln und murmelte: »Du hältst die Klappe. Kapiert?«

»Ja.«

»Gut. Wir machen Fortschritte. Also – ich brauch das verdammte Geld.«

Ich hatte Mac zuvor erklärt, der Bursche schulde Big Lou 21 Riesen. Der Typ sagte, so viel Geld habe er im Moment nicht bei sich. Ich sagte: »Das hoffe ich. Es wäre nicht sehr schlau, mit so viel Kohle rumzulaufen. Hast du ein Girokonto?« Er bejahte. »Dann hast du auch ein Scheckbuch.« Er hatte eins. »Wie viel Geld ist auf dem Konto? Falls du vorhast zu lügen – vergiss es!« Er antwortete, es müssten etwa 17000 sein. Ich zog seinen Teller zu mir hin und sagte, das sei ein guter Anfang. Dann befahl ich ihm, einen Scheck über 17000 auszustellen und zu unterschreiben, die Empfängerzeile jedoch leer zu lassen. Er sagte »Okay« und kramte in seiner Tasche. Ich riet ihm, sich nicht zu schnell zu bewegen. Er befolgte den Rat und zog sein Scheckbuch heraus. Auf den Schecks waren Wale abgebildet. Ein Ökofreak. Während er schrieb, fragte ich, was er sonst noch habe. Er sagte: »Ungefähr 300 in bar und eine Pistole – eine 9-mm-Sig. »Nehm ich beides«, sagte ich. »Lass die Hände auf dem Tisch, und sag mir, wo die Knarre ist.« Sie steckte in einem Hüfthalfter. Ich fragte ihn, ob er die Erlaubnis habe, eine verborgene Waffe zu tragen. »Äh ... nein«, gestand er. »Immer mit der Ruhe«, sagte ich. »Hältst du mich etwa für einen Cop?« Er lachte nervös. Ich nahm ihm die Pistole ab und steckte sie in meine Kutte. Dann erinnerte ich ihn an das Bargeld. Er holte seine Brieftasche heraus und reichte mir ein kleines Geldbündel. Ich zählte schnell – 314 Dollar. Einen 20er legte ich auf den Tisch für die Zeche, nickte Mac zu und stand auf. Mac erhob sich ebenfalls. JJ und der Typ blieben sitzen. Ich sagte: »Ihr kommt mit.« Sie standen auf, und wir gingen hinaus.

Der Typ dachte, JJ werde ihn begleiten, doch als wir über den Parkplatz gingen, hakte sie sich bei mir unter. Der Typ blieb abrupt stehen. Mac und ich bestiegen unsere Motorräder, JJ setzte sich auf meinen Soziussitz, umklammerte mich fest und rief dem jungen Mann zu: »Bis später, Schätzchen.« Wir fuhren los und ließen den Typ stehen. Er hatte ja genug Stoff zum Nachdenken.

Als wir wieder im Black Rose waren, gab ich Mac 200 Dollar und sagte: »Siehst du? 200 in zehn Minuten. So einfach ist es, mit mir Geld zu verdienen.«

Er grinste, schüttelte den Kopf und sagte: »Danke.«
»Kein Problem. Ich danke dir. Wir sehen uns bald.«
»Klingt gut.«
JJ und ich verabschiedeten uns und fuhren nach Phoenix.
Das Opfer meiner Erpressung war der ATF-Agent Eric »Otter« Rutland gewesen. Er hatte seine Rolle perfekt gespielt.

JJ und ich verbrachten die Nacht in Phoenix. Wir hatten alle frei. Timmy und Pops waren in ihrem echten Zuhause. JJ fragte, ob ich etwas trinken gehen wolle.

»Ich hab genug von Bars.«

»Ich auch.«

»Gut, dann lass uns *irgendetwas* tun.«

Wir überlegten, wo ein Hells Angel auf keinen Fall auftauchen würde, doch es wollte uns nichts mehr einfallen. Ich hatte keine Lust, ins Kino zu gehen, und JJ hatte keine Lust, im Restaurant zu essen. Wir mussten Dampf ablassen. Dafür brauchten wir kein idiotisches Date, bei dem am Ende nichts geschehen würde. Schließlich fragte ich, ob sie Golf spiele.

»Ab und zu. Nicht richtig.«

»Willst du's probieren?«

»Klar.«

Wir fuhren zu einem Übungsplatz in Scottsdale. Sie hatte gelogen – ihr Schwung war großartig. Wir schlugen beide jeweils 100 Bälle, tranken Bier und amüsierten uns.

Mitten im Vergnügen rief Gwen an und wollte wissen, wann ich nach Hause käme. »Morgen«, sagte ich. Sie erinnerte mich daran, dass wir am nächsten Tag zu einem Grillfest bei alten Freunden eingeladen waren, worauf ich entgegnete, ich hätte es nicht vergessen und würde bestimmt kommen.

Natürlich hatte ich es vergessen.

Ich hängte auf. JJ stützte sich auf ein 7er-Eisen und trank Bier aus einer braunen Flasche. Sie schaute mir in die Augen.

»War das Gwen?«

»Ja.«

»Ist alles in Ordnung mit ihr?«

»Das bezweifle ich. Sie hat es satt, dass ich nie da bin.«

Ich legte einen neuen Ball auf. Warum sollte ich den miesen Zustand meiner Ehe ausgerechnet der Frau erklären, mit der ich angeblich schlief? Ich schuldete JJ Loyalität, Führung, Freundschaft und Schutz – keine Erklärungen.

»Dann fährst du also morgen nach Tucson?«

»JA.« ICH SCHLUG den Ball mit dem Driver. Er landete kurz vor der 230-Meter-Marke, rollte daran vorbei und blieb bei etwa 250 Metern liegen.

»Guter Schlag. Ich werde hierbleiben. Vielleicht geht Timmy mit mir ins Kino oder sonst was.« Das würde er sicherlich tun. Timmy war eine Art Freund und Mentor für JJ geworden, und ich wusste, dass sie auch zusammen ausgingen.

Sie stellte ihr Bier auf den Boden, legte einen Ball auf und schlug ab. Mit dem Eisen 7 konnte sie einen Ball 110 bis 120 Meter weit schlagen. Dieser flog schnurgerade und rollte fast bis zur 140-Meter-Marke.

Sie lachte. »Mann, Jay. Warte nur, bis Gwen deine Arme sieht!«

Unsere Freunde wussten, dass ich Polizist war, aber sie wussten nicht, was genau ich dort tat. Die meisten dachten, ich sei bei der Drogenfahndung oder bei der Mordkommission. Jedenfalls wusste keiner, dass ich seit über 15 Jahren verdeckter Ermittler war. Das löste gewisse Spannungen in der Familie aus. Gwen und ich wehrten Fragen nach meinem Beruf mit Halbwahrheiten und Andeutungen ab: Ich ermittelte gegen einen Drogenring. Ich fahndete nach illegalen Waffen. Ich unterstützte Ermittler, die eine Schmugglerbande jagten. Ich hatte viel zu tun. Keine Details. Keine Erklärung für meine Schussverletzung, nichts über die Leute, gegen die ich ermittelte, kein Wort über die Dutzende von Waffen, in deren Mündung ich schon gestarrt hatte. Ich war im Verborgenen stolz auf das alles – nur meine Kollegen wussten davon.

Für mich war diese Verschwiegenheit kein großes Problem, denn ich lebte ja in einer Welt voller Polizisten. Ich konnte am Wasserspender stehen und stundenlang über meine Erlebnisse reden. Die Seelenklempner der ATF und alte Freunde und Partner wie Chris Bayless überprüften regelmäßig meine psychische Gesundheit. Ich hatte also Ventile, durch die ich Druck ablassen konnte.

Gwen trug einen größeren Teil dieser Last. In gewisser Hinsicht lebte auch sie undercover. Sie durfte niemandem sagen, dass sie die Frau eines verdeckten Ermittlers war – aus dem einfachen Grund, weil sie dadurch mich und meine Partner gefährdet hätte. Sie hatte schon vor langer Zeit gelernt, möglichst wenig über meinen Beruf zu reden. Unsere engen Freunde waren daran gewöhnt, nicht viel über mich zu erfahren. So musste es sein, und so gefiel es mir.

Meist war es am einfachsten, wenn ich dafür sorgte, dass sie nicht lügen musste. Im Laufe der Jahre hatte ich mir angewöhnt, ihr immer weniger über meine Arbeit zu erzählen. Es gab vieles, was sie nie erfuhr und nie zu erfahren brauchte. Meiner Meinung nach war es sinnlos, sie in mein Arbeitsleben hineinzuziehen. Das war natürlich ein Irrtum. Auch wenn ich ihr Vertrauen noch nicht verloren hatte, war uns doch die Nähe abhandengekommen, die wir einst genossen hatten. Vielleicht hätte sie sich nicht besser gefühlt und sich nicht weniger Sorgen gemacht, wenn ich ihr mehr über meine Arbeit erzählt hätte; aber wir wären einander möglicherweise nicht so fremd geworden.

Was die Tätowierungen anbelangt, so hatte ich mit Gwen schon seit Jahren darüber gesprochen, dass ich mir Tattoos an den Armen wünschte. Vor langer Zeit hatte sie sogar die Blumen gezeichnet, die Mac auf meine Oberarme gestochen hatte. Was die Tattoos über mich sagten – nämlich, dass ich kein gewöhnlicher Vorstadt-Ehegatte war –, das gefiel ihr. Doch obwohl sie nachvollziehen konnte, weshalb ich mir diese Tattoos an den Armen wünschte, konnte sie nicht verstehen, warum ich wie ein Gangster aussehen wollte. Ich wandte ein, dass Yosemite Sam und der Tazmanian Devil aus Looney Tunes oder kleine Kaninchen auf der Haut nicht allzu kriminell aussähen. Ich wusste, dass sie das anders gemeint hatte, aber so dachte ich eben darüber. Mir gefiel es auch, wenn Tattoos nach Gefängnistinte aussahen. Was die Tätowierungen betraf, unterschied ich mich wohl kaum von den Leuten, die ich festnehmen wollte.

Gwen war nicht überrascht, als ich mit tätowierten Armen nach Hause kam, aber sie war ein wenig enttäuscht.

»Anscheinend bist du jetzt nur noch Biker, oder?« Wir waren im Schlafzimmer und machten uns für die Grillparty bereit. Ich war müde, riss mich aber zusammen und nippte an einem Red Bull.

Ich stupste sie in die Rippen. »Machst du Witze? Du weißt doch, dass ich nicht gerne Motorrad fahre.«

»Das ist nicht lustig.«

»Finde ich schon.«

Sie sagte nichts und ging ins Bad. Derweil saß ich auf dem Bett und sehnte mich nach einer Zigarette. Als sie zurückkam, sah sie großartig aus. Sie deutete auf meine Tattoos und fragte: »Was hält sie davon? Ich wette, sie gefallen ihr, nicht?«

»Wem?«

»Dieser Frau, mit der du arbeitest. Jenna.«

»Ich hab ihr noch nicht einmal –.«

»Ich weiß, was los ist, Jay.«

»Gwen, gar nichts ist los. Selbst wenn ich wollte, und ich will nicht, hätte ich nicht die verfickte Energie dafür.«

»Nein, du hättest nicht die ›verfickte Energie‹ dafür, oder?« Ich seufzte und rollte vielleicht etwas zu stark mit den Augen. Gwen wiederholte: »Nein, hättest du nicht«, und ging wieder ins Bad.

Das war nichts Neues. Gwen hatte seit ein paar Wochen Andeutungen gemacht, auf die ich nicht reagiert hatte. Auch die Kollegen der Einsatzgruppe hatten begonnen, auf mich und JJ zu zeigen und mich aufzuziehen, wenn sie nicht da war. Ich sagte ihnen die Wahrheit: dass ich auch ohne Affäre ausgelastet war. »Alter«, sagte ich, »selbst wenn ich einen hochkriegen würde – was nicht der Fall ist, wahrscheinlich weil ich Hydroxycut schlucke –, hätte ich nicht die Energie, ihn zu benutzen.«

Aber dies war das erste Mal, dass Gwen offen darüber sprach. Ich versuchte, das Thema zu wechseln. Als sie wieder aus dem Badezimmer kam, sagte ich: »Hör mal, wenn es dich glücklicher macht, trage ich ein langärmliges Hemd, okay?«

»Meinetwegen, Jay.«

Ja, meinetwegen.

Ich ging ins Bad, holte vier Hydroxycuts aus einer Jeans, die auf dem Handtuchhalter hing, und spülte sie mit dem Red Bull hinunter.

Die Party fand in einem Haus ganz in unserer Nähe statt. Die Familie, die darin wohnte, hatte einen Sohn, der so alt war wie Jack und in Jacks Little-League-Team spielte. Der Vater besaß eine Baufirma, die Frau war Pharmareferentin. Sie hatten noch einen Sohn, der ein paar Jahre älter war als Jack. Wann immer wir in die Kirche gingen, sahen wir sie dort. Es war eine anständige Familie.

Wir stiegen ins Auto. Gwen fuhr. Wir sprachen nicht. Ich hatte keine Lust, auf eine Party ohne Biker zu gehen. Ich wollte nicht über Sport oder Hypotheken oder Hauserweiterungen oder Kinder oder Urlaubspläne reden; das interessierte mich nicht. Ich wollte mich weder beruhigen noch entspannen. Ich wollte das Ganze nur hinter mich bringen. Während wir bei herrlicher Abendstimmung durch Tucson fuhren – unter einem Himmel voller Rosa-, Purpur-, Blau- und Grüntöne –, wurde ich immer angespannter. Meine Knie zuckten. Ich wollte eine Zigarette, aber in Gwens Nähe durfte ich nicht rauchen. Ich konnte mich einfach nicht entspannen. Eine förmliche Cocktailparty in der Vorstadt konnte mit einem Clubhaus der Hells Angels nicht mithalten. Meine Gedanken wanderten zurück zu dem Ort, an den ich einen Tag lang nicht hatte denken wollen.

Der Fall beanspruchte mich ganz. Ich überlegte, was ich zu Slats sagen sollte, wie ich ihm eine Mitgliedschaft schmackhaft machen konnte. Einige Kollegen von der Einsatztruppe hatten mir unter vier Augen versichert, das sei eine gute Idee. Das ärgerte mich, und ich sagte zu allen: »Schön und gut, aber das brauchst du mir nicht im Vertrauen zu sagen. Ich *weiß*, dass es eine gute Idee ist. Geh rauf, und sag es Slats!«

Gwen unterbrach meine Gedanken mit einer harmlosen Frage: »Sie wollen bestimmt wissen, was du vom Team der Jungs in dieser Saison hältst.«

»Was? Von welchem Team?«

»Vom Baseball-Team.«

»Ach so. Ja.«

»Gib dir wenigstens Mühe, okay?«

»Klar doch.«

Wir kamen an und gingen hinein. Es hätte ebenso gut eine Cocktailparty auf dem Mond sein können. Irgendjemand reichte mir ein Getränk, und ich leerte es rasch. Es schmeckte wie eine Margarita ohne Salz, aber ich war mir nicht sicher. Gwen und ich trennten uns, ich entdeckte das Bier und beschloss, mich daran zu halten. Vor den Ermittlungen war ich ein lausiger Trinker gewesen, aber jetzt war ich in Topform. Ich konnte es mit den Besten aufnehmen, und am liebsten hätte ich mich total betrunken, aber ich wusste, dass das unvernünftig war, also trank ich langsam.

Ich alberte mit einigen Kindern herum. Das fiel mir leicht. Sie spielten im Pool und baten mich immer wieder, sie hineinzuschubsen. Ich ließ mich schnell überreden, stellte mein Bier ab, krempelte die Ärmel hoch und begann, sie in den tiefen Teil des Beckens zu werfen. Sie fanden es toll. Ich auch.

Irgendwann kam die Gastgeberin mit zwei Gläsern zu mir, eines war voll und eines halb leer. Sie streckte mir das volle entgegen. Die Frau trug eine rosa Baumwollhose, die unter den Knien abgeschnitten war, und einen flauschigen hellgrünen Pulli. Türkisohrringe baumelten an ihren Ohren. Ihr Lächeln kreischte: »Gastgeberin!«

Ich nahm das angebotene Glas und trank es halb aus. Sie musterte meine Arme, und ich zog die Aufschläge verlegen bis an die Handgelenke hinunter. So entblößt hatte ich mich seit Monaten nicht mehr gefühlt.

Sie sagte zwar nichts zu den Tattoos, aber ich spürte, dass sie es gerne getan hätte. Stattdessen fragte sie, wie es mir gehe und ob die Jungs nach meiner Einschätzung ein gutes Team hätten. Zudem meinte sie, mein Job müsse in letzter Zeit sehr anstrengend gewesen sein, weil sie mich fast nie gesehen habe. Ohne dass ich danach gefragt hätte, fügte sie hinzu, Gwen komme anscheinend gut damit zurecht. Mein Beitrag zu diesem Gespräch war minimal. Hätte ich es mit Grunzlauten beenden können, dann hätte ich es getan.

Sie war weder grausam noch unhöflich, aber sie ließ nicht locker. Wahrscheinlich war sie nur neugierig. Ich muss auf dieser Party ausgeschaut haben wie eine Zirkusattraktion. Ich war auf Entzug, und neue Tätowierungen guckten unter den Rändern meiner Kleider hervor. Zudem war ich mit Sicherheit der einzige Gast mit einem 13 Zentimeter langen gezwirbelten Spitzbart.

Ich konnte nur daran denken, wie schön es jetzt wäre, mit meinen Kumpels abzuhängen – nicht nur mit Timmy, Pops und JJ, sondern auch mit Smitty, Dennis, Bob, Joby, jedem von ihnen. Nicht dass ich sie lieber mochte als die anderen, aber in ihrer Gesellschaft kam ich mir nicht so bizarr vor.

Wie gern hätte ich zu dieser anständigen Vorstadtmama gesagt: »Hören Sie, Lady, das soll nicht heißen, dass es mir scheißegal ist, was Sie sagen; aber es ist mir scheißegal, was Sie sagen. Bis später.«

Stattdessen stand ich da und betrachtete ihre Ohrringe und nahm meine Medizin.

Sie war bitter.

30 Hoover wird ermordet
Ende März 2003

AM 29. MÄRZ mussten wir an einer Beerdigung teilnehmen. Jemand hatte Daniel »Hoover« Seybert am 22. März in den Kopf geschossen.

Er war auf dem Parkplatz von Brigett's Last Laugh, einer Bar in Phoenix, getötet worden, umgeben von seinen Brüdern, die angenehmerweise – und seltsamerweise – nichts mitbekommen hatten. Nach den Zeugenaussagen der Hells Angels hatte Hoover eben sein Motorrad gestartet, als er plötzlich auf der Lenkstange zusammensackte. Es gab keine Austrittswunde. Den Schuss hatten sie nicht gehört. Einige behaupteten, sie hätten geglaubt, er habe einen Herzanfall erlitten – bis sie die Wunde in seiner Stirn sahen. Andere vermuteten, er sei von einem Heckenschützen mit einem großkalibrigen Gewehr erschossen worden. Und alle waren davon überzeugt, dass der Schütze ein Mongol gewesen sein musste.

Wir waren uns da nicht so sicher. Der Gerichtsarzt stellte fest, dass die Wunde von einer kleinkalibrigen Waffe stammte, die aus nächster Nähe abgefeuert worden war. Später hörten wir, Sonny habe gesagt, es wäre besser für seinen geliebten Club gewesen, wenn *er* im Sarg gelegen hätte. Freunde und Feinde in den USA und im Ausland hatten Hoover verehrt und respektiert. Man hatte ihn als Nachfolger von Sonny aufgebaut, und er hätte sich perfekt dafür geeignet. Sein Tod stürzte den Club in Verzweiflung und trieb die Paranoia der Angels in ungekannte Höhen.

Der Mord an Hoover wurde nie aufgeklärt. Die Wunde und die Reaktion der Angels – aber auch das Fehlen einer Patronenhülse auf dem Parkplatz – deuteten auf einen internen Streit hin. Damals gab es eine Menge Spannungen unter den Angels. Es ging um die Ziele des Clubs und um die Frage, was die Angels verkörpern sollten, während sie ihre wilde Fahrt durch die amerikanische Kulturgeschichte fortsetzten. Der Streit zwischen Bad Bob und Cal Schaefer – durften Mitglieder Drogen konsumieren, und in welchem Umfang waren Partys erlaubt? – ist ein gutes Beispiel dafür, was im Club vor sich ging. Viele jüngere Mitglieder waren zu den Hells Angels gestoßen, um Randale zu machen und alles zu tun, was sie wollten, wann immer sie wollten und ohne dass ihnen jemand Vorschriften machte. Ältere Mitglieder – die, das sollte man nicht vergessen, in den vergangenen Jahrzehnten als Rowdys bereits so frei und wild gelebt hatten – zogen es vor, sich auf ihren Lorbeeren auszuruhen und auf keinen Fall die Gesetzeshüter auf sich aufmerksam zu machen. Diese Angels waren damit zufrieden, die alten Könige der Landstraße zu sein und bei Bikertreffen T-Shirts zu verkaufen. Ironischerweise verkörperte der alternde Sonny Barger genau diese althergebrachte Mentalität, obwohl er, historisch betrachtet, einer der härtesten und unbeugsamsten Angels war, die die Erde je gesehen hatte.

Nach unserer Theorie war der Mord an Hoover eine Warnung an jene Mitglieder, die den einfachen Weg gehen wollten. Immerhin war Hoover ein enger Freund von Sonny sowie Mitbesitzer von Sonnys Motorradhandel gewesen, und beide hatten großen Respekt voreinander gehabt. Offiziell war Sonny nichts weiter als ein ganz normales Mitglied, doch sein Wort war immer noch Gesetz, und Hoover hatte sich seinen Meinungen und Urteilen offenbar immer gefügt.

Ich habe eine etwas andere Theorie. Wenn ich an Hoovers

Tod denke, fallen mir die Schalldämpfer ein, nach denen die Angels mich immer wieder gefragt hatten. Ich weiß nicht, wer tatsächlich abgedrückt hat, aber meiner Meinung nach lassen die Indizien eindeutig darauf schließen, dass es ein Mitglied aus Arizona war, vielleicht sogar jemand, den ich kannte. Möglicherweise war der Täter unzufrieden, weil die Angels nichts gegen die Mongols unternahmen, oder er hatte von der Führungsriege erwartet, dass sie die Mongols vom Erdboden fegte, und war tief enttäuscht darüber, dass nichts geschah. Vielleicht fand er, dass die Männer, die diesen Rachefeldzug verhinderten, zugleich den jüngeren Mitgliedern die Randale und ein freies Leben verboten.
Vielleicht.
Das alles sind unbewiesene Spekulationen, die sich allein auf Indizien und mein Bauchgefühl stützen. Ich kann keine bestimmte Person beschuldigen, aber ich finde, das ist eine vernünftige, wenn nicht sogar wahrscheinliche Theorie.
Was auch immer die wahren Hintergründe waren, der Club war zweifellos gespalten, und ich glaube, meine Solo-Angeles-Nomaden überbrückten diese Kluft. Vielleicht schmeichle ich mir damit selbst, aber ich bin davon überzeugt, dass wir bei beiden Fraktionen hohes Ansehen genossen. Die älteren Angels mochten uns, weil wir verschwiegen, respektvoll und geradlinig waren. Die jüngeren achteten uns, weil wir uns nichts gefallen ließen und gute Geschäfte machten. Alle schätzten uns, weil sie glaubten, wir seien Vollstrecker, Geldeintreiber und Killer, die eng zusammenhielten. Ich glaube wirklich, dass die Angels uns für Vorbilder hielten, die sie respektieren und denen sie sogar nacheifern konnten.
Ich hoffte, das herauszufinden. Und ich hoffte, dass ich nicht zu lange darauf warten musste.
Zwei Tage nach dem Mord fuhren Timmy, Pops und ich nach Cave Creek, um dort im Clubhaus mit Joby zu reden.

Hoovers Ermordung, wer immer dafür verantwortlich war, hatte die Angels verstört, und das Haus war abgeriegelt. Bewaffnete Wachen sicherten Tag und Nacht die Umgebung des breiten, einstöckigen Gebäudes. Niemand war guter Laune.

Joby bat uns nach oben. David Shell, ein Angel aus Cave Creek, schloss sich uns an.

Joby wiederholte, was ich von ihm, Bob und Smitty seit mehreren Wochen hörte. Unsere Zeit war gekommen – wir mussten uns den Angels anschließen. Wir sagten nichts. Noch hatten wir nicht die Erlaubnis, das Angebot anzunehmen. Ehrlich gesagt wusste ich in diesem Moment nicht, was wir tun sollten. Ich hatte angenommen, dass wir noch ein paar Wochen warten mussten, wenigstens so lange, bis Hoover unter der Erde war.

Es kam anders.

Joby ging hin und her, während Shell einen Joint rollte und anzündete. Nachdem Joby sich darüber beklagt hatte, dass er sich jetzt auch noch »mit diesem ganzen Hoover-Bockmist« befassen musste, ging er zum interessanten Teil über. »Egal, die Sache ist entschieden, Bird. Ihr kommt zu uns nach Skull Valley. Ich habe alles mit Bob und Smitty besprochen. Smitty war von Anfang an einverstanden – er weiß ja, dass ihr mit uns nach Mohave Valley geht, sobald alles geregelt ist. Bob war schwerer zu überzeugen. Er war ziemlich sicher, dass Mesa für euch der einzig richtige Platz ist. Ich hab ihn umgestimmt.«

Ich sagte: »Großartig. Danke, dass du uns unterstützt hast, Joby. Das ist uns wirklich eine Ehre.«

»Schon in Ordnung«, erwiderte er. »Ihr wisst ja, was ich von euch halte.« Shell hatte einen tiefen Zug genommen und begann nun, rau zu husten. Ich fand es lustig, dass er genau in dem Moment würgte, als Joby mir und den Solos eine Art Liebeserklärung machte.

»Also, was bedeutet das jetzt für uns?«, fragte Timmy. »Praktisch gesehen.«

»Es bedeutet, dass ihr zur nächsten Charterversammlung nach Skull Valley kommen müsst. Jeder von euch. Du unterstehst Joey, Pops untersteht mir, und Bird untersteht Bobby.« Bobby war Robert Reinstra, der muskelbepackte Maurer aus Boston. »Außerdem bedeutet es, dass ihr euch eine Unterkunft in Prescott sucht.« Ein Hells Angel muss in der Nähe seines Charters wohnen. »Und es bedeutet, dass ihr eure Solokutten an den Nagel hängt.« Er trat mit dem Fuß gegen eine Wollmaus auf dem Boden, um seine Worte zu unterstreichen. Shell fragte, ob wir Gras rauchten. Ich log und sagte ja. »Gut«, sagte er. »Der Club braucht mehr Raucher.« Dann stieg ihm das Zeug in den Kopf, und er drehte die Augen glückselig nach oben.

Die Sache war geregelt, und wir verabschiedeten uns. Jetzt mussten wir mit Slats sprechen.

Das war nicht einfach. Das Verhältnis zwischen Slats und mir war seit unserem Streit in Folge von Chicos Drohung sehr angespannt. Wir hatten seit Wochen keine längeren Gespräche mehr geführt.

Dan Machonis, unser hochangesehener Vorgesetzter in der Außenstelle Phoenix, hatte das mitbekommen und mich gebeten, ihn in einer Sportbar in der Nähe des Hauptquartiers zu treffen. Er sagte, wir müssten einige strategische Fragen erörtern. Es war eine Falle. Als ich ankam, war Slats da. Auch er hatte geglaubt, Dan habe ihn zu einem Gespräch unter vier Augen eingeladen. Wir trafen uns an der Bar. Dan bestellte einen Krug Bier, griff sich drei Gläser und führte uns in eine hufeisenförmige Nische beim Billardtisch.

Dan saß zwischen Slats und mir. Während er die Gläser füllte, fragte er: »Seid ihr bereit, ein paar Dinge zu klären?« Ohne einander anzusehen, sagten wir beide: »Nein.« – »Wunderbar.« Als die Gläser voll waren, sagte Dan: »Wir machen es so. Wir sitzen hier und trinken dieses Bier, und wenn wir es getrunken haben, hole ich mehr davon – bis ihr mit eurem Theater aufhört und miteinander redet.« Er hob sein Glas, hielt es einen Moment lang über die Mitte des Tisches, führte es an die Lippen und trank es halb leer. Weder Slats noch ich rührten uns. Dan stellte sein Glas ab, wischte sich mit dem Handrücken den Schaum von der Oberlippe und sagte: »Trinkt. Das ist ein Befehl.«

Wir warteten noch ein paar Minuten. Ich glaube, ich bewegte mich zuerst. Oder war es Slats? Jedenfalls folgte der andere sofort. Wir hoben unsere Gläser und leerten sie in wenigen Zügen. Dan sorgte für Nachschub.

Als der dritte Krug halb leer war, begannen wir zu reden. Ich sagte: »Ich weiß, dass du eine Menge Stress hast.«

Slats sagte: »Verdammt richtig. Und ich weiß, dir geht es genauso.«

Mehr brauchten wir nicht zu sagen, dass die Schleusen sich öffneten. Als Dan mit dem vierten Krug zurückkam, schimpften Slats und ich bereits über alles, womit wir in den letzten Monaten fertigwerden mussten.

Später begannen wir, Billard zu spielen. Ich gewann die ersten vier Spiele, während wir unsere nächsten Schritte besprachen.

»Wir müssen das Angebot annehmen«, sagte ich. »Es wäre unvernünftig, nein zu sagen.«

»Sie werden dich voll beanspruchen. Das freie Leben kannst du dann vergessen.«

»Das stört mich nicht. So geht es allen Anwärtern. Ich kann damit leben.«

»Was ist mit Timmy und Pops?«

»Sie machen mit. Du weißt, dass sie dabei sind. Timmy hat doch mit dir gesprochen, nicht?«

»Stimmt.« Slats beugte sich über den Tisch und bereitete sich auf einen kurzen Stoß an die Bande vor.

»Sie schaffen das, keine Frage.«
»Und JJ?«
»Ihr geht's gut. Sie ist bereit.«
Slats sagte: »Hmm.« Die weiße Kugel traf die Bande, und er schaute zu, wie sie in Position für den nächsten Stoß rollte.

Anscheinend war er nicht von JJ überzeugt. Ich sagte: »Sie ist stark.«

»Weiß ich, aber das hier ist immer noch ihr erster Einsatz.«

»Ich pass auf sie auf. Das weißt du doch.« Für sie oder einen der anderen hätte ich auch eine Kugel abgefangen.

Er stieß die weiße Kugel an der Seitenbande entlang. »Nein, *ich* mach das.«

Ich überließ ihm diesen Punkt. »Okay.«

Er versenkte zwei weitere Bälle und wollte den dritten seitlich anschneiden, verpasste ihn aber. Nun war ich an der Reihe.

Während ich stieß, brachte ich weitere Argumente vor. »Wir müssen weitermachen. Was haben wir, wenn wir jetzt aufhören? Du weißt so gut wie ich, dass es für eine RICO-Anklage reicht, wenn wir zulassen, dass sie uns zum Übertritt zwingen. Nötigung, Einschüchterung und so weiter. Wenn wir aufgeben, können wir dem Richter höchstens sagen: ›Sie wollten, dass wir uns ihnen anschließen, aber wir haben es nicht getan.‹ Aber wenn wir es tun, können wir sagen: ›Sie zwangen uns zum Übertritt.‹«

Er sagte nichts. Das war gut.

Dann fuhr ich fort: »Ich hab nichts gegen die Solos, das weißt du. Es war eine tolle Idee, und sie hat funktioniert. Verdammt, deine Idee war sogar *zu gut*. Keiner von uns hat erwartet, dass die Angels uns so bedrängen würden. Niemand hätte das voraussehen können.«

Ich versenkte drei Bälle und verfehlte einen einfachen

Stoß in die Ecke. Slats hatte zwei Bälle übrig und dann die Acht. Er schwieg immer noch. Dan, der zufrieden war, dass er seine Pflicht getan hatte, saß in der Nische, nippte an seinem Bier und füllte das Kreuzworträtsel in *USA Today* aus. Slats gelang ein schwieriger Stoß; sein Ball quetschte sich zwischen die Bande und einen meiner Bälle. Der weiße Ball rollte genau in die richtige Position für den nächsten Stoß, und schon landete der Objektball in einem Seitenloch. Die Acht lag an einer kurzen Bande zwischen den Ecklöchern. Slats schlenzte seinen letzten Ball mit viel Drall in ein Seitenloch. Nach dem Stoß beschrieb die weiße Kugel eine leichte Kurve und rollte über den ganzen Tisch, bis sie 15 Zentimeter vor der Acht liegen blieb, bereit für einen leichten Stoß in die Ecke.

»Eckloch.« Er zeigte mit der Spitze des Stocks auf das Ziel. Dann beugte er sich vor, machte ein paar Probestöße und stieß zu. Zu hart. Die Acht ratterte im Winkel und blieb dann über dem Rand hängend liegen. »Verdammt.«

Während ich meine restlichen Kugeln versenkte, sagte Slats: »Okay, wir probieren es. Mir ist klar, dass es für die Anklage vorteilhaft ist, wenn wir weitermachen. Das weißt du.« Natürlich wusste ich das. Slats hatte während einer Karriereflaute nur zum Spaß den Eignungstest einer juristischen Fakultät abgelegt – ohne zu lernen und ohne Tutor – und die Aufgaben zu 96 Prozent richtig gelöst. Er war wie Rain Man mit einer Knarre: Er konnte Vorfälle, Anschriften, Verdächtige und Paragraphen aus dem Ärmel schütteln – und erinnerte sich immer korrekt. Ich hatte zugesehen, wie er mit fünf Blatt gleichzeitig Karten gespielt, gewonnen und dann den Geber auf Fehler beim Auszahlen hingewiesen hatte. Selbst wenn wir Streit hatten, vertraute ich seinem Wissen und seiner Intelligenz.

Er fuhr fort: »Aber wenn ich ein ungutes Gefühl bekomme oder etwas faul riecht, ist Schluss. Wenn du etwas Verrücktes tust, ist Schluss. Wenn ich eines Morgens aufwache und mein Rücken schmerzt und meine Füße schreien mich an und meine Magentabletten wirken nicht mehr, dann ist Schluss. Kapiert?«

»Kapiert.« Slats hatte immer noch das Sagen. Ich versenkte die hängende Acht souverän, nur um ihn zu ärgern.

»Gut.« Dann rief er Dan zu, er solle noch einen Krug Bier holen. Unseren fünften. Dan blickte von seinen Papieren auf, nickte und verließ die Nische. Slats drehte sich zu mir um und sagte: »Spielen wir noch ein bisschen weiter. Mal sehen, ob du noch einmal gewinnen kannst.«

Wir spielten noch zwei weitere Krüge lang.

Gewinnen? Wir waren ziemlich blau, aber ich kann mich nicht mehr daran erinnern, an diesem Abend noch einmal auch nur auf eine Achterkugel gezielt zu haben.

Keine Solos mehr

April 2003

DIE VERSAMMLUNG fand am 3. April in einem Super-8-Motel in Prescott statt. Skull Valley hatte zwar ein Clubhaus, aber aus unbekannten Gründen konnten wir es nicht benutzen. Wir trafen uns zuerst mit Joby, fuhren dann zum Motel, parkten und gingen hinein.

Wir gingen hinauf in den ersten Stock und zum Zimmer. Die *Arizona Republic* des Tages lag in einem Plastikbeutel auf der Türschwelle.

Joby klopfte dreimal an die Tür, wartete kurz und klopfte dann einmal. Die Kette wurde abgenommen, und die Verriegelungen wurden geöffnet. Rudy Jaime, der kleine Methschnupfer mit den vielen Piercings am Kopf, stand im dunklen Flur und lächelte verhalten. Er nickte und bat Joby herein.

Joby drehte sich um und nickte uns zu, dann schloss sich die Tür, die Riegel fielen, die Kette schnappte wieder ein.

Timmy, Pops und ich standen in einem engen Kreis da und sahen einander an. Timmy und ich bewegten uns nicht. Wahrscheinlich beobachtete uns Rudy durch das Guckloch.

20 Minuten in einem Hotelflur. Eine Ewigkeit. Wir konnten nirgendwo hingehen, nicht rauchen, nicht sprechen. Die Decke war niedrig, und der Flur roch nach Reinigungsmitteln. Wir stellten uns nebeneinander an die gegenüberliegende Wand und ließen drei Putzfrauen vorbeigehen. Sie kamen aus Mexiko. Pops sagte »*Hola*«. Sie kicherten und murmelten »*Hola*« zurück.

Damals wussten wir noch nicht, dass das die erste Lektion unserer Anwärterzeit war. Es war ein kleiner, wenig schmackhafter Aperitif, aber ziemlich bezeichnend für das, was uns in den kommenden Monaten erwartete: viel Herumstehen und Warten, während nichts passierte.

Dann vernahmen wir wieder das Geräusch der Riegel und Ketten. Die Tür schwang auf. Wieder Rudy. Er deutete auf mich und sagte: »Kein Telefon.« Ich gab Timmy mein Handy und ging rein. Rudy schloss und verriegelte die Tür hinter mir.

Ich ging durch den Flur, am Bad und am Schrank vorbei. Es war ein gewöhnliches Zimmer. Rudy zwängte sich an mir vorbei und setzte sich auf den Rand des riesigen Bettes. Ich stand an der Türschwelle neben dem großen abgeschalteten Fernseher. Joby und Rudy befanden sich in Gesellschaft von Bobby Reinstra und Joey Richardson. Joby erklärte, Teddy könne nicht kommen, weil sein Emphysem verrückt spiele. Ich äußerte die Hoffnung, dass es nichts Ernstes war, worauf Joey entgegnete, Teddy werde es schon durchstehen, wie immer. Dann kamen wir zur Sache.

Bobby stellte die Fragen: »Wie heißt du?« – »Jay ›Bird‹ Davis.« – »Warum bist du hier?« – »Um meine Absicht zu bekunden, ein Hells Angel zu werden.« – »Warum willst du ein Hells Angel werden?« – »Weil ich es satthabe, in der Regionalliga zu spielen.« – »Verstehst du, was es bedeutet, ein Hells Angel zu sein?« – »Mir ist klar, dass ich Opfer bringen muss.« – »Weißt du, wie hart es sein kann, ein Hells Angel zu werden?« – »Es ist mir egal, wie hart es wird oder wie lange es dauert. Ich bin loyal, ich bin engagiert, und ich bin ein Krieger. Ich will einfach nur die Chance haben, ein Hells Angel zu werden.«

Das gefiel ihnen. Es war kein Spott. Ich meinte es erst.

Sie stellten mir Fragen, auf die sie die Antwort schon kannten: Wie ich mein Geld verdiente, woher ich kam, was für Leute ich kannte, was ich von dem Bündnis der Solos mit den Mongols hielt. Ich sagte, das passe mir nicht, und das sei zum Teil der Grund dafür, dass ich Mitglied bei den Hells Angels werden wolle, den Todfeinden der Mongols.

Auch das gefiel ihnen. Sie erteilten mir die Absolution.

Dann kamen Timmy und Pops an die Reihe.

Sie befassten sich etwa 15 Minuten mit jedem von uns. Dann warteten wir weitere 30 Minuten im Flur, bis man uns gemeinsam hineinrief.

Jetzt wurde es eng im Zimmer. Joey und Rudy rauchten. Ich fragte, ob Pops und ich ebenfalls rauchen durften. »Klar«, sagte Joby. Bobby erklärte einige Clubregeln. In Skull Valley sei kein Drogenhandel erlaubt. Man verbot uns, weiterhin Drogen aus Mexiko mitzubringen. Wir sagten, das sei kein Problem.

Bobby warf ein, der persönliche Konsum sei gestattet. Joby stieß Rudy an und fügte hinzu: »Zum Beispiel diesem Methjunkie hier.« Rudy kicherte.

Bobby lächelte nicht. Ich hatte ihn noch nie lächeln sehen. »Noch etwas zum Schluss«, sagte er. »Ihr müsst euren Status bei den Solos klären. Kümmert euch persönlich darum. Eure Kutten müssen verschwinden. Was uns betrifft, gibt es im Staat Arizona keine Solo Angeles. Ihr existiert nicht mehr.«

Und Joby fügte hinzu: »Wir werden diese Hundesöhne aus ganz Amerika rausschmeißen.«

Bobby verzog keine Miene.

Wir sagten, auch das sei kein Problem.

Bobby sagte: »Okay, das wär's dann«, und wir schlurften in den Flur.

Ich fand es aufregend, Bobby zu unterstehen. Er war das perfekte Vorbild für einen Hells Angel, und ich konnte viel von ihm lernen. Ich wusste, dass er für den Club oder seinen Aufnäher sein Leben lassen würde, und ich wusste, dass er sich von niemandem etwas gefallen ließ. Ob ich mit ihm einer Meinung war oder nicht, spielte keine Rolle. Wir verfolgten zwar unterschiedliche Ziele, aber entscheidend war die Hingabe als solche.

Als wir die Treppe hinabgingen, fragte Bobby: »Bird, hast du jemals Steroide genommen?«

»Nein, aber ich kann dir vielleicht welche besorgen.«

»Wirklich? Du siehst aus, als hättest du nachgeholfen.« Das Hydroxycut hatte das bisschen Fett weggeschmolzen, das ich gehabt hatte. Übrig geblieben waren nur Muskeln, Knochen und nervöse Energie.

»Das sind die Gene und hartes Training.«

»In Ordnung. Also, ich suche Test-E, D-bol und Anavar. Wenn du welches kriegst, sag mir Bescheid. Ich bezahle dafür.«

»Mach ich.«

Ich weiß, es war spitzfindig, aber ich dachte: »So viel zum Verbot des Drogenhandels und zum Nadelverbot.«

Noch ein Angel landete im April in der Grube: Bobby Perez. Er hatte dem Tod zu lange ein Schnippchen geschlagen. Mehrere Schießereien, auch die in Laughlin, hatte er ohne eine Schramme überstanden, während seine Gegner weniger Glück hatten. In San Diego hatte er es einmal allein mit drei Mongols aufgenommen und einen davon getötet. Er selbst hatte eine Stichwunde davongetragen. Die überlebenden Mongols rannten weg, und Bobby wurde zum Star der Hells Angels an der Westküste. Sein Tod war weniger dramatisch: Er stritt sich mit seinem Nachbarn, bis dieser die Nase voll hatte und ihn erschoss. Da hat ihn das Schicksal mit seinen eigenen Waffen geschlagen.

Bobby wurde in Dago beerdigt, und wir wurden angewiesen, mit dem Skull-Valley-Charter hinzufahren.

Wir beschlossen, die Gelegenheit zu nutzen. Bevor wir losfuhren, telefonierte ich mit Teacher, ließ mir Albertos Nummer geben und rief diesen an.

»Hallo?«
»Spreche ich mit Alberto?«
»Jeh.« So sprach er es aus – *Jeh*.
»Hier ist Bird. Du weißt, wen ich meine, oder?«
»Oh. Jeh.«
»Ich und meine Jungs werden in ein paar Tagen in Dago sein. Wir wollen dich treffen. Wir haben dir einiges zu sagen.«
»Okay«, brummte er. Ich hatte gehofft, er werde ängstlich klingen, aber so hörte er sich nicht an.
»Bring jeden mit, der Scheiße über uns labert. Wir müssen diese Sache einvernehmlich klären. Wir alle. Okay?«
»Jeh, okay, Bird.«
Er schlug vor, dass wir uns am 12. April bei Denny's in Chula Vista trafen. Ich sagte, wir würden da sein.

Wir fuhren durch die Wüste nach Kalifornien: nichts als Sand, Staub, Gestrüpp und blauer Himmel, so weit wir sehen konnten.

Weder ich noch Timmy, noch Pops trugen Clubkutten. Wir befanden uns als Biker in einem Schwebezustand.

Wir nahmen die Besprechung mit Alberto ernst. Wenn er mit einem Haufen Männer auftauchte, wollten wir ihn über unsere Probleme informieren und sagen, wir seien fertig mit den Solos. Kein Zurückweichen. Für den Fall, dass wir gleich stark waren, planten wir, ihm den Marsch zu blasen und ihm vielleicht sogar eine reinzuhauen. Die Angels wussten, dass wir mit ihm reden würden und was wir ihm sagen wollten; also mussten wir damit rechnen, dass sie uns nachspionierten, um herauszufinden, wie gut wir uns schlugen.

Wir waren zuerst im Lokal. Kein Alberto. Nachdem wir uns in eine Nische gezwängt hatten, verlangten Pops und ich schroff Kaffee, Timmy bat die Kellnerin höflich um eine Cola Light mit Zitrone. Sie blieb unbeeindruckt. Als Kellnerin in den Vierzigern in einem kalifornischen Denny's hatte sie alles gesehen, was Typen wie wir zu bieten hatten – und mehr.

Ich hatte sechs Hydroxys und zwei Red Bulls intus. Der dünne Kaffee schmeckte wie Pisse und kitzelte meine Koffeinrezeptoren fast gar nicht. Pops war still, abgesehen davon, dass er eine Menge Zucker in seinen Kaffee schüttete und ihn etwa fünf Minuten lang umrührte. *Klingeling, klingeling, klingeling.* Timmy saß ruhig am Tisch und las in einer Zeitung, die ein Gast auf seiner Seite der Sitznische liegen gelassen hatte.

Dann kam Alberto. Timmy sagte: »He – er ist da.« Pops und ich drehten uns um.

Er war allein. Darauf waren wir nicht vorbereitet.

»Timmy, sag ihm, wir treffen uns draußen vor der Küche.« Timmy stand auf. Ich kramte in meiner Tasche, holte sieben oder acht Dollar heraus und legte sie auf den Tisch.

Die Kellnerin sah es, kam zu uns und fragte: »Wollt ihr zahlen?«

»Hm-hm«, antwortete Pops. Wir warteten auf die Quittung.

Dann erhoben wir uns und gingen hinaus. Timmy stand Alberto gegenüber, einem kleinen, stämmigen Burschen, der auf die 50 zuging. Er trug einen herabhängenden Schnurrbart und eine Pilotensonnenbrille. Timmy redete nicht mit ihm, sondern starrte ihn mit verschränkten Armen grimmig an. Unter einen Arm hatte er seine ordentlich gefaltete Solokutte geklemmt.

Während wir uns den beiden näherten, schaute ich Pops an. Er zündete sich eine Zigarette an und reichte mir auch eine. Ich winkte ab. Danach steckte er die Packung so in seine Brusttasche, dass sie ein wenig herausragte. Timmy sah ruhig aus.

Ich ging zu Alberto und fragte: »Wo zum Teufel sind die anderen?«

»Jeh. Die kommen nicht.«

»Du bist also allein, was?«

»Jeh. Jeh, ich ... äh ... bin allein.« Seine Stimme schwankte. Das würde einfach werden.

»Na schön. Ich sag dir, wie's ist. Wir verlassen die Solos, und zwar jetzt sofort.«

»Warum – warum wollt ihr das tun?«

»Warum? Wir dachten, ihr seid froh darüber, nach all dem Scheiß, den ihr über uns erzählt habt.«

Er zuckte mit den Schultern und schob die Brille nach oben. »Muss trotzdem fragen. Hast du 'ne Zigarette?«, fragte er Pops.

Pops schüttelte langsam den Kopf.

Ich musterte Alberto von oben bis unten. Dieser Kerl war ein Nichts. »Wir gehen, weil die Solos ein Haufen Hühnerkacke ohne Mumm sind. Und da du allein gekommen bist, füge ich hinzu, dass ihr auch noch blöd seid.« Er sagte nichts, sondern starrte uns nur durch seine Sonnenbrille an. Ich fragte: »Warum hast du so viel Scheiße über uns gelabert?«

Er riss sich zusammen und sagte: »Ich habe nicht gelogen, Mann.«

»Doch das hast du. Wir waren und sind legitim. Du kannst dir nicht einfach das Maul über uns zerreißen, nur weil wir nicht in Mexiko sind. Wenn du ein Problem mit uns hast, dann ruf an, und rede von Mann zu Mann mit uns, so wie wir jetzt mit dir.«

»Jeh. Also ... schätze, das hab ich nicht getan.«

Ich trat ein wenig näher an ihn heran. »Was du nicht sagst, du Penner! Hör zu, ich will keine Entschuldigung. Darauf pfeife ich. Ich will dir nur mitteilen, dass wir mit deinem Club nichts mehr am Hut haben.« Ich drehte mich zu Pops um und zeigte auf seine Zigaretten. Er reichte mir eine. Ich hielt sie unangezündet zwischen den Fingerspitzen.

Alberto fragte: »Das war's dann also?«

»Ja, das war's, Al.« Ich zündete die Kippe an.

»Gut, dann brauche ich eure Kutten.«

Ich war verdutzt. »Tatsächlich? Vielleicht hast du doch ein wenig Mumm.« Ich sah Timmy an. Seine Gesichtsmuskeln zuckten, er blickte schläfrig und lächelte schwach und belustigt. Dann sah ich wieder Alberto an. »Keine Chance, *cabrón*. Wir behalten die Kutten. Als Trostpflaster für den Ärger, den wir hatten.«

»Das könnt ihr nicht machen. Ihr wisst, es ist eine Clubregel.«

Ich zog heftig an meiner Zigarette. »Na schön, ich mach dir einen Vorschlag. Pops und ich haben keine Kutten an. Aber wenn du Timmys Kutte willst, dann nimm sie ihm weg, sofern du glaubst, du schaffst es. Wenn du sie kriegst, schicken wir dir unsere mit der Post.« Ich machte eine kurze Pause, dann sagte ich: »Übrigens sind wir nicht in deinem Club, also pfeifen wir auf seine Regeln.«

Alberto sah Timmy an und trat sogar ein paar Zentimeter zurück.

Timmy stieß ein fast stummes Lachen aus.

»Genau. Hör zu, Al. Wenn du unsere Kutten willst, dann komm mit einer Schlägertruppe nach Arizona, und hol sie dir. Du findest uns bestimmt – frag einfach den ersten Hells Angel, den du siehst. Andernfalls hast du Pech gehabt.«

Alberto zuckte so leicht mit den Schultern, dass er damit nicht einmal eine Fliege verscheucht hätte. Abgesehen davon bewegte sich niemand. Alberto war zwischen uns und einem schmuddeligen dunkelgrünen Müllcontainer eingeklemmt. Ich trat zur Seite und sagte: »Du kannst jetzt gehen.«

Er trippelte fort, ohne etwas zu sagen.

Ich konnte mir vorstellen, wie die Kollegen im Cover-Bus sich totlachten.

Wir stiegen auf unsere Motorräder und fuhren schnurstracks zum Dumont, Pete Eunices Bar in El Cajon. Bobby und Joby begrüßten uns, als wir eintraten. Ich sagte, es sei alles erledigt. Joby fragte, wie sie auf die Nachricht reagiert hätten. Timmy antwortete, der Kerl sei verängstigt abgehauen und habe gar nicht reagiert. Bobby tätschelte mir den Rücken und sagte: »Gut. Wir haben was für euch.«

Gemeinsam gingen wir durch die Bar. Hells Angels aus dem ganzen Westen liefen herum. Ich nickte Pete zu, der hinter der Bar stand und an der Fernsteuerung für den Fernseher herumfummelte. Ein paar andere Leute kannte ich ebenfalls. Sie wussten alle, wer wir waren, und nickten zurück.

Joby öffnete die Hintertür, und wir betraten eine Veranda. Niemand sprach, als Bobby und Joby drei Kutten von einem Klapptisch nahmen. Joby hielt zwei in den Händen, Bobby eine. Bobby sagte ohne Humor: »Ihr habt euch bisher wacker geschlagen –.«

»– Glückwunsch. Ihr seid jetzt offiziell Anwärter«, näselte Joby, der Bobbys Worten nachjagte, als wären es seine.

Bobby fuhr fort: »Ihr repräsentiert jetzt die Hells Angels. Alles, was ihr sagt und tut, wirft Licht auf den Club –.«

»– seid stolz und –.«

»– erfüllt eure Pflicht.«

Und Joby ergänzte: »Eure *verdammte* Pflicht.«

Joby reichte Pops und Timmy ihre neuen Clubkutten. Bobby hielt meine Kutte so, dass ich hineinschlüpfen konnte. Ich tat es und drehte mich um. Wir stießen einander mit den Schultern an, während wir die Kutten über der Brust glattstrichen. Sie waren aus schwarzem Leder, brandneu und völlig frei von Insignien. Dann griff Bobby in seine Gesäßtasche, zog drei Abzeichen heraus und gab sie uns. Sie waren weiß mit einem roten Rand, und die Worte SKULL VALLEY waren in schlichten roten Blockbuchstaben eingestickt.

Bobby sagte: »Sie passen. Versaut sie nicht.«

32 Big Lou und Gayland Hammack ziehen eine Schau ab

April 2003

AM 18. APRIL fuhren Bobby, Joby, Timmy, Pops und ich zusammen mit JJ, Bobbys Freundin Staci und Jobys Freundin Caroline nach Las Vegas, um an einem Poker Run der Hells Angels teilzunehmen. Mit dieser Spendenaktion, die ein paar Tage dauerte und von einem Ort zum anderen wanderte, sollte der Charter der Sündenstadt unterstützt werden. Wir wollten dabei sein, uns amüsieren und Skull Valley repräsentieren. Außerdem wollten Bobby und Joby, wie ich glaube, auch allen zeigen, wo die ehemaligen Solos sich zum Dienst bei den Hells Angels verpflichtet hatten.

Sie wollten mit uns angeben, und wir machten gerne mit.

Hells Angels können sehr vorausschauend sein, wenn es um die Planung von großen Treffen und die Teilnahme daran geht. Aber sie vernachlässigen häufig die simpelsten Dinge, zum Beispiel die Zimmerreservierung. Ein Hells Angel kümmert sich einfach nicht darum, ob Hotelzimmer verfügbar sind – dieses Problem gehört in die Welt der Spießer. Das ist der Preis – oder, je nach Blickwinkel, der Lohn – für das freie Leben in der Bikerwelt. Als wir uns auf die Abfahrt vorbereiteten, fragte Timmy, wo wir absteigen würden. Niemand antwortete. Bobby sagte, er wisse es nicht. Ich sagte, ich könne uns vielleicht Zimmer besorgen.

»Wo? Etwa in einem Motel?«, fragte Joby.

»Nein, Job, in einem Hotel am Las Vegas Boulevard. Am *neuen* Boulevard.«

»Blödsinn«, jammerte Joby. »Wir werden auf der Straße schlafen.«

Timmy sagte lächelnd: »Ich wollte schon immer im Debbie Reynolds Hotel wohnen. Wie wär's damit?« Ich lachte, aber niemand sonst verstand den Scherz.

Da überraschte mich Bobby. Er ignorierte Joby und sagte: »Mach dir keine Mühe, Bird. Staci hat gestern Abend zehn Hotels angerufen: das Venetian, das New York, New York, das Luxor, du weißt schon. Sie haben mehrere Kongresse und keine Betten. Wir müssen eben improvisieren.«

»Lass es mich doch probieren. Ich werde Big Lou anrufen. Vielleicht kann er in Vegas was zaubern.«

Dann rief ich Gayland Hammack an, den Kripobeamten, der in Vegas für die lokalen Undercover-Agenten zuständig war. Ich erklärte ihm die Situation und tat so, als wäre er Big Lou.

Er seufzte. »Tja, diese Woche ist es knapp hier.«

»Trotzdem, ich und meine Brüder wüssten Ihre Hilfe zu schätzen, Sir.«

»Du bist gerade mit diesen Supertypen zusammen, was?«

»Ja, Sir.«

Er schwieg eine Sekunde. Zweifellos ging er in Gedanken die Liste der Hotels durch. »Okay. Verdammt, Jay, was für ein Las-Vegas-Cop wäre ich, wenn ich dir nicht kurzfristig Zimmer besorgen könnte? Ich ruf dich gleich zurück.«

»Danke.« Ich klappte das Handy zu und drehte mich zu den Jungs um. Sie starrten mich an, als wäre ich grün geworden. So hatten sie mich noch nie mit jemandem reden hören.

Joby sagte: »Hat nicht geklappt, was? Ich sag's ja – wir schlafen heute Nacht auf der Straße!«

Ich ging zu Joby und zündete eine Zigarette an. »Das bezweifle ich. Big Lou ist kein Schwätzer. Er ist ein Finanzhai, und ihr wisst ja, was das in Vegas bedeutet. Big Lou gibt sich nicht mit Kleinkram ab. Er verdient mit Spielautomaten, Wetten, Schmuck – mit großen Sachen. Er zieht die Fäden. Ich bin sicher, dass er etwas findet.« Joby schüttelte den Kopf und ging ins Clubhaus, um seine Tasche zu holen. Mein Telefon klingelte; ich klappte es auf. »Bird.«

»Hallo. Es ist gebongt. Drei Suiten im Hard Rock, zwei Standardzimmer im MGM. Alle gratis.«

»Sie sind unser Lebensretter, Sir. Vielleicht sehen wir uns am Wochenende.«

»Glaube ich kaum, Mister Hells Angel in spe.«

»Ich melde mich später, Sir.«

»Sag Slats, er schuldet mir einen Lapdance.«

Ich klappte das Handy zu.

Bobby starrte mich an. »Also, was ist los?«

»Nicht viel. Nur kostenlose Suiten im Hard Rock und zwei Zimmer im MGM für Timmy und Pops.« Ich zog heftig an meiner Kippe und warf sie weg. Timmy sah mich an und lächelte. Bobby sah mich an und lächelte. Es war das erste Mal, dass ich ihn lächeln sah. Joby kam mit einem kleinen Seesack über der Schulter aus dem Haus.

»Na?«

Bobby kicherte. »Du kannst ja auf der Straße schlafen, wenn es dir Spaß macht. Aber ich steig mit meiner Alten in einer Suite ab. Vielen Dank.« Joby sagte: »Echt?«, und Bobby klopfte mir auf die Schulter und sagte: »Echt, Joby.«

Ich schluckte ein paar Hydroxycuts, während wir uns fertig machten. Ich brauchte die Tabletten für die Reise – lange, langweilige 380 Kilometer durch eine der ödesten Landschaften, die man sich vorstellen kann.

Unter einem weiten blauen Himmel mit Schäfchenwolken durchquerten wir Chino Valley – die Region nördlich von Prescott, in der das Clubhaus von Skull Valley stand. Joby mit seiner Freundin Caroline auf dem Sozius sowie Bobby fuhren voraus, Timmy, Pops und ich reihten uns hinter unseren Vorgesetzten ein. JJ und Staci folgten uns im Lieferwagen, überholten uns und fielen dann wieder zurück. Wir fuhren schnell.

Und zwar durch den Regen, wie sich herausstellen sollte, denn das gute Wetter hielt nicht. Nach einer Stunde sah der Himmel vor uns schwarz und aufgewühlt aus. Wir rasten mit 140 Kilometern pro Stunde ins Maul eines alttestamentarischen Unwetters. Normale Biker auf einem Wochenendausflug würden unter diesen Umständen wohl anhalten, weil sie nicht nass werden wollen oder weil sie Angst haben. Aber auch der Regen hatte in der Welt der Hells Angels keinen Platz.

Wir rollten durch Kingman, fuhren den Purple Heart Trail entlang und dann auf der 93 nach Norden. An einer Tankstelle in Grasshopper Junction, ein paar Meilen außerhalb von Kingman, nahmen wir einen Hangaround der Nomaden namens Elton Rodman mit. Er hielt sich hinter uns. Die Marslandschaft im Nordwesten Arizonas sog den Regen auf und nahm rostbraune und purpurne Farbtöne an. Der Boden neben der Straße war mit einer dicken braunroten Schlammschicht bedeckt.

Als wir am Hoover-Damm die Staatsgrenze überquerten, hörte der Regen auf. Wir donnerten über die breite, kurvige Straße mit den weißen Türmen an beiden Enden, die über uns und ein paar unentwegte Touristen in Ponchos wachten. Der tiefblaue Lake Mead lugte hinter den kahlen Hügeln im Norden und Osten hervor. Zehn Minuten später begann es wieder zu regnen. Bobby und Joby gingen nicht vom Gas. Wir fuhren weiterhin mit etwa 140 Kilometern in der Stunde. Da musste ich an JJ im Lieferwagen denken, die in der Wärme und im Trockenen saß und zweifellos belustigt war. Ich hatte Angst vor Aquaplaning und hätte um ein Haar in sehr ungesundem Tempo eine Leitplanke gerammt.

Das Coverteam folgte uns in einer Entfernung von 50 bis

60 Kilometern. Als die Kollegen in Vegas eintrafen, setzten sie sich mit Gayland in Verbindung, der mir in den Sinn kam, als wir uns Vegas näherten. Mir ging nicht aus dem Kopf, was ich zu ihm gesagt hatte: »Vielleicht sehen wir uns am Wochenende.« Kurz vor Vegas in Henderson hatte ich eine Idee. Wenn Bobby interessiert war, konnten wir ihm vielleicht eine Show bieten. Gayland konnte einen der Stadtpolizisten, die ich kannte, beauftragen, Big Lou zu spielen. Dafür brauchte ich zwar Slats' Zustimmung, doch während wir so durch den Wüstenregen fuhren, gelangte ich mehr und mehr zu der Überzeugung, ich hätte eine improvisierte Showeinlage verdient. Ich wollte beide, Gayland und Slats, gleich nach dem Check-in im Hotel anrufen.

Gegen sechs donnerten wir auf den Boulevard und fuhren zum Hard Rock. Als wir auf den Parkplatz einbogen, sahen wir aus wie nasse Ratten. Die Hoteldiener, die sich um die Autos der Touristen und der weniger berühmten Fernsehstars kümmerten, bemühten sich, uns nicht anzustarren. Zwei Sicherheitsleute in Nylonjacken und mit Knopf im Ohr kamen näher, als wir abstiegen.

»Entschuldigen Sie, Gentlemen.«

Bobby sagte: »Hey, wie geht's euch?«

»Sie wohnen hier im Hard Rock Hotel?«

Bobby sah ihnen ins Gesicht. Wir versammelten uns hinter ihm. Die Männer hatten keine Angst. »Stimmt genau«, sagte Bobby. »Wir haben Suiten gemietet.«

»Wunderbar. Aber es ist nicht üblich, im Hotel Motorradwesten zu tragen.«

Joby spuckte aus. Bobby sagte: »Verpisst euch.«

Einer der beiden Securities fragte: »Wie bitte?«

»Verpisst euch. Ich würde meine Kutte in diesem Laden nicht einmal auf dem Klo ausziehen, nicht einmal, wenn mir eine schleimige Kröte am Bein hinaufkriecht.«

Ich legte Bobby eine Hand auf die Schulter, während ich

mit meinem Handy die Nummer wählte. Joby murmelte etwas wie »auf der Straße übernachten«, als Gayland sich meldete.

»Sir, wir stehen neben den Hoteldienern, und Wachleute halten uns auf. Sie wollen uns mit unseren Kutten nicht hineinlassen. Aber wir ziehen sie nicht aus.«

Gayland kicherte. »Kein Problem. Gib mir eine Minute.« Dann legte er auf.

Ich sagte zu Bobby, alles werde sofort geregelt, doch er glaubte mir nicht und stieg wieder auf sein Motorrad. Da legte einer der Wachmänner einen Finger an seinen Kopfhörer, um besser verstehen zu können. Er griff ans Revers seines Jacketts und sagte »Zehn vier«. Dann wandte er sich an uns: »Tut mir leid, Gentlemen. Das war ein Missverständnis. Wir entschuldigen uns für den Fehler. Bitte treten Sie ein, wann immer Sie wünschen. Willkommen in Las Vegas. Willkommen im Hard Rock.«

Bobby lächelte wieder. Dies war möglicherweise das erste Mal, dass er an einem Tag zweimal gelächelt hatte. Er stieg von seiner Maschine und haute mir kräftig auf die Schulter. »›Gentlemen.‹ Habt ihr diesen Scheiß gehört? Alles paletti! Bird, ruf mich im Zimmer an, sobald wir eingerichtet sind.«

Ich fragte: »Was gibt's denn?«

Er schrie: »Ruf mich einfach an, wenn du geduscht hast!«

Schön.

Wir checkten ein. Jedes Paar bekam ein Zimmer. JJ und ich duschten nacheinander. Als ich Bobby anrief, fragte er, ob ich die Absicht hätte, Big Lou zu treffen, während wir in Vegas seien. Wenn ja ...«

»Du willst, dass ich ein Meeting vereinbare?«

»Verdammt, ja, Bird. Genau das versuche ich, dir zu sagen!«

»Big Lou trifft sich nicht gerne mit neuen Leuten. Aber ich werde sehen, was ich tun kann. Gib mir fünf Minuten.«

Sofort rief ich Slats an, der Gayland per Konferenzschaltung dazuholte. Alle hielten den Plan für eine gute Idee. Wir konnten Bobby vorstellen und mit ihm über einen Waffenhandel am folgenden Tag reden. Ich fragte, ob wir eine Ladung Waffen bekommen könnten, damit es wie ein großer Deal aussah. »Kein Problem«, sagte Slats. Ich erinnerte Gayland daran, dass der Kollege, der Big Lou spielen würde, wie ein echter harter Gangsterboss auftreten musste. Das ließe sich machen, meinte Gayland. Er und Slats versicherten, dass sie in einer halben Stunde etwas auf die Beine stellen und mich dann zurückrufen würden.

Danach ging ich ins Wohnzimmer der Suite, wo JJ sich *Jeopardy* anschaute. Ich hörte sie sagen: »Was ist eine Sumpfschildkröte?«

»Für 100 Dollar mach ich alles, Alex«, scherzte ich.

Sie zuckte zusammen. Es war ihr wohl gerade bewusst geworden, wo sie war. »Was gibt's?«

»Du, ich und Bobby sind mit Big Lou verabredet.«

»Wirklich? Warum muss ich mitgehen?«

»Weil er dich sehen will, Süße.«

Sie verdrehte die Augen, stand vom Sofa auf und beklagte sich seufzend darüber, dass ich ihr die Arbeit schwermachte.

Slats rief an und teilte mir Ort und Uhrzeit mit. Anschließend rief ich Bobby an. »Die Sache läuft.«

Er flüsterte vor Aufregung. »Echt? Was soll ich anziehen?«

Ich sagte ungläubig: »Das Gleiche wie immer, Bobby.«

»Will er mich wirklich treffen?«

»Nein, Bobby, er will mich treffen, und du kommst zufällig vorbei. JJ ist diejenige, die er sehen will.« Ich wechselte das Thema. »Wie ist die Suite?«

»Fantastisch. Staci hört gar nicht auf zu plappern, wie toll alles ist. Aber fünf Dollar für eine Packung M&M's sind ganz schön happig, nicht?«

»Ja, das sind eben Hotels für Kurzaufenthalte.«

»Kann man wohl sagen.«

»Pass auf, JJ und ich treffen dich um zehn in der Hotelhalle. Ohne Staci.«

»Machst du Witze? Selbst wenn ich eine Speed-Spur bis zu den Spielautomaten legen würde, könnte ich sie nicht aus der Suite locken. Bis später.«

»Gut. Bis dann.«

Später am Abend stiegen wir in den Lieferwagen und fuhren zu PT's Pub. Auf halbem Weg klingelte mein Telefon.

»Bird.«

»Hier Slats. Hör zu – Gayland konnte niemandem, den du kennst, die Rolle von Big Lou aufschwatzen.«

»Willst du mich verkohlen?«

»Nein, aber dreh nicht durch. Die Show findet statt. Gayland hat einen Burschen an der Hand, der fantastisch sein soll. Er sagt, es wird dir nicht schwerfallen, ihn zu erkennen.«

»Verdammter Mist. Wir sind bald da.«

»Ist Bobby bei dir?«

»Klar.«

Er kicherte. »Sag Reinstra, er soll sich selbst ficken.«

Bobby fragte, ob alles in Ordnung sei. Ich sagte, alles sei sogar noch besser. Big Lou habe eben 50 Riesen mit einer Wette auf die Mets gewonnen. Bobby hob die Augenbrauen und nickte beeindruckt. Ich hoffte, dass er während des Meetings nicht darauf zu sprechen kam.

Wir bogen auf den Parkplatz ein und stiegen aus. Dieses Blind Date gefiel mir nicht. Jetzt wusste ich plötzlich nichts von einem Kerl, den ich angeblich seit Jahren kannte.

Die Bar war offen und dunkel, die Decke niedrig. Rote Neonlampen umrahmten die Nischen, auf Flachbildschirmen über der Bar waren Baseballspiele und Pferderennen zu sehen. In einer gegenüberliegenden Ecke befand sich ein

Keno-Spiel. Ich bemerkte Slats und Gayland. Sie warfen uns einen Blick zu und widmeten sich dann wieder ihrem Spiel. Es sah beiläufig und überzeugend aus. Hätten sie uns nicht gemustert wie jeder andere Gast in der Bar, wäre das ebenso verdächtig gewesen, wie wenn sie uns angestarrt hätten.

Ich hielt Ausschau nach Big Lou.

Lange musste ich nicht suchen.

Ein kleiner, breiter, zur Glatze neigender Mann, dessen Resthaar in glänzenden Streifen nach hinten gekämmt war, kam mit offenen Armen auf uns zu. Seine Brille hatte große, quadratische Gläser, deren obere Hälfte getönt war. Er war etwa 60 und trug einen dunklen Nadelstreifenanzug, dessen Farbe in diesem Licht schwer auszumachen war, ein kariertes blaues Hemd und eine breite rote Krawatte. Außerdem schmückten ihn ein rosafarbener Ring und eine Krawattenklammer aus Messing. Seine schwarzen Slipper mit Fransen waren auf Hochglanz poliert. Zwei sehr große Kerle – einer dick, einer mit Muskeln gespickt – gingen langsam hinter ihm her. Sie trugen beide den gleichen Trainingsanzug.

Das war fast zu viel – Mafiosi, wie sie im Buche stehen.

Dann begann er zu sprechen.

»Jaybird! Mein Junge! JJ! Kommt her, damit ich euch sehen kann.« Er neigte den Kopf und winkte uns mit den Fingern zu sich heran. Ich ging zu ihm. Er griff nach oben, packte meinen Nacken, zog mich hinunter und drückte mir einen lauten Kuss auf beide Wangen. In das Ohr, das weiter von Bobby entfernt war, flüsterte er: »Keine Sorge. Wir sind gut.«

Dann schubste er mich zurück und betrachtete mich. Ich hielt ihn an den Schultern und sagte: »Mister Lou. Es ist so lange her, dass wir uns persönlich gesehen haben.«

»Da hast du recht, Junge. Und wen haben wir denn da – JJ! Wie lange ist es her? Ein Jahr? Oder länger?«

»Ja, noch länger, Lou«, sagte JJ und tat so, als wäre Lou ihr Lieblingsonkel. »Kann mich kaum daran erinnern.«

»Aber ich werde dich nie vergessen. Nie, mein Schatz.« Er ging auf sie zu, nahm ihre rechte Hand und küsste sie.

Ich dachte, wir seien erledigt. Der Mann übertrieb. Ich wollte Bobby oder Slats oder Gayland ansehen, um an ihrem Gesicht abzulesen, ob die Sache klappte – aber ich wusste, dass das jetzt nicht ging.

Lou führte JJ galant zu einer reservierten Nische und winkte einer Kellnerin. Er sagte zu JJ, wir hätten etwas Geschäftliches zu besprechen, und bat sie um Geduld. Sie setzte sich. Ich sagte: »Lou, das ist der Mann, von dem ich Ihnen erzählt habe.«

Lou beäugte Bobby, als sehe er ihn zum ersten Mal. Er kniff die Augen zusammen und sagte: »Ja, stimmt«, als ob Bobby ihn etwas gefragt hätte.

Bobby stellte sich vor und streckte die Hand aus. Lou schüttelte sie kurz. »Wie geht's?« Er sah mich an und zuckte mit den Schultern, dann ließ er Bobbys Hand wieder los und starrte ihm direkt in die Augen. »Bobby, sagten Sie, nicht?«

»Ja.«

»Gut, gut. Also, hör zu, Hells Angel Bobby, setz dich hin, verdammt!« Die beiden Gorillas traten drohend vor, was Bobby so erschreckte, dass er sich prompt hinsetzte. Er musste wohl den starken Impuls unterdrücken, diesen alten Mann in den Teppich zu klopfen. Niemand spricht so mit einem Hells Angel und kommt ungeschoren davon.

Lou fuchtelte mit seinem dicken Zeigefinger vor Bobby in der Luft herum und sagte: »Jetzt pass mal gut auf, Bobby. Ich sage nichts zweimal. Mir sind die Hells Angels egal. Für mich seid ihr so interessant wie verdammte Miezekatzen. Ihr tut, was ihr tut, und wir tun, was wir tun. Fakt ist, meine Gang ist größer als eure, böser als eure und hinterhältiger als eure. Und meine Gang ist todsicher schlauer als eure, weil wir nicht mit einem verdammten Logo auf dem Rücken herumlaufen, auf dem ›Mafioso‹ steht. Euch erkennt man aus einer Meile Entfernung. Mich erkennt ihr nicht einmal, wenn ich bei McDonald's neben euch stehe. Kapiert?« Er zeigte auf mich. »Du bist mir für alles verantwortlich, was diesem Jungen passiert, während er diese Hells-Angels-Sache macht. Er verdient Geld für mich. Er verschiebt Geld für mich. Ich verlasse mich darauf, dass er im ganzen Land mehr Geld für mich verdient, als du in zehn Jahren gesehen hast. Jetzt will er Motorrad fahren und diesen Clubscheiß machen, das ist seine Sache. Aber wenn dieser Scheiß anfängt, *mich* zu stören, oder mich auch nur einen Vierteldollar kostet – wenn er verletzt wird oder nicht kommen kann, wenn ich ihn rufe, nun... dann werden die Hells Angels enttäuscht sein, das garantiere ich dir. Dann brenne ich Häuser nieder und verriegle die Türen vorher *von außen*. Oder ich bin gnädig mit euch Jungs, und man findet euch eines Tages grün und blau angelaufen auf dem Boden liegend – nach einem kleinen Unfall mit einem Wäschesack. Ich will dich nur warnen, okay? Also, du bist ein schlauer Bursche, Hells Angel Bobby. Gib mir 'ne Minute mit Jay.« Er nahm mich beim Arm und führte mich nach hinten. Einer der Bodyguards blieb bei Bobby und JJ, der andere folgte uns in respektvollem Abstand.

Ich hätte meinen letzten Penny dafür gegeben, jetzt Bobbys Gesicht zu sehen. Aber wir mussten alle eine Rolle spielen, und ich spielte meine.

Als wir außer Hörweite waren, sagte ich zu dem Kollegen, ich sei erfreut, ihn kennenzulernen. Er antwortete: »Ganz meinerseits«, und fügte hinzu, ich sei kleiner, als er erwartet habe. Er habe gedacht, alle Biker seien wie Football-Stürmer gebaut. »Nicht alle«, räumte ich ein. Er fragte mich, wie die Show bisher gelaufen sei, und ich entgegnete, sie sei gut gelaufen – aber vielleicht wirke doch alles ein wenig übertrieben? Er hielt die Hand hoch. »Ich weiß, wie ein Mafiaboss denkt. Die Hells Angels sind ihm tatsächlich scheißegal. Diese Gangster haben schon Geld verdient, bevor es überhaupt Motorräder gab, und sie werden noch Geld verdienen, wenn es keine Angels mehr gibt. Vertrau mir, Jay, es läuft gut.«

»Okay, Alter, mach weiter. Es bringt nichts, jetzt den Kurs zu ändern.«

»Das ist die richtige Einstellung. Und jetzt geh, und bring den Kerl hierher. Wir werden ihn zurechtstutzen.«

»Okay.« Ich holte Bobby. Slats und Gayland lachten sich krumm wie zwei Typen, die einfach in einer Bar sitzen und großen Spaß haben.

Lou sagte: »Tut mir leid wegen vorhin, Bobby. Aber es ist wichtig, dass wir einander verstehen.«

Bobby sagte: »Ja, Sir.«

Slats und Gayland lachten wieder.

Lou sagte: »Jay meint, du würdest gerne ein paar Jobs für mich erledigen.«

»Ja, Sir.«

»Gut.« Er zog eine lange Cohiba aus seiner inneren Jackentasche und hielt sie in der Faust. »Ich mag dich, Hells Angel Bobby. Du weißt, wann du reden musst und wann du die Schnauze halten musst. Ich lasse es Jay wissen, wenn wir etwas für dich haben. Und wenn es so weit ist, dann vermassle es nicht.«

»Ja, Sir.«

»Gut.« Er wandte sich an mich. »Jay, morgen bekomme ich einen Haufen Kanonen. Du weißt ja, ich behalte das Zeug nicht. Ich will, dass du sie dir als Erster ansiehst. Wenn du sie willst, okay, wenn nicht, auch recht. Ich ruf dich an.«

»Danke, Lou.«

»Null Problemo. So, das war's Jungs. Die Drinks und das

Essen gehen auf meine Rechnung. Ich hab noch eine Verabredung.« Er ging an uns vorbei zu JJ. »JJ, ich bin verzaubert wie immer. Ich weiß nicht, warum du dich mit diesem Kerl abgibst, aber er ist ein Glückspilz. Pass auf ihn auf.« Dann verließ er das Lokal mit seinen stummen Bodyguards im Schlepptau.

Ich nahm neben JJ Platz. Bobby setzte sich uns gegenüber. Er war verzückt.

»Na, was denkst du?«, fragte ich.

Bobby holte tief Luft. »Ich glaube, dieser Mann ist genau wie die Typen an der Ostküste. Hab so lange keinen mehr gesehen, dass ich es vergessen habe.«

»Was vergessen?«, fragte JJ.

»Leute dieser Sorte sind richtige, verdammte Gangster. Ja, ich glaube, das ist gut. Ich hoffe, dass ich mich beweisen und Lou stolz machen kann, wenn meine Zeit kommt.«

Ich zündete mir eine Zigarette an. »Da bin ich sicher, Bobby. Da bin ich ganz sicher.«

Später rief ich Gayland an, nachdem ich Bobby zu seinem Zimmer begleitet hatte.

Er fragte: »Also, wie war unser Mann?«

»Er war gut. Fast zu gut. Aber Bobby hat uns alles abgekauft. Er sagt, Lou sei ein richtiger Gangster. Ich weiß nicht, wo du den in letzter Minute aufgetrieben hast, aber er war gut.«

»Das will ich auch hoffen. Er gehört zur Mafia in New Jersey. Er kam nach Vegas und hat Scheiße gebaut, dann haben wir ihn geschnappt und auf unsere Seite gezogen. Er hat nichts gespielt, Jay. Im Gegensatz zu dir ist er absolut echt.«

33 »Bringt mir den braunen Senf, nicht den gelben Scheiß!«

April bis Mai 2003

AM NÄCHSTEN TAG begleitete mich Bobby zu dem getürkten Waffendeal. Es war eine hübsche kleine Bescherung: eine Uzi, zwei Mac 10, ein Schalldämpfer und zwei AK 47, beide vollautomatisch. JJ zahlte unserem Kontaktmann – dem Kollegen Buddha – 5000 in bar, dann trennten sich unsere Wege wieder. Ich gab Bobby einen 100er für seine Bemühungen. »Nicht schlecht für fünf Minuten Arbeit, was?«, sagte ich.

»Nee. Absolut nicht.«

Ich wiederholte, was ich schon zu Mac gesagt hatte: »So einfach ist es, mit mir Geld zu verdienen.«

Er war beeindruckt.

An unserem letzten Abend in Vegas beschlossen wir, die Mädchen zum Essen ins Hotel New York, New York auszuführen. Wir hingen im Casino rum, während Staci und JJ überlegten, in welchem der zahlreichen Restaurants sie essen wollten. Bobby schien sich unbehaglich zu fühlen und bat mich, mit ihm einen Spaziergang zu machen. Wir schlenderten hinaus und blieben an der Ecke Las Vegas und Flamingo Boulevard stehen, umgeben von Touristen, Verkehr und einer Achterbahn. Ein blinder Hot-Dog-Verkäufer stand vor seinem Karren und schrie: »Heiße Rote, holt euch heiße Rote!« Bobby hatte anscheinend etwas auf dem Herzen, aber er fand nicht die richtigen Worte oder wollte nicht belauscht werden. Ich zündete mir eine Zigarette an, reichte Bobby ebenfalls eine und gab ihm Feuer.

»He, Bobby, willst du einen Hot Dog?«

»Ja, klar.«

Ich bestellte und gab Bobby seinen Imbiss. Er sprach immer noch nicht, also versuchte ich, das Eis zu brechen. »Bobby, hast du je darüber nachgedacht, wo du in einem Jahr oder in fünf Jahren sein wirst?«

Er sah mich an, als hätte ich seine Mutter beleidigt. »Woher zum Teufel soll ich das wissen? Verdammt, vielleicht steche ich mir mit einem Bleistift die Augen aus und verkaufe Hot Dogs.«

Ich zahlte, und wir schlenderten weiter. Es funktionierte – das Eis war gebrochen. Bobby sagte, er sei in Gegenwart von Big Lou etwas verlegen gewesen, weil er nicht gewusst habe, wie er ihm sagen solle, dass er schon früher »Jobs erledigt« habe. Dabei tat er so, als schieße er mit einer Pistole. Ich war ein wenig überrascht. Dies war das erste Mal, dass Bobby den Mord im Auftrag des Clubs offen zugab. Ich nickte ernst und unterbrach ihn nicht. Er sagte, er habe sich den Ruf eines Rattenjägers erworben – eines Mannes, der Spitzel und Informanten umbringt –, und fügte hinzu: »Drei können ein Geheimnis bewahren, wenn zwei tot sind.« Normalerweise ist dieses Gerede bloß Angeberei, aber Bobby glaubte ich. Er war ruhig, nüchtern und kein Aufschneider. Er vermutete, ich sei in einer ähnlichen Lage, und ich bestritt es nicht. »Manche nennen es Dummheit«, sagte er, »aber man braucht Mumm, um jemandem zwischen die Augen zu schießen.« Manche Leute könnten mit ihren Schuldgefühlen nicht leben, aber er sei anders. »Ich? Ich sehe das rein geschäftlich. Wer mir in die Quere kommt, muss dafür bezahlen. Vielleicht brauche ich vier oder fünf Jahre dafür, aber ich kriege ihn. Ich bin derjenige, der um drei Uhr morgens mit einem Kantholz in der Hand darauf wartet, dass du die Augen öffnest.« Das waren keine hypothetischen Worte. Sie galten mir. »Denk daran«, sagte er. »Du bist jetzt ein Angel, und du arbeitest für mich, also bau keinen Mist. Verschworen auf Leben und Tod.«

Am nächsten Tag, nachdem ich eine Handvoll Hydroxys geschluckt hatte, fuhren wir zurück nach Arizona. Timmy und Pops waren am Abend zuvor schon abgereist, um ihre Familien zu besuchen; also waren Bobby und ich allein. Kaum hatten wir den Damm überquert, gab Bobbys Motorrad den Geist auf, und wir luden beide Maschinen in den Anhänger. JJ und Staci kletterten auf den Rücksitz, und ich fuhr. Die Straße hypnotisierte mich. Ich versuchte, mir den Tag vorzustellen, an dem Bobby herausfinden würde, dass ich ein Cop war. Was für ein Gesicht würde er machen? Ich wollte die Stärke des Schocks einschätzen, weil ich mir gut vorstellen konnte, wie er um drei Uhr morgens vor meinem Bett aussehen würde, mit einem Kantholz in der Hand.

Die Big-Lou-Show hatte Slats gefallen. Er war sich nicht sicher, was sie uns nützen würde, aber es hatte ihm Spaß gemacht zuzusehen. Trotzdem war er nervös. Er sagte, unsere Spielchen würden zu kompliziert und riskant. »Schalt einen Gang zurück. Ausspielen ist besser als hochspielen.« Er erinnerte mich daran, dass er jederzeit den Stöpsel herausziehen konnte. »Ihr Jungs seid zu nah am Feuer«, sagte er, »und ich werde es austreten.«

»Gut, in Ordnung.« Diese Worte wollte Slats hören, also sagte ich sie.

Dabei wusste ich, dass ich log. Es war nicht leicht, ein Hangaround – und bald ein Anwärter – der Hells Angels zu sein. Zuvor hatte ich gedacht, der März sei der schlimmste Monat gewesen, und meine Tage und Nächte hätten damals ihren Sättigungspunkt erreicht. Aber ich irrte mich. Seit wir Hangarounds waren, hatten unsere täglichen Pflichten enorm zugenommen. Wenn Slats sich nicht meldete, dann die Hells Angels. Wenn beide nichts von mir wollten, dann brauchte mich die Familie. Und wenn die mich nicht beanspruchte, dann tat ich es selbst. Ich konnte nicht abschalten.

Jeder Morgen begann mit Hydroxys. Ich spülte sie mit Kaffee oder Red Bull hinunter und schluckte nachmittags noch mehr. Wenn ich nachts unterwegs war, nahm ich abends noch einmal welche. Ich trank Alkohol, trainierte und schrieb Berichte unter dem Einfluss der Tabletten. Meine Rechtschreibung verschlechterte sich, aber als Motorradfahrer wurde ich besser. Auch meine Fähigkeit, endlos lange zu reden, steigerte sich – was ich nicht für möglich gehalten hätte. Ich war nervös, und mein Magen war immer verkrampft. Wenn die Wirkung der Tabletten nachließ, fiel ich in eine tiefe chemische – oder entzugsbedingte – Depression. In den meisten Nächten kritzelte ich zuerst Berichte und versteckte sie dann in dem Safe unter meiner Matratze. Danach legte ich mich hin und betete um Schlaf, der sich aber selten einstellte. Damals kam es des Öfteren vor, dass ich weinte, während ich versuchte, mich ein paar Stunden auszuruhen. Es waren Tränen der Erschöpfung, die von dem Stress rührten, den es bedeutete, ein Doppelleben zu führen. Alle, die mich anschauten, sahen immer denselben Bird: den Schuldeneintreiber, den Polizisten, den Ganoven, der andauernd Blödsinn laberte. Innerlich aber, so dachte ich, war ich ganz anders; ich war etwas, was ich nie zuvor gewesen war. Manchmal verwandelte sich mein Selbstvertrauen blitzschnell in Zweifel, und aus Selbstgerechtigkeit wurden Schuldgefühle. Wäre mir die Fähigkeit zur Selbstreflexion damals nicht gänzlich abhandengekommen, hätte ich diese Schwankungen wohl bemerkt. Damals konnte ich jedoch lediglich fühlen und reagieren und über meine Erfolgsstrategie bei den Angels nachdenken.

Wenn ich in den Spiegel schaute, während ich meine hageren Wangen mit einem Messer rasierte, starrten mich nur die kalten blauen Augen von Jay »Bird« Davis an.

Wie dem auch sei – jedenfalls besorgten wir uns einen Unterschlupf in Prescott: einen Wohnwagen, der kaum fünf Meter breit war, und stellten ihn in die Ecke eines Abstellplatzes. Dahinter befanden sich Espen und ein Grasfleck, davor stand ein Picknicktisch. Der Wagen war zu klein und alles andere als gemütlich.

Ich gebe es nicht gerne zu, aber in einem Punkt hatte Slats völlig recht: Wir waren nun nicht mehr selbständig. Wir hatten neue Pflichten gegenüber unseren Brüdern und mussten deshalb oft mit Angels herumhängen. Und was noch schlimmer war: Wir *wollten* mit ihnen rumhängen, weil wir ja die volle Mitgliedschaft anstrebten. Die Zeit wurde zu einem endlosen Strom aus Tabletten, Motorrädern, Fahrten, Waffen, Wachdiensten, Vorträgen über Regeln und allgemeiner Eintönigkeit. Nur selten unterschied sich ein Tag von den anderen. Ich konnte mich nur noch an etwas erinnern, wenn ich Tonbänder hörte oder die täglichen Berichte las und schrieb.

Am 24. April fand eine Versammlung im Clubhaus statt. Das Skull-Valley-Haus stand an einer hübschen Landstraße und war von Bauernhöfen und Feldern umgeben. Bobby und Staci lebten in einer Wohnung im Erdgeschoss, Teddy wohnte im ersten Stock. Joby hatte einen großen begehbaren Schrank in ein Schlafzimmer umgewandelt. Der Hauptraum diente als Lager.

Vor der Zusammenkunft fragte ich Joby, was wir tun sollten, falls uns ein Mongol über den Weg laufe. »Legt die Schlampe um, oder schlagt sie zusammen. Frag Teddy.« Das tat ich. Er sagte: »Stimmt, es ist eure Pflicht, ihn zu töten, ohne erwischt zu werden.«

Bobby verkündete, zur Versammlung seien an diesem Tag nur Mitglieder zugelassen. Wir mussten draußen das Grundstück bewachen. Es war kalt – etwa vier Grad –, und wir waren zu leicht angezogen. Also pusteten wir in die Hände und stampften mit den Füßen, während wir umherschritten. Alle zehn oder 15 Minuten kreuzten sich unsere Wege. Der Mond schien, und unsichtbare Wesen huschten durchs Gras. Einmal fragte Pops: »Vor wem schützen wir diese Leute eigentlich?«

»Vor Kaninchen, Alter. Die haben alle Tollwut.«

Pops lachte. »Vielleicht sollten wir ein paar Schüsse abgeben, nur um ihnen Angst einzujagen.« Ich war mir nicht sicher, ob er die Kaninchen, die Hells Angels oder beide meinte. Egal. Ich lachte auch. Eigentlich hatten die Jungs genau wie die anderen Charter einige Hangarounds, die Wache schieben konnten. Ich lachte noch einmal. Das alles kam mir vor wie ein großer Witz. Wahrscheinlich waren die Angels im Clubhaus und lachten ebenfalls, da sie wussten, dass niemand ihre Versammlung in Skull Valley unterbrechen würde.

Nach einer Stunde pfiffen sie nach uns. Wir trotteten im Mondschein zur Tür und gingen ins Haus. Auf dem Tisch standen ein leerer Eimer, der einst Brathähnchen enthalten hatte, und schmutzige Teller voller Knochen. Drei Packungen Krautsalat waren noch ungeöffnet. Sie fragten, ob wir kürzlich mit dem Gesetz in Konflikt geraten seien, obwohl sie ganz genau wussten, dass dies nicht der Fall war. Dann wollten sie wissen, ob wir Wanzen bei uns hätten. Wir logen und sagten: »Verdammt noch mal, nein«, und dachten: »Was sollen wir denn sonst sagen – etwa ja?« Wieder hielten sie uns einen Vortrag über Hangarounds und Anwärter und erinnerten uns daran, dass wir noch keine Anwärter waren. Derzeit seien wir im Grunde nur Bodyguards für die Mitglieder, und jedes Mitglied gehe mit Leuten in unserer Position auf seine Weise um. Das hätten wir zu respektieren. Sie sagten: Kein Alkohol, keine Drogen, kein Rumficken ohne Erlaubnis. Wir versicherten, alles verstanden zu haben. Dann schickten sie uns zurück in die Kälte und setzten ihr »Nur-für-Mitglieder«Theater fort.

Ende des Monats fuhren wir nach Bullhead, um Smitty und Lydia zu treffen. Smitty lud uns zu sich nach Hause ein. Es war nett, die beiden und Lydias mit Glasschmuck verzierten Garten zu sehen. Das Haus strahlte eine Gemütlichkeit aus, die wir alle vermisst hatten. Bald nach unserer Ankunft bereitete Lydia in der Mikrowelle ein Rindfleischragout zu – mit sämiger Soße, Kartoffeln und Möhren. Ich dachte: »Mann, so leben richtige Menschen!« Ich hatte mich so an das Waffle House gewöhnt, dass ich nicht mehr wusste, wie eine richtige Mahlzeit aussah, selbst wenn sie aus der Dose stammte. Nachdem Lydia uns verköstigt hatte, ging sie zu Bett. Es war noch nicht spät, aber sie ging eben schlafen, wann es vernünftig war. Das hatte ich seit Monaten nicht mehr getan. Smitty zündete sich eine Red an, ich holte eine Newport aus der Packung – seit einiger Zeit rauchte ich ohne besonderen Grund Mentholzigaretten. Dann begann er, über seine Probleme zu klagen und zu jammern. Er bekam wenig Unterstützung für den Mohave-Valley-Charter, den er aufbauen wollte, und hatte den Eindruck, dass die Brüder seines eigenen Charters – die Angels-Nomaden – ihm die Hilfe verweigerten. Er verstand nicht, warum. Zu allem Überfluss gab es auch hartnäckige Gerüchte über Mongols auf der anderen Seite des Berges in Kingman, die wie durch ein Wunder seit Monaten unentdeckt geblieben waren. Er sagte mir, er suche Waffen, deren Herkunft nicht feststellbar sei, damit er einige dieser Typen umlegen könne.

Am 1. Mai segelte ich im warmen Frühlingswind und angetörnt von meinen Aufputschtabletten nach Prescott zurück. JJ und ich trafen die Jungs im Pinion Pines, dem schäbigen Stripclub, der ihnen gehörte. Teddy saß mit seinen Sauerstoffbehältern und seiner Freundin Devon in einer Nische. Devon, die sonst an der Stange tanzte, machte gerade Pause. Sie saß auf seinem Knie, und ihr perfekter Hintern verbarg seinen Oberschenkel unter bikinibedeckten Kurven. Bobby saß ihnen gegenüber und rauchte eine Marlboro Light. JJ setzte sich dazwischen, und ich nahm neben ihr Platz. Die Jungs wollten wissen, wie es in Bullhead laufe, und fragten erneut, ob wir Ärger mit dem Gesetz hätten. Ich sagte: »Nein, derzeit nicht.« Aber JJ und ich erzählten ihnen die Geschichte von der Verkehrskontrolle im November. Sie sagten, davon hätten sie gehört. Teddy keuchte: »Ich behalte sie im Auge, klar? Wir wollen hier etwas auf die Beine stellen und brauchen keinerlei Ärger. Aber wir wollen auch Respekt, klar?«

Bobby sagte: »Jedenfalls musst du uns informieren, Bird, wenn du irgendwelchen Ärger bekommst, auch wenn es nur ein Knöllchen ist, auch wenn ein Cop nur hallo zu dir sagt.« Ich versprach es.

Dann erzählte ich von Smittys Problemen bei der Gründung des Mohave-Valley-Charters und fügte hinzu, ich wolle mit Joby darüber reden. Bobby warf ein: »Kümmere dich nicht um diesen Mist. Es ist nett, dass Smitty dir sein Herz ausschüttet, aber das ist nicht deine Sache.« Ich sagte: »Okay.«

Dann berichtete Teddy lächelnd: »Alle sind grün, das sage ich euch.« Ich fragte, was er damit meine. »Ich meine, sie sind neidisch, weil wir euch gekriegt haben.«

Und Bobby bestätigte: »Stimmt. Aber sprecht mit niemandem darüber, klar?«

Auch das versprach ich.

Am nächsten Tag fand wieder eine Versammlung statt, die Mitgliedern vorbehalten war. Timmy, Pops und ich trafen frühzeitig ein und gingen mit 500 Dollar in einem Umschlag zu Teddy. Bevor ich ihm das Geld reichen konnte, bellte er: »Was zum Teufel ist das?« Er zeigte auf meine Füße.

Ich trug Flipflops.

»Ich hab Fußgeruch, Teddy. Darum möchte ich meine Füße lüften.«

»Zur Hölle damit. Was glaubst du wohl, wo du hier bist? In deinem Hobbykeller? Ist das hier ein Spaß? Nee. Zieh diese verdammten Dinger aus. Wenn ich dich noch einmal damit erwische, lass ich dich Tampons und Barbiepuppen einkaufen. Wirklich, Bird – Gummisandalen?« Ich dachte über die Sache nach und beschloss, künftig öfter Stiefel zu tragen, allein schon, um mir keine Predigt mehr anhören zu müssen.

Nun reichte ich Teddy den Umschlag in der Hoffnung, damit seine Laune zu bessern.

Er nahm ihn und hielt ihn wie ein Stück schmutziges Klopapier in der Hand. »Ich akzeptiere das, Bird. Aber du kannst dich nicht in den Club einkaufen.«

»Das weiß ich, Teddy. Ich tu nur, was ich für richtig halte. Wir haben mit Big Lous Knarren eine Menge Geld verdient. Ich dachte, du freust dich über die Kohle.«

»Tu ich, tu ich. Danke.«

»Übrigens, Teddy, ich wäre nicht an einer Mitgliedschaft interessiert, wenn ich sie mir kaufen könnte.«

Timmy und Pops stimmten mir zu, und Teddy sagte: »Okay.«

Dann befahl uns Bobby, Sandwiches bei Subway kaufen zu gehen.

Teddy steckte den Umschlag in seine Gesäßtasche und knurrte: »Stimmt. Ich bin hungrig. Subway klingt gut. Ich will ein heißes Kapernsandwich, Provolone, Kopfsalat – und Tomaten, wenn sie rot sind. Wenn sie weiße oder grüne Stellen haben oder mehlig aussehen, dann lasst sie weg. Und bringt mir den braunen Senf, nicht den gelben Scheiß. Und keine Scheißmayonnaise.« Bobby meinte, er habe seine Meinung geändert und wolle nun doch lieber einen Hamburger und einen Schoko-Vanille-Milchshake. Das müssten wir woanders holen, zum Beispiel bei TGI Fridays. Joey war noch nicht da, aber die anderen sagten, wir sollten ihm einen kleinen Salat ohne Soße mitbringen, weil er ein »verdammter Gesundheitsapostel« sei. Als wir gingen, schrie Teddy: »Und bringt verschiedene Getränke mit!«

Wir kauften ein und fuhren zurück. Als Teddy in sein Sandwich biss, sagte er: »Gut gemacht mit dem Senf.«

Bobby schlürfte seinen Milchshake und sagte: »Ja, stimmt. Guter Fraß, Hangarounds. Ihr habt euch ein paar Bierchen verdient.« Wir bekamen einige kalte Flaschen. Als Joey kam, gaben sie ihm seinen Salat und lachten ihn aus. Er ignorierte sie und sagte, genau das habe er gewollt. Dann ging er zum Kühlschrank und kippte weiße Salatsoße darüber. Wir mussten wieder hinausgehen und das Haus bewachen.

Also umrundeten wir erneut den Zaun, und Pops behauptete, er habe alle Strohhalme an seinem Schwanz abgewischt. Wir versuchten, nicht zu laut zu lachen.

Am 3. Mai fuhren wir nach Phoenix und verbrachten die nächsten paar Tage damit, Papierkram nachzuholen. Gwen rief an und bat mich, den Rasen zu mähen. Unsere Beziehung kriselte – ich sah immer mehr wie ein Biker aus, und obwohl ich nachdrücklich versicherte, dass ihre Fantasie mit ihr durchgehe, war sie davon überzeugt, dass ich ein Verhältnis mit JJ hatte. Ich sagte ihr, ich müsse den Kindern aus dem Weg gehen, weil ich nicht wolle, dass sie mich in meiner derzeitigen Verfassung sähen. Doch sie entgegnete, die Kinder seien am 6. außer Haus, und ich versprach ihr einen Kurzbesuch.

Ich hielt vor meinem Haus, sprang vom Motorrad und ging nach hinten.

Der Rasen hatte einen Schnitt bitter nötig, also warf ich den Mäher an, zog mein Hemd aus und begann zu schieben. Der Rasen war mir zwar völlig egal, aber ich wollte Gwen keine zusätzliche Munition gegen mich liefern. Darum nahm ich mir vor, das Gras ganz gleichmäßig zu mähen und keine ungemähten Stellen zu hinterlassen. Früher strebte ich nach Perfektion im Garten, weil ich stets das Bestmögliche erreichen wollte; jetzt entsprang sie nur noch dem Hass.

Ich hatte das Haus mit eigenen Händen gebaut und den Garten mit eigenen Händen angelegt. Ich liebte beide, aber jetzt verabscheute ich sie. Dennoch schnitt ich den Rasen kurz und ordentlich.

Als ich halb fertig war, tauchten meine Eltern auf, die ich seit Monaten nicht mehr gesehen hatte. Anscheinend hatten sie den Mäher gehört, denn sie kamen hinter das Haus und schauten mir zu. Ich sah sie nicht. Sie riefen nicht nach mir, und wenn doch, hatte ich nichts gehört. Ich wendete und würgte den Motor ab. Meine Mutter weinte.

»Hallo, was ist denn los?«

»Was los ist?«, fragte mein Vater.

»Ja, warum weint Mama?« Ich wusste, dass mein Vater den Grund genau kannte.

Sie wischte sich die Tränen mit dem Arm ab und zeigte auf mich. »Was hast du mit deinen Armen gemacht?«

Meine Tätowierungen. Sie hatte sie noch nicht gesehen. Meine Eltern hatten sich an die anderen Tattoos gewöhnt, aber vermutlich beteten sie jedes Mal, wenn eines hinzukam, dass es das letzte sein möge. Zumindest meine Mutter wird dafür gebetet haben.

Ich seufzte und sagte: »Ihr habt ja keine Ahnung, was ich durchmache. Ich tue, was ich tun muss. Lasst mich fertig mähen, dann können wir reden.« Ich warf den Motor wieder an. Die Tränen meiner Mutter waren mir egal. Sie flossen nach innen, und als ich fertig war, waren sie längst getrocknet.

Die Zeit verging wie im Flug. Am 8. trainierte ich in Phoenix mit Dan Danza, dem verrückten Muskelmann mit dem kahlen Kopf, den ich getroffen hatte, als unsere Solo Angeles im Januar in der Stadt gewesen waren. Die Venen an seinem Hals traten hervor, während er seine Hantel stemmte und sich hoffnungsvoll über das nahe Ende seiner Bewährungszeit ausließ – in 30 Tagen. Am 9. halfen JJ und ich Bobby, bei einem Run einen T-Shirt-Stand aufzubauen. Dort schüchterte er den Typen, der die Aufsicht hatte, derart ein, dass er uns freien Zutritt und den besten Platz für den Stand gab. Bobby sagte, er werde den Americans Motorcycle Club fortjagen, falls er ihn zu Gesicht bekomme. Er und Teddy beklagten sich darüber, dass dieser Club den Angels nicht den gebührenden Respekt zolle. Sie wollten diese Leute aus der Region, vielleicht sogar aus Arizona vertreiben. Bobby meinte: »Unser Sandkasten ist voller Katzenscheiße. Wir müssen den Sand durchsieben.« Rudy brachte seine kleine Tochter mit. Sie trug ein winziges schwarzes Hemd mit dem Schriftzug UNTERSTÜTZT EURE LOKALEN HELLS ANGELS. Niemand achtete auf sie. Sie weinte in der Hitze. Ich hob sie auf und schaukelte sie, doch sie hörte nicht auf zu weinen. Dann wechselte ich ihr die Windel, die aussah, als hätte sie sie tagelang getragen. Wieder schaukelte ich sie, bis sie sich beruhigte. JJ verkaufte T-Shirts, Timmy, Pops und ich spielten mal Bodyguards, mal standen wir als harte Jungs mit verschränkten Armen am Verkaufstisch, jagten den Leuten Angst ein und bewegten sie zum Kauf von Shirts und Aufnähern. Am 12. war ich wieder bei Danza. Mehr Tabletten, mehr Gewichte. Ich arbeitete an meinen Beinen. Danzas Engagement gefiel mir immer noch, und meines gefiel ihm. Erneut erkundigte er sich nach den Mongols in Mexiko. Ich bestätigte, dass es dort welche gebe, und versicherte ihm, ich würde jeden Mongol umlegen, der mir über den Weg laufe. Er sagte, sobald seine Bewährungszeit abgelaufen sei, werde er mich begleiten. Das Massaker stehe bevor.

Wieder verflog die Zeit. Ich schluckte Hydroxys wie Bonbons. Ich dachte an Bobby und sein Kantholz. Ich dachte an zwei Bobbys und ihre Kanthölzer. Ich dachte an vier von ihnen, die morgens um drei mein Bett umringten. Eines Tages sah ich Teddy zu, wie er mit einer Zange am Zaun vor dem Clubhaus arbeitete. Dieses Bild blieb haften. Immer öfter ging ich auf Fahrt und genoss den beruhigenden Druck der geladenen Pistolen an der Hüfte. Niemand hielt mich an; warum, weiß ich nicht. Die Polizei hätte einen Kerl wie mich schon aus Neugier stoppen müssen. Am 13. war ich in Tucson und besuchte Macs Studio. Mac wollte für mich Geld eintreiben, prügeln und arbeiten. Mehr für mich tun. Er empfahl mir, einen Viehtreibstab zu verwenden, wenn ich Geld kassierte. Später in dieser Woche hüteten JJ und ich Jobys Haus, während er mit seinem elektrischen Bullen auf einer Messe war. Er wohnte in einer Wellblechhütte in Kingman und hatte ein hübsches Waffenarsenal. JJ und ich probierten alle Waffen in wassergefüllten Eimern aus und bewahrten Patronenhülsen für unser Labor auf. Dadurch hofften wir, die Waffe zu finden, mit der Hoover oder jemand anders ermordet worden war. Fehlanzeige. Tabletten, Bier, Tabletten. Die Zeit verging so schnell, dass sie bedeutungslos wurde. Am 15. fuhr ich zu Steve Helland, der ebenfalls in Kingman wohnte. Er war der Kerl, der mir bei einem Run im Oktober seine 18-jährige Tochter April angeboten hatte. Sein Sohn war bei einem Drogenhandel getötet worden, und er glaubte, er habe den Täter ermittelt. Er wollte den Kerl mit einem Schweißbrenner foltern und kastrieren und fragte, ob ich den Job für ihn erledigen würde – nicht die Folter, sondern den Mord, sein eigentliches Ziel. Er tat mir leid. Ich sagte: »Okay, wenn du das wirklich willst. Aber lass es mich auf meine Weise tun.« Ich wollte ihn hinhalten und den Mordauftrag nie ausführen.

Als ich in Steves Wohnzimmer stand und mit ihm über einen Mord redete, den ich für einen Hells Angel ausführen sollte, hörte ich das ferne Dröhnen einer Harley. Mir fielen die Phantom-Mongols von Kingman ein.

Auf einmal hatte ich eine Idee.

Teil IV
NOCH EINMAL: DAS ENDE

34 Auf der Hydroxycut-Autobahn
Mai 2003

AM 16. saßen Pops und ich im Wohnwagen und sahen uns im Discovery Channel eine Reportage über die afrikanische Savanne an. Der Sprecher – er hatte einen britischen Akzent – bezeichnete Wildhunde als »rangniedere Schnauzen«, da sie am unteren Ende der Nahrungskette standen. Pops bemerkte, dass dies genauso auf uns zutraf, seit auf uns die ruhmvollen Pflichten von Hangarounds zukamen. »Wir sind die rangniederen Schnauzen.«

Ich nannte Pops eine lahme Gazelle und Bobby einen Löwen, aber Pops lachte nicht. Er hatte die ganze Show allmählich satt. Sie war ihm keine 500 Dollar pro Woche mehr wert. Ich legte ihm die Hand auf die Schulter und bat ihn durchzuhalten. Pops war immer noch mein Freund. Er deutete nur mit seiner Flasche auf den Fernseher und wiederholte: »Rangniedere Schnauzen.«

Mein Telefon klingelte. Es war Chris Bayless, mein alter Partner und Freund, der wissen wollte, wie es mir ging. »Hast du dich schon in deinen Bürgen verliebt?«, fragte er scherzhaft.

»Zum Teufel, nein. Erstens ist er ein Mörder. Zweitens mag er Mafiosi. Drittens hält er mir Vorträge darüber, wie man ein Gangster wird. Viertens –«

»Schon gut, ich hab's kapiert. Was macht dein Kopf?«
»Seitlich verdreht und halb im Arsch.«
»Hört sich ganz gut an.«
»Ja, es ist toll.«

»Was hast du vor?«

»Ich? Ich glaube, ich hab einen Plan. Darüber reden wir bald, aber ich muss es erst überschlafen. Davon abgesehen will ich diese psychotischen, einzelgängerischen Clowns in den Knast bringen.«

»Hört sich auch gut an. Grüße Slats von mir.«

»Mach ich.«

Seit April, als die Solos sich aufgelöst hatten, überprüften Chris, mein psychologischer Betreuer Paul Hagerty und – seit unserem Wochenende in Vegas – Gayland meinen Geisteszustand häufiger. Sie wollten sicher sein, dass ich nicht durchdrehte und dass die Bösen mir nicht besser gefielen als die Guten – sie wussten ja, dass die Guten einem ganz schön auf die Nerven gehen können.

Ich wusste nicht genau, warum sie sich solche Sorgen machten – vielleicht wegen meines Erscheinungsbildes oder weil ich so viel Zeit mit den Angels verbrachte. Die Bösen waren mir nicht lieber als die Guten, überhaupt nicht, aber ich konzentrierte mich tatsächlich stärker auf Black Biscuit als auf jeden anderen Fall, an dem ich jemals beteiligt war. Er war in jeder Hinsicht mein Leben.

Ich versicherte ihnen, es gehe mir gut.

Am 21. waren wir wieder zum Wachdienst in Berdoo eingeteilt. Ich fuhr mit Joey hin und stand dann in der sengenden Sonne vor dem Clubhaus herum. Zwischendurch wurde ich abgelöst und ins Haus gerufen. Timmy und Pops hatten ihre eigenen Aufträge. Da wir uns aufteilen mussten, war es dem Coverteam fast unmöglich, uns zu schützen. Ich war mir sicher, dass Slats die Nase voll hatte und daran dachte, die ganze Sache abzublasen. Irgendwann sah mich Joey und erlaubte mir, ein Bier zu trinken. Ich bedankte mich und fragte ihn, ob ich rauchen dürfe. Es war eine Scherzfrage, aber das kapierte er nicht. Vor den anderen Angels musste er hart sein. Er sagte, das sei mir nur außerhalb des Dienstes erlaubt. Ich sagte »Okay« und dachte: »Zur Hölle mit diesem Dreckskerl.« Als ich an die Bar ging, stieß ich aus Versehen ein Vollmitglied an, einen rotblonden Typ, den ich noch nie gesehen hatte. Er knurrte: »Raus. Sofort.«

Ich sagte: »He, Alter, das war keine Absicht.«

»Scheiß drauf.«

»Ich hab dich nicht gesehen, das ist alles.«

»Verdammt noch mal – du hast mich nicht gesehen? Du Blödmann hast mich *immer* zu sehen! Das ist dein verdammter Job. Komm mit raus. SOFORT!«

Auch darüber hatte mir Bobby einen Vortrag gehalten. Wenn jemand einen Hells Angel angreift, gilt eine einfache Regel: Alle Angels kommen dem Bruder zur Hilfe. Das ist zwar nicht fair, aber, soweit es die Angels betrifft, gerecht. Wenn ein Angel hingegen Streit mit einem anderen Angel hat – oder mit einem Hangaround oder Anwärter –, wird Mann gegen Mann gekämpft. Angels haben das Privileg, ihre Auseinandersetzungen untereinander selbst zu regeln. Bobby erklärte mir, der Kampf sei die einzig ehrenvolle Reaktion, wenn jemand mich herausfordere.

Das fand ich auch.

Ich sagte: »In Ordnung, gehen wir.« Ich folgte dem Kerl. Er trug enge Levi's und kackbraune Reitstiefel. Er war nicht größer als ich, aber er hatte breitere Schultern und dickere Arme. Seine Beine waren dünn.

Als ich durchs Clubhaus ging, zog ich meine Ringe von den Fingern und stopfte sie in die Taschen. Ich war auf eine Abreibung gefasst, aber leicht würde ich es ihm nicht machen. Wir gingen hinaus, und er drehte sich um. Zehn oder zwölf Jungs standen da und warteten. Wir stellten uns vor einer drei Meter hohen Stange in der Mitte des Grundstücks auf. An der Spitze der Stange war eine Scheibe mit einem riesigen Totenkopf angebracht. Sie glich einem Tankstellenschild.

Der Typ musterte mich im Schatten des Schildes von Kopf bis Fuß. Joey Richardson stand hinter ihm, und es sah aus, als wolle er seinen Bruder unterstützen, nicht mich. Ich fragte mich, ob er den Kerl dazu angestiftet hatte, mich auf die Probe zu stellen. Der Typ schaute zu, wie ich an einem Ring zerrte, den ich seit über fünf Jahren nicht mehr abgenommen hatte.

Er wollte wissen, ob ich Bird sei. Ich bejahte. »Was machst du da?«, fragte er. Ich sagte: »Ich nehme meine Ringe ab, damit deine Fresse nicht zu sehr zermanscht wird, wenn ich sie dir gleich poliere.« Er lächelte ein wenig.

Joey lachte laut. »Scheiße, hier kommt Skull Valley.«

Das Lächeln verschwand aus dem Gesicht des Typen. Er zuckte mit den Schultern und sagte: »Ach, was soll's! Was wolltest du trinken?« Ich schaute ihm in die Augen und sagte es ihm.

Der Test war zu Ende. Ich steckte meine Ringe wieder an.

Vier Tage später schoben wir in Cave Creek Wache. Auch dort gab es keinen Schatten. Es war eine große Party, und die Besucher kamen von überall her. Auch der Londoner Präsident, ein Angel namens Marcus, war da. Ebenso Bad Bob, Smitty, Joby, Dennis, Mac, Pete Eunice, Sonny Barger, eine ganze Gruppe von der Westküste – alle. Inzwischen hatten wir so viele Angels kennengelernt, dass Timmy, Pops und ich sie einander vorstellten. Immer wieder an diesem Tag bat mich jemand um Bier, einen Flaschenöffner, Zigaretten, ein Kondom, einen Kugelschreiber, fünf Dollar, meine Telefonnummer, Ketchup, Hilfe beim Anschieben eines Motorrads oder Nähzeug. Ich hatte alles, außer dem Nähzeug. Timmy bot dem Typen Sicherheitsnadeln an. Er nahm sie.

Gegen sechs war die Party in vollem Gange. Es liefen die üblichen Rockabilly-Klassiker, gelegentlich auch Metallica, Korn und Iron Maiden. Da begann ein Auto, vor dem Haus hin- und herzufahren. Das missfiel einem kalifornischen Anwärter, der Pit genannt werden wollte. Die Männer im Auto sahen aus, als hätten sie sich verirrt, und sie schienen Mexikaner zu sein. Von Bikern wussten sie offenbar nichts, denn sie scheuten sich nicht, immer wieder langsam am Clubhaus vorbeizufahren. Als sie sich zum vierten Mal näherten, sagte ich: »He, Pit, wollen wir diese Burschen zum Teufel jagen?«

»Verdammt gute Idee«, sagte er.

Während Timmy sich ans Tor stellte, gingen wir mitten auf die Straße und winkten dem Auto zu. Es war ein Toyota mit Fließheck aus den frühen 1990er-Jahren, der viele Kilometer auf dem Buckel hatte. Er hielt an. Pit fragte, wer sie seien.

Einer von ihnen hielt ein zerknülltes Stück Papier hoch und zeigte darauf. Er sprach kein Englisch und sah wie ein Gastarbeiter aus, der das Haus eines Verwandten sucht. Pit ignorierte das Papier und fragte: »Seh ich so aus, als würde ich Latino plappern?« Der Mann verstand Pits Beleidigungen nicht, aber er und sein Kumpel verstanden unsere Waffen. Darum wiederholte er ständig »Okay, okay, okay« und streckte die Hände in die Luft. Ich sah, dass sein Begleiter ihn an die Schulter stieß. Das hieß wohl: »Hauen wir ab!«

Pit mochte die beiden nicht. »Hör mir gut zu, *hombre*. Ihr seid im Revier der Hells Angels. Wenn ihr uns zu nahe kommt und zu langsam vorbeifahrt, kriegt ihr einen Schuss in den Arsch.« Er zeigte ihm seine Pistole, eine kleinkalibrige Halbautomatik aus brüniertem Stahl, und schüttelte sie, um seine Worte zu unterstreichen. »Kapiert? Peng, peng!«

»Okay, okay, okay.« Der Fahrer legte den Rückwärtsgang ein und fuhr langsam weg. Wir sahen die beiden nicht wieder.

Pit und ich gingen zurück in den Vorhof. »Diese verdammten Mexikaner waren Mongols! Ich bin mir absolut sicher, Bird. Wenn sie zurückkommen, schlitze ich ihnen die

Gurgel auf und schlinge ihnen die Zunge um den Hals. Ich schneide ihnen die Schwänze ab und stopfe sie ihnen ins Maul. Ist das nicht eine Unverschämtheit? Mongols kommen hierher, nach Cave Creek, in Hoovers Revier!«

Ich empfahl ihm, sich abzuregen. Das seien wahrscheinlich nur arme Trottel gewesen, die sich verfahren hätten. Doch Pit blieb stur. Timmy flüsterte mir ins Ohr: »Haben wir Betäubungspfeile?« Ich kicherte.

Wie auf Kommando begann Pit, Löcher in die Luft zu schlagen. Zuerst dachte ich, er wolle zeigen, was er den »Mongols« antun werde. Er trat um sich, boxte und machte kleine Verrenkungen. Einige Leute kamen heraus und schauten ihm zu. Er sprach unverständliche Worte, bewegte den Kopf hin und her und verdrehte die Augen, als verliere er plötzlich seinen imaginären Kampf, weil von überall her Fäuste auftauchten. Jemand stellte sich neben mich. Es war Mac.

»Was ist los mit dem Kerl?«

»Keine Ahnung, Alter. Sieht aus, als habe er einen Anfall.«

Jetzt endlich verstanden wir, was er sagte. »Eine verdammte Biene! Ich bin allergisch! Jagt die verdammte Biene fort!«

Ich begann zu lachen. Mac musste mich bremsen.

»Scheiße, ich werde sterben, Mann, ich hab meinen Epi-Pen nicht dabei!«

Da kam Marcus aus einem Seiteneingang, packte Pit am Kragen und zog ihn in Haus. Man schämte sich für ihn.

Ich lachte lauter, als ich seit Wochen oder gar Monaten gelacht hatte. Meine Augen tränten. Als ich wieder sprechen konnte, erzählte ich Mac von den Mexikanern. »Dieser Typ verwandelt sich innerhalb von fünf Minuten vom Gangster in einen Bienenfighter. Der Bursche ist ein Witz.«

Das hörte Bobby. Er kam zu uns und sagte, ich hätte zwar recht, dürfe das aber nicht sagen. Der Mann sei zwar nur ein

Anwärter, aber ich sei bloß ein Hangaround. Ich sagte, es tue mir leid. Mac meinte, der Kerl sei wirklich eine Lachnummer, jedenfalls seiner Meinung nach. Bobby befahl mir, nicht länger herumzualbern und meine Arbeit zu tun – er brauche ein Bier. Ich fragte Mac, ob er auch eines wolle, doch der schüttelte den Kopf. Also holte ich für Bobby ein Bier aus einem Kühlschrank an der Eingangstür und kämpfte gegen den Drang an, die Flasche zu öffnen und hineinzuspucken. Ich wusste, jemand würde es sehen. Als ich zurückkam, unterhielten sie sich über Waffen.

Bobby sagte: »Ja, ich hab für meine Alte eine kleine .22er gekauft. Hübsches Stück. Ein Schuss hinter dem Ohr dringt ein und zermatscht das Gehirn. Wie bei den *Sopranos*, wisst ihr?« Nun drehte er sich zu mir um und griff nach dem Bier. »Du weißt Bescheid, Bird, nicht?«

»Du weißt, dass ich es weiß, Bobby. Sonst noch etwas? Ich muss Wache schieben.« Ich zündete mir eine Zigarette an.

»Nee, das war's.« Dann sagte er: »Warte«, hielt seine Bierflasche hoch und befahl mir, sie zu öffnen. Er hatte einen Öffner am Gürtel hängen, aber er griff nicht einmal danach. Ich nahm die Flasche, öffnete sie, gab sie ihm zurück und ging.

In dieser Nacht fiel es mir schwer einzuschlafen. Ich hatte am Abend vier oder fünf Hydroxys geschluckt, die immer noch wirkten. Wenn ich nichts zu tun hatte – nicht arbeitete, nicht fuhr, nicht sprach, nicht schrieb –, brachten die Tabletten meine Gedanken zum Wirbeln. Während ich versuchte einzuschlafen, sah ich, wie Bobby mich herumkommandierte. Ich sah meinen neuen Plan in Umrissen, und ich sah Dale, die mich um eine neue Gitarre bat. Ich sah das Spinnennetz-Tattoo auf meinem Ellbogen, ich sah Slats, der mich zügeln wollte, Teddy mit der Zange und Joby, wie er vor vielen Monaten die Methbraut gedemütigt hatte. Ich sah Bad

Bob in jener ersten Nacht in Mesa, als er mich an Barry Gibb erinnert hatte. Ich sah die Tränen meiner Mutter, hörte Gwens Vorwürfe, hielt Jacks Steine in der Hand. Er vergaß nie, mir einen Stein in die Hand zu drücken, bevor ich wegfuhr, und wenn er nicht da war, ließ er einen auf der Küchentheke für mich zurück. Inzwischen hatte ich mehr Jacksteine, als ich zählen konnte. Ich gab sie weiter, und manche Kollegen im Hauptquartier behielten sie auch. Nur vage erinnerte ich mich daran, wie Jack aussah, als er in der Little League die Bases umrundete. Ich dachte: »Jacksteine sind ein jämmerlicher Ersatz für Jack.«

Erschöpft und überdreht, weinte ich mich in dieser Nacht in einen unruhigen Schlaf.

Irgendwann, mitten in der Nacht, beugte sich Bobby mit einem Kantholz über mein Bett. Er trug seine Sonnenbrille. Hinter ihm war grelles Licht, als wäre er mit dem Motorrad in mein Zimmer gefahren, ohne den Scheinwerfer auszuschalten. Er schürzte die Lippen, hob das Holz und ließ das Ende des Kolbens auf mein Gesicht niedersausen. Ich sah die Splitter, aber es tat nicht weh. Plötzlich befand ich mich im Skull-Valley-Clubhaus. Teddy war auch da. In den Händen hielt er seine Zange und eine blutige Horrorpuppe, die er in einer Ecke des Wohnzimmers aufbewahrte, im Mittelteil eines bizarren Todesschreins. Er schüttelte die Puppe vor meinen Augen, so dass sie Blutstropfen verspritzte. Dann sagte er etwas, was ich nicht verstand, und äffte dabei das blutige Spielzeug mit einer bösen, schrillen Stimme nach. Ich schaute mich um. Plötzlich standen wir alle am Stacheldrahtzaun hinter dem Clubhaus. Teddy zog seine Sauerstoffröhren aus der Nase, atmete laut ein, sammelte Schleim und bespuckte mich. Er war stark, nicht mehr krank und besaß die ganze bedrohliche Kraft seiner Jugend. Er klickte mit einer rostigen Schere. Die Puppe war nun weg, und an ihrer Stelle befand sich eine silberne Greifzange. Bobby schwang immer noch sein Kantholz. Sie sagten, ich sei eine Ratte. Ich konnte nicht sprechen. Vielleicht war mein Gesicht zerschmettert. Aber sie mussten mich verstanden haben, denn sie betonten erneut, ich sei eine Ratte. Ich spuckte ein wenig Blut und brachte einige Worte hervor: »Nein, ich bin etwas Schlimmeres.« Ich dachte: Ratten haben keine Partner. Ratten haben keine Deckung.

Aber das Coverteam kam nie.

Bobby steckte mir zwei Holzkeile in den Mund, so dass ich ihn nicht mehr schließen konnte. Dann band er meinen Kopf mit einer Nylonschnur an einen Zaunpfahl. Ich konnte mich nicht abwenden. Teddy kam auf mich zu und steckte die Zange in meinen Mund. Sie schmeckte wie ein Penny. Er packte damit meine Zunge und zog. Ich wurde den Geschmack nicht los. Er zog und zog und zog, und als meine Zunge weit genug aus dem Mund hing, nahm Bobby ein gezähntes Messer und –«

Ich erwachte in kaltem Schweiß gebadet. Mein Herz raste. Ich stand auf und sackte fast sofort zusammen. Kriechend erreichte ich die Tür und zog mich hoch. Mein linker Arm begann zu schmerzen. Ich ohrfeigte mich ein paarmal und versuchte zu gehen. Dabei berührte ich mein Gesicht, um mich zu vergewissern, dass es noch da war. So schaffte ich es bis zur Küche. Ich nahm meine Autoschlüssel, ging hinaus und fiel in den Cougar. Niemand sonst war im Haus. Timmy und Pops waren bei ihren Familien, JJ hatte an diesem Wochenende frei. Ich saß da, umklammerte meine Brust und schnappte nach Luft. In der Nähe befand sich ein Krankenhaus. Ich startete den Motor, legte den Gang ein und fuhr los.

Ich fuhr zur Notaufnahme, blieb aber im Auto sitzen, als ich dort angekommen war. Mein Brustkorb schmerzte immer noch, aber ich fühlte mich nicht mehr so benebelt. Ich blickte auf das hell erleuchtete Krankenhaus und wusste, dass der Fall zu Ende war, wenn ich hineinging und Slats oder jemand anders davon erfuhr. Also holte ich zehnmal tief Luft und redete mir ein, dass es mir gutgehe und dass ich mich als aktiver Footballspieler nach Zusammenstößen auf dem Feld schlimmer gefühlt hätte. Einmal war ich so heftig umgenietet worden, dass ich rechts und links nicht mehr unterscheiden konnte. Da ich es aber keinem Verteidiger erlaubte, sich an meinem hingestreckten Körper zu weiden, rappelte ich mich auf und kehrte zum Team zurück. Da tippte mich jemand auf die Schulter, zeigte auf die andere Seite des Feldes und sagte: »Dobyns, du bist hier falsch, Mann.« Es war der Spieler, der mich umgerannt hatte, der mittlere Verteidiger. Ich stand bei der verteidigenden Mannschaft, nicht bei den Angreifern. Er lachte sich krumm. Ich starrte ihn wütend an und rannte zur Seitenlinie, um die Nase ins Riechsalz zu stecken.

Die Erinnerung an diese Zeit beruhigte mich, und ich lachte über mich selbst. Mir war klar, was mich so verstört hatte: die Tabletten. Das Herzrasen hörte auf. Wieder holte ich zehnmal Luft, dann kurbelte ich das Fenster hinunter und holte noch einmal tief Luft. Ich legte den Gang ein und fuhr zurück zum Undercover-Haus. Anscheinend hatte ich eine Panikattacke erlitten. Als ich ankam, ging ich ins Badezimmer, füllte das Waschbecken mit kaltem Wasser und tauchte den Kopf hinein. Dann schüttete ich die Hydroxycuts in die Toilette und spülte sie hinunter. Ich habe nie wieder welche genommen.

35 Her mit dem *bottom rocker*

Mai bis Juni 2003

VON DA AN begnügte ich mich mit Starbucks, Red Bull und Zigaretten.

Ohne die Tabletten war ich bei meinen alltäglichen Pflichten nicht mehr so penibel. Als ich Hydroxys geschluckt hatte, war mir nicht aufgefallen, dass sie mir eine Art Tunnelblick aufgezwungen hatten. Das ist für einen verdeckten Ermittler meist vorteilhaft oder sogar notwendig, aber ich brauchte das nicht mehr. Ich brauchte niemanden mehr zu täuschen. Ich *fühlte* mich nicht nur unbesiegbar, ich *war* es. Je tiefer ich in den Club eindrang, desto sicherer wurde ich. Die Jungs im Hauptquartier konnten das nicht verstehen, aber je mehr die Angels mir vertrauten, desto weniger Schutz benötigte ich. Ich kam ohne das Coverteam aus, weil die Hells Angels auf mich aufpassten. Das wurde mir klar, als ich die Tabletten wegspülte. Die Energie, die sie mir gegeben hatten, verpuffte schnell und wurde durch etwas ersetzt, was ich seit Monaten nicht mehr gekannt hatte: Konzentration.

Der Alltag hatte sich nicht verändert, doch nach der Panikattacke kristallisierte sich mein höchstes Ziel heraus: Ich würde alles tun, um ein Hells Angel zu werden.

Und zwar schnell.

Die Idee, die in meinem tablettensüchtigen Geist Wurzeln geschlagen hatte, nahm Gestalt an. Sie war einfach und basierte auf einer einfachen Tatsache: Für die Hells Angels ist Gewalt gleich Macht. Ich beschloss, ihnen zu beweisen, wie wertvoll ich war. Ich würde nach ihren Regeln spielen.

Ich würde Gewalt anwenden.

NIEMAND ERFUHR von meiner Panikattacke. Also befürchtete auch niemand, dass ich zusammenbrechen könnte.

Aber wir waren alle einem Zusammenbruch nahe.

Die sportliche JJ, die sieben Jahre lang nicht mehr geraucht hatte, als sie zu uns stieß, rauchte jetzt wieder eine Packung am Tag oder mehr und hatte 13 Kilo zugenommen. Timmy verbrachte jede freie Minute zu Hause und lud in der Familie seine Batterien wieder auf. Pops war ausgemergelt; er ging gebückt, und man sah ihm seine 50 harten Jahre an. Die Kollegen der Einsatzgruppe hatten es satt, unsere Babysitter zu sein. Mir war das egal. Damals rief ich stets einfach Slats an und sagte ihm, wo ich war und dass er sich keine Sorgen machen solle. Das gefiel ihm nicht – er wusste, dass er die Dinge nicht mehr im Griff hatte. Er brauchte jeden Abend mehrere Drinks, nur um ein bisschen Schlaf zu finden.

Da Slats manches sah, was ich nicht sah, und wahrscheinlich mehr über meinen körperlichen und geistigen Verfall wusste, als er zugab, befahl er mir, am Vatertag nach Hause zu fahren. Er sagte, wir stünden alle unter zu großem Stress, und ein wenig Ruhe und Entspannung könnten niemandem schaden.

Ausruhen? Von mir aus.

Ich fuhr heim und tat so, als würde ich entspannen: Ich legte mich aufs Sofa, zwirbelte meinen strähnigen Spitzbart, las alte *SportsCenter*-Ausgaben – aber echte Entspannung war unmöglich. Ich starrte durch die Schiebetür des Wohnzimmers auf eine Gruppe von blühenden Riesenkakteen und auf einen hinreißend grünen Golfplatz jenseits dieser Gewächse. Dabei fielen mir die Worte meines Kollegen Sean

»Spider-Man« Hoover ein: »Mann, was für ein Witz! Diese Kerle halten dich für einen Killer, der vom Schicksal gebeutelt ist, und du wohnst in einer verdammten Villa an einem Golfplatz.« Mein Haus war zwar keine Villa, aber es war hübsch, und ich spielte wirklich Golf. Er hatte recht. Ich versuchte, mir vorzustellen, wie einer der Hells Angels, die ich kannte, ein 7er-Eisen schwang, im Gestrüpp nach einem Ball stöberte oder versuchte, das Grün zu lesen. Das waren lächerliche Bilder, die sehr deutlich zeigten, wie fremd mir mein früheres Leben geworden war.

Gwen umkreiste mich an diesem Wochenende, achtete auf Abstand und brachte mir gelegentlich einen Imbiss, den ich kaum anrührte. Wir hatten uns weit voneinander entfernt – genauer gesagt, war sie stehen geblieben, während ich weggelaufen war. Anscheinend hatte sie vor dieser Tatsache kapituliert. Sie hatte mir zwar gesagt, sie werde uns nicht aufgeben – Gwen kann ebenso stur sein wie ich –, aber sie war zweifellos unglücklich. Nur dank ihres Willens blieben wir zusammen. Sie sagte nicht viel zu mir an diesem Wochenende, aber einmal fragte sie, warum ich immer bis an meine Grenze gehen müsse. Ich antwortete nicht. Es gab keine Antwort. Gott hat mich so geschaffen.

Jack zeichnete eine Vatertagskarte für mich und gab sie mir, als ich auf dem Sofa döste. Ich öffnete sie. Auf der linken Seite war ein Gewehr, und eine gestrichelte Linie führte vom Lauf durch die Brust einer Gestalt auf der rechten Seite. Darunter hatte er noch ein Bild von mir gezeichnet: Ich lag auf einer Tragbahre. Dort, wo die Kugeln mich getroffen hatten, war ein Spritzer rote Tinte, und darüber stand das Wort »Peng!«. Unter dem Bild las ich: »Alles Gute zum Vatertag. Ich hoffe, das passiert dir nie wieder. Hab dich lieb, Jack.«

Die Karte brach mir das Herz. Ich rubbelte ihm den Kopf und versicherte ihm, Slats habe eine ganze Mannschaft von

Leuten, die immer auf mich aufpassten. Sie würden nicht zulassen, dass mir etwas passiere. Wenn er mir nicht glaube, solle er seine Mutter fragen, sie werde es bestätigen.

Er lief weg, und meine Gedanken wandten sich wieder meiner Arbeit zu.

Meine berufliche Situation war unerträglich, und ich wusste es. Damit meine ich nicht nur meinen Status als Hangaround. Es wurde immer schwerer, unsere Vorgesetzten davon zu überzeugen, dass unsere Arbeit sich lohnte. Auf die Dauer würden die Chefs kein Geld mehr für Möchtegernbiker opfern, und ich wusste, dass Slats nicht 100-prozentig hinter uns stand. Ich kämpfte also an zwei Fronten, aber ich traute mir zu, beide Schlachten zu gewinnen, indem ich meine einfache Idee in die Tat umsetzte.

Ich dachte an Blut und Blutvergießen.

Ein paar Tage vor meiner Rückkehr nach Phoenix kamen meine besten Freunde von der Highschool vorbei: John Williams und Scott Hite. Sie wollten mich überraschen, doch das gelang ihnen nicht. Ich roch geradezu, dass sie kommen würden. Nur ein Puma hätte sich an mich heranschleichen können, und auch der nur gegen den Wind. Ich lächelte am Fenster, als sie eintrafen. Sie trugen Khakihosen und Golfhemden – eines weiß, eines hellblau –, Golfschuhe und goldene Uhren. Einer hatte eine schwarze Titleist-Mütze aufgesetzt. Sie waren keine Polizisten, sondern gehörten zu Jay Dobyns' Vorstadtleben. Beide waren Väter und Ehemänner – also Rätsel. Ich sah zwei Männer, die ich seit fast 30 Jahren kannte, und ich musste angestrengt nachdenken, bis mir einfiel, welchen Beruf sie hatten.

Sie klopften an das Glas. Ich stand nicht auf, sondern winkte ihnen zu. Scott schob die Tür auf.

»He, Alter.«

»Was gibt's Neues, Leute?«

»Nicht viel.«

Sie starrten mich an wie ein gefangenes Tier in einem lebensgroßen Diorama: der Bundespolizist in seinem Heim.

Nach einer Weile sagte John: »Mensch, Jay, du siehst aus wie ein verdammter Junkie, weißt du das?«

Ich versuchte zu lachen. »Klar. Vielen Dank.«

Scott fragte: »Spielst du eine Runde mit uns?«

Ich sank ein wenig tiefer ins Sofa. »Nee, bin beschäftigt.«

Sie zuckten mit den Schultern, wir plauderten ein wenig, und dann verabschiedeten sie sich.

Ich schaltete den Fernseher aus und beobachtete den Golfplatz. Im Gegensatz zu mir veränderte er sich nie.

An einem Sonntagmorgen bat Gwen mich, mit Dale die neue Gitarre abholen zu gehen. Ich sagte, ich wisse nicht, ob ich Zeit hätte, aber als ich sah, wie aufgeregt Dale war, freute ich mich sogar darauf. Gwen gab mir die Anschrift. Das Geschäft war ein paar Straßen von Macs Tätowiersalon entfernt.

Es war Sonntagvormittag, und ich machte mir keine großen Sorgen darüber, dass wir Mac oder sonst jemandem begegnen würden. Trotzdem hatte ich mit den Kindern ein paar einfache Zeichen verabredet, damit ich ihnen bei Bedarf mitteilen konnte, dass einer meiner »bösen Jungs« auf uns zukam.

Wir gingen in den Laden. Der Verkäufer brachte uns eine Akustikgitarre der Marke Fender Sonoran, einen neuen Kasten und einen Gurt in den Regenbogenfarben. Dale hob die Gitarre auf, schätzte ihr Gewicht ab und wirbelte sie herum. Sie lächelte und nickte. Ich zahlte, dann gingen wir hinaus.

Eine Glocke bimmelte, als die Tür sich schloss. Ich hielt Dale an der Hand. Als ich aufblickte, stand Robert »Mac« McKay vor uns.

Ich drückte Dale kurz. Sie erwiderte das Signal.

Dann ließ ich ihre Hand los, schüttelte Macs Hand und umarmte ihn. Ich sagte: »Das ist meine Kleine.«

Er beugte sich hinunter und sagte: »Freut mich, dich zu sehen, kleine Lady. Du hast 'nen fantastischen Papa!«

Dale blieb völlig cool und bedankte sich ohne eine Spur von Nervosität.

Er fragte, was wir vorhätten, und ich erzählte ihm, dass ich Dale schon vor Monaten eine neue Gitarre versprochen hätte. Sie hielt sie hoch. Ich hatte keinen Grund zu lügen. Mac war guter Laune, aber bevor wir uns trennten, zog er mich beiseite und sagte: »Wo zum Teufel ist deine Kutte, Bird? Du musst repräsentieren!« Dann wandte er sich an Dale und wiederholte mit honigsüßer Stimme, wie sehr unsere Begegnung ihn gefreut habe.

Im Auto fragte Dale mit der Unschuld eines Kindes: »War das ein Hells Angel?«

»Ja.«

»Er sah gar nicht so böse aus. Ich finde, er war ganz nett.«

»Er hat sich eben zusammengerissen. Lass dich nicht täuschen. Dieser Bursche ist kein guter Umgang. Wenn du ihn noch einmal siehst, dann geh ihm aus dem Weg.«

»Okay.«

»Versprich es mir.«

»Okay, ich verspreche es!«

Ich legte ihr die Hand aufs Knie und fuhr vom Parkplatz auf die Straße.

Am 30. rief mich Bobby an. Er wollte, dass ich Timmy anrief und ihm ausrichtete, er solle Bobby anrufen. Ich fragte, warum er Timmy nicht selbst anrufe, und er schnauzte: »Weil ich dich anrufe, du Wichser!«

Dann rief ich Timmy an. Timmy rief Bobby an und meldete sich anschließend bei mir. Er sagte, Bobby habe ihm befohlen, in Cave Creek ein Päckchen bei Spa Bob abzuholen – Spa Bob war der Präsident von Cave Creek, der Nachfolger von Hoover – und am nächsten Morgen nach Skull

Valley zu bringen. Bobby habe gesagt: »Wag es ja nicht, es zu öffnen!«

Als Timmy das Päckchen abgeholt hatte, rief er mich an und sagte: »Selbst wenn ich wollte, könnte ich es nicht öffnen, ohne dass sie es merken. Es ist ein Schuhkarton, in zehn Schichten Klebstreifen verpackt.«

»Tja, was hast du vor?«

»Ich hab mit Slats gesprochen. Wir werden es röntgen.«

»Toll. Sag mir Bescheid. Ich, Pops und JJ sind um Mitternacht in der Villa Wohnwagen.«

Später rief er mich an und sagte, das Päckchen sei sehr leicht und schien nur drei Tuchstreifen zu enthalten. Unsere Aufnäher!

Am nächsten Tag fand eine Versammlung statt. Einige Ehrengäste waren im Clubhaus: Bad Bob, Pete Eunice und Marcus, der Londoner Präsident. Als wir eintraten, sahen sie nicht glücklich aus. Joey schlurfte am Eingang herum und ließ den Kopf hängen – wie es schien, vor Scham und Wut. Joby stand mit verschränkten Armen neben ihm und klopfte mit einem hölzernen Axtgriff auf seinen rechten Handteller. Pete drehte den Zylinder eines .38er-Revolvers, ließ ihn einschnappen, drehte ihn erneut. Als wir alle drinnen waren, drehte sich Joby plötzlich zu Joey um, der jetzt in der offenen Tür stand, und stieß ihn vor die Brust. Bobby stellte sich mit verschränkten Armen und ohne Sonnenbrille hinter ihn. Joby schrie: »Mach, dass du rauskommst!« Joey trat einen Schritt zurück, immer noch mit hängendem Kopf. Ich warf Bobby einen Blick zu, um zu erfahren, was los war, doch er hatte keine Zeit für mich. Joby wiederholte: »Mach, dass du rauskommst!« Joey drehte sich um und schlich davon. Dann stand Rudy auf, nahm Timmy am Arm und zog ihn mit sich.

Später erfuhr ich, dass Joey mit der Freundin eines anderen Mitglieds im Bett gewesen war, ohne dessen Erlaubnis.

Außerdem war Bobby wütend wegen des Essens. Er hatte Staci losgeschickt, um es zu holen – wir wussten, dass sie unterwegs JJ getroffen hatte, und die beiden hatten sich verspätet. »Wenn diese Flittchen nicht bald mit unserem verdammten Fraß hier sind, gehen die Lichter aus.« Ich nickte. Teddy befahl Pops, draußen zu warten und die Umgebung zu überwachen. Pops ging hinaus.

Nun zog Teddy die Schläuche aus der Nase und begann zu reden. »Du gehst auch raus, Bird.« Ich sagte nichts. Teddy war wirklich furchteinflößend. Er schwang sein Gebrechen wie eine stumpfe Waffe. »Ich weiß, du tust dein Bestes, aber es ist nicht gut genug. Du hast nicht das Zeug zu einem Hells Angel.«

»Verpiss dich.« Das war Bobby.

Ich holte tief Luft. »Das könnt ihr euch abschminken. Schmeißt mich raus, wenn ihr wollt, aber ich gehe nicht selbst. Ich stecke schon zu tief drin.« Als ich das sagte, wurde mir bewusst, dass es sogar stimmte. »Ihr wollt, dass ich verschwinde? Dann hebt mich hoch, und werft mich raus.«

Ich war ziemlich sicher, dass sie blufften. Andererseits hatten sie Joey weggejagt, und das weckte gewisse Zweifel in mir. Vielleicht veranstalteten sie ein Großreinemachen? Wenn sie Joey rauswarfen, konnte jeder der Nächste sein. Dennoch – Teddys Worte kamen mir bekannt vor. Ich hatte das gleiche Spiel mit Jesse veranstaltet, als wir ihm das Abzeichen der Solos verpasst hatten, und Bad Bob war dabei gewesen. Ich wusste, dass sie unsere *bottom rocker* hatten. Außerdem wusste ich, dass ich der beste verdammte Anwärter war, den sie seit Jahren gehabt hatten. Ich hatte den Tatendrang, die Härte und die Arroganz, die Hells Angels lieben. Dies war mein Leben, und das wussten sie. Ich würde ein Hells Angel sein, und zwar einer der besten.

Teddy lächelte. »Okay. Wenn du so denkst, muss ich dir wohl eine zweite Chance geben.« Er griff hinter sich und stand gleichzeitig auf. Als er sich zu mir umdrehte, hielt er einen Arizona-Aufnäher in der Hand. Bobby befahl mir aufzustehen. Alle lächelten. Bobby und Joby klopften mir auf den Rücken. Ich nahm den Aufnäher. Teddy umarmte mich innig. Der alte Knabe war immer noch ziemlich stark, wenn er wollte.

Als wir uns voneinander lösten, sagte Teddy: »Deine Partner sind als Nächste dran. Du hältst den Mund und tust, als hätten wir dir dein Essensgeld geklaut.«

Ich sagte: »Okay.« Eine Stunde später waren wir offizielle Anwärter der Hells Angels. Wir befestigten unsere Aufnäher mit den Sicherheitsnadeln, die Timmy bei sich trug. Bad Bob zeigte auf die Nadeln und sagte: »Verdammt, ihr Jungs seid wirklich auf alles vorbereitet.« Ich grinste ihn an. Er sagte, er sei stolz auf mich – auf uns – und er sei sicher, dass wir bald Mitglieder sein würden.

Das hoffte ich auch, aber ich sagte nur. »Ich warte, bis es so weit ist.«

Bobby sagte: »Das ist mein Junge.«

Mein Telefon klingelte.

»Ja, Bird.«

»Hallo, Daddy.« Es war Dale. Sie hörte sich glücklich an. Die Lautstärke meines Handys war hoch gestellt, so dass Dales Kleinmädchenstimme zu hören war, ehe ich das Telefon leise stellen konnte.

»Hallo, was gibt's?« Die anderen hörten zu.

»Nicht viel. Ich wollte dir nur hallo sagen und dass ich meine Gitarre so toll finde.«

»Großartig. Aber ich bin gerade sehr beschäftigt. Brauchst du etwas, oder willst du mich nur nerven?«

»Daddy, was ist denn los?«

»Gar nichts. Aber ich hab jetzt keine Zeit für dich, außer es handelt sich um einen Notfall.« Stille. »Ich glaube nicht. Weißt du was, ich ruf später noch einmal an. Tschüs.«

»Tschüs.« Ich klappte das Handy zu.

Bobby fragte, wer das gewesen sei. Ich sagte: »Das war einer der Jungs von Big Lou.« Er lachte. Joby lächelte. Teddy ebenfalls. Sie wussten, dass ich log.

Ich schaute rüber zu Teddy und Pops. Sie wussten, dass ich nie mit »Jungs von Big Lou« sprach, sondern immer nur mit Big Lou selbst. Also nahmen sie mit Recht an, dass ich mit Gwen, Dale oder Jack gesprochen hatte. Sie machten beide ein Gesicht, als wäre ich der größte Lügner der Welt.

Das war ich ja auch, aber es war mir egal. Ich hatte soeben meinen *bottom rocker* bekommen und wollte mir die Freude darüber nicht durch einen Schwatz mit meiner kleinen Tochter verderben. Ich wusste nicht mehr wirklich, wer ich war, und nahm es in Kauf, dass ich dem Fall zuliebe den Respekt meiner Tochter und meine Selbstachtung verlor. Eine Mischung aus Freude, Gleichgültigkeit und Hass verzehrte mich. Mein Leben war nur noch ein Echtzeitprogramm, und ich traf ausnahmslos Entscheidungen, die mich meinem einzigen Ziel näher brachten: in den Augen der Hells Angels, meiner neuen Brüder, glaubhafter zu werden.

Sie hatten mitbekommen, wie ich meine Tochter abgefertigt hatte, und ich wusste, dass ihnen das gefiel.

Als könne er Gedanken lesen, kam Bobby zu mir und nickte feierlich. Leise sagte er: »So ist es richtig, Bird. Du musst alles aufgeben – deine Familie, dein Leben, deine Frau, deinen Job, dein Geld, dein Auto, deinen Hund –, um ein verfluchter Hells Angel zu sein. Wir haben das getan, und du wirst es auch tun.« Seine Hand lag fest auf meiner Schulter.

Dann verkündete Teddy: »Jungs, wenn ihr Hells Angels seid, kann ich euch dreierlei versprechen: Gewalt, Knast und Tod.«

Hätte ich damals klarer denken können, wäre ich vielleicht in Gelächter ausgebrochen und hätte gebrüllt: »Ist das eure verdammte Verkaufsmasche?«

Aber ich nickte nur. Sie sagten die Wahrheit, und ich war bereit mitzuspielen, weil ich glaubte, dass *ich* derjenige war, der sie in den Knast schicken würde.

Gleich danach trafen Staci und JJ mit dem Essen ein. Als wir den Kies auf der Einfahrt unter den Reifen knirschen hörten, sagte Bobby: »Wehe, wenn sie das nicht sind!« Als die Vermutung sich bestätigte, fügte er hinzu: »Wenn sie Glück hat, ist sie wegen eines schlimmen Unfalls so spät gekommen.« Und als sich herausstellte, dass sie keinen Unfall gehabt hatte und außerdem sturzbetrunken war, knurrte er: »Das war's. Heute Abend kriegt sie Dresche.« Rasch ging ich hinaus zu JJ und riet ihr, im Auto zu bleiben, mir das Essen zu geben und dann gleich wieder wegzufahren. Ich wollte nicht riskieren, dass mir jemand befahl, sie zu verprügeln. Sie sagte: »Okay«, Staci stieg aus, und JJ fuhr los.

Bobby packte Staci grob am Arm. Die Packungen mit Fertiggerichten, die sie mitgebracht hatte, fielen zu Boden. Schreiend zerrte er sie in ihre Wohnung im Erdgeschoss des Clubhauses. Wir brachten das Essen hinein. Teddy befahl uns, das Gelände zu bewachen, während sie aßen und über Clubangelegenheiten sprachen. Wir gingen raus. 15 Minuten später kam Bobby aus seinem Apartment. Ich war zu weit weg, um zu erkennen, wie er aussah. Von Staci war nichts zu sehen.

Später, auf der Wiese vor dem Clubhaus, fragte mich Timmy: »War das Dale vorhin am Telefon?«

»Ja.«

»Du warst verdammt schroff.«

»Was hätte ich denn tun sollen? Mit ihr schmusen, und das kurz nach meinem Eignungstest? Wohl kaum. Du weißt doch, dass diesen Kerlen solche Grobheiten gefallen.«

»Ist mir scheißegal, was denen gefällt. Ruf sie zurück.«

»Mach ich später.«
»Das ist keine Bitte. Ruf sie an!«
Ich wusste, dass er recht hatte. Und ich wusste, dass er mir in etwa zwei Sekunden in den Arsch treten würde. Also sagte ich: »Okay, okay.«
Ich rief an.
Dale weinte immer noch. Ich entschuldigte mich und versuchte, ihr meine Lage zu erklären. Gwen nahm ihr den Hörer ab und las mir die Leviten. »Jay, rede nie wieder so mit unseren Kindern! Sie sind keine Requisiten. Hast du mich verstanden?« Ich bejahte, obwohl ich sie nicht verstand. Zum Teufel, sie hatte keine Ahnung, was ich mitmachte. Dann fragte sie mich noch einmal, ob ich sie verstanden hätte. Wieder bejahte ich. Warum sagte sie in diesem Moment nicht gleich, dass sie mich verlassen würde? Ich weiß es nicht. Ich wollte noch einmal mit Dale reden. Plötzlich kapierte ich, was ich getan hatte. Für einen Augenblick verwandelte ich mich wieder in Jay Dobyns. Ich sagte ihr, der Mann, der sie so schlecht behandelt habe, sei nicht ich gewesen, sondern ein anderer. Ich hätte es nicht so gemeint, ich hätte sie sehr lieb, und ich sei froh, dass ihr die Gitarre gefalle. Sie beruhigte sich ein wenig. Ich fragte sie, ob sie mir verzeihen könne. Sie war ein Kind – was hätte sie sagen sollen, außer »Ja«?
Ich hängte auf. Wut stieg in mir hoch, aber ich wusste nicht, wohin ich sie lenken sollte. Ich hasste die Angels, ich hasste die ATF, ich hasste Timmy, weil er mich zu der Entschuldigung gezwungen hatte, ich hasste meine Frau, ich hasste meine Familie, ich hasste mich selbst. Dann hasste ich wieder die Angels, und das Ganze wiederholte sich. Doch ich unterdrückte meinen Hass und versuchte, mich abzuregen. Ich versicherte Timmy, Dale gehe es gut. Es hörte sich überzeugend an, und er glaubte mir. Oder er tat so als ob. Schließlich entschuldigte ich mich auch bei Timmy; er sagte,

es sei schon okay, wir alle stünden unter großem Druck. Ich wollte jemandem die Schuld daran geben, dass ich so geworden war, und ging im Geist sämtliche Menschen durch, die ich kannte. Aber ich allein blieb übrig. Ich war schuld.

Die Wahrheit war, dass ich durchaus bereit war, meine Familie im Stich zu lassen, um die Gunst der Hells Angels zu erlangen. Ich glaubte – wohl naiverweise –, meine Familie werde eines Tages verstehen, dass ich die ganze Hand genommen habe, als man mir einen Finger gab, und dass dies erlaubt war und sogar von mir erwartet wurde. Damals hätte ich nicht gezögert, Dale noch einmal dasselbe anzutun. Ich erinnerte mich an Bobbys Worte: »Du musst alles aufgeben, um ein Hells Angel zu werden.« Anfangs kam mir das lächerlich vor, doch auf einmal ergaben die Worte einen grotesken Sinn. Ich fühlte mich erbärmlich. Nein, ich *war* erbärmlich.

Ich war mehr Bird als Jay Dobyns. Meine Verwandlung war fast ganz vollzogen.

Als wir zurück ins Haus gerufen wurden, wollte Bobby wissen, mit wem ich telefoniert hatte. Ich sagte ihm, ich sei dabei, ein großes Geschäft in Culiacán, Mexiko, für das Wochenende anzuleiern. Wir seien ein paar Tage weg, würden aber zur nächsten Versammlung am 6. Juni zurück sein. Bobby war einverstanden und räumte ein, dass sie ja gewusst hätten, wer wir seien, als sie uns anwarben, und dass sie uns freie Berufsausübung zugesagt hätten. Ich bedankte mich. Joby meinte, ich solle mich nach etwa 30 Handfeuerwaffen umsehen, die er dann an den Charter San Francisco weiterleiten wollte, damit die Brüder dort Straßengangs bewaffnen konnten, die mit den Angels sympathisierten. Ich versprach es ihm. Am nächsten Tag, dem 1. Juni, verließen wir Phoenix, um ein wenig zu verschnaufen.

Slats war keineswegs begeistert von unseren neuen Abzeichen, aber das interessierte mich nicht. Wenn ich bereit war, meine Familie abzuschreiben, ließen mich die Kollegen erst recht kalt, selbst wenn sie das Format von Slats hatten. Dies war eine einmalige Gelegenheit, und ich hatte schon zu lange darauf hingearbeitet. Slats konnte nichts tun, um mich aufzuhalten. Ich litt an einem Heldensyndrom: Ich war fest entschlossen, den Fall zu retten, ohne Rücksicht auf die Kosten und trotz aller Schwierigkeiten, und glaubte, der Erfolg hinge ganz allein von mir ab.

Inzwischen war die Einsatzgruppe in zwei Lager gespalten. Das eine wurde von Slats angeführt, das andere von Timmy und mir. Slats' Gruppe fand, dass die *bottom rocker* eine neue, anstrengende Phase der Ermittlungen einleiteten. Damit meinten sie monate-, vielleicht jahrelange zusätzliche Arbeit. Sie glaubten, das Tempo, das wir in den letzten paar Wochen vorgelegt hatten, werde höchstwahrscheinlich noch zunehmen. Meine Gruppe hingegen glaubte, dass wir handfestere Beweise sammeln konnten, sobald wir Mitglieder waren und dem »inneren Kreis« der Hells Angels angehörten. Wir fanden, Jobys Wunsch, 30 Waffen zu kaufen, bestätige diese Auffassung. Wenn uns ein Deal in dieser Größenordnung gelang – sogar über Grenzen von Bundesstaaten hinweg –, konnten wir das RICO-Verfahren erweitern. Ich wusste, dass dies nur die Spitze des Eisbergs war. Timmy wurde allmählich selbstbewusster, wenn er mit Slats sprach. Er setzte sich leidenschaftlich dafür ein, den Fall bis zu seinem Höhepunkt durchzustehen. Der Black-Biscuit-Topf war noch nicht übergekocht, aber er dampfte und hüpfte auf dem Herd.

Timmy und ich trafen uns am 4. im Hauptquartier mit der Einsatztruppe. Ich versicherte ihnen, sie bräuchten sich keine Sorgen zu machen – ich hätte einen Plan, der uns schnell zu Mitgliedern machen würde. Er sei riskant, und vielleicht müssten wir ihn abblasen, aber wenn alles klappe, werde er unseren Status absichern. Natürlich wollten sie wissen, worum es ging. Ich sagte, es sei noch zu früh für Einzelheiten, aber am nächsten Wochenende würde ich sie informieren – versprochen.

Nach dem Meeting ging ich hinaus zum Müllcontainer, um eine zu rauchen. Kein Mond war zu sehen, keine Wolken, nichts reflektierte die nächtlichen Lichter von Phoenix. Der Himmel sah aus wie ein endloser Teich aus Tinte über meinem Kopf. Slats schlenderte auf mich zu und spuckte einen Priem Kautabak aufs Pflaster, wo er zerplatzte. Er öffnete eine Bierdose und reichte sie mir. Eine zweite behielt er selbst. Dann fragte er mich, was ich vorhätte.

Ich trank ein paar Schlucke und sagte: »Ganz einfach, Joe. Wir werden einen Mongol umbringen.«

Zu den Waffen!

Juni 2003

SLATS GEFIEL der Plan nicht. Er gefiel ihm überhaupt nicht. Und mir gefiel es nicht, dass er ihm nicht gefiel. Ich fand, der Plan sei absolut logisch. Er wandte ein, der Plan sei zwar in den Augen der Angels logisch, aber nicht in unseren. »Wir sind die *Guten*«, erinnerte er mich und fügte hinzu, das komme nicht in Frage und er werde alles abblasen, bevor ich diesen Plan in die Tat umsetzen könne.

Ich sagte: »Verdammt noch mal. Ich werde ihn umsetzen, und zwar bald.«

Er holte tief Luft, spuckte noch einen Priem aus und zerdrückte seine Bierdose zwischen den Handflächen. Er strahlte eine unheimliche Ruhe aus, als er sagte: »Jay, Mord ist Mord. *Das ist einfach zu gefährlich*. Vielleicht stirbst du dabei, vielleicht nicht – womöglich ist es dir sogar egal. Aber diesen Typen einen Mord vorführen? Ich weiß nicht. Kann sein, dass du damit einen Bikerkrieg auslöst, und dann stehst du mittendrin.«

Er hatte recht, doch es war mir egal. Ich sagte: »Alter, dieses Risiko gehe ich ein.« Ich drückte meine Zigarette aus und ging.

Ich weiß nicht, warum Slats den Fall nicht sofort beendete – ebenso, wie ich nicht wusste, warum Gwen nicht die Scheidung einreichte, nachdem ich so grob zu Dale gewesen war. Aber er tat es nicht. Der einzige Grund, der mir heute einfällt, ist, dass er noch nicht bereit war. Er brauchte mehr Zeit für seine Haftbefehle. Wir brauchten beide mehr Zeit.

Das Wettrennen begann.

Ich sprach mit meinem alten Partner Chris. Ich sprach mit Timmy. Ich sprach mit Shawn Wood, einem Kollegen in der Einsatzgruppe, der unsere Absicht, Mitglied zu werden, sehr unterstützte. Dann sprach ich noch einmal mit Chris.

Wir zettelten eine hübsche kleine Verschwörung an.

Der Plan war einfach, und je länger ich darüber nachdachte, desto mehr war ich davon überzeugt, dass er narrensicher war. Wir würden die Hells Angels um die Erlaubnis bitten, einen Mongol umzulegen, und dann würden wir es tun, und zwar in Mexiko, wo die Angels so gut wie nichts nachprüfen konnten. Chris fragte, wie ich die Angels zu Mittätern machen wolle. Würden sie mir eine Waffe geben?

»Zum Teufel, ja«, sagte ich.

Warum war der Plan narrensicher? Weil sie nicht nein sagen konnten. Seit Laughlin waren die Angels davon besessen, Mongols zu töten, doch obwohl sie dazu in der Lage waren, zogen sie nie aus, um den Feind zu jagen. Wie Dan Danza, der aufgedrehte Angel, dem ich mich wegen seiner Härte und Aggressivität seelenverwandt fühlte, hielt ich das für grotesk.

Schließlich waren die Mongols nicht schwer zu finden. Sie versteckten sich nicht in Tora Bora wie Osama bin Laden – diese Kerle hatten ein Clubhaus wie die Hells Angels. Also beschloss ich, ihr Killer zu werden. Wenn Steve Helland, der Angel-Nomade, mich anheuern wollte, um den Mörder seines Sohnes zu töten, warum konnte ich dann nicht einen Mongol für den Club erledigen? Und mit welcher Begründung hätten sie das ablehnen sollen? Wenn sie abblockten, konnte ich fragen: »Habe ich den Auftrag ›Wenn du einen Mongol siehst, bring ihn um‹ falsch verstanden?« Wenn ich meine Pflicht tat, würde ich ihren Traum erfüllen und mein Potential ausschöpfen.

Wir wollten den Plan unbedingt durchführen, also würde

entweder Slats den Fall übereilt beenden, oder die Angels würden mich töten, weil ich meine Befugnisse überschritten hatte, oder die ATF würde mich entlassen, oder ich würde Mitglied bei den Hells Angels werden. Für die Chance, meinen besten und brutalsten Versuch zu unternehmen, um Hells Angel zu werden, hätte ich freudig jede dieser Folgen in Kauf genommen, sogar den Tod. Manchmal vor allem den Tod. Es war Juni in Arizona, und meine Bereitschaft zu sterben nahm mit der Temperatur zu. An manchen Tagen erwachte ich schon mit dem Wunsch zu sterben. Ich hätte mir niemals selbst das Leben genommen, aber ich *erwartete* den Tod. Er würde so vieles einfacher machen. Ich konnte meine Familie nicht mehr plagen, sie würde einen hübschen Scheck von der Versicherung bekommen, und der Alptraum, zu dem mein Leben geworden war, wäre vorbei. Ich wusste, dass ich nie aufgeben könnte – das mussten andere für mich tun. Konnte es also eine bessere Lösung als den Tod geben? Ohne dass mir das bewusst war, war der scherzhaft geäußerte Wunsch meines alten Partners Koz wahr geworden: Jetzt wollte *ich* an einen Stuhl gefesselt werden und mir mit einer Flinte ins Gesicht schießen lassen. Ich träumte von einem schönen Tod als Undercover-Agent mitten in meiner größten Schlacht. Ich wollte als der knallharte Typ sterben, der ich geworden war.

Verdammt noch mal. Vielleicht würde es passieren, vielleicht nicht. Ich war Polizist, aber ich war auch Hells Angel. Und alles, was mir noch übrigblieb, war, meine Pflicht zu tun.

Das Leben hält ziemlich wenig von Besessenheit. Während ich meine ganze Zeit dafür verwendete, zu planen, Informationen immer wieder durchzugehen und ein Verbrechen zu visualisieren, ging das Leben weiter. Am 6. Juni wurden wir beauftragt, bei der Beerdigung eines weiteren gefallenen Hells Angel in Dago Wache zu schieben.

Es gab Gerüchte, wonach Timmy, Pops und ich Sonny Barger im August beim World Run in Laconia, New Hampshire, schützen sollten. Das Wochenende in Dago sollte ein Testlauf dafür sein. Die großen Bosse waren im Haus: Sonny, Johnny Angel und Chuck Zito sowie fast ein Dutzend Charter-Präsidenten von der Westküste. Man hatte mir den Hintereingang zugewiesen. Zwischen dem Clubhaus und der Straße befand sich eine hohe Mauer, und ich konnte nicht sehen, was dahinter geschah. Die Mongol-Paranoia hatte auf mich abgefärbt. Ich rechnete die ganze Zeit damit, dass eine Rohrbombe über die Mauer flog und mich und die Rückseite des Gebäudes ins Jenseits beförderte.

Aber nichts geschah. Mein Hauptgegner war die Langeweile. Erst als ich etwa acht Stunden lang herumgestanden hatte, erlebte ich eine kleine Überraschung: Wie aus dem Nichts erschien Sonny Barger auf der Veranda. Er hatte einen Teller mit Essen und zwei Flaschen Bier bei sich, stellte den Teller auf einen faltbaren Kartentisch und steckte sein Sprechgerät an die Luftröhrenöffnung.

Seine Stimme summte: »Heiß hier draußen, nicht?«

»Stimmt, Sir.«

»Du darfst mich Sonny nennen, Bird.«

»Nichts für ungut, Sir, aber solange ich mir meine Sporen nicht verdient habe, nenne ich Sie ›Sir‹.«

Er lächelte und sagte: »Ich hab dir etwas zum Essen mitgebracht, falls du Hunger hast. Du kannst eine Pause machen. Ich passe für dich auf, während du isst.«

Nein. Nichts auf der Welt hätte mich dazu bringen können, Sonny Barger für mich einspringen zu lassen.

»Ich bin in Ordnung, Sir. Hab eben einen Schokoriegel vertilgt.«

»Wie wär's dann mit einem Bier?«

Das war leicht zu durchschauen – jetzt war ich davon überzeugt, dass er mich nur auf die Probe stellte.

»Vielen Dank, aber das geht nicht, während ich im Dienst bin. Mein Bürge würde mich in der Pfanne rösten, wenn er es herausfände.«

»Wie du willst!« Er nahm einen gerösteten Hähnchenschlegel vom Teller und biss hinein. Dann trank er eine halbe Flasche Bier und vermittelte bewusst den Eindruck, erfrischt zu sein. Seine elektronische Stimme sagte, er höre immer noch viel Gutes über mich und wir seien auf dem richtigen Weg. Er freue sich darüber, dass wir uns für den Übertritt entschieden und diesen schäbigen Club hinter uns gelassen hätten. Ich versicherte ihm, dass ich ebenfalls froh darüber sei. Dann beendete er schweigend seine Mahlzeit und trank sein Bier aus.

Er ging so plötzlich, wie er gekommen war: Er hob den Teller auf und sagte: »Bis später, Bird« – ohne den Sprechapparat. Es hörte sich an wie ein Flüstern in Sturmstärke. Er war ein starker alter Mann.

Die volle eiskalte Bierflasche ließ er auf dem Tisch stehen. Ich wagte es nicht, sie anzurühren. War das wirklich ein Test? Ich war mir nicht sicher. Ich wusste, dass Sonny echte Zuneigung für seine Leute empfand. Vielleicht sogar für mich.

Am 12. Juni rief mich Joby mit Panik in der Stimme an. Er sagte, wir müssten uns so schnell wie möglich auf dem Wal-Mart-Parkplatz in Prescott treffen.

Als wir dort ankamen, fragte ich ihn, was los sei.

»Wir haben einen Auftrag.«

»Was meinst du damit?«

»Teddy schickt uns heute Abend nach Vegas.«

Pops sagte: »Noch mehr Wache schieben, was?«

»Das ist kein verdammtes Wacheschieben, Jungs. Sonst würde ich nicht mitgehen, oder?« Ich zuckte mit den Schultern. Joby sagte: »Hört zu, wir fahren hin, um unsere Brüder zu unterstützen. Ruf Timmy an, und sag ihm, er soll alle eure Waffen in den Jeep laden und euch am Clubhaus treffen. Pops, du bleibst bei mir. Bird, du holst Bobby und Timmy, und dann treffen wir uns alle zum Mittagessen. Dort erfahrt ihr, worum es geht.«

Ich rief Timmy an und verabredete mich mit ihm am Clubhaus. Ich sagte, wir seien zu einer BDWM-Party eingeladen. »BDWM?«, fragte er.

»Bring deine Waffe mit«, erklärte ich.

Er war begeistert. »Das wurde auch Zeit. Bis nachher.«

Dann fuhr ich zum Clubhaus und brach dabei eine von Teddys Regeln: als Hells Angel nie allein zu fahren. Timmy war schon da. Er blieb beim Jeep, während ich zu Bobby ging, der in seiner Wohnung war. Ich wartete am Eingang auf ihn. Er kam aus dem Schlafzimmer, steckte eine .38er Bersa in die Tasche und rief Staci zu, er habe für sie eine .22er auf die Küchentheke gelegt.

Bei billigem mexikanischen Essen erfuhren wir, wie unser Auftrag lautete. Kaum hatten sie begonnen, die Einzelheiten zu schildern, dachte ich nur noch an einen Menschen: Slats.

An diesem Abend fanden in Vegas Bündnisgespräche statt, und die Bandidos, eine rivalisierende Gang, die viel stärker war als die Mongols, hatten angekündigt, sie zu sprengen. Das konnten die Vegas-Angels natürlich nicht zulassen, also riefen sie ihre Kavallerie. Bobby und Joby klagten, dass sich wahrscheinlich nicht genug Brüder melden würden, meinten damit aber nicht uns. Skull Valley und ein paar Leute aus Mesa würden da sein. Bobby hatte man befohlen daheimzubleiben. Rudy wurde gar nicht erst gefragt. Übrig blieben Pops, Timmy, Joby und ich, und wir waren bis an die Zähne bewaffnet.

Bobby: »Teddy gibt dir seine abgesägte Knarre.«

Joby: »Gut. Ich will das Ding mit der weiten Streuung.«

Bobby: »Am liebsten würde ich mitgehen. Ich war schon oft bei solchen Sachen dabei – und ich war gut.«

Joby: »Teddy weiß, was er macht. Er kann nicht alle losschicken. Sonst ist niemand mehr da, um diese Region zu schützen. Dann werden sie versuchen, sich zu rächen, und bald sehen wir diese Hundesöhne auch in Arizona. Wir müssen auch hier stark bleiben.«

Bobby: »Weiß ich, aber ich würde trotzdem gerne mitgehen.«

Joby: »Wahrscheinlich sterben wir alle.«

Bobby: »Oder ihr kommt in den Knast.«

Joby: »Lieber sterbe ich.« Er wandte sich an uns. »Aber er hat recht, wisst ihr. Rechnet damit, dass ihr heute Abend schießen und töten müsst. Rechnet damit, dass ihr in den Knast kommt, das Land verlassen müsst oder umkommt.«

»Na toll«, dachte ich, »wir müssen für diese Kerle töten, bevor wir die Chance haben, es nach unseren Vorstellungen zu tun.«

Schließlich beendeten wir unsere Mahlzeit und fuhren zum Clubhaus zurück. Ich musste mich abseilen, um Slats anzurufen, aber die Jungs waren total überdreht, und ich konnte mich nicht einmal für eine Sekunde wegschleichen.

Teddy und Bobby schauten zu, als Joby das Gewehr, eine Kiste Patronen, einen Totschläger, einen Axtgriff und drei oder vier Messer in den Jeep lud. Teddy sah verstört aus. Er winkte uns heran, und wir versammelten uns um ihn.

Während er sprach, starrte er zu Boden. »Ich bin nicht froh darüber, aber wir haben keine Wahl. Ich bin stolz auf euch, und ich bin stolz auf die Hells Angels. Ihr seid für sie da, und sie sind für euch da. Tut, was ihr tun müsst. Aber ich will, dass ihr alle lebendig zurückkommt.« Er umarmte jeden von uns fest.

Auch Bobby umarmte uns. Danach hielt er mich an den Schultern und sagte: »Denk dran, Bird – ein Hells Angel hat vielleicht nicht immer recht, aber er ist immer dein Bruder.«

Und Teddy fügte hinzu: »Was mir gehört, das gehört zur Hälfte euch. Vergesst auch das nicht.«

Ihre Worte ergaben Sinn. Obwohl ich geschworen hatte, gegen Leute wie sie zu kämpfen, teilte ich einige ihrer Überzeugungen. Ich wusste, dass jeder von ihnen und viele andere in Arizona ohne Zögern eine Kugel für mich abfangen würden. In diesem Augenblick glaubte ich an einige Grundsätze der Hells Angels. Ich war wirklich bewegt.

Wir fuhren los. Ich saß am Steuer. Timmy und Pops saßen hinten im Jeep, während Joby neben mir hektisch mit den Mesa-Angels Ghost und Trigger telefonierte. Er wollte die Lage in den Griff bekommen, und es hörte sich an, als gelinge es ihm. Ich rauchte eine Zigarette nach der anderen und unterbrach kein einziges Mal, um die frische Wüstenluft einzuatmen. Ich achtete auf die Straße, dachte aber nur an Slats. Dann warf ich einen Blick auf die Benzinuhr. Der Tank war nur noch zu einem Viertel gefüllt. Kurz vor Kingman bog ich ab, um zu tanken. Wir stiegen aus und streckten uns. Pops tankte, ich ging in die Toilette.

Sobald ich außer Sichtweite war, klappte ich mein Handy auf. Es klingelte am anderen Ende. Slats meldete sich.

»Hier ist Bird. Hör zu, es wird heiß. Wir fahren nach Vegas, um bei irgendwelchen Bündnisverhandlungen gegen Bandidos zu kämpfen – *heute Abend*. Wir haben ein enormes Arsenal im Wagen, und man hat uns klipp und klar gesagt, dass wir es anwenden müssen. Du musst Gayland anrufen, damit er uns unterstützt.«

Er fragte, warum ich nicht früher angerufen hätte, und ich erklärte, ich sei den ganzen Tag mit Angels zusammen gewesen und hätte keine freie Minute gehabt. Dann musste ich schon wieder gehen, aber ich bat Slats noch, mich nach seinem Gespräch mit Gayland zurückzurufen und zu informieren. Ich würde so tun, als spräche ich mit Dale. Er war einverstanden.

15 Minuten später klingelte mein Telefon. Wir durchquerten gerade Golden Valley in Richtung Bullhead. Von dort würden wir über Laughlin nach Nevada fahren, weil Joby nicht riskieren wollte, dass der Jeep auf dem Hoover-Damm durchsucht wurde. Slats war am Apparat. Er sagte, er sei unterwegs nach Vegas, aber wir hätten einen ziemlich großen Vorsprung. Gayland kümmere sich um alles – im Umkreis von 30 Kilometern um den Veranstaltungsort werde kein Bandido zu sehen sein. Gayland kenne den Ort, also bräuchten wir uns keine Sorgen zu machen. Wir sollten einfach hinfahren und tun, was man von uns erwarte.

Auf dem Parkplatz vor der Hütte wimmelte es von Motorrädern und Angels, als wir ankamen. Joby scharte mich, Timmy, Pops, Ghost, Trigger, Sockem und ein Vegas-Mitglied namens Phil Daskalos um sich und hielt eine Ansprache: »Also, wenn die Bandidos auftauchen, greifen wir sie aus dem Hinterhalt an. Keiner von ihnen darf von seiner Maschine steigen. Tut, was ihr tun müsst, kapiert? Lasst sie nicht absteigen.« Er machte eine Pause und strich mit der Hand durch sein graues Haar, das vorne kurz und hinten lang war. Dann schaute er jedem von uns in die Augen. »Passt auf. Wenn ihr nicht den Mumm dazu habt, dann geht jetzt nach Hause, und kommt in ein paar Jahren wieder, falls ihr dann Eier habt. Wenn ihr es euch zutraut, dann könnt ihr Helden und Legenden werden. Wir lassen einander nicht im Stich. Wir sind Hells Angels.« Ich hätte mich nicht gewundert, wenn er die Hand in die Mitte unseres Kreises gestreckt hätte und wir »Acht eins, acht eins, acht eins!« geschrien hätten.

Wir trennten uns und nahmen unsere Positionen ein. Joby schickte Pops und Phil über die Straße. Timmy und mich nahm er mit zu einer Ecke des Grundstücks, die an der Straßenseite lag. Trigger, Ghost und Sockem bezogen auf der anderen Seite Stellung.

Wir warteten, und ich rauchte, als drohe Philip Morris die Pleite. Wir warteten länger. Um Viertel nach acht war das Meeting zu Ende. Die Männer stiegen auf ihre Motorräder, und eine Hells-Angels-Karawane verließ den Ort. Es war vorbei. Die Bandidos waren nicht gekommen. Gayland hatte uns wieder einmal einen Gefallen getan.

Die Gruppe der Möchtegernkämpfer traf sich gegen halb neun an einer Tankstelle. Wir schüttelten uns die Hände, froh, weil wir es überstanden hatten, und noch froher, weil es keine Schießerei gegeben hatte. Joby sagte, so etwas komme vor, und es sei besser, vorbereitet zu sein, als überrascht zu werden oder Schlimmeres. Pops stellte mich Phil vor. Sie hatten sich über Waffen unterhalten, während sie warteten. Phil wollte unbedingt mit mir reden. Er sagte, er sei der »Waffenmeister der Hells Angels an der Westküste« und habe Waffen aller Art: Handgranaten, Plastiksprengstoff, ferngesteuerte Bomben und Schalldämpfer. Ich gab Phil meine Karte und bat ihn, mich anzurufen.

Dann fuhren wir nach Skull Valley zurück.

Im Jeep versicherte Joby immer wieder, wie stolz er auf uns sei. Wir setzten ihn vor dem Haus seiner Freundin in Kingman ab, umarmten einander und verabschiedeten uns bis zum nächsten Tag.

Als wir wieder in den Jeep stiegen, rief ich Slats an. Er fragte, ob ich mit Gayland sprechen wolle, und ich bejahte.

Gayland fragte: »Wie war's in Vegas?«

»Fantastisch. Ich hab beim Würfeln gewonnen und zwölf kostenlose Lap-dances bekommen. Was ist mit unseren Freunden passiert?«

Einige haben wir festgenommen. Im Knast findet heute eine Bandido-Pyjamaparty statt. Morgen früh lassen wir sie wieder gehen. Ansonsten ist es hier ziemlich ruhig. Ich glaube, Slats will mich zum Essen ausführen. Er macht mir schon den ganzen Abend schöne Augen.«

Ich lachte, bedankte mich und bat ihn, auch Slats zu danken. »Du hast unseren Arsch gerettet. Schon wieder.«

Slats hätte nach diesem Vorfall alles hinschmeißen können. Die Angels schreckten offenkundig nicht davor zurück, uns in gefährliche Situationen zu bringen, und da sie reichlich Gelegenheit dazu hatten, war es nur eine Frage der Zeit, bis etwas Schlimmes geschehen würde, denn wir konnten die Ereignisse ja nicht steuern.

Aber Slats gab uns noch etwas mehr Zeit.

Ich fasste das als Ermutigung auf, meinen Plan in die Tat umzusetzen. Slats hatte uns nach Vegas fahren lassen, und das bedeutete, dass er bereit war, auch bei potentiell gefährlichen Unternehmen mitzuspielen, egal, was er dazu sagte. In gewisser Weise fühlte ich mich bestätigt.

Die Angels in Skull Valley waren ebenfalls zufrieden. Als wir in dieser Nacht am Clubhaus vorfuhren, warteten Teddy und Bobby wie nervöse Eltern auf uns. Sie umarmten uns heftig. Teddy versuchte zu lächeln, aber er war außer Übung. Er wiederholte, dass er uns nicht gerne habe gehen lassen, aber dass wir als Hells Angels Geister jagen müssten. Dann schickte er uns nach Hause, damit wir uns ausruhten.

Nach dieser Nacht wurden die Jungs in Skull Valley etwas lockerer. Sie kommandierten uns zwar immer noch herum, ließen es sich aber deutlicher anmerken, dass sie uns nur auf den Arm nahmen. Teddy erläuterte fünf Minuten lang, wie er sein Brathähnchen haben wolle: traditionell, nicht zerkocht, Originalrezept, nicht den extra knusprigen Dreck. Und er gab uns ein wenig zusätzliches Geld dafür, dass wir es besorgten. Sie begannen, uns zu respektieren und zu mögen.

Eines Abends langweilte ich mich und kritzelte auf einigen Papiertellern herum. Ich zeichnete Strichmännchen von den Jungs und schrieb ihre Namen darunter. Kleine Sprechblasen über den Köpfen verkündeten »Ich liebe Bird« (Bobby) oder »Geh zu McDonald's« (Teddy). Dabei war ich so in meine Arbeit vertieft, dass ich Teddy nicht bemerkte, der plötzlich hinter mir stand und meine schlechten Karikaturen anstarrte. Als ich das Zischen seiner Röhren hörte, war es schon zu spät.

»Was zum Teufel ist das?«

Ich erwartete eine Predigt à la »Du hältst das wohl für einen Spaß, für ein verdammtes Spiel?«. Ich atmete wie ein schuldbewusster Schuljunge aus und sagte: »Kunst.«

Er gab ein angestrengtes Geräusch von sich, das einem leisen Husten ähnelte, aber nicht wie sein Emphysemröcheln klang. Es wurde etwas lauter. Er lachte. Ich hatte ihn noch nie lachen gehört, und ich glaube, keiner im Raum hatte ihn je lachen gehört. Er nahm mir die Zeichnungen aus der Hand und hielt sie hoch, damit jeder sie sehen konnte. Die anderen lachten auch, und wir stimmten alle ein. Rudy öffnete Bierflaschen und verteilte sie. Timmy begann, dumme Witze zu erzählen, und Teddy heftete mein Kunstwerk mit Reißnägeln an die Wand. Wir alle fühlten uns wohl, wir alle fühlten uns wie menschliche Wesen. Mir wurde klar, dass diese Männer nicht nur böse waren – und dass ich nicht nur gut war.

In der Woche nach Vegas waren wir an allen Fronten beschäftigt. Wir fuhren zu zwei Treffen, schüchterten mit Joby den Americans Motorcycle Club ein, bestellten eine Menge Waffen und Sprengstoff bei Phil in Vegas und kauften ein Browning-Gewehr mit Zielfernrohr von Joby sowie einige Drogen und eine Pistole von Rudy. Wir fuhren kreuz und quer durch Arizona, von Mesa nach Skull Valley, Bullhead und Tucson und wieder zurück. In Bullhead bemühte sich Smitty immer noch, einen Mohave-Valley-Charter aufzubauen, aber er sagte auch, er habe uns immer im Auge behalten, und wir würden bald »Rockstars« sein.

Verdammt richtig.

Während wir unterwegs waren, überlegte ich unablässig,

wie wir den Mongol-Mord inszenieren sollten. Shawn Wood, der Kollege, der den Plan am stärksten befürwortete, war für den Zeitablauf und die Örtlichkeiten zuständig. Er spähte Plätze aus und lief viel herum. Ich erklärte ihm, dass ich die Saat am 21. in Williams, Arizona, legen wolle; dort würden wir bei einem Bikertreffen Anwärterpflichten erfüllen. Er sagte: »Gut, ziehen wir's durch.«

DER RUN IN Williams war ein Heimspiel. Wir hatten als Anwärter zwar wieder bestimmte Aufgaben zu erledigen, aber diesmal waren sie ganz erträglich. JJ und Pops verkauften T-Shirts an einem Stand, und ich schlenderte mit Bobby herum und spielte seinen Bodyguard.

Dabei stießen wir auf eine Gruppe von Bikern, die sich Wildschweine nannten. Einer von ihnen kam auf uns zu und streckte Bobby die Hand entgegen. Er hatte ein dämliches Grinsen aufgesetzt. »He, schön, dich zu sehen«, sagte er.

Bobby schob seine Sonnenbrille hoch und sah ihn grimmig an, ohne ihm die Hand zu reichen. »Verpiss dich.«

»He, ich –«

»Hörst du schlecht? Verpiss dich. Kannst du diesen Schwanzlutschern glauben, Bird?« – »Nein, kann ich nicht«, sagte ich. Das war nicht gelogen. Die Wildschweine waren Cops, Männer mit Dienstmarken, die an Wochenenden wie ein Einprozenter-Club herumstolzierten. Ich teilte Bobbys Meinung: Sie waren eine verdammte Geschmacksverirrung.

Der Typ zog die Hand zurück und wollte sich umdrehen, als Bobby sagte: »Warte, ich muss dir was sagen. Du kannst nicht beides haben, Arschloch. Du kannst nicht so tun, als würdest du aussehen wie wir und dich benehmen wie wir, und dann, wenn es heiß wird, deine Dienstmarke und deine Kanone zücken und uns an den Straßenrand setzen. Also verpiss dich. Mach Platz.« Er wandte sich angewidert ab und zeigte dem Wildschwein den Stinkefinger. Ich folgte seinem Beispiel. Bobby hatte absolut recht. Undercover zu arbeiten ist das eine, aber es ist etwas anderes, unter zwei Flaggen zu segeln.

Wir gingen zurück zu unserem Sektor – Skull Valley und eine Menge Nomaden waren da – und hingen herum. Nachdem wir sicher im Territorium der Hells Angels angekommen waren, konnte ich Bobby allein lassen. Er unterhielt sich mit Joby.

Ich hatte beschlossen, dass Joby der maßgebliche Angel für den Mord sein sollte. Hätte ich Teddy oder Bobby gefragt, hätten sie wochenlang darüber nachdenken wollen. So viel Zeit hatte ich nicht. Joby hingegen glich einem alten Stück Leder. Er war ein zäher Bursche, der nicht zweimal überlegen würde, ob er der Ermordung eines Rivalen zustimmen sollte. Ich wusste, dass ich auf ihn zählen konnte.

Als ich zu ihm ging, unterhielt er sich gerade mit JJ und Pops. Ich zog ihn beiseite und sagte, etwas nage schon einige Zeit an mir. Ich hätte etwas von einem Mongol in Mexiko gehört, der ungestraft lästere. Ich wolle etwas dagegen unternehmen und bräuchte seinen Rat. Er fragte nach Einzelheiten – Name, Charter, Ort. Ich sagte, ich könne den Kerl vermutlich aufspüren, aber bisher hätte ich nur erfahren, dass er ein Vollidiot sei, der sich über uns und Laughlin lustig mache, und das an einem Ort, wo niemand ihm das Maul stopfen könne, denn dort unten habe er freie Bahn. Joby verdrehte die Augen und knirschte mit den Zähnen.

»Es war richtig, dass du zu mir gekommen bist. Finde mehr heraus. Wir werden einen Trupp zusammenstellen und diesen Dreckskerl in der Pfeife rauchen.«

»Okay«, sagte ich. »Genau das habe ich mir gedacht.«

Danach ließ ich Joby ein paar Tage schmoren. Am 23. fuhr ich nach Phoenix und hing mit Danza herum. Ich sagte ihm, ich würde bald auf die Jagd gehen. »Verdammt, Mann«, sagte er, »ich wünschte, ich könnte mitgehen. Die

Hälfte dieser Jungs haben nicht den Mumm zu tun, was du tust – nein, weniger als die Hälfte. Sie wollen Buchhalter und alte Männer sein. Sonny will zum Beispiel jeden Abend ein Glas warme Milch haben, ehe er sich um halb elf in die Falle haut. Ich frage mich oft, warum ich diesem Scheißverein beigetreten bin, Bird. Wir sind die Hells Angels, wir sollten jeden Tag Partys feiern, mit nackten Miezen und Drogen überall. Kein verdammter Kinderkram, verstehst du?«

Mir war klar, warum er im Knast gewesen war. Wir hatten schon viele Beweise gesammelt, aber wenn die Angels nicht so vorsichtig gewesen wären, hätten wir noch sehr viel mehr und bessere Beweise gehabt.

»Es wäre schön, wenn du mitkommen könntest«, sagte ich zu Danza, »aber mit Timmy und Pops bin ich gut aufgestellt.«

»Trotzdem«, sagte er, »würde ich gerne zusehen, wie du diese Schlampe erledigst. Am besten stichst du ihn in den Kopf.« Er machte eine gedankenvolle Pause. »Aber vergiss nicht, ihn in den Arsch zu ficken, kurz bevor du ihn abmurkst. Zeig ihm, was du bist.«

Ich versprach ihm, der Kerl werde genau wissen, wer ihn umlege. Danza wünschte mir viel Glück, und als wir uns verabschiedeten, umarmte er mich. Er nannte mich seinen verdammten, richtigen Bruder. Wieder war ich auf perverse Weise bewegt. Wahrscheinlich würde Danza dank meines Einsatzes erneut in den Knast kommen, und die Gesellschaft würde zweifellos davon profitieren. Aber ein kleiner Teil von mir wollte ihn verschonen. Ich wusste, dass ich Danza unter anderen Bedingungen – etwa im Schützengraben oder beim Absprung mit dem Fallschirm über feindlichem Territorium – gerne an meiner Seite haben würde.

Am 24. rief ich Joby in Skull Valley an, um mich zu vergewissern, dass Teddy und Bobby nicht da waren. Er sagte: »Die Jungs sind im Pines, und ich halte hier die Stellung.«

»Wenn es dir recht ist, komme ich rüber, und wir reden über den Kerl, den ich neulich erwähnt habe.«

Er fauchte: »Klar, das machen wir. Komm her.«

Das Haus war leer. Joby faulenzte in einem hölzernen Bürosessel, die Fersen seiner Cowboystiefel lagen auf einem Hocker. Er spielte mit einem Messer und stieß damit in die Lehne. Als er sprach, klang seine Stimme ungewöhnlich begierig und angespannt, als habe er einen Monat in der Wüste verbracht und seither keine nackte Frau mehr gesehen. Er sagte: »Bird.«

»Joby, ich hab Neuigkeiten.«

»Raus damit.« Er stellte die Füße auf den Boden und steckte das Messer mit einem metallischen Geräusch in die Scheide.

»Pops ist vor zwei Tagen runtergefahren. Er bleibt ihm auf der Spur, bis wir dort sind.«

»Gut. Sag ihm, er soll warten.«

»Klar. Können wir's tun?«

»Sicher.«

»Wir können diesen Hundesohn erledigen?«

»Ja, verdammt. Die Jungs wissen Bescheid, und sie sind voll dabei.«

»Gut. Joby, ich möchte eines klarstellen. Wenn wir diese Sache schaukeln und es beweisen, möchten wir unsere Abzeichen haben.«

»Bird, du bist mein Bruder. Es ist mir scheißegal, ob du Anwärter bist. Du bist ganz und gar mein Bruder. Mach dir keine Sorgen. Ich werde tun, was ich kann, damit du dein Abzeichen bald kriegst.«

»Schön. Aber da ist noch etwas.«

»Was?«

»Hast du eine unmarkierte Knarre? Eine, die nicht registriert ist?«

Er stützte das Kinn auf die Hand und rieb es. Das war

kühn. Gerade eben hatte ich ihn dazu gebracht, einem Mord zuzustimmen, und jetzt fragte ich – ein verdammter Waffenhändler – ihn, ob er eine Wegwerfknarre habe. Eklige, ätzende Essensreste quollen mir aus der Speiseröhre, und ich zündete eine Zigarette an, um sie herunterzuwürgen.

Nach einer Weile sagte er: »Weiß nicht. Aber ich glaube schon. Warte mal.«

Er verschwand in einem Nebenzimmer. Ich öffnete eines meiner Halfter und zog die Pistole einen Zentimeter heraus, für alle Fälle. Inzwischen war es üblich, dass niemand mich deckte. Slats hätte mich ohnehin nicht unterstützt, nicht bei dem, was ich vorhatte. Wenn Joby zurückkam und mich abknallte, würde es tagelang keiner erfahren.

Doch Joby tauchte wieder aus dem Zimmer auf und prüfte, ob die kleine taubengraue Pistole in seiner Hand funktionierte. »Die sollte genügen«, sagte er, »aber du musst nah rangehen.«

»Keine Sorge. Genau das habe ich vor.«

»Sie hat eine Nummer, aber keine Papiere. Erledige den Job, und bring sie zurück, damit wir sie loswerden können.«

Er reichte mir die Pistole, ich prüfte, ob sie gesichert war, und steckte sie in meine Gesäßtasche. Dann sagte ich: »Ich muss gehen. Aber wir bleiben in Kontakt. In ein paar Tagen bin ich zurück.«

Er packte mich an den Schultern, umarmte mich fest und klopfte mir kräftig auf den Rücken. Dann schob er mich zurück, schaute mir in die Augen und sagte: »Ich will, dass ihr zurückkommt. Ihr alle.«

»Keine Sorge, Bruder. Wir kommen zurück.«

37 ...

25. Juni 2003

WIR FUHREN in die Wüste und taten unsere Pflicht.

38 Hass und Geld

26. und 27. Juni 2003

ICH SASS in unserem Wohnwagen und rauchte pausenlos. Timmy stand an der Tür und atmete ruhig. Es ist mir heute noch schleierhaft, wie er es geschafft hat, in all diesen stressigen Monaten ruhig zu bleiben.

Pops war nicht mehr bei uns. Wir hatten die Sache erledigt und die Jungs um ein Treffen gebeten. JJ hatte Bobby mehrere Male angerufen und so getan, als wäre sie außer sich und ratlos. Wir hatten ihnen mitgeteilt, dass wir unsere Pflicht getan hätten und dass Pops gefallen sei. Er würde nicht zurückkommen. Sie waren nicht begeistert.

Immer wieder redete ich mir ein: »Es wird klappen, es wird klappen, es wird klappen.« In diesen angespannten Momenten des Wartens wuchs in mir die Überzeugung, dass ich zu weit gegangen war – wie vor vielen Jahren im College, als ich versucht hatte, einen unerreichbaren Ball zu erreichen, und in einem Kaktusfeld gelandet war. Ich hatte Angst vor unabsehbaren Folgen und war mir zugleich sicher, dass ich am Ziel angelangt war: Ich würde ein Hells Angel werden. Es war ein seltsames und schreckliches Epos.

Also warteten wir. Die Zeit wurde zur Eiszeit. Sie schien nicht mehr zu vergehen.

Ich befummelte eine meiner Pistolen. »Ja, sie werden mich umbringen«, dachte ich. »Ich bin schon tot.« Ich dachte daran, wann ich mich zuletzt so gefühlt hatte: Als Bad Bob mich in die Ecke der Veranda hinter einem Restaurant gezogen hatte. Jetzt aber war es endgültig so weit. Alles war zu

Ende. Ich hatte Slats bis an die Ziellinie getrieben, ich hatte die Ware verkauft, ehe er den Laden dichtmachen konnte. Aber vielleicht spielte das gar keine Rolle mehr. Ich wusste nicht, wie die Angels von Skull Valley reagieren würden. Wenn Teddy und Bobby sahen, was wir für sie getan hatten, würde ihnen vielleicht bewusst werden, dass sie Komplizen eines Mordes geworden waren, den sie weder wollten noch brauchten. Würden sie denken, sie hätten uns zu viel Freiheit eingeräumt und müssten uns jetzt an einer kürzeren Leine führen? Oder würden sie uns auf der Stelle zu Mitgliedern machen? Das waren die zwei einzigen Möglichkeiten. Sie konnten uns nicht länger zappeln lassen, das würde ich nicht zulassen.

Mein Telefon klingelte. Ich stellte den Klingelton ab. Gwen hatte mir an diesem Tag schon mehrere Nachrichten hinterlassen, aber ich wollte sie nicht anrufen. Ich holte tief Luft, drückte eine Zigarette aus, von der nur noch der Filter übrig war, und zündete eine neue an. Ich beschloss, mein Schicksal anzunehmen. In dieser Nacht würde Jay Dobyns sterben – wenn nicht buchstäblich, dann zumindest im übertragenen Sinne. Wenn ich ein Hells Angel wurde, und sei es nur die Undercover-Version eines Hells Angel, war mein Leben als Jay Dobyns zu Ende. Meine Ehe würde definitiv scheitern, und meine Kinder, die ich vor einem Jahr mehr als alles andere geliebt hatte, würden ihren Vater noch seltener sehen, weil er immer tiefer in die Welt der Biker eintauchen würde. Als ich im Wohnwagen saß und auf Teddy und die Jungs wartete, war Black Biscuit mein einziger Erfolgsmaßstab. Ich war bereit, alles andere zu verlieren.

Mehrmals entriegelte ich den Verschluss einer meiner Pistolen und ließ ihn wieder einrasten. Klick, klick. Noch einmal. Klick, klick. Und noch einmal.

Timmy fragte: »Erinnerst du dich an die Szene in *Die Unbestechlichen*, wo sie auf einer kanadischen Brücke darauf warten, Capones Männer aus dem Hinterhalt anzugreifen, und Connery zu Garcia sagt: ›Du hast deine Waffe überprüft. Jetzt lass sie in Ruhe.‹?«

»Klar.«

»Gut, du hast deine Waffe überprüft, Jay.«

»In Ordnung.« Ich legte die Pistole hin, griff in eine Tasche und zog einen meiner Jacksteine heraus. Timmy beobachtete mich immer noch. Er fragte, ob ich in letzter Zeit mit Jack gesprochen hätte.

»Nein.«

Timmy sagte: »Hmmm. Meinen Kindern geht es gut.«

»Schön. Tut mir leid, dass ich nie frage.«

»Schon gut. Wir waren ja ziemlich beschäftigt.«

»Kann man wohl sagen.«

Ich betrachtete den Stein und drehte ihn in der Hand. »Komisch. Vor Monaten hat Jack etwas gesagt, was ich erst jetzt verstehe. Es war im Februar oder März, bevor wir uns richtig mit den Angels eingelassen haben.« Ich machte eine Pause, um noch eine Zigarette anzuzünden. »Egal. Ich ging aus dem Haus, und Jack rannte mir nach und gab mir noch einen Stein. Damals hatte ich schon Hunderte, darum dachte ich kaum darüber nach. Er wollte mit mir reden, mich nicht gehen lassen. Ich sagte, ich hätte keine Zeit. Also gab er mir den Stein, und ich sagte danke. Dann fragte er, ob ich wisse, warum er mir den Stein gebe, und ich sagte, weil er zeigen wolle, wie sehr er mich liebe, oder etwas Ähnliches. Er schüttelte den Kopf und sagte: ›Nein, Papa, nicht deswegen. Ich hab sie dir gegeben, damit sie dich beschützen.‹ Ich sagte: ›Aha, es sind also Glücksbringer.‹ Wieder schüttelte er den Kopf und sagte: ›Nein. Aber wenn du mal in Gefahr bist oder Angst hast, kannst du einen anfassen. Dann weißt du, dass ich bei dir bin.‹«

»Unglaublich.«

»Ja, das hat er gesagt. Ich war damals zu zerstreut, um es

wirklich zu kapieren. Ich unterstellte einfach, dass die Steine Glücksbringer sein sollten. Das war einfacher. Aber jetzt, wo wir auf diese Leute warten, wird mir endlich klar, was er meinte. Er wollte mich stärker machen, sogar mein Leben retten – nicht die Steine, sondern er.«

»Du vermisst ihn, was?«

Ich dachte eine Sekunde nach, dann sah ich Timmy an und sagte, seinen richtigen Namen benutzend: »Billy, ich weiß es nicht mehr.« Ich hätte weinen sollen, aber ich war ausgetrocknet. Es war zu viel für mich.

Dann legte ich den Stein weg. Ich steckte meinen achtjährigen Sohn, der reif genug war, auf eine solche Idee zu kommen, in meine Tasche zurück. Ich hasste mich selbst dafür, dass ich ihn dazu gebracht hatte, auf solche Gedanken zu kommen.

Ich war Bird, und Hass war Teil meiner Identität.

Nun entriegelte ich den Verschluss meiner Pistole und schob eine Patrone ins Magazin. Wenn es hart auf hart kam, wollte ich bereit sein. Ich verriegelte den Verschluss. Jetzt wollte ich nicht mehr daran denken.

Ich war Bird, und Bird war immer bereit.

Timmy sagte: »Hör mal, wir schaffen das schon.«

»Vielleicht, aber diese Leute schulden uns gar nichts. Wenn sie sehen, was wir ihnen zeigen werden, drehen sie womöglich durch.«

Timmy ging zum Tisch, legte die Hände darauf, bückte sich und sagte: »Bestimmt nicht, Jay. Ich hab's schon gesagt – es wird keinerlei Ärger geben.«

»Ja, das hast du. Aber jetzt wiederhol es bitte nicht noch einmal.«

Er kicherte. »Keine Sorge.«

»Im Ernst – was ist, wenn Teddy die Nerven verliert?«

Timmy lehnte sich zurück. »Vergiss Teddy. Du und ich sind zehnmal bessere Hells Angels als er, und das weiß er.

Pops ebenfalls. Mann, ich habe Teddy noch nicht einmal auf einem Motorrad gesehen!«

Das stimmte. Ich nahm einen tiefen Zug und sagte: »Okay. Trotzdem, pass heut Abend auf. Lass niemanden hinter dir stehen.«

Er nickte, streckte sich und klopfte sich auf die Brust, wo seine Pistole steckte.

Wir warteten weiter.

Mein Handy vibrierte und erinnerte mich an meine Nachrichten. Ich beschloss, sie abzuhören.

Ich bin's, Gwen, deine Frau. Hör mal, der Rasensprenger ist kaputt. Du musst ihn reparieren oder reparieren lassen. Ich hab mit den Kindern alle Hände voll zu tun. Ruf mich bald an. Tja, das war's, glaube ich. Wir vermissen dich. Vor allem Jack. Tschüs.«

Piep.

Ich bin's noch mal, Gwen. Jack hat sich gestern in der Schule geprügelt, und weil du sein Vater bist, dachte ich, du solltest das wissen. Kannst du uns bitte anrufen?«

Piep.

Ich bin's. Lebst du noch? Ich weiß, das ist für die meisten Frauen eine rhetorische Frage, aber in deinem Fall ... Bitte ruf an.

Piep.

Jay, du bist wirklich gemein. Ich hab Joe angerufen, darum weiß ich, dass du noch atmest. Jack ist in diese Rauferei geraten, weil er ein geistig behindertes Mädchen mit Brille verteidigt hat. Obwohl du so tust, als wärst du ein Gangster, musst du also etwas richtig gemacht haben. Der Rasensprenger ist immer noch kaputt. Der Rasen wird verwelken. Es liegt an dir. Du brauchst nicht mehr anzurufen.

Piep.

Ich löschte sie alle.

Plötzlich drehte Timmy sich um und sagte: »Sie kommen.«

Ich schaltete mein Telefon aus und steckte es in die Tasche. Dann schob ich die Pistole unters Bein und zündete wieder eine Zigarette an.

Timmy hustete leise in seine Faust. Dieser coole Bastard.

Ich hörte zwei Autos und ein Motorrad. Das stotternde Motorrad wurde abgestellt, die Türen der Autos zugeknallt. Schritte auf dem Kies. Klopf, klopf, klopf. Timmy öffnete die Tür und trat beiseite.

Ich stand nicht auf.

Teddy trat als Erster ein, mit seinem Sauerstofftank im Schlepptau. Es fiel ihm schwer, die schmalen Stufen des Wohnwagens zu erklimmen und sich durch die kleine Tür zu zwängen. Seine Miene war ernst. Er umarmte Timmy und küsste ihn geräuschvoll auf beide Wangen.

Rudy kam als Zweiter. Sein Gesicht war rot, seine Augen waren geschwollen. Er hatte geweint – er hatte Pops wirklich geliebt. Er umarmte Timmy und hielt ihn ein wenig zu lange am Ärmel fest. Der Bursche war der lebende Widerspruch – ein Schläger und Hells Angel, der in Tränen ausbrach.

Bobby war der Nächste. Er trug immer noch seine Sonnenbrille. Er umarmte Timmy und küsste ihn auf beide Wangen. Dann kam er zu mir, und ich stand auf – vorsichtig, damit die Pistole unter meinem Bein nicht runterfiel. Mein Körper verdeckte sie. Bobby umarmte auch mich fest.

Joby kam als Letzter. Er umarmte und küsste Timmy, dann umarmte er mich. Ich setzte mich wieder.

Wir waren sechs Männer – die meisten von uns ziemlich kräftig gebaut – im Wohnzimmer eines Wohnwagens, der kaum fünf Meter breit war. Die Männer rochen nach Bier. Ich roch nach Zigaretten. Teddy roch nach Devon, also nach Abdeckpuder und Muschi. Zusammen stanken wir wie der Pinion Pines Stripclub.

Teddy setzte sich und zündete eine lange, dünne braune

Zigarette an. Timmy schloss die Tür und stellte sich hinter alle anderen. Rudy rieb sich heftig den rasierten Kopf, während Bobby auf den Fersen hin- und herwippte. Joby rührte sich nicht.

Teddy nahm einen Zug und atmete durch die Nase aus. Rauch füllte und umhüllte die Sauerstoffschläuche, die in seinen Nasenlöchern steckten. Er sagte nichts, nickte aber kurz. Das hieß, dass er wissen wollte, was passiert war.

Ich konnte es nicht glauben, aber sie hatten Angst. Das löste einen Euphorieschub in mir aus, überdeckt vom Adrenalin und von der Todesdrohung.

Ich hob das Paket vom Boden auf und stellte es auf den Tisch zwischen Bobby und mich. Joby beugte sich vor und nahm es in die Hände.

Ich erzählte ihnen Pops' Geschichte: Er wollte unbedingt seinen Mut beweisen und all den Demütigungen ein Ende setzen, die er erduldet hatte. Darum hatte er versucht, mit dem Mongol allein abzurechnen, noch ehe wir in Mexiko ankamen, und man hatte ihn dort in einer Kneipe erschossen. Wir hatten ihn mit einer Flasche Jack und einem Zettel mit den handgeschriebenen Worten *Pops, AFFA, Angels Forever, Forever Angels, wir lieben dich* begraben. Timmy und ich hatten am folgenden Abend darauf gewartet, dass der verfluchte Mongol in sein schäbiges Motelzimmer zurückkehrte. Dann erfüllten wir unsere Pflicht: Wir flüsterten das alte Motto der Solos – Jesus hasst Schlappschwänze – und klopften an seine Tür. Er öffnete vollständig bekleidet, einschließlich seiner Mongolkutte, und fragte: »*Qué es*, verdammt noch mal?« Wir schlugen ihn mit meinem Knüppel bewusstlos, brachen ihm die Arme und Knie wie Hühnchenflügel, fesselten ihn, knebelten ihn mit einer dreckigen Unterhose, wickelten ihn in den Teppich, der im Zimmer lag, und warfen ihn in den Kofferraum des Cougar. Dann fuhren wir eine lange Strecke, öffneten den Kofferraum und schleiften den Kerl in eine ausgetrocknete Senke in der Wüste. Dort teilten wir ihm mit, dass die Hells Angels ihn umbringen würden. Timmy übernahm die ehrenvolle Aufgabe. Wir nahmen der Leiche die Weste ab und fuhren nach Hause, voller Wut und Rachsucht. Die Waffe vergruben wir, in Einzelteile zerlegt, in der mexikanischen Sonora-Wüste.

Ich war Bird, und ich konnte singen.

Alle hörten gespannt zu. Als ich fertig war, deutete ich mit dem Kopf auf das Paket.

»Wir haben Beweise. Wir wussten, dass wir etwas vorweisen müssen, aber wir konnten nicht mit einem Kofferraum voller Beweise für einen Mord über die Grenze fahren. Darum haben wir in Nogales dieses Paket aufgegeben.«

Alle blieben still. Teddy starrte mich müde, aber gespannt an. Den Kopf neigte er ein wenig zur Seite, seine Zigarette hatte er zu Ende geraucht. Meine Zigarette war nur noch ein heißer Stummel. Ich zerdrückte ihn und zündete eine neue an. Joby öffnete das Paket.

»Wahnsinn!«

Der Raum war so klein, dass sein Rücken die Sicht auf das Paket verbarg. Bobby zwängte sich durch, um einen Blick zu erhaschen. »Also, was ist es?«

»Eine Mongolkutte!«

Joby drehte sich um und hielt die Weste an den Schultern hoch. Er schnaubte ungläubig und schüttelte den Kopf. Dann drehte er die Kutte um, damit alle sie sehen konnten. Da waren sie: ein *top rocker* der Mongols, ein kalifornischer *bottom rocker* und das Mittelteil, ein Mongol-Biker mit Pferdeschwanz auf seinem Motorrad. Das Leder war erkennbar abgetragen und mit Sand und Salz, Fett und Splitt verkrustet. Und überall war Blut, vor allem im Bereich von Hals und Schultern. Kleine, getrocknete Blutrinnsale reichten vorne und hinten bis hinunter zum Saum.

Teddy nahm drei rasche Züge aus dem Tank. Einen kurzen Augenblick lang war er sichtlich nervös. Er wusste, dass alle in dem kleinen Raum Mörder, Komplizen oder beides waren. Dann stand er auf und schloss sich der Gruppe an, die sich um die Jacke drängte. Ich wusste, dass wir alles im Griff hatten. Ich hatte eine Saat der Ungewissheit gesät, und sie war zu Furcht erblüht. Timmy und ich sahen einander düster an, aber am liebsten hätte ich »Ja!« gebrüllt und ihm einen Knuff mit der Faust versetzt.

Vielleicht würde ich doch nicht sterben.

»Bilder haben wir auch.«

Joby griff erneut in das Paket. Er zog einen Umschlag heraus, öffnete ihn und holte einen dünnen Stoß Fotos heraus.

»Sie sind digital. Ich hab sie auf eine Speicherkarte geladen und mit einem tragbaren Drucker ausgedruckt, während wir in Mexiko waren. Dies sind die einzigen Kopien. Den Drucker und die Speicherkarte haben wir verbrannt.«

Die Fotos zeigten einen weißen Mann mit graumeliertem Haar, der mit dem Gesicht nach unten in einem kleinen Graben lag. Sein verdrehter Rumpf befand sich in einer unbequemen Lage, seine Handgelenke waren auf dem Rücken gefesselt. Auch die Knöchel waren mit Klebeband zusammengebunden. Am Hinterkopf war ein abstehender behaarter Hautlappen erkennbar. Im Sand über seiner Schulter sah man einen Blutfleck und Hirngewebe. Blutspritzer zeichneten im Sand und im Staub kleine, dunkle Muster. Seine Bluejeans waren mit purpurnen Klecksen verschmutzt, die so groß waren wie 25-Cent-Münzen. Seine Hände waren schlaff.

Joby reichte Bobby die Mongol-Kutte. Bobby inspizierte sie und gab sie dann an Teddy weiter. Rudy schaute verächtlich zu, wie die Weste im Raum herumwanderte.

Als die Bilder in Rudys Hände gelangten, deutete er auf die blutige Masse und fragte: »Ist das sein Gehirn?«

Timmy sagte: »Keine Ahnung. Ich hab ihn aus kürzester

Entfernung erwischt. Sein Kopf war geschwollen wie ein Ballon. Er sah echt doof aus. Als ich ihn erschoss, gab's einen Knall, wie wenn ein Plastikbeutel voller Wasser auf den Boden fällt. Dann zischte es.«

Rudy kicherte und meinte: »Sieht aus wie Traubengelee.«

Da sagte Joby mit einem Anflug von Autorität: »Das ist nicht sein Hirn, Rudy. Das ist Blut. Es ist geronnen, als Bird ihm mit seinem Schläger auf die Birne gehauen hat. Es konnte erst nach dem Kopfschuss austreten.«

»Oh«, entgegnete Rudy.

Teddy drehte sich um und atmete angestrengt. Er setzte sich. Ich hatte mich nicht gerührt. Ich dachte, jetzt müssten sie schon zu mir kommen.

Teddy legte seine angsteinflößenden Hände mit den Innenflächen nach unten auf den Tisch zwischen uns. Sie waren dick, von der Sonne verbrannt und mit Altersflecken bedeckt. Seine Finger schmückten Ringe mit Totenköpfen, die an Jubiläen der Hells Angels erinnerten. Einige trug er seit Jahrzehnten, und sie waren nun ein Teil seiner Hand.

Er schaute mir direkt in die Augen und sagte immer noch nichts. Der ganze Raum war still. Die Jungs standen hinter Teddy, und Timmy stand hinter ihnen. Vielleicht hatte ich ihre Körpersprache falsch gedeutet, und sie würden jetzt versuchen, uns umzulegen. In diesem Fall war meine größte Sorge, dass Timmy und ich von beiden Enden des Wohnwagens aus aufeinander schießen würden.

Ich legte die Hände auf den Tisch und verschränkte die Finger. Meine Hände waren nicht so dick wie Teddys Hände. Dann schob ich die Füße zur Seite, so dass man meine Flipflops sehen konnte. Teddy nahm sie offenbar nicht zur Kenntnis. Ich trug sie absichtlich, um ihm dezent »Leck mich« zu sagen.

Er zog die Röhren aus der Nase und wischte mit dem

Handrücken die dünne Schleimschicht weg, die sie wie ein Spinnennetz mit seinen Nasenlöchern verband.

Seine Stimme war fest wie ein Fels, als er sagte: »Ich mag es nicht, wenn wir einen von uns verlieren.«

Ich beteuerte: »Pops war einer meiner besten Freunde. Ein echter Krieger.«

»Es ist, als verliere ein Vater sein Kind.« Teddy blickte wehmütig auf die Tischplatte. Wir waren ein paar Momente still.

Danach schaute er mir wieder in die Augen. »Aber ihr habt getan, was notwendig war. Manchmal muss ein Hells Angel kämpfen und töten. Wir werden Pops als Helden in Erinnerung behalten und seine Kutte an die Wand hängen. Vorher nähen wir natürlich das Abzeichen auf.«

»Großartig. Aber was ist mit Timmy und mir?«

»Was soll mit euch sein?«

»Wir haben unsere Pflicht getan, wie es bei euch immer heißt. Dieser Mongol war ein Bastard und starb wie ein Bastard, und das hat er uns zu verdanken. Und euch, den Hells Angels.«

»Bird, hast du mir nicht zugehört? Ich sagte, manchmal muss ein Hells Angel kämpfen und töten. Ich gratuliere euch, Brüder. Ihr seid jetzt Hells Angels.«

Er lächelte und packte mich mit seinen fleischigen Händen am Hals.

Das war's.

Wir hatten das Unmögliche erreicht. Ich fühlte mich wie Lewis und Clark, als sie auf ihrer Überlandexpedition die Pazifikküste erreichten, oder wie Neil Armstrong, als sein Stiefel den Mondstaub berührte. Ich tat, was ich tun musste. Ich tat meine Pflicht.

Genau das tut ein Hells Angel.

Anschließend fuhren wir zurück zum Pinion Pines, um zu feiern, aber da Pops tot war, war es keine richtige Feier.

Bobby beschlagnahmte eine Ecke des Clubs und befahl dem Türsteher, dem Barkeeper und dem Manager, niemanden in unsere Nähe zu lassen. Wir bestellten eine Runde Schnaps, und sogar Joby und Bobby stießen mit uns an. Ich sagte: »Auf Pops. Wenigstens ist er in einer Bar gestorben.« Damit brachte ich die anderen zum Lächeln. Wir tranken und setzten uns. Da winkte uns Teddy, und wir steckten die Köpfe zusammen. Er sagte, wir müssten die Beweise noch in dieser Nacht verbrennen, und fügte mit leisem Entsetzen hinzu: »Niemand weiß davon.« Dann leerte er sein Glas und flüsterte: »Wir werden tun, was wir können, damit ihr eure Aufnäher kriegt. Aber ihr müsst Geduld haben.«

Ich platzte heraus: »Teddy, was meinst du damit – Geduld haben?«

»Ja, was zum Teufel meinst du damit?«, fragte Timmy.

»Seht mal, was mich und diese Jungs betrifft, seid ihr jetzt Vollmitglieder, aber wir müssen das vom Vorstand absegnen lassen. Wir können nicht allein entscheiden. Ihr wisst doch, wie es ist. Wir haben Regeln.«

Joby sagte: »Keine Sorge. Morgen fahre ich los und setze mich für euch ein. Ich fahre nach Vegas, Berdoo, Dago, San Fernando und Oakland und besuche alle Brüder dort. Ich hab Sonny über euren Plan informiert, und er sagte, er hoffe, dass ihr diesen Mistkerl erledigt. Also, seid unbesorgt, es wird keine Probleme geben.«

»Zum Teufel, ja« erwiderte ich. »Wir haben das getan, weil es notwendig war. Ich pfeife auf diesen Mongol, aber ich hab's auch getan, um Mitglied zu werden. Und jetzt, wo Pops tot ist, will ich das umso mehr.« Ich war wirklich sauer. Es kam mir so vor, als würden alle meine Felle wegschwimmen, weil die Angels ihr Versprechen teilweise zurücknahmen. »Ich will mein verdammtes Abzeichen.«

Timmy knurrte: »Ich auch. Wir haben es verdient.«

Bobby legte einen Arm um mich und sagte: »Gehen wir

raus.« Wir gingen. Er forderte mich auf, mein Telefon ins Auto zu legen, und deutete auf den Kleintransporter. Ich tat es. Dann führte er mich in eine ruhige Ecke des Parkplatzes. »Reg dich ab, Bird. Du hast ein paar harte Tage hinter dir.« Er zündete eine Zigarette an und sprach wieder von dem Mord, den er angeblich für den Club begangen hatte: »Damals war ich total überdreht. Er war eine Ratte – das hab ich dir schon gesagt – und hatte ein paar langjährige Mitglieder umgelegt. Ich wollte es ihm heimzahlen. Aber, Mann, ich hatte Schiss.« Er kicherte. »Ich ging die Straße entlang, um den Kerl zu stellen, und hörte diesen Song von Metallica, ›Nothing Else Matters‹.« Er machte eine Pause, versunken in blutige Erinnerungen. »Jedenfalls hab ich's getan, und es dauerte Monate, bis ich mein »Filthy Few«-Abzeichen bekam. Monate. Obwohl es am nächsten Tag in der Zeitung stand. Ich will damit sagen, du kannst diese Dinge nicht beschleunigen. Mach dir keine Sorgen. Du kriegst dein Abzeichen. Wir müssen erst mal sehen, wie die Sache sich entwickelt. Das ist alles.«

»Ich will verdammt sein, wenn ich sechs Monate warten muss.«

»Das wird sich zeigen. Du weißt doch, das FBI, die ATF, die Behörde für öffentliche Sicherheit, alle diese Schweinehunde beobachten uns. Wenn wir dir heute Abend ein Abzeichen geben, fährst du morgen damit los, und sie wollen wissen, was das zu bedeuten hat. Diese Aufmerksamkeit können wir nicht brauchen.« Ich sagte nichts, sondern zündete mir eine neue Zigarette an. »Schau mal, selbst wenn die ganze Westküste oder sogar die ganze USA euch aufnehmen wollte, könnte uns der Weltrat überstimmen. Diese europäischen Blödmänner hetzen seit Jahren gegen uns, und sie halten meist nichts von schnellen Abzeichen. Wir müssen cool bleiben. *Ihr* müsst cool bleiben.«

»Zum Teufel damit, Bobby.«

»Hab einfach Geduld.«

»Zur Hölle damit.« Ich war jetzt weniger selbstsicher. Warum sagte Bobby mir das alles? Um mich zu trösten? Um Eindruck zu machen? Wir hatten versucht, ihm diesen Mord nachzuweisen, seit er ihn in Vegas gestanden hatte, aber wir hatten keinen ungelösten Fall gefunden, zu dem die Indizien passten. Das bedeutete nicht, dass Bobby log. Trotzdem fragte ich mich, ob er ein Aufschneider war.

Im Grunde spielte es keine Rolle. Bobby legte mir eine Hand auf die Schulter, und wir gingen wieder hinein. Er führte mich an die Bar, ich setzte mich und kippte einen unverdünnten Jack Daniel's. Ich fühlte mich zurückgewiesen. In weniger als zwei Stunden war aus Euphorie Enttäuschung und Abscheu geworden. Diese Typen machten mich krank. Am liebsten hätte ich Bobby »Heuchler!« ins Gesicht geschrien. Ich hatte getan, was man von einem Hells Angel erwartete, und anstatt das Abzeichen zu bekommen – das Einzige, was mich noch interessierte, nachdem ich meine Familie fast abgeschrieben und Slats' Anordnungen missachtet hatte –, wurde ich von Clubpolitikern verarscht. Fast hätte ich Bobby gefragt: »Sind wir Outlaws oder Anwälte? Ich weiß eine Menge über beide!« Ich wollte schreien: »Zur Hölle mit den Cops und mit dem Weltrat und mit den anderen Chartern!« In diesem Augenblick wurde mir klar, dass die Bruderschaft der Hells Angels nichts weiter war als eine Selbsthilfegruppe für unverstandene Einzelgänger, zusammengehalten von Hass und Geld. Alles drehte sich darum, Geld zu verdienen und den Club vor Leuten zu schützen, die wir hassten. Wir hassten alle anderen Clubs, die Öffentlichkeit und die Polizei. Wir hassten Arbeit, unsere Frauen, unsere Freundinnen, unsere Kinder. Gelegentlich hassten wir uns selbst. Wir hassten jeden, der kein Hells Angel war, und oft hassten wir uns auch untereinander. Ich sage »wir«, weil dies die Menschen und Dinge waren, die auch ich hassen gelernt hatte.

Zu diesem Zeitpunkt hatte ich seit fast zwei Jahren als Jay »Bird« Davis undercover gearbeitet und die ganze Zeit über geglaubt, alles im Griff zu haben und mich selbst in einen Hells Angel verwandeln zu können. Ich hatte geglaubt, ich hätte die Angels unterwandert.

Jetzt wusste ich es besser: Sie hatten mich unterwandert.

Wir alle waren Heuchler.

Da tauchte Teddy hinter uns auf und sagte: »Los, kommt. Hauen wir ab von hier.«

Wir fuhren ins Clubhaus, um dort noch etwas zu trinken. Während Rudy Bierflaschen verteilte, hängte mir Joby etwas über die Schultern. Es war eine Kutte – *seine* Kutte. Er hüllte mich darin ein, als wäre ich ein Prinz. Ich schaute ihn an. Entschuldigend sagte er: »Bird, du bist drin, Mann. Du bist ein Hells Angel. Trag die hier, bis du deine kriegst.« Dann wandte er sich an Timmy: »Teddy hat eine Reservejacke für dich. Sie wird dir passen.«

Ich streifte die Weste ab, drehte mich zu Joby um und reichte sie ihm. »Zum Teufel damit, Joby. Ich trage nicht die Kutte eines anderen.« Timmy kam zu uns. Ich sagte: »Wir sind durch die Vordertür gekommen, und ich will verdammt sein, wenn ich durch die Hintertür rausgehe, um mein Abzeichen zu kriegen. Ich nehme den Totenkopf, wenn er mir allein gehört. Nichts für ungut, aber ich hab's verdient und will nicht teilen.« Joby trat einen Schritt zurück und schaute mich durchdringend an. »Okay«, sagte er. Er wusste, dass ich recht hatte. Sie alle wussten es. Kutten der Hells Angels sind nicht übertragbar.

Als Joby seine Weste wieder anzog, begannen Teddy und Bobby, uns darüber auszufragen, wie wir die Beweismittel beseitigt hatten. Joby ging hinters Haus und holte ein 200-Liter-Fass. Bobby wollte wissen, was wir mit den Kleidern gemacht hatten, in denen wir es getan hatten. Ich sagte, wir hätten sie an Ort und Stelle verbrannt. »Gut«, sagte Bobby,

»ihr Jungs denkt wie wir.« Meine Stimmung wechselte ständig. »Alter«, sagte ich, »wir *sind* wie ihr.« Aber ich sagte es nur so dahin. Er lachte. Joby kam mit dem Fass und zwei Heckenscheren. Teddy befahl uns, die Mongolkutte in kleine Streifen zu schneiden und in das Fass zu werfen.

Ich war immer noch sauer. »Verdammt noch mal«, sagte ich. »Ich verbrenne dieses Zeug, aber ich warte nicht auf mein Abzeichen.« Niemand sagte etwas dazu.

Timmy schnitt die Weste in der Mitte durch, und wir zerschnippelten sie. Bobby und Teddy schauten zu. Joby ging hin und her, verschwand eine Weile im Haus und kam dann wieder zurück. Er sagte, er habe Bad Bob und Sonny angerufen. Bad Bob konnte nicht glauben, was Pops zugestoßen war, aber er sei froh, dass Timmy und ich heil zurückgekommen seien.

Als wir mit der Kutte fertig waren, deckte Joby das Fass zu, schleppte es auf die Ladefläche seines Kleintransporters und band es fest. Dann stieg er ein und startete den Motor. Teddy zog Timmy und mich zu sich heran und schaute uns ins Gesicht. Sein Lächeln war das breiteste, das ich je bei ihm gesehen hatte, aber seine Augen waren traurig. Feierlich sagte er: »Willkommen in der Familie, Brüder.« Wir umarmten ihn beide und stiegen dann in Jobys Auto.

Ich saß hinten. Joby fuhr in die Berge, die Chino Valley umgeben. Das Coverteam, das mitgehört hatte und uns überallhin gefolgt war, verlor uns. Als wir auf ungepflasterten Straßen immer höher hinauffuhren, wusste ich, dass Timmy und ich nun mit Joby Walters allein waren, einem Träger des »Filthy Few«-Abzeichens. Die holprige Straße wiegte mich in einen unruhigen Schlaf. Ich war hundemüde und dachte: »Vielleicht sterbe ich jetzt. Vielleicht ist dies Teddys Plan – dass Joby uns in die Berge mitnimmt, wo Hund und Katze sich gute Nacht sagen, und uns still und sauber beseitigt.« Waren wir nicht auch eine Art Beweis? Es passte alles zusammen. Ich hatte Jay Dobyns aufgegeben, und jetzt hatte ich keine Lust mehr, Bird zu sein. »Wäre es nicht schön, nie mehr aufzuwachen?«, dachte ich.

Aber ich wachte auf. Der Wagen schleuderte und kam in einer Staubwolke zum Stehen. Joby sagte: »Wir sind da.« Wir befanden uns auf einer Lichtung in einem Espenwäldchen. Es war einer von Jobys Campingplätzen. Wir stiegen aus. Ich rieb mir das Gesicht, während Timmy half, das Fass abzuladen. Joby bat mich, den Benzinkanister aus dem Auto zu holen. Er leerte das Benzin in das Fass und sagte, ich solle den Inhalt anzünden. Also klappte ich mein Feuerzeug auf, zündete einen Zweig an und warf ihn hinein. Sofort loderten Flammen auf. Jobys langes Gesicht wurde orange. Er schnalzte mit der Zunge wie die Feldbauern, an die er mich immer erinnerte, und entblößte seine vorstehenden Zähne. Ich lächelte und dachte daran, dass ich ihn vor vielen Monaten in der Nacht der Randale bei Harrah's in Laughlin zum ersten Mal gesehen hatte – den garstigen alten Nesquik-Hasen.

Ich sagte: »Tut mir leid, dass wir deine kleine Pistole vergraben haben, Job.«

»Macht nichts.«

»Schätze, du musst sie als deinen Beitrag zu einem toten Mongol verbuchen.«

»Ich würde es sofort wieder tun. Die besten 200 Dollar, die ich je ausgegeben habe.«

»Gut.«

Ich schaute nach oben. Zwischen den Baumkronen war eine Lücke, durch die viele Sterne zu sehen waren. Kleine orangefarbene Funken stiegen zu ihnen auf. Das Feuer roch nach Hamburgern und Lammkoteletts. Lange sprach niemand.

Als der letzte Fetzen der Mongolkutte in den Nachthimmel emporstieg, sagte Joby: »Jesus hasst Schlappschwänze – Pops.«

Timmy und ich wiederholten: »Jesus hasst Schlappschwänze.«

Ich meinte es ernst. Joby ebenfalls. Er liebte Pops, und er liebte uns. Erst jetzt war mir klar, dass Joby mich nicht umbringen würde. Dennoch glaubte ich, dass Jay Dobyns tot war.

Nur Bird blieb zurück.

39   Die Razzia

Ende Juni bis Anfang Juli 2003

ABER ICH WAR kein Angel. Der Mongol-Mord war nicht so einfach gewesen, wie es schien. Ich hatte gelogen – und wie. Ich war auf dem Höhepunkt meiner Fähigkeiten angelangt: Die Täuschung war für mich alltäglich geworden. Wie Wasser, das in eine Spalte dringt und später gefriert, so dass aus der Spalte ein Riss wird, hatte die Täuschung die Risse in meinem Charakter sichtbar gemacht. Ich kam mir vor wie ein Soldat, der sich ans Töten gewöhnt hat – und sich sogar darauf freut. Am Anfang meiner Laufbahn hatte ich mich unwohl gefühlt, wenn ich Menschen täuschte, doch als die Hells Angels mich akzeptierten, entschied meine Fähigkeit zu täuschen darüber, wer und was ich war. Ich hielt mich nicht für einen Lügner – ich log nur, um gute Arbeit zu leisten. Trotzdem war ich ein Meisterlügner. Ich belog nicht nur die Verdächtigen, sondern alle, die ich kannte, und mich selbst. Ich war schon zu lange Undercover-Agent, und meine Erfahrungen hatten mich auf grundlegende und unheilvolle Weise verändert.

Aber eines ist wahr: Als Joby mit uns in die Berge fuhr, rechnete ich damit zu sterben und wollte es sogar. Aber es stimmt nicht, dass ich getötet hatte. Letztlich wäre es zu einfach gewesen, eine Kugel abzubekommen, und eine abzuschießen wäre zu problematisch gewesen.

Das Feuer auf Jobys Campingplatz hatte aus gutem Grund wie Lammkoteletts gerochen. Das Blut, die Haut und das Gehirn auf der Kleidung des Mongols hatten einem

Schaf gehört, nicht einem Mann. Mein verlorenes Gewissen war kein Spaß, aber der Mord war vorgetäuscht.

Unseren Mongol hatte Detective Shawn Wood von der Behörde für öffentliche Sicherheit gespielt, und er hatte eine echte Mongolweste getragen, die in einem anderen ATF-Fall beschlagnahmt worden war. Er hatte regungslos in der sengenden Sonne in einem Graben gelegen, während Jerry Laird vom Morddezernat in Phoenix auf seinem Kopf und Rumpf Blut und Gehirngewebe verteilte. Shawn blieb liegen, bis Timmy und ich Fotos voneinander gemacht und dabei so getan hatten, als würden wir ihn töten. Dann stand er auf, und wir machten Trophäenfotos von mir, Timmy, Woody und JJ für die Nachwelt. Anschließend schossen wir ein Loch in Pops' Kutte – er war am Leben, wurde für immer vom Fall abgezogen und konnte nun endlich nach Hause zu seinen kleinen Töchtern –, stiegen in den Lieferwagen und fuhren zu einer Bar, wo wir uns ein Bierchen gönnten. Das alles inszenierten wir etwa 40 Kilometer außerhalb von Phoenix.

Auf die Präsentation und Vernichtung der Beweise folgten zahlreiche Telefonate zwischen mir und Bad Bob, Teddy, Bobby, Joby und Smitty. Am 30. fuhren Timmy, JJ und ich nach Skull Valley, um die Lage zu erörtern. Teddy und die anderen waren nicht erfreut, aber auch nicht sehr verärgert. Sie erklärten, wir würden kein Abzeichen bekommen, obwohl die lokalen Größen sich für uns eingesetzt hätten. Das Problem ging auf Laughlin zurück – anscheinend war diese Stadt der Ursprung aller meiner Probleme –, als einige Angels sofort nach der Schießerei Mitglieder geworden waren. Das hatte die europäischen Angels verärgert. Sie bekämpften ihre Feinde mit Panzerfäusten und sprengten ganze Clubhäuser in die Luft; trotzdem erhielt keiner von ihnen sein Abzeichen so schnell. Wir bekamen zu hören, dass die Europäer zahlreicher seien als die Amerikaner und dass unsere Jungs den Europäern nicht auf die Füße treten wollten.

Aber wir hätten gute Chancen, beim Laconia World Run in nur zwei Monaten Mitglieder zu werden, obwohl das niemand garantieren könne. Andernfalls müssten wir neun Monate warten. Teddy sagte, für ihn spiele das keine Rolle, von nun an würden Skull Valley und der Rest Arizonas – Smitty, Bad Bob, Sonny, alle – uns als Vollmitglieder betrachten. Er betonte immer wieder, wir hätten uns in seinen Augen wie Hells Angels benommen und *seien* daher Hells Angels. Er sagte: »Bird, wir sind ein Club mit Regeln und einer Satzung. Du bist ein Hells Angel, und wir werden das in Laconia allen mitteilen.«

Mir war klar, dass der Fall in diesem Augenblick beendet war. Ich hatte die Chefs der ATF davon überzeugt, wie nützlich es sei, wenn wir Vollmitglieder waren. Da dieser Status nunmehr unsicher war, würden sie bestimmt nicht sagen: »Macht, was ihr wollt!« Sie würden nicht auf Laconia und erst recht nicht neun Monate warten. Bestenfalls, dachte ich, würden sie uns noch einen Monat geben.

Doch das taten sie nicht. In den Wochen vor dem fingierten Mord hatte Slats unseren Chefs vorgerechnet, wie viel eine Fortsetzung der Ermittlungen kosten würde. Sie waren ausgeflippt und hatten angeordnet, den Fall abzuschließen. Slats begann, Haftbefehle zu beantragen, und dazu gehörte, dass er vor einem Großen Geschworenengericht des Bundesstaates aussagen musste. Er bekam seine Haftbefehle. Die Anschuldigungen reichten von Drogenhandel, Hehlerei und Bandenkriminalität bis zu zahllosen Verstößen gegen das Waffengesetz. Slats wusste, dass der Fall sich seit Anfang Juni in der Endphase befand, aber er sagte es mir nicht, weil er auch wusste, dass er mich nicht daran hindern konnte, meine Pläne zu verwirklichen, solange der Fall nicht offiziell beendet war. Wie er war ich einfach zu dickköpfig.

In der ersten Zeit nach dem vorgetäuschten Mord wusste ich von alldem jedoch nichts. Nachdem wir erfahren hatten, dass wir auf unsere Totenköpfe warten mussten, hingen wir am 30. eine Weile in Skull Valley herum, obwohl das nun sinnlos war. Ich wollte einfach nicht aufgeben. Mir war klar, dass ich an einem der nächsten Tage zum letzten Mal mit den Hells Angels zusammen sein würde. Danach würde ich zwar die Angels nicht sehr vermissen, wohl aber Timmy und Pops und JJ und das irre Leben, das wir geteilt hatten – so viel war klar. Ich hatte vergessen, wo ich herkam, und ich war mir nicht sicher, ob ich dahin zurückkehren konnte, selbst wenn ich es wollte. Ich wollte Bird nicht so leicht ziehen lassen.

Bobby zog mich beiseite und erzählte mir mehr über seinen Mord. Joby schloss sich uns an und sagte, er wisse alles darüber und werde öffentlich darüber reden, falls Bobby je fallen sollte. Bobby sagte: »Ja, jetzt muss ich den Mund halten, weil ich sonst lebenslang kriege.«

Nach einer Weile verabschiedeten wir uns. Als ich hinausging, sagte Bobby, er besitze ein paar AK 47, die ich für ihn verkaufen solle. »Kein Problem«, sagte ich – denn ich war immer noch Bird, oder nicht? Er lächelte schwach.

Ich sah keinen der Skull-Valley-Angels jemals wieder.

Zufällig trafen wir am selben Tag in Phoenix Duane »Crow« Williams, den alten, senilen Mesa-Angel, der mich Pruno nannte. Wir fuhren mit zu ihm nach Hause, blieben aber nicht lange. Er war ein geistiges Wrack. Als ich später am Abend im Undercover-Haus in der Carroll Street eintraf, schrieb ich die Zeilen, die Slats schließlich in seinen letzten Bericht über Black Biscuit einfügte:

> Etwa um 16 Uhr kamen die Beamten im Haus von Duane Williams alias »Crow« in ▉▉▉ an. Vor dem Haus stand ein Kleinlaster der Marke Dodge mit dem amtlichen Behindertenkennzeichen ▉▉▉ .Während des Kontaktes erklärte Williams unter anderem:

- die Hells Angels des Mesa-Charters wüssten nicht, wer Hoover getötet habe,
- sie hätten jedoch jemanden in Verdacht,
- sie sollten seiner Meinung nach anfangen, die Leute zu töten, die sie verdächtigten, jemand werde für den Mord an Hoover sterben.

Die Ermittlungen dauern an.

AM 4. JULI gab es in Skull Valley eine Party, an der wir nicht teilnahmen. Wir machten uns nicht die Mühe abzusagen. Am 1. Juli verschwanden wir. Später entnahm ich den Verhören der Verdächtigen, unsere Abwesenheit sei ein heißes Gesprächsthema gewesen. Die meisten dachten, wir trieben Geld ein oder seien geschäftlich nach Mexiko gefahren; aber sie waren sich nicht sicher. Es war sehr ungewöhnlich, dass wir uns nicht gemeldet hatten.

Slats hatte uns alle nach Hause geschickt und uns vier Wochen bezahlten Urlaub gegeben. Er bestand darauf, dass wir den Urlaub auch nahmen – das sei wichtig, sagte er. Ich wandte ein, wir hätten immer noch Arbeit. »Nein, habt ihr nicht«, erwiderte er. »Eure Familien brauchen euch mehr als ich.« Das sagte er zu allen, aber er sah mich dabei an. »Alles klar? Wir hatten Meinungsverschiedenheiten, und ihr habt großartige Arbeit geleistet. Aber diese Phase ist beendet.« Ich gehorchte. Am 2. Juli fuhr ich nach Hause, wo ich bis einschließlich 4. Juli bleiben würde. Danach sollte ich nach Phoenix zurückkehren, um bei der Razzia zu helfen. Gwen war nicht da; sie hatte die Kinder auf einen Ausflug in den Osten mitgenommen. Wie ich vorhergesehen hatte, war ich allein. Kein sicherer Hafen. Keine Hells Angels. Keine Partner. Keine Familie. Kein Frieden. Ich hatte nichts, und das geschah mir recht.

Dass Slats den Fall abgeschlossen hatte, kam mir wie Verrat vor. Aber er wusste, was er tat. Heute glaube ich, dass Slats vom Anfang bis zum Ende der moralische Kompass von Black Biscuit war – ich war es weiß Gott nicht – und als unser kollektives Gewissen handelte. Wie sich herausstellte, war er im Gegensatz zu mir tatsächlich für 100 Prozent des Falles verantwortlich. Was auch immer er aus egoistischen Gründen angestrebt haben mag, er wusste, wann der Fall beendet werden musste. Er war imstande, die Entscheidung zu treffen, die ich nicht treffen konnte.

Dadurch, dass Slats den Fall abschloss, zwang er uns, wieder unser altes Selbst anzunehmen, ehe es zu spät war, bevor es nichts mehr gab, wohin wir zurückkehren konnten. Mehr als ich oder die anderen suchte er seinen Freund Jay Dobyns, der verlorengegangen war.

Die Hausdurchsuchungen im Fall Black Biscuit fanden am 8. Juli statt. Staci, Bobbys Freundin, rief ganz außer sich an, nachdem wir begonnen hatten, die Angels festzunehmen, und hinterließ eine Nachricht: »Bird, ich weiß nicht, wo du bist, aber bleib auf jeden Fall dort. Sie verhaften die Jungs. Sieht so aus, als wollten sie *alle* schnappen. Ich weiß nicht, was zum Teufel los ist. Hoffentlich sehen wir uns bald ...«

Sie sah mich nicht.

Die Sondereinsatzkommandos führten vor Einbruch der Morgendämmerung Razzien in Arizona, Nevada, Kalifornien, Washington und Colorado durch. Die Ausbeute war eindrucksvoll. Mehr als 1600 Beweisstücke wurden eingesammelt, über 650 Gewehre, darunter 80 Maschinengewehre, abgesägte Schrotflinten und andere verbotene Waffen, Dutzende von Schalldämpfern, Sprengstoff und Rohrbomben, Napalm, Sprengkapseln, Dynamit und Granaten sowie mehr als 30 000 Patronen Munition. Die Drogenausbeute – meist Methamphetamin – war nicht riesig, aber auch nicht unerheblich. Außerdem beschlagnahmten wir über 50 000 Dollar in amerikanischen Banknoten. Wir vollstreckten Haftbefehle gegen 50 Verdächtige, von denen zwei Kandidaten für die Todesstrafe waren. Später wurden 16 von ihnen, darunter Joby, Smitty, Dennis, Bad Bob, Teddy und Bobby, wegen Verschwörung nach dem RICO-Gesetz angeklagt. Bei Paul Eischeid und Kevin Augustiniak lautete die Anklage auf Mord an Cynthia Garcia. Einige weitere Angels kamen wegen Verstoßes gegen Bewährungsauflagen sofort ins Gefängnis, darunter auch Dan Danza, der die Nase voll hatte. Er wollte nicht länger Mitglied in einem Club sein, der seiner Meinung nach seinem Ruf nicht gerecht wurde, und er wollte, dass seine Söhne im Teenageralter eine Chance auf eine bessere Zukunft hatten. Darum entschloss er sich, mit der Polizei zusammenzuarbeiten. Kein anderer tat das. Der Rest stellte sich dem Gericht.

Aus Mangel an Beweisen blieb Ralph »Sonny« Barger unbehelligt.

Nachwort

IM SPÄTSOMMER 2004 halfen JJ und ich Slats, die Tonbandaufnahmen abzuhören. Die Arbeit war anstrengend und langweilig, aber ich erinnere mich noch an eine Aufzeichnung von Mitte Mai 2003. Ich erkannte die Stimmen von Bobby, Teddy und Joby, die davon schwärmten, wie großartig es sei, ein Hells Angel zu sein. Eine vierte Stimme konnte ich nicht identifizieren. Der Typ war äußerst lebhaft, und seine Worte ergaben kaum einen Sinn. Ich drückte auf »Pause«, reichte JJ meine Kopfhörer und spielte das Gespräch für sie ab. Nachdem sie eine Minute zugehört hatte, drückte ich auf »Stopp« und fragte: »Wer zum Teufel ist dieser Blödmann?«

Sie legte die Hände in den Schoß und sagte: »Weißt du es nicht?«

»Nein.«

Sie lächelte ein wenig und sagte: »Das bist du, Jay.«

Es war eine Offenbarung.

An diesem Abend schrieb ich allen Kollegen der Einsatzgruppe eine E-Mail, in der ich mich dafür entschuldigte, Bird gewesen zu sein. Ich hatte zugelassen, dass unser Auftrag mich total vereinnahmt hatte, und ich hatte angenommen, sie unterstützten mich darin, obwohl sie nur ihre Pflicht erfüllt hatten.

In diesem Augenblick begann ich zu begreifen, welchen Schaden ich angerichtet hatte, nicht nur bei meinen Kollegen. Ich wusste, dass ich erreicht hatte, was als unmöglich gegolten hatte. Selbst Sonny Barger hatte geprahlt, kein Polizist werde je seinen Club unterwandern. Aber ich war naiv. Ich hatte meiner Familie, meinen Kollegen und meinen Freunden geschadet, aber letztlich glaubte ich, sie würden mich uneingeschränkt unterstützen, gerade weil meine Aufgabe als unerfüllbar galt. Ich irrte mich völlig. An dem Abend, als ich den Gipfel erreicht hatte – als Joby mir eine Kutte über die Schultern legte und ich sie ablehnte –, hätten alle, die ich auf meiner Seite wusste, mit mir feiern sollen. Doch anstatt für mich da zu sein, waren sie distanziert und gekränkt, und sie flehten mich an, wieder der Mensch zu werden, der ich einst gewesen war. Ich fühlte mich, als hätte ich eine Ladung Napalm auf sie geschüttet. Der Abend, an dem ich bekam, was ich so sehr gewollt hatte, war kein Grund zum Feiern – er war der einsamste Abend meines Lebens.

Bis zum Sommer 2004 sprachen die Hells Angels zwei Morddrohungen gegen mich und meine Familie aus. Drei weitere folgten in den nächsten Jahren. Was sie mit uns anstellen wollten, war nicht appetitlich, und die Drohungen machten mich nervös. Immer wieder hatte ich Alpträume, in denen Bobby und Teddy mir die Zunge herausrissen. Wenn die Jungs mich heimsuchten, konnte ich jeweils nichts anderes tun, als aufzuwachen, ins Badezimmer zu gehen und mir Wasser ins Gesicht zu spritzen.

Die tief sitzende Paranoia der Hells Angels hatte auf mich übergegriffen. Überall lauerten Gefahren. Ein Mann in einem Auto, das zu lange an unserer Ecke parkte, wurde zum Bikerspion. Tiere im Hinterhof wurden zu einem Mordkommando der Angels. Mehr als einmal sprang ich aus dem Bett, griff nach meiner Flinte und durchsuchte in Unterwäsche das Haus und den Garten.

Die ATF nahm die Drohungen nicht ernst. Da ich mich unsicher und von meinem Arbeitgeber im Stich gelassen fühlte, zog ich mit meiner Familie an der Westküste von einem Ort zum anderen. Aber Weglaufen war sinnlos. Mein Verfolgungswahn nahm zu und wurde nur noch schlimmer, als die ATF sich weigerte anzuerkennen, dass wir in ständiger Lebensgefahr waren. Sie spielte meine Sorgen und meine Leistungen herunter. Ich begann einen langen Kampf gegen die ATF, bei dem es um Entschädigung ging – für mein Bankkonto, meinen Ruf und meine Seele. Es war widerwärtig und sowohl traurig als auch aufschlussreich. Dass die Hells Angels nichts mehr mit mir zu tun haben wollten, hatte ich erwartet, aber warum ließen mich die Leute im Stich, für die ich so unglaublich hart gearbeitet hatte?

Noch etwas hatte ich nicht erwartet: dass Black Biscuit am Ende scheiterte.

Leider machten ein Streit über die Beweismittel und die Spannungen zwischen der ATF und der Staatsanwaltschaft unsere Bemühungen zunichte. Die meisten schweren Anklagen wurden Anfang 2006 fallengelassen, was zur Folge hatte, dass kaum einer der Männer, denen man Verstöße gegen das RICO-Gesetz vorgeworfen hatte, einen Gerichtssaal von innen sah. Einige, zum Beispiel Smitty, Joby und Pete, konnte man immer noch wegen Laughlin anklagen; doch abgesehen von den Waffen und der Schmuggelware, die wir von den Straßen geholt hatten, blieb das Gefühl, dass unsere Arbeit umsonst gewesen war. Ja, wir hatten mehrere Männer für kurze Zeit in den Knast geschickt und vielen eine Bewährungsstrafe verschafft, aber diese Erfolge waren nichts im Vergleich zu dem gewaltigen Prozess, den wir gegen die Hells Angels hatten führen wollen.

Das waren düstere Tage. Die Presse und die Verteidiger, die nichts von dem Geplänkel zwischen den Einsatzkräften und der Staatsanwaltschaft wussten, gaben den verdeckten Ermittlern die Schuld. Man nannte uns skrupellos, rücksichtslos und impulsiv, und die Anwälte der Hells Angels verhöhnten uns öffentlich und waren davon überzeugt, dass der Fall nie vor Gericht kommen werde. Undercover-Agenten zu beschuldigen ist in solchen Situationen das Einfachste.

Manchmal sind die Vorwürfe berechtigt, aber in unserem Fall waren sie eine Lüge. Das Schlimmste für mich war, dass ich mich nicht verteidigen konnte, eben deshalb, weil weder die ATF noch die Staatsanwaltschaft die ganze Wahrheit enthüllten. Mein richtiger Name wanderte durch die Zeitungen, die meine unglaubliche Geschichte druckten, und für manche wurde ich zum Paria. Das Scheitern von Black Biscuit wurde zu meinem eigenen Versagen, und genau das war eine meiner größten Ängste gewesen.

Seltsamerweise sollten ausgerechnet einige meiner besten Leistungen als verdeckter Ermittler mein Schicksal besiegeln. Mein Inkognito wurde gelüftet, und ich würde nie wieder auf der Straße eingesetzt werden können. Ich war damals so müde – vom Kampf gegen Slats und Gwen, die Hells Angels und die ATF –, dass ich mir kaum Gedanken darüber machte, aufgeflogen zu sein. Aber es hatte einige erstaunliche Folgen. Meine Freunde und entfernten Verwandten wussten plötzlich, was ich mein Leben lang getan hatte, und wollten alles darüber erfahren. Vor allem wollten sie meine Antworten auf zwei Fragen hören: Hatte es sich gelohnt, und würde ich es wieder tun?

Ich bin froh, dass sie mich das gefragt haben, denn dadurch war ich gezwungen, in den Spiegel zu schauen und darüber nachzudenken, wer ich war und was ich getan hatte. Ehrliche Antworten kann ich erst seit kurzem geben. Die Arbeit als verdeckter Ermittler war für mich mehr als ein Beruf gewesen – sie war zu meinem Lebensinhalt geworden. Das musste sich nun ändern.

Anfangs war Black Biscuit für mich ein klassischer Kampf von Gut gegen Böse gewesen. Ich wusste, dass die Brutalität und die Einschüchterungsmethoden der Hells Angels real waren. Gewalt war ihre Lebensweise, und einige ATF-Agenten, etwa Joe Slatalla und ich, lebten dafür, Gewalt zu verhindern. Unser Team aus Elitebeamten war ein idealer Gegner der Hells Angels, und alle in der Einsatzgruppe waren stolz darauf, eine derart üble Organisation auszuheben.

Aber wie wir gesehen haben, sind die Dinge nicht immer so eindeutig. Ich war tief eingedrungen und hatte festgestellt, dass die Hells Angels nicht nur böse waren – und dass ich nicht nur gut war.

Als ich Bird wurde und Jay Dobyns aufgab, tauchte ich mit dem Kopf voran in ein Meer aus Lügen. Die Angels werden behaupten, ich hätte sie nur belogen, und obwohl das im Wesentlichen stimmt, kann ich mit gutem Wissen sagen, dass ich sie nicht getäuscht habe. Ich drückte ihnen keine Waffen oder Drogen in die Hände und zwang sie nicht, Verbrechen zu begehen oder zu gestehen. Es gibt schon genug *echte* Ganoven auf der Welt – ich brauchte nicht herumzulaufen und welche zu erfinden.

Nach Abschluss des Falles hatten die Angels viel über mich zu sagen – aber sehr wenig Gutes. Einzelne Angels zollten uns Respekt, weil wir sie sauber und anständig hinters Licht geführt hatten. Genau das denke ich auch. Nach seinen ersten Vernehmungen weigerte sich Joby zu glauben, dass ich ein Cop war, bis ich mich zu ihm setzte und es ihm selbst sagte. Bad Bob Johnston erhielt eine Bewährungsstrafe, weil er sich schuldig bekannt hatte. Danach erklärte er vor der Presse, er sei mit unseren Methoden nicht einverstanden, aber er müsse auch zähneknirschend einräumen, dass wir sehr gut gewesen seien. Und Dan Danza sagte, nachdem er zum Informanten geworden war, er habe *uns* für die wahren harten Jungs gehalten. Er stand vielleicht nicht auf der Seite des Gesetzes, aber er erkannte, wie spannungsgeladen das Leben der verdeckten Ermittler ist. Ich halte Danza immer noch für einen der härtesten Männer, denen ich je begegnet bin, und seine Komplimente werden immer zu den schmeichelhaftesten gehören, die ich jemals erhalten habe.

Meist aber spielten die Angels unsere Erfolge herunter.

Wütend erklärten sie, Timmy und ich seien nie echte Hells Angels geworden. Sie rückten eng zusammen und schützten die Mörder und Kriminellen, die wir entlarvt hatten. Bobby Reinstra behauptet heute, der fingierte Mongolmord hätte ihn und Teddy davon überzeugt, dass wir Cops seien. Ich glaube ihm nicht, aber hinterher ist man ja immer klüger. Letztlich bekamen die Angels beides: Sie blieben auf ihrem hohen Ross sitzen, ohne ihre niederen Instinkte jemals in Frage zu stellen, und sie behielten ihren begehrten und hart erkämpften Status als Outlaws und brachen weiterhin das Gesetz. Sie sahen sich weiterhin als missverstandene amerikanische Rebellen, während sie uns, die für Anstand und Ordnung kämpften, als übereifrige Cops abstempelten, die ihre Umsicht und Ethik in den Wind schlugen. Sie trugen in fast jeder Hinsicht den Sieg davon.

Über zwei volle Jahre hinweg entwickelte sich der Teil meiner Persönlichkeit, der als Bird bekannt war, zu meinem Fels in der Brandung. Auf ihn konnte ich mich immer verlassen. Aber als die Hells Angels mich schlechtmachten, brach auch diese Stütze weg.

In diesen, wie ich schon sagte, dunklen Tagen wandte ich mich dem zu, was mir geblieben war: Gott, Freunden, meiner Familie. Ich verdiente ihre Treue nicht, und ich werde nie erfahren, warum sie mich nicht aufgegeben haben. Aber sie waren da. Ich wandte mich ihnen zu und sah mit neuen Augen, was in meinem Leben gut war. Mir wurde klar, dass ich all dieses Gute nur der Gnade Gottes verdankte, und allmählich akzeptierte ich, dass ich alles, was in meinem Leben schlecht gewesen war, selbst zu verantworten hatte. Es waren nicht mein Job, nicht die ATF, nicht die Hells Angels, die mich zu der schlimmsten Version meiner selbst gemacht hatten. Ich allein hatte es getan.

Ich weiß nicht, wann ich das alles einsah, aber als es so weit war, änderte sich alles.

Ich erinnere mich daran, dass ich eines Tages aufwachte und keine Angst mehr vor dem Tod oder vor Rache hatte. Wenn die Hells Angels mir etwas antun wollten, konnte ich kaum etwas dagegen tun. Ich konnte allenfalls darauf vorbereitet sein. Wenn die ATF mich wie einen Geächteten behandeln wollte, konnte ich mich dem nur hartnäckig widersetzen. Ich hatte in meinem Leben schon eine Kugel mit der Brust eingefangen und unzählige Male Prügel eingesteckt. Ich hatte tickende Zeitbomben in der Hand gehalten, und Dutzende von Waffen waren auf meinen Kopf gerichtet worden. Ich hatte undercover mit Mördern, Vergewaltigern und Dieben gearbeitet und einen ordentlichen Teil meines Lebens mit den widerwärtigsten Subjekten unserer Gesellschaft verbracht. Es war ein ungewöhnliches, aber erfülltes Leben gewesen. Als mir dies klar wurde, begann ich die ATF und ihre edle Mission trotz ihrer Bürokratie zu lieben. Ich liebte meine Kollegen für die nicht anerkannten und selbstlosen Opfer, die sie gebracht haben. Ich erkannte, dass mein langes Leben voller seltsamer Erfahrungen wirklich wundervoll und befriedigend gewesen war.

Als ich an diesem Tag aufwachte, wollte ich einen Teil meiner Selbstgerechtigkeit gegen ein bisschen Frieden tauschen. Auch das war eine Offenbarung. Mein Gefühl der Entschlossenheit – manche mögen es Arroganz nennen – hatte es mir ermöglicht, Herausforderungen zu bestehen, denen andere nicht gewachsen waren. Ich erkannte, dass ich stolz auf meine Aggressivität war. Schließlich begann ich mich so zu akzeptieren, wie ich war. Bird bestimmte nicht mehr mein Leben, aber er lebte in mir weiter. Er wird nie wieder die Hauptrolle spielen, aber er bleibt ein wichtiger Teil von mir.

Mir wurde klar, was mir am wichtigsten war: die Ehre und das Privileg, die es bedeuten, mich gemeinsam mit den mutigsten Kollegen und Angehörigen, die man sich vorstellen kann, meinen Herausforderungen zu stellen.

In Liebe und Respekt für alle Menschen, die mich geführt, ermutigt, akzeptiert und unterstützt haben. Es wäre eine Untertreibung, euch meine Freunde oder meine Familie zu nennen – ihr seid viel mehr.

Ihr seid meine Helden.

Hat es sich gelohnt? Würde ich es wieder tun?

Wenn ich in die Zukunft schauen und das Leben hätte sehen können, das ich jetzt genieße ...

JA, AUF JEDEN FALL.

Wo sind sie jetzt?

Justizbeamte

Carlos Canino hat in den Führungsstab der ATF gewechselt und leitet eine Ermittlungsgruppe.

Greg »Sugarbear« Cowan trat in die Fußstapfen von Joe Slatalla und ist einer der wichtigsten Case Agents der ATF.

Gayland Hammack schied ehrenhaft aus der Stadtpolizei Las Vegas aus und besitzt und leitet jetzt ein Unternehmen, das Polizisten trainiert.

Rudy Kramer wurde in das amerikanische Zeugenschutzprogramm aufgenommen. Sein Aufenthaltsort ist unbekannt.

Billy »Timmy« Long kehrte in den Dienst zurück und arbeitet bei der Polizei in Phoenix.

Jenna »JJ« Maguire ist immer noch an Ermittlungen aller Art beteiligt und hat sich zu einer der angesehensten Agentinnen der ATF entwickelt.

Pops klagte gegen die ATF wegen unzureichender Entschädigung und Anerkennung für seine Arbeit bei Black Biscuit. Er brach alle Kontakte mit der Behörde ab. Sein Aufenthaltsort ist unbekannt.

Joe »Slats« Slatalla ist Ausbilder bei der ATF, leitet komplexe Ermittlungen und trainiert neue Case Agents. Slatalla wird als einer von Amerikas führenden Experten für elektronische und telefonische Bespitzelung im Ermittlungsprozess angesehen.

Shawn Wood gilt im Südwesten des Landes als einer der besten Spezialisten für Banden, vor allem für kriminelle Motorradgangs.

Hells Angels und Verbündete

Robert Abraham bekannte sich des Handels mit Waffen ohne Lizenz schuldig und wurde zu 24 Monaten Gefängnis und anschließenden 36 Monaten Bewährung unter Aufsicht verurteilt.

Kevin Augustiniak wurde wegen Mordes verhaftet und wartet auf seinen Prozess. Er bleibt Mitglied des Mesa-Charters der Hells Angels.

Ralph Hubert »Sonny« Barger bleibt aktives Mitglied des Cave-Creek-Charters. Er wirbt intensiv für seine Bücher und mehrere Filmprojekte in Hollywood. Sonny gilt nach wie vor als Urvater der Hells Angels und lebende Ikone der Bikerkultur.

Doug Dam bekannte sich des unerlaubten Waffenbesitzes schuldig und wurde zu 84 Monaten Gefängnis verurteilt. Er bleibt Mitglied der Hells Angels, Charter unbekannt.

Dennis »Chef-Boy-Ar-Dee« Denbesten bekannte sich des unerlaubten Waffenbesitzes schuldig und wurde zu 70 Monaten Gefängnis verurteilt.

Paul Eischeid wird wegen Mordes gesucht und ist flüchtig. Er war Thema der Fernsehshow *America's Most Wanted* und ist einer der 15 meistgesuchten Verbrecher der USA. Er bleibt Mitglied der Hells Angels, Charter unbekannt.

Tim Holt bekannte sich des unerlaubten Waffenbesitzes schuldig und wurde zu 27 Monaten Gefängnis und anschließenden 36 Monaten Bewährung unter Aufsicht verurteilt.

Rudy Jaime bekannte sich des bewaffneten Drogenhandels schuldig und wurde zu fünf Jahren Gefängnis verurteilt. Er bleibt Mitglied der Hells Angels, Charter unbekannt.

Robert »Bad Bob« Johnston bekannte sich der Nichtanzeige eines schweren Verbrechens schuldig und wurde zu 14 Monaten Gefängnis auf Bewährung verurteilt. Da er einer der mächtigsten und angesehensten Führer der Hells

Angels war, machten seine »Brüder« ihn allein dafür verantwortlich, dass wir den Club unterwandert hatten. Er wurde wegen Verrats aus dem Club ausgeschlossen.

Craig »Fang« Kellys Anklage wurde rechtskräftig abgewiesen und kann nicht neu erhoben werden. Er bleibt Präsident des Tucson-Charters der Hells Angels.

Michael »Mesa Mike« Kramer wurde in das amerikanische Zeugenschutzprogramm aufgenommen. Sein Aufenthaltsort ist unbekannt.

Robert »Mac« McKay bekannte sich schuldig, einen Bundespolizisten bedroht zu haben, und wurde zu 17 Monaten Gefängnis verurteilt, die durch die Untersuchungshaft verbüßt waren. Inzwischen ist er wieder frei und lebt in Tucson, wo er wieder seinen Tätowiersalon führt und Mitglied des dortigen Hells-Angels-Charters ist.

Sean McManama bekannte sich des illegalen Waffenbesitzes schuldig und wurde zu 24 Monaten Gefängnis und anschließenden 36 Monaten Bewährung unter Aufsicht verurteilt.

Robert »Chico« Mora wurde wegen Besitzes einer Panzerweste zu 18 Monaten Gefängnis verurteilt. Er bleibt Mitglied des Phoenix-Charters der Hells Angels.

Bobby Reinstras Anklage wurde rechtskräftig abgewiesen und kann nicht neu erhoben werden. Er ist jetzt Mitglied des Cave-Creek-Charters der Hells Angels und Sprecher der Hells Angels im Fall »Black Biscuit«.

Calvin »Casino Cal« Schaefer bekannte sich des bewaffneten Drogenhandels schuldig und wurde zu 60 Monaten Gefängnis verurteilt. Er bleibt Mitglied des Mesa-Charters der Hells Angels.

Donald »Smitty« Smiths Anklage wurde rechtskräftig abgewiesen und kann nicht neu erhoben werden. Er bleibt Mitglied des Nomaden-Charters der Hells Angels in Arizona.

Lydia Smith ist immer noch mit Smitty verheiratet und führt einen Schönheitssalon in Bullhead City.

Teddy Toth bekannte sich der Zeugenbeeinflussung schuldig und wurde zu 12 Monaten Gefängnis auf Bewährung verurteilt. Er ist jetzt Mitglied des Cave-Creek-Charters der Hells Angels.

Scott Varvil bekannte sich des unerlaubten Waffenbesitzes schuldig und wurde zu 24 Monaten Gefängnis und 36 Monaten Bewährung unter Aufsicht verurteilt.

George »Joby« Walters war über vier Jahre lang flüchtig. Im Februar 2008 stellte er sich der Justiz und wurde zu 6 Monaten Gefängnis verurteilt, weil er sich dem Verfahren entzogen hatte. Seine Anklage wegen Bandenkriminalität wurde rechtskräftig abgewiesen. Walters bleibt Mitglied der Hells Angels. Sein Aufenthaltsort ist unbekannt.

Henry »Hank« Watkins' Anklage wurde rechtskräftig abgewiesen und kann nicht neu erhoben werden. Er verließ den Club ohne Streit, bevor der Fall »Black Biscuit« abgeschlossen war.

Angehörige

Dale Dobyns blieb angesichts der Drohungen gegen meine Familie sehr tapfer und ist eine Inspiration für ihren Vater. Sie strebt einen Beruf im Bereich der Mode, der Kunst oder des Designs an.

Gwen Dobyns ist immer noch der »Patriarch« der Familie und immer noch mit Jay verheiratet. Außerdem ist sie eine engagierte Mutter und loyale Ehefrau.

Jack Dobyns tritt in die Fußstapfen seines Vaters und ist ein hochmotivierter Schüler und Sportler, der immer der Beste sein und alles oder gar nichts gewinnen will.

Jay Dobyns führt ein zufriedenes und friedliches Leben, das Gott, der Familie, Freunden, der Gesundheit und seinen Hobbys gewidmet ist. Sein Motorrad steht staubbedeckt in einer Garage und wird nie benutzt.

Anmerkung des Autors

Falscher Engel sollte nie ein Untersuchungsbericht, die Darstellung eines Rechtsfalls oder ein historisches Dokument sein. Die beste Bezeichnung wäre wohl »Memoiren«, aber nachdem Sie das Buch gelesen haben, fragen Sie sich vielleicht: »Hat sich das wirklich so abgespielt? Wie konnte er sich Jahre später an so viele Details erinnern?«

Dieses Buch entstand in Teamarbeit. Ohne die Hingabe meines Koautors Nils Johnson-Shelton hätte ich es nicht schreiben können. Nils musste die chaotische und verwickelte Handlung ordnen und meinen Worten eine literarische Qualität verleihen, die sie nie erreicht hätten, wenn ich das Buch allein geschrieben hätte. Ohne ihn wäre meine Geschichte nicht die, die Sie eben gelesen haben.

Mein Hauptanliegen war Ehrlichkeit. Das Überleben eines verdeckten Ermittlers hängt oft von seiner Fähigkeit ab, das eine zu fühlen und das andere vorzutäuschen, und das unter den misstrauischen Augen von sozialen Außenseitern, die der Polizei ungewöhnlich paranoid gegenüberstehen. Geschichten von Undercover-Agenten sind Stoff für Filme, und viele von uns werden als Superhelden dargestellt. Die meisten sind das auch – ich war es leider nicht. Während wir schrieben, erinnerte ich Nils ständig daran: »Ich will kein Ritter in glänzender Rüstung sein. Das war ich nicht, und wenn wir das behaupten, lügen wir.« Wenn mein Buch glaubhaft sein sollte, musste ich mich so darstellen, wie ich wirklich war.

Der ehrliche und beschämende Kern dieses Buches schildert meinen Niedergang. Während Jay Dobyns sich in Bird verwandelte, machten sich Verwirrung, Schmerz und Furcht in mir breit. Mit diesem Buch wollte ich meine Fehler eingestehen und Abbitte leisten für einige meiner Sünden. Ich wollte ein Buch schreiben, das meine Kinder eines Tages lesen konnten – vielleicht würden sie dann verstehen, warum ich so und nicht anders gehandelt hatte.

Während wir schrieben, achteten wir vor allem darauf, dass alle Angaben stimmten, doch im Interesse der Geschichte erlaubten wir uns einige Freiheiten. Unwesentliche Details – Essen, Kleidung, das Aussehen einer Nebenperson, das Wetter usw. – gaben wir so wieder, wie ich mich daran erinnerte, aber wenn mein Gedächtnis versagte, füllte Nils die Lücke mit seinem kreativen und literarischen Talent.

Nur selten nahmen wir uns die Freiheit, Ereignisse oder Gespräche miteinander zu verbinden. Die Komponenten sind real, doch hätte ich sie nicht im Sinne des Lesers zusammengefasst, würde meine Geschichte mehrere Bände umfassen.

Auch die Dialoge beruhen manchmal auf einer Zusammenarbeit meines Gedächtnisses mit Nils' Kreativität. Wir haben die Zahl der Schimpfworte, die ich benutzte, eingeschränkt, und leider habe ich auch die Worte »Alter« (oder »Mann«) häufiger verwendet als im Buch. Beim Schreiben habe ich nicht immer Tonbänder gehört oder Transkripte gelesen, aber ich habe ausgiebig von Polizeiberichten Gebrauch gemacht, in denen oft aus solchen Gesprächen zitiert wird. Ich habe diese Geschichte selbst erlebt und bei der Vorbereitung auf die Prozesse noch einmal durchlebt, so dass selbst intimste Details sich meinem Gedächtnis eingeprägt haben. Ich weiß, was gesagt wurde und wer es sagte. Das ist ein wichtiger Punkt, da *Falscher Engel* realen Personen belastende Aussagen zuschreibt. Alle Gespräche sind wahr – wenn nicht buchstäblich, dann wenigstens ihrem Sinn nach, und viele sind buchstäblich wahr. Alle Ereignisse,

Personen und mutmaßlichen Straftaten, die in *Falscher Engel* vorkommen, sind real. Deshalb schrieb ich im Nachwort: »Es gibt schon genug *echte* Ganoven auf der Welt – ich brauchte nicht herumzulaufen und welche zu erfinden.«

Ich möchte betonen, dass alle in diesem Buch erwähnten Straftaten »mutmaßlich« sind, solange die Beschuldigten nicht rechtskräftig verurteilt wurden. Aber die Beweise und die Zeugenaussagen haben sich seit dem 8. Juli 2003 nicht geändert. Die Prozesse zu dem Fall »Black Biscuit« könnten heute genau so geführt – und gewonnen – werden wie damals. Und auch wenn die in meinem Buch beschriebenen Verbrechen nie vor einem Gericht bewiesen wurden, bleiben sie für mich harte, kalte und beweisbare Tatsachen.

Jay Anthony Dobyns, Februar 2008

Glossar

18 USC § 922 (g) (1): In diesem Gesetzestext steht: »Einer Person, die von einem Gericht wegen einer Straftat zu einer Gefängnisstrafe von über einem Jahr verurteilt wurde, ist es untersagt, im Binnen- oder Außenhandel Feuerwaffen oder Munition zu verschicken oder zu transportieren oder zu besitzen oder damit zu handeln oder Feuerwaffen oder Munition in Empfang zu nehmen, die im Binnen- oder Außenhandel verschickt oder transportiert wurde.«

81: Andere Bezeichnung für die Hells Angels, abgeleitet vom achten und ersten Buchstaben des Alphabets (HA).

AFFA: »Angels Forever, Forever Angels.«

Altamont Raceway: Eine Rennbahn in Altamont, Kalifornien. Hier fand 1969 das berüchtigte Konzert der Rolling Stones statt, bei dem die Hells Angels mit einem Besucher in Streit gerieten und ihn schließlich töteten.

Angel Dust: Phencyclidin, auch PCP genannt. Wurde in den 1970er-Jahren durch die Hells Angels bekannt gemacht und wird daher auch Angel Dust (»Staub der Angels«) genannt.

Anwärter (prospect): Ein »Auszubildender«, der eine Vollmitgliedschaft bei den Hells Angels anstrebt.

Apehanger: Motorradlenkstange mit Griffen oberhalb der Schultern.

ASAC: Assistant Special Agent in Charge. Ein Außenagent, der dem SAC untersteht *(siehe dort)*.

Associate: Ein Verbündeter oder Freund eines Motorradclubs; in allgemeinerer Bedeutung auch ein Partner, etwa bei Straftaten.

Berdoo: San Bernardino in Kalifornien. Dort entstand 1948 der erste Charter der Hells Angels, der offizielle »Muttercharter«.

Bezahlter Informant: Ein Informant, der für eine Justizbehörde arbeitet, aber kein Polizist ist. Er ist eine Art Söldner, dem es nicht um Strafmilderung geht.

Biker: Motorradfahrer.

bottom rocker: Siehe rocker.

Charter: Eine lokale oder regionale Untergruppe eines Clubs, auch *Chapter* genannt.

Cover: Da ein verdeckter Ermittler gefährlich lebt, bekommt er von einem Kollegen Deckung *(cover)*. Bei riskanten Einsätzen schützt ihn ein ganzes *Coverteam*, das jederzeit eingreifen kann.

Dago: San Diego in Kalifornien.

Deckung: *Siehe Cover.*

Die vier Großen: Die größten Outlaw-Motorradclubs der Welt: Pagans (»Heiden«), Outlaws (»Gesetzlose« oder »Geächtete«), Bandidos und Hells Angels.

Dreiteiliges Abzeichen: Die drei Aufnäher auf dem Rücken einer Weste, die ein Mitglied eines Outlaw-Motorradclubs trägt.

Einprozenter: Spitzname, der auf eine Bikerschlägerei im Jahr 1947 in Hollister zurückgeht. Danach erklärte die American Motorcyclist Association: »99 Prozent der Motorradfahrer sind gesetzestreue Bürger, nur ein Prozent ist gesetzlos.«

Farben: Die Biker-Kutte.

Hangaround: Ein potentieller Anwärter, der bei einem Club »herumhängt«, um herauszufinden, ob der Club daran interessiert ist, ihn zum Anwärter zu machen, und ob die Lebensweise der Biker ihm zusagt. Auch Hanger oder Hänger genannt.

Informant: Jemand, der Informationen über seine Komplizen liefert. Oft werden Informanten ebenfalls angeklagt und sind daher bereit, im Austausch für eine Strafmilderung mit der Justiz zusammenzuarbeiten. Einige Informanten wenden sich freiwillig an die Polizei. *Siehe auch* Bezahlter Informant.

Käfig: 1. Gefängnis. 2. Ein Auto oder ein LKW. Wer darin fährt, sitzt in den Augen der Biker in einem »Käfig«.

Kutte: Die (ärmellose) Weste eines Bikers.

MC: Motorcycle Club. Ein kleiner MC-Aufnäher befindet sich meist auf dem Rücken einer Kutte, rechts vom und unter dem Mittelstück.

Meth: Methamphetamin. Ein sehr starkes Aufputschmittel, bei dem die Suchtgefahr extrem groß ist. Wird meist geschnupft oder geraucht, gelegentlich injiziert. Auch Crystal oder Ice genannt.

Mittelstück, mittlerer Aufnäher: Der große Aufnäher auf dem Rücken einer Kutte zwischen dem *top rocker* und dem *bottom rocker*. Er stellt die Insignien des Clubs dar, bei den Hells Angels den Totenkopf. *Siehe auch* Totenkopf und *rocker*.

Nomaden (nomads): Hells Angels, die keinem lokalen Charter angehören.

Outlaws: »Gesetzlose« oder »Geächtete«. Der »harte Kern« der Bikerclubs, den Recht und Gesetz nicht interessieren.

Panhead: Ein Motorrad der Marke Harley-Davidson, das von 1948 bis 1965 produziert wurde. Seinen Namen verdankt es seinem Zylinderkopf, der einer Bratpfanne ähnelt. Andere Serien sind Knucklehead (vor 1948), Shovelhead (1966-1984) und V-Twin (1985 bis heute).

Poker Run: Ein Run *(siehe dort)*, bei dem Biker an verschiedenen Orten anhalten und eine Spielkarte bekommen. Am Ende gewinnt der Besitzer des besten Blattes einen vorher festgelegten Preis.

Ratte: Ein Insider, der die Seiten gewechselt hat und mit der Justiz zusammenarbeitet.

RICO: Racketeering Influenced and Corrupt Organizations Act (Gesetz gegen erpresserische Beeinflussung und korrupte Organisationen). Ein Bundesgesetz, das Verbrechen unter Strafe stellt, die jemand als Mitglied einer bestehenden kriminellen Organisation begeht.

rocker: Ein gekurvter Aufnäher, welcher der Kufe eines Schaukelstuhls ähnelt. Der *top rocker* enthält den Namen des Clubs und wird auf den Rücken der Kutte quer über die Schultern genäht. Der *bottom rocker* gibt den Sitz des Charters an und befindet sich auf dem Rücken der Kutte quer über der Taille. Zusammen mit dem mittleren Aufnäher bilden die *rocker* das dreiteilige Abzeichen der Vollmitglieder eines Outlaw-Motorradclubs.

Run: Ein großes Treffen von Motorradfahrern. Auch Rally genannt.

SAC: Special Agent in Charge. Der Außenagent *(Field Agent)*, der die Ermittlungen in einem bestimmten Fall (z. B. Black Biscuit) leitet.

Sekretär: Ein Clubmitglied, das für den Papierkram zuständig ist, zum Beispiel für das Protokoll einer Clubsitzung und für die Buchführung. Auch Schriftwart oder Schatzmeister genannt.

Sergeant at arms: Ein Clubmitglied, das für Sicherheit, Waffen und innere Disziplin zuständig ist.

top rocker: Siehe rocker.

Totenkopf: Der geflügelte Totenkopf ist das Logo der Hells Angels.

Unterstützungsclub (support club): Ein Club, der einen anderen Club unterstützt.

World Run: Meist ein jährliches Treffen, zu dem alle Clubmitglieder erscheinen müssen.

Danksagung

An der Operation »Black Biscuit« waren zahlreiche Justizbeamte beteiligt, von denen einige in diesem Buch nicht erwähnt werden. Ihre kleinen und großen persönlichen Opfer für unseren Auftrag und die Opfer ihrer Familien waren nicht geringer als meine. Wenn sie im Text nur kurz oder gar nicht erwähnt werden, so bedeutet das keinesfalls, dass ihr Beitrag unbedeutend war. Ich habe die Zusammenarbeit mit ihnen sehr genossen und schätze sie als gute Freunde. Darum möchte ich ihnen für ihre Unterstützung, Geduld und Toleranz während der vielen gemeinsamen Monate danken. Ohne sie hätte ich nicht durchgehalten.

Diese Männer und Frauen gehören zu den besten und begabtesten Justizbeamten und bildeten zusammen ein »Dream-Team« der Ermittler:

Alan »Foot« Futvoye, Andrew »Wallstreet« Worrell, Angelo »Calzone« Calderone, Bill Phillips, Billy Guinn, Blake »Bo« Boteler, Bob Swietzer, Brett Coombs, Carlos »Boxer« Baixuali, Carlos »Los« Canino, Chris »Chrisser« Bayless, Chris »Cricket« Livingstone, Chris »Elvis« Hoffman, Chuck »Big Cheese« Schoville, Craig »Triple C« Caridine, Dan »Mach One« Machonis, Dan »Rap« Raponi, Darrell »Cole« Edwards, Darrin »Koz« Kozlowski, David »Luke« Luther, Duane »Bubba« Williams, Dwayne Haddix, Eric »Big E« Harden, Eric »Otter« Rutland, Gayland Hammack, Greg »Sugarbear« Cowan, Hope MacAllister, Jenna »JJ« Maguire, Jerry Petrilli, Jessie »Breeze« Summers, Jim »Jimbo« Langley, Joe »Joey Lunchbucket« Slatalla, John »Babyface« Carr, John Ciccone, John Cooper, John »JDub« Williams,

John »Johnny Mac« MacKenzie, J.P. »Sergeant« Wilson, Karen Evanoski, Kim Balog, Les Robinson, Lori Reynolds, Lou DeTiberiis, Marc »Grinder« Wood, Mark »Demon« Demas, Marty Dietz, Marvin Richardson, Michael Gillooly, Michael Kemp, Michelle White, Mike »Spike« Johnson, Mike Will, Nick »Buddha« Susuras, Nicole »Nikki« Strong, Pantano Christian Church, Paul »Pablo« Hagerty, Rachael Ehrlich, Ray Brotherson, Scott »Hydro« Hite, Sean »Spider-Man« Hoover, Shannon »Cook« Sheel, Shawn »Woody« Wood, Steve »Gundo« Gunderson, Steve »High Plains Drifter« Hauser, Steve Ott, Steve Trethewey, Tara Crubaugh, Tom Allen, Tom »Teabag« Mangan, Tracy Feminia, »Uncle« Don White, Vince »Vinnie D« Cefalu, Virginia O'Brien, William »Billy« Queen, William »Timmy« Long.

Mein besonderer Dank gilt Nils Johnson-Shelton, der sich die Zeit nahm, eine komplexe Geschichte zu recherchieren und zu verstehen. Er besitzt das Talent, sie genau zu erklären, und hatte den Mut, ein wahres und ehrliches Buch zu schreiben.

Ich danke Adam Lawrence, der mir half, die Abdruckrechte für Songtexte zu besorgen.

Und last, but not least danken Nils und ich unserem hervorragenden und engagierten Lektor Rick Horgan bei Crown, der an das Projekt und an meine Geschichte geglaubt und schwer dafür gekämpft hat, dass ich sie erzählen darf, sowie Richard Pine und Libby O'Neill, unseren treuen und unentbehrlichen Agenten bei Inkwell Management.

Textnachweis

Der Verlag bedankt sich bei folgenden Firmen für die Erlaubnis, bereits veröffentlichte Liedtexte abzudrucken:

Hal Leonard Corporation: Auszug aus »Easy«, Text und Musik von Lionel Richie, Copyright © 1977, erneuert 2005 by Jobete Music Co., Inc., und Libren Music. Inhaber und Verwalter aller Rechte ist EMI April Music Inc. Alle Rechte vorbehalten. Das Copyright ist international geschützt. Abgedruckt mit Erlaubnis der Hal Leonard Corporation.

Universal Music Publishing Group: Auszug aus »Be Like That« von Brad Arnold und Christopher Henderson, Copyright © 2000 by Songs of Universal, Inc., und Escatawpa Songs. Alle Rechte werden von Songs of Universal, Inc./BMI verwaltet. Alle Rechte vorbehalten.

Nachgedruckt mit Erlaubnis der Universal Music Publishing Group.

Wollen Sie mehr von den Ullstein Buchverlagen lesen?

Erhalten Sie jetzt regelmäßig
den Ullstein-Newsletter
mit spannenden Leseempfehlungen,
aktuellen Infos zu Autoren und
exklusiven Gewinnspielen.

www.ullstein-buchverlage.de/newsletter

Axel Petermann
Auf der Spur des Bösen
Ein Profiler berichtet
Originalausgabe

ISBN 978-3-548-37325-6
www.ullstein-buchverlage.de

Ein brutaler Serienmörder. Eine verstümmelte Frauenleiche in einer Plastiktüte. Ein erschossener US-Amerikaner im Zug. Kriminalkommissar Axel Petermann von der Bremer Polizei ist Deutschlands bekanntester Profiler. Er beschreibt seine schwierigsten Fälle. Dabei gibt Axel Petermann Einblick in das Profiling und in die Abgründe der Täterpsyche.

»Brutal, abgründig und hochspannend« *Michael Tsokos*